Marketing Planning
Procedures, Approaches and Plan Design

营销策划
路径、方法与文案设计

李胜　黄尧　黄华　等编著

北京大学出版社
PEKING UNIVERSITY PRESS

图书在版编目(CIP)数据

营销策划:路径、方法与文案设计/李胜等编著.—北京:北京大学出版社,2018.3
ISBN 978-7-301-29370-6

Ⅰ.①营⋯　Ⅱ.①李⋯　Ⅲ.①营销策划　Ⅳ.①F713.50

中国版本图书馆 CIP 数据核字(2018)第 034888 号

书　　　名	营销策划——路径、方法与文案设计 YINGXIAO CEHUA——LUJING、FANGFA YU WEN'AN SHEJI
著作责任者	李　胜　黄　尧　黄　华　等编著
责任编辑	任京雪　刘　京
标准书号	ISBN 978-7-301-29370-6
出版发行	北京大学出版社
地　　　址	北京市海淀区成府路 205 号　100871
网　　　址	http://www.pup.cn
新浪微博	@北京大学出版社　　@北京大学出版社经管图书
电子信箱	em@pup.cn
电　　　话	邮购部 62752015　发行部 62750672　编辑部 62752926
印　刷　者	北京虎彩文化传播有限公司
经　销　者	新华书店
	787 毫米×1092 毫米　16 开本　21.5 印张　484 千字 2018 年 3 月第 1 版　2023 年 3 月第 4 次印刷
定　　　价	45.00 元

未经许可,不得以任何方式复制或抄袭本书之部分或全部内容。
版权所有,侵权必究
举报电话:010-62752024　电子信箱:fd@pup.pku.edu.cn
图书如有印装质量问题,请与出版部联系,电话:010-62756370

序

在举国上下认真学习贯彻落实党的十九大精神的时代背景下,李胜教授等完成了《营销策划》一书的编著,本书即将付梓。我认真阅读了书稿,发现本书的最大亮点是将营销理念、原理和方法,科学化、具体化、个性化与艺术化地有机运用于企业营销实践过程中。这对于培养学生的营销策划能力、创新能力、创业能力、团队协同能力无疑会起到极其重要的指导作用。

本书以营销策划的基本程序为逻辑起点,以营销策划项目为主线,突出了教学过程的实践性、开放性和职业性,更加注重学生的职业能力培养。我认为,本书至少具备以下特色:

一是打造名副其实的营销策划教材的新格局。国内大部分营销策划教材与营销原理的内容趋同,除去多了"策划"二字,再也没有什么新内容,而且根本算不上是真正的营销策划教材。本书创新性地安排了基础篇和专题策划篇,前者侧重于阐述策划流程、方法与创意,后者依据企业需要的主要营销策划类型,设计了六个单元,侧重于阐述策划实践。

二是突出培养学生的营销策划文案设计能力。现有营销策划教材往往将很大篇幅用于介绍相关的概念、流程、方法等,与营销原理教科书雷同,但在介绍营销策划文案的设计时却往往存在案例不够典型、内容不够完整、实战性不强等弊端。学生迫切想学、需要学的内容严重缺乏,读了这样的教材也不知道该如何撰写出优质的营销策划文案。本书一个颇具创新性的做法是,以问题为导向,紧紧围绕营销策划文案设计这一主线,重构营销策划应具备的体系架构和内容,着力于培养学生的营销策划文案设计能力。这在国内现有的众多营销策划著作中尚属首创。

三是借助营销策划文案设计范例增强学生的实际操作能力。营销策划文案设计范例的选取直接关系到学生能否撰写出规范的高质量的营销策划文案,因此需要精心选取优秀的范例。本书所有范例或来自实际运作项目,或来自教师与学生共同完成的原创优秀项目,教学做赛一体。为培养学生的实际操作能力,李胜教授还设计了"双项目"教学方法。设计基于翻转课堂的教学内容,每个教学单元都细分为课上和课下两大部分,其中一个项目在课堂上带领学生做,为学生提供一个可以模仿的完整蓝本或范例,并对范例进行模块化处理,每个模块包括任务描述、实战案例和实战案例评析;另一个项目按照项目教学的要求由学生自主完成。这样每个单元"双项目"并行,真正实现"教、学、练、评结合,实践理论一体化"教学。

总之,李胜教授等编著的《营销策划》一书,从创新中国营销教育、培养优秀营销人才的高度,为国内营销学同行树立了光辉的典范。随着我国"一带一路"倡议的推进和落实,社会对高素质营销人才的需求会越来越迫切,原有的营销知识体系、教材、教法等需要不断创新,不断完善,不断进步。

习近平总书记在2015年10月访英前接受路透社采访时曾指出:"同世界上老牌的大公司相比,中国企业走出去还缺乏经验,在适应各国法律制度、技术标准、市场营销、人员管理、当地文化等方面的能力需要不断提高。在激烈的国际竞争中,中国企业会学到很多,会越做越好。"由此可以看出市场营销问题在新时代中国特色社会主义思想理论体系中的重要地位,更可以使我们充分体会到习近平总书记对市场营销问题的重视和寄予营销理论工作者的厚望。

我们要以新时代中国特色社会主义思想为指导,立足中国大地办好营销教育,推进营销理论创新,提升企业营销实践,用创新的教材和教法培养更多高素质的营销人才。李胜教授及其团队在这方面已经取得了可喜可贺的成果,值得国内营销学同行效仿。希望广大青年学子能够从李胜教授等编著的这本《营销策划》中学得营销实战的真本领。

2018年就要来临了!我期待中国营销学界有更多更好的论著问世,也期待李胜教授百尺竿头更进一步,在营销教学改革方面取得更加辉煌的成就,为繁荣发展中国营销教育做出新的更大的贡献。

中国人民大学商学院教授、博士生导师,中国市场营销研究中心主任,中国商业史学会副会长,Journal of Chinese Marketing 副主编。

2017年12月26日于珠海

前　言

"营销策划"是营销理念、原理和方法在企业营销实践过程中的科学化、具体化、个性化与艺术化的综合运用,是学生营销策划能力、创新能力、创业能力、团队协同能力培育的重要课程。

本书以营销策划的基本程序为逻辑起点,以营销策划文案设计为主线,教材体系突出教学过程的实践性、开放性和职业性,强化职业能力培养。编写主要突出以下特色:

第一,创新体例和内容。国内大部分营销策划教材不仅沿袭了"STP-4P"框架,而且内容也基本上与营销策略趋同。对于已经学完"市场营销"课程的学生来说,不宜再使用这样的营销策划教材。本书打破4P框架,全书分为基础篇和专题策划篇两篇:基础篇侧重于策划流程、方法与创意的训练,专题策划篇侧重于企业主要营销策划类型的训练。

第二,以营销策划文案设计为主线。"营销策划"课程的重要任务是让学生学会如何撰写规范的营销策划文案。但遗憾的是,现有的营销策划教材往往偏离了这个主线,而讲了许多概念、流程和方法等,但到了策划文案设计时,却往往存在案例不具有典型性、内容不够完整、实战性不强等诸多问题,学生学完后还是不得要领,不知道该如何撰写营销策划文案。针对这一现实情况,本书以问题为导向,紧紧围绕营销策划文案设计这一主线,重构营销策划内容,路径与方法等都服务于这一条主线。这种框架在国内现有的营销策划书籍中尚属首创。

第三,营销策划文案设计范例具有示范性。营销策划文案设计范例的选取直接关系到学生能否撰写出规范的高质量营销策划文案,因此需要精心选取优秀的范例。本书所有范例或来自实际运作项目,或来自教师与学生共同完成的原创优秀项目,教学做赛一体。由本书编者之一黄尧教授主持的《广西大明山景区公关策划方案》,2013年提交客户顺利通过验收,并受到高度好评。由吴瑞杰副教授指导的《HeyHoney 蜂蜜品牌策划文案》,2016 年获得全球品牌策划大赛(Global Brand Planning Competition,GBPC)金质奖。陈冶洁等为企业策划的《梦酒定制酒整合营销策划文案》获社科奖全国高校市场营销大赛一等奖。王端 2014 年创办了北京格润大树教育科技有限公司,其《RoBits 创客教育教学装备商业策划书》获 2016 年第二届中国"互联网+"全国大学生创新创业大赛金奖,创业项目受到刘延东副总理检阅。王彦峰老师指导的《启航汽车销售服务有限公司迈腾促销活动策划》获全国汽车营销大赛一等奖。

第四,设计"双项目"教学方法。设计基于翻转课堂的教学内容,每个教学单元都细分为课上和课下两大部分,其中一个项目在课堂上带领学生去做,为学生提供一个可以模仿的完整蓝本或范例,并对范例进行模块化处理,每个模块包括任务描述、实战案例和实战案例评析;另一个项目按照项目教学的要求由学生自主完成。这样每个单元"双项目"并行,真正实现"教、学、练、评结合,实践理论一体化"教学。

本书由李胜教授等编著,具体分工如下:李胜教授负责第 3 单元"整合营销策划"和第 6 单元"促销活动策划"的撰写;黄尧教授负责第 1 单元"营销策划导论"、第 2 单元"营销策划创意"和第 4 单元"公关策划"的撰写;吴瑞杰副教授负责第 5 单元"品牌策划"的撰写;黄华创业导师负责第 8 单元"创业策划"的撰写;邱红副教授负责第 7 单元"传播营销策划"的撰写。陈冶洁等负责编写《梦酒定制酒整合营销策划文案》,北京格润大树教育科技有限公司创始人兼 CEO 王端等负责编写《RoBits 创客教育教学装备商业策划书》,王彦峰老师负责编写《启航汽车销售服务有限公司迈腾促销活动策划》。本书由李胜教授负责体例设计和编写大纲,并负责全书的总纂。

感谢国内实战派营销策划资深专家黄尧教授对本书的大力支持,并撰写了三个单元的内容,感谢教育部全国万名优秀创新创业导师人才库专家黄华老师对本书的大力支持,并撰写了创业策划单元。感谢吴瑞杰老师在本书体例实现方面所做的开创性工作。

感谢北京锐点科技有限公司段崇礼总经理对促销活动策划单元所做出的贡献,感谢原爱国者数码科技有限公司销售总监黄德清、中科曙光公司人力资源部副总经理肖忠野先生对本书提出的建设性建议。

感谢北京联合大学对本书编写与出版的大力支持,感谢北京大学出版社对本书出版的大力支持。

由于时间和水平所限,书中难免有不妥之处,敬请广大读者批评指正。

李　胜

2017 年 8 月

目　录

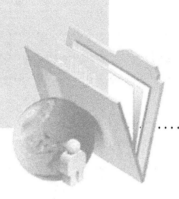

第 1 篇　基础篇

第 1 单元　营销策划导论 ⋯⋯⋯⋯⋯⋯⋯⋯⋯⋯⋯⋯⋯⋯⋯⋯⋯⋯⋯ 3
1.1　营销策划的基本概念 ⋯⋯⋯⋯⋯⋯⋯⋯⋯⋯⋯⋯⋯⋯⋯⋯⋯⋯⋯ 7
1.2　营销策划的作用 ⋯⋯⋯⋯⋯⋯⋯⋯⋯⋯⋯⋯⋯⋯⋯⋯⋯⋯⋯⋯ 15
1.3　营销策划的基本内容 ⋯⋯⋯⋯⋯⋯⋯⋯⋯⋯⋯⋯⋯⋯⋯⋯⋯⋯ 21
1.4　营销策划常用理论 ⋯⋯⋯⋯⋯⋯⋯⋯⋯⋯⋯⋯⋯⋯⋯⋯⋯⋯⋯ 27
1.5　策划与其他相关概念的区别 ⋯⋯⋯⋯⋯⋯⋯⋯⋯⋯⋯⋯⋯⋯⋯ 31

第 2 单元　营销策划创意 ⋯⋯⋯⋯⋯⋯⋯⋯⋯⋯⋯⋯⋯⋯⋯⋯⋯⋯ 37
2.1　营销策划创意的基本概念 ⋯⋯⋯⋯⋯⋯⋯⋯⋯⋯⋯⋯⋯⋯⋯⋯ 40
2.2　营销策划创意的常用理论 ⋯⋯⋯⋯⋯⋯⋯⋯⋯⋯⋯⋯⋯⋯⋯⋯ 57
2.3　营销策划创意的构建 ⋯⋯⋯⋯⋯⋯⋯⋯⋯⋯⋯⋯⋯⋯⋯⋯⋯⋯ 64
2.4　营销策划创意的误区 ⋯⋯⋯⋯⋯⋯⋯⋯⋯⋯⋯⋯⋯⋯⋯⋯⋯⋯ 86

第 2 篇　专题策划篇

第 3 单元　整合营销策划 ⋯⋯⋯⋯⋯⋯⋯⋯⋯⋯⋯⋯⋯⋯⋯⋯⋯⋯ 91
3.1　整合营销策划的概念和特征 ⋯⋯⋯⋯⋯⋯⋯⋯⋯⋯⋯⋯⋯⋯⋯ 92
3.2　整合营销策划路径 ⋯⋯⋯⋯⋯⋯⋯⋯⋯⋯⋯⋯⋯⋯⋯⋯⋯⋯⋯ 93
3.3　整合营销策划常用方法 ⋯⋯⋯⋯⋯⋯⋯⋯⋯⋯⋯⋯⋯⋯⋯⋯⋯ 94
3.4　整合营销策划文案设计范例 ⋯⋯⋯⋯⋯⋯⋯⋯⋯⋯⋯⋯⋯⋯⋯ 114
3.5　整合营销策划专项实训 ⋯⋯⋯⋯⋯⋯⋯⋯⋯⋯⋯⋯⋯⋯⋯⋯⋯ 142

第 4 单元　公关策划 ⋯⋯⋯⋯⋯⋯⋯⋯⋯⋯⋯⋯⋯⋯⋯⋯⋯⋯⋯⋯ 145
4.1　公关策划的概念和特征 ⋯⋯⋯⋯⋯⋯⋯⋯⋯⋯⋯⋯⋯⋯⋯⋯⋯ 146

- 4.2 公关策划的路径 …………………………………………………… 148
- 4.3 公关策划常用方法 ………………………………………………… 154
- 4.4 公关策划文案设计范例 …………………………………………… 156
- 4.5 公关策划专项实训 ………………………………………………… 172

第5单元 品牌策划 ……………………………………………………… 175
- 5.1 品牌策划的概念和特征 …………………………………………… 175
- 5.2 品牌策划的路径 …………………………………………………… 177
- 5.3 品牌策划的常用方法 ……………………………………………… 188
- 5.4 品牌策划文案设计范例 …………………………………………… 198
- 5.5 品牌策划专项实训 ………………………………………………… 215

第6单元 促销活动策划 ………………………………………………… 217
- 6.1 促销活动策划的概念和特征 ……………………………………… 217
- 6.2 促销活动策划的路径 ……………………………………………… 220
- 6.3 促销活动策划的常用方法 ………………………………………… 222
- 6.4 促销活动策划文案设计范例 ……………………………………… 234
- 6.5 促销活动策划专项实训 …………………………………………… 247

第7单元 传播营销策划 ………………………………………………… 251
- 7.1 传播营销策划的概念与特征 ……………………………………… 252
- 7.2 传播营销策划的路径 ……………………………………………… 259
- 7.3 传播营销策划的常用方法 ………………………………………… 260
- 7.4 传播营销策划文案设计范例 ……………………………………… 261
- 7.5 传播营销策划专项实训 …………………………………………… 270

第8单元 创业策划 ……………………………………………………… 273
- 8.1 创业策划与创业策划方案 ………………………………………… 274
- 8.2 创业策划的路径 …………………………………………………… 275
- 8.3 创业策划的常用方法 ……………………………………………… 296
- 8.4 创业策划文案设计范例 …………………………………………… 299
- 8.5 创业策划专项实训 ………………………………………………… 333

参考文献 ………………………………………………………………… 337

第 1 篇

基 础 篇

第 1 单元　营销策划导论
第 2 单元　营销策划创意

第1单元　营销策划导论

学习目标

知识点：

1. 市场是需求，营销是满足需求，营销策划是如何满足需求。

2. 营销策划的任务是发现具有独特需求的目标市场，提炼能够满足该需求的产品的独特卖点为市场定位，向目标客户传递产品的独特价值，从而获得高额回报。

3. 营销策划的目标是从满足客户的独特需求中发掘产品的独特卖点，形成独占或领先市场的高额回报盈利模式。

技能点：

1. 掌握营销策划思维逻辑的基本流程和方法，这是有别于学科研究的职业能力。

2. 掌握营销策划的由来及特征，这有助于深刻理解营销策划在市场营销发展中的重要作用。

3. 掌握营销策划的原理、方法及工作过程，尤其需要准确把握核心概念，这将有助于出色完成营销策划任务。

导入案例

只溶在口，不溶在手

20世纪四五十年代，美国人很喜欢吃巧克力，但巧克力有一个致命的弱点：极易溶化，手一拿就会沾得到处都是。据说当时弗瑞斯特·玛氏（Forrest Mars）先生花了几十万美元研制巧克力糖衣专利，最终实现了糖衣在手心的温度和湿度中不易溶化，而在口腔的温度和湿度中却溶化得很快，而且糖衣能够绵软细密地迅速与巧克力混合在一起，口感和香味特别好。

1951年，玛氏先生找到了营销策划专家、"独特的销售主张"（USP）理论大师罗素·瑞夫斯（Rosser Reeves），希望能够为这款M&M's巧克力豆产品完成定位和广告设计。大师从市场需求分析中发现了目标客户的消费痛点：粘手。随后，他从产品价值挖掘中发现了糖衣的独特卖点：好吃不粘手。他旋即以此为定位，灵机一动为之创造了"只溶在口，不溶在手"（M&M's melt in your mouth, not in your hand）的USP，一举成为经典广告语。这句广告语不仅极大地突出了产品的独特价值，又满足了人们在其他巧克力产品中无法满足的独特需求，同时，还传递了M&M's巧克力豆的口味很好以至于我们不愿意使巧克力在手上停留片刻的观念。从此，这个世界营销策划史上最经典的广告语之一带着它的巧克力豆，飞出了美国，飞满全球。

时至2004年，M&M's仍被评为美国最受喜爱的广告标志，M&M's的广告语"只溶在口，不溶在手"仍被《广告周刊》(*Adweek*)评为全美第一广告名句！

图1-1为当年罗素·瑞夫斯为M&M's创意的系列广告之一。

图1-1　M&M's当年和现在的广告

【案例思考】M&M's的广告语看似简单，却很伟大，它是怎样策划出来的？

【分析提示】罗素·瑞夫斯一直认为，广告的成功与否取决于"产品是否具有自己的独特卖点"。他说："M&M's巧克力豆之所以不溶化，是因为有糖衣。发现这一事实是世界上最容易的事情，而价值已经存在于产品这个事实本身。"

对于很多人来说，M&M's只是一种手心不溶、口中好吃的巧克力豆。而罗素·瑞夫斯进一步挖掘出了M&M's巧克力豆在口中溶化时，带给我们的又甜又滑如恋爱般消溶的感觉。罗素·瑞夫斯设计的广告语，正是将M&M's巧克力豆的"恋爱"价值以"Melt"（消溶）一词为载体，传递了这种源于消费者渴望的生活味道，这才是永远值得我们回味与珍惜的价值！

【案例关键词】案例关键词是"USP"，直译为"独特的销售主张"。它源于对客户需求痛点分析而总结出的独特需求，然后继续发掘产品自身能够满足该需求的独特卖点，最后营销策划人员要用创意的智慧提炼出能够传播这个产品独特卖点的广告语。所以，我们可以认为，USP就是"独特卖点"。

请记住"独特"这个词，它是USP的核心，也是营销策划工作的挑战和魅力所在。本书将指导学生反复练习，养成发掘"独特需求""独特卖点"和提炼广告语的能力。

【营销策划技巧启示】本案例中，罗素·瑞夫斯采用了经典的定位技巧之一——人无我有。当你发现产品的"独特卖点"能够满足目标客户的"独特需求"而其他产品却没有时，不要犹豫，USP一定源于此！就此定位，以目标客户乐于接受的语言和文化，直截了当地说出产品的"独特卖点"，就可以很好地完成广告语的设计，进而形成系列营销策略。这个过程，就是营销策划工作追求的"传递价值以换取高额回报"的过程。

在后续的案例分析中，我们还要陆续介绍其他定位技巧如"人有我优"和"人优我特"，以及营销策划技巧如"借花献佛""小题大作""借题发挥""无中生有""移花接木""逆向思维""好听易记""弹性需求变刚性需求"等,请同学们关注。

【导学链接】

名著导读:菲利普·科特勒、凯文·莱恩·凯勒著,王永贵、于洪彦译,《营销管理》(第14版),上海:上海人民出版社,2012年(见图1-2)。

自行在互联网搜索视频:《20080921 谁来一起午餐:叶茂中营销策划》。

自行在互联网搜索文档阅读:《Nuskin(如新)中国营销策划方案》《袁禾大米长沙市场营销策划方案》。

图1-2 《营销管理》(第14版)

一体化实训

娃哈哈启力营销策划

实训目的:采用市场中的真实项目作为实训作业,掌握营销策划的技巧、方法和工作过程。

实训内容:联系所在城市的娃哈哈代理商,了解启力产品的市场定位和竞争状况,根据启力所处的市场生命周期、销售状况、市场占比等,按照营销策划的工作过程,向娃哈哈提交创新的营销策划方案。启力产品及其终端现场促销照片见图1-3。

图1-3 启力产品及其终端现场促销照片

实训要求：以模拟公司学习小组为单位，开展市场调查分析和头脑风暴创意，撰写营销策划文案，按照"营销策划九步实训法"完成项目实训。

【营销策划九步实训法】

1. 每个学习小组须自己拟定实训作业时间安排和团队人员分工；
2. 运用 STP 理论开展市场调查、市场细分（Segmentation），寻找拥有某种"独特需求"的目标客户（Targeting）；
3. 运用定位技巧，根据产品能够满足这种"独特需求"的"独特卖点"形成市场定位（Positioning）；
4. 围绕市场定位撰写产品精神和产品故事，使品质、包装和产品精神成为一个有机的整体，目的是向目标客户传递产品的独特价值；
5. 运用营销策划技巧，构思广告主题、概念，撰写广告精神；
6. 根据广告精神，开展头脑风暴，按照目标客户乐于接受的语言和能够引起共鸣的文化，创意 USP 广告语；
7. 运用 4Ps 营销组合理论，拟定价格、渠道和促销策略，形成营销策划的行动计划，完成投入产出测算，撰写营销策划文案；
8. 依据营销策划文案制作 PPT，按照老师的要求提案；
9. 收集老师、专家、评委、项目方企业和其他团队对本团队提案成果的评价，进行团队总结。

成果评价：三周内完成实训作业，提交营销策划文案，进行 PPT 提案演讲。老师应邀请娃哈哈代理商领导、行业专家到提案现场，与课程老师一起担任评委打分。

考评表格：采用"营销策划实训评分表"进行评分（见表 1-1）。该表将定性评价与定量评价相结合，主要针对营销策划的三个核心原则（逻辑性、创新性、可行性）进行考核。该表既可以由老师一人打分，也可以由老师、企业专家等多人打分，同时还可以用于学生之间的互评。

建议在本课程的实训中始终贯穿使用本表，这对培养学生的营销策划职业能力具有良好的效果。

营销策划实训评分表

提案项目：　　时间：　　年　月　日　　评委姓名：

表 1-1　营销策划实训评分表

序号	制作能力		核心能力			沟通能力		加减分	总分
	文案	PPT	逻辑性	创新性	可行性	演讲礼仪	答辩		
	10	10	20	20	20	10	10	(+/-10)	110

【一体化实训提示】所谓一体化实训,是指科学的职业教育模式"教学做一体化",意味着教、学、做这三件事要一起做,所以本书的第一个实训在开篇第一节即开始。同学们无须担心,第一个项目做不好是正常的,一体化教学的效果体现在持续的一体化实训中,后面的实训项目会越做越好。南宁职业技术学院营销与策划专业坚持一体化教学已达12年,2015年第三方权威机构麦可思数据(北京)有限公司调查数据显示,该专业毕业生就业现状满意度达85%,居于全国领先水平。

同步知识点 1-1

黄尧教授的"游泳训练法"和"生态教学法"

黄尧教授在一体化教学实践中首创了两个重要的概念:"游泳训练法"和"生态教学法"。第一个是"游泳训练法"。市场是大海,唯有学会在大海里游泳才是真正具备了营销策划职业能力。因此,老师和学生要一起游,老师在前面领着游,学生在后面跟着游,老师要比学生更有经验,能够及时传授理论,指出学生的不足,所以也叫"从游"。第二个是"生态教学法"。什么是"生态",这个概念听起来高大上,其实很简单。如果把专业比为鱼缸,那学生就是里面的鱼儿,专业教师团队是养鱼人,专业实训室是鱼缸的基本设施,专业文化、专业课程、学生团队模式和学习效果考核机制是喂鱼的饲料,真实的实训项目就是往鱼缸注入的新鲜氧气。只有为鱼儿创造同真实市场一样的自然生态环境,并让专业的"鱼缸"环境和市场的"海洋"环境"活水互通",当学生跳出鱼缸游向市场"海洋"的时候,才能"如鱼得水"。

资料来源:黄尧,"高职院校'双主体'校企合作专业建设机制探讨",《南宁职业技术学院学报》,2013年第18卷第3期,第37—39页。

1.1 营销策划的基本概念

1. 什么是营销

在经济学领域,狭义的市场是指买卖双方进行商品交换的场所,广义的市场是指为了买卖某些商品而与其他厂商和个人相联系的一群厂商和个人。

在市场营销学领域,对市场的定义是指一切具有特定需求和欲望并且愿意和能够通过交换的方式来满足需求和欲望的顾客。这个概念的核心就是需求和欲望,市场规模实际上就是指那些希望被满足的需求和欲望所形成的消费金额总量。因此,简而言之,市场就是需求。

营销的核心工作是传递价值给客户以换取金钱的回报,换言之,营销工作就是传递产品的价值以满足客户的需求。同样,简而言之,营销就是满足需求(见图1-4)。

综上所述,在市场营销工作中,我们既不能将市场狭义地理解为场所,也不能理解为客户群，而应该理解为需求。市场规模是指可满足需求而形成的消费金额总量，市场占比是指某个产品可满足特定需求的消费总量在市场总需求中的占比。

图 1-4　营销是满足需求

2. 什么是策划

策划，从传统的意义上来讲，其本质就是谋划，是指人们为了达到某个目的而预先进行的周密的资源安排和行动部署。自从有了人类活动，就有了策划，从原始人类的聚众捕猎到现代世界的飞船升天，从风云变幻的战场到瞬息万变的市场，从国家的政治外交到企业的日常经营，时时、处处都有策划的存在。策划是一种普遍的人类行为，是体现人类思维高度发展的突出实践形式，是人类创造世界和改造世界的重要方式之一。

现代的策划概念，伴随着系统论、信息论、控制论、电子化、互联网技术等一系列现代科学理论和技术的发展而不断发展。从现代意义上来说，策划是指策划者为了实现某个目标，在充分调查与目标相关的各种资源和信息的前提下，通过科学运用各种方法和技巧，预先对行动内容进行精心创意、设计和计划的过程。由于策划是瞄准未来目标的工作过程，所以合乎逻辑、创新和可行的预见性成为其最重要的属性，古人云"凡事预则立，不预则废"就是这个道理。

3. 什么是营销策划

（1）营销策划的定义

黄尧教授通过阅读大量经典的教科书理论，总结亲自参与的大量营销策划的案例，观察每天发生的营销策划故事，对营销策划的概念做出了进一步的定义：

营销策划是为了达到企业盈利的营销目标，以满足目标客户的独特需求为目的，在考虑企业现有资源的情况下，形成围绕产品独特卖点的系统性营销策划创意，从而规划产品的价格、渠道、促销，实现产品与客户的价值交换。

那么，策划与计划有区别吗？当然有。策划是一门指导人类创新活动的预见性行为科学。而计划是指导人类合理安排活动的预见性行为科学，但不一定具有创新内容。

同步知识点 1-2

黄尧教授的"营销策划=策+划"理论

根据对营销策划概念的理论研究,黄尧教授提出了"营销策划=策+划"理论(见图 1-5),并在大量项目实践和教学中取得了很好的效果。

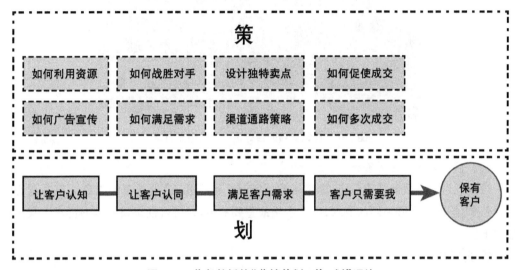

图 1-5　黄尧教授的"营销策划=策+划"理论

营销策划的"策"是指满足需求的计策、谋略,也称为营销策略,具有创新思维的内核;"划"是指为满足需求而实施营销策略的计划、安排,具有时间、内容、人员安排的特性。因此,营销策划就是从满足需求的目的出发,有计划地实施营销策略,即"营销策划=策+划"。

可见,营销策划就是一个如何设计产品独特卖点以满足目标客户独特需求的过程,简而言之,就是"如何满足需求"。

营销策划人员的职业能力精髓是判断力和创造力,所以策划人员要有把握市场变化和适应市场变化的能力。面对日益激烈的市场竞争和快速变化的市场环境,营销策划仅仅是发现显性需求并满足需求是不够的,越来越多的成功案例表明,在现代市场活动中,企业投入大量的精力在于发掘没有被满足的隐性独特需求,然后通过创意、创新、创造形成独特的产品和服务,以独特卖点确定市场定位,实现独占或领先市场,也就是常说的"不做市场的唯一就做市场的第一"。

(2) 营销策划的任务和目标

我们说,营销策划的任务是发现具有独特需求的目标市场,提炼能够满足该需求的产品独特卖点作为市场定位,向目标客户传递产品的独特价值从而获得高额回报;营销策划的目标是从满足客户的独特需求中发掘产品的独特卖点,形成独占或领先市场的高额回报盈利模式(见图 1-6)。

图1-6 营销策划的目标是独占或领先市场

（3）营销策划的主要特征

营销策划的主要特征有三点，即逻辑性、创新性、可行性，这也是营销策划的三个核心原则。其中，逻辑性是最起码的要求，创新性是最重要的追求，可行性是最根本的诉求。具体内容如下：

① 逻辑性

第一，要有明确的目标。营销策划是围绕企业明确的市场目标及营销绩效所开展的活动。

第二，要有科学的预测。营销策划必须建立在真实、深入、充分的市场调查分析基础上，对目标客户的独特需求、目标市场的规模容量等预先进行研判，对产品的独特卖点、营销策略等预先进行系统设计，这些系统设计通常被人们称为"商业模式""盈利模式""经营体系"等。

第三，要避免前后矛盾。一方面，在营销策划的过程中必须保持前后出现的观点、分析、数据等内容一致；另一方面，在营销策划的方案中还必须保证前后分析推论的结果符合逻辑，不可自相矛盾。

第四，要有系统的视角。营销策划必须全方位考虑政治、社会、经济与自然的因素，充分利用企业内外环境的资源，综合运用多种营销模式和手段，强调科学、周全、有序。

② 创新性

第一，挑战不确定性。营销策划虽然建立在充分调查与研究的基础上，但企业所处的市场环境变化较快，许多资源和环境因素的不确定性导致计划存在不确定性的风险，只有通过创新才能战胜不确定性、战胜风险，进而领先市场。

第二，挑战传统习惯。人类在消费方面"喜新厌旧"，即厌弃过时陈旧、喜欢时尚潮流，营销策划必须始终顺应这种消费的需求趋势，积极挑战思维的惯性和传统的束缚。

第三，挑战创意极限。要将每一次策划创意都当作是一次思维革命，始终保持敏锐的洞察力、活跃的创造力，不断超越对手、超越自我，正如国内营销策划大咖叶茂中先生所说："没有创意不如去死。"

③ 可行性

第一,在调适性方面可行。营销策划方案必须充分考虑所处市场环境的各种因素,具有因时、因地、因对象制宜的适应性。

第二,在动态平衡方面可行。营销策划的工作过程是企业的可控因素与环境的不可控因素之间的动态平衡过程,换句话说,营销策划要及时调整企业的实施计划以适应市场的动态变化,这样才能够保证目标的最终实现。

同步案例 1-1

7天连锁酒店仅用三年跻身一线阵营

7天连锁酒店集团创立于2005年,是铂涛酒店集团旗下品牌之一。截至2014年年底,7天连锁酒店已拥有分店超过2 000家,覆盖全国超过300个主要城市,会员超过8 000万人,是中国经济型酒店中规模最大的会员体系。权威数据显示,会员对7天连锁酒店收入的贡献率高达98%。

其创始人郑南雁最初是携程网的一位高级IT技术人员,后来IT基因便成为这家公司的典型特征。在7天连锁酒店创立之初,郑南雁发现,市场上原有的其他经济型酒店缺乏IT应用,而年轻人更乐于使用电脑和手机预定客房。于是他利用自身优势,针对年轻人希望经济型酒店更舒适更方便的独特需求,带领团队开发出了一套基于IT技术的系统平台,将互联网、客服中心、短信和店务管理系统集于一体,实现了即时预订、确认及支付功能,同时提炼出了7天连锁酒店的USP:"三星级酒店、五星级大床"(见图1-7),并策划出了"五合一"的盈利模式:

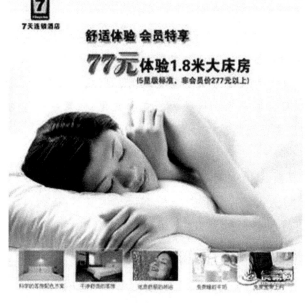

图1-7 "三星级酒店、五星级大床"

- "核心城市率先"的开店模式;
- "放羊式管理"的推广模式;
- "会员制+电子商务"的营销模式;
- "IT化+低成本+扁平化"的管理模式;
- "顾客参与式"的服务模式。

如此既降低了成本,又架构起了各分支运营体系,超越其他经济型酒店迅速形成强大的市场竞争力。于是,7天连锁酒店在三年之内跻身国内经济型酒店的一线阵营,比肩如家、锦江之星、格林豪泰等老牌经济型酒店。

【案例思考】7天连锁酒店仅用三年就跻身一线阵营,是如何做到的?

【分析提示】郑南雁的优势是IT程序开发,他本可以选择继续做一个高薪的杰出程序员,但他在携程网的经历使他发现了现有经济型酒店能够满足商务人士的需求,却无法满足年轻人"喜欢IT,对面子妥协,对舒适性不妥协"的独特需求,他毅然决定创业,策划一家能够满足上述独特需求的酒店,这样在年轻人市场中就能够领先其他现有的经济型酒店,而这个策划的核心正好是他所具备的强项:IT开发能力。于是,为了形成7天连锁酒店的独特卖点(即酒店核心竞争力或核心价值),他带领团队整合了IT资源、携程经验、风投资源、客户资源、合作伙伴资源等,按照酒店的独特卖点提出了独特的销售主张(也是广告语):"三星级酒店、五星级大床",一下子就打动了千千万万的年轻人,他们纷纷成为会员,使7天连锁酒店造就了一种独具魅力的创新,从而在短短三年进入经济型酒店第一集团军。

【案例关键词】案例关键词是"创新",它首先对客户需求痛点和现有竞争对手劣势进行分析,然后分析自身拥有的资源能否形成超越对手而解决客户需求痛点的创新,最终用创意的智慧提炼能够传播这个独特卖点的广告语。

【营销策划技巧启示】案例中,郑南雁采用了经典的定位技巧之二——人有我优。当你发现竞争对手无法满足某一个细分客户群的独特需求,你的资源却能够形成一款新产品超越对手满足客户这个需求而形成创新优势时,那么,不要犹豫,这个优势就是你的独特卖点,就此定位,以目标客户乐于接受的语言和文化,创意一个能够体现独特卖点的销售主张,以此形成的广告语就是最伟大的创意。

【导学链接】

名著导读:艾·里斯、杰克·特劳特著,王恩冕等译,《定位》,北京:中国财政经济出版社,2002年(见图1-8)。

自行阅读百度文库资料:《特劳特(中国)品牌战略咨询有限公司——定位制胜》《定位读后感》。

图1-8 《定位》

【即问即答】

1. 营销策划的主要特征有哪些?
2. 从市场到营销,再从营销到营销策划,可以分别用三个有逻辑关系的简短词语或词组来概括,字数分别是2、4、6,它们是哪三个词语或词组?
3. 如何理解营销策划是思维的创新性革命?
4. 营销策划必须具备可行性,因此在做策略和计划时要尽可能准确地预见结果。为了达到可行性,策划人员通常要在企业内和市场上完成哪些工作?

【导学资料】

国际上重要的营销策划相关理念演进时间表(见表1-2):

表1-2 国际上重要的营销策划相关理念演进时间表

20世纪20年代	分销管理
20世纪30年代	品牌经理(罗伊 P&G)
20世纪40年代	需求层次论(马斯洛五层次),消费行为测评
20世纪50年代	独特的销售主张(瑞夫斯 USP),市场细分(史密斯 STP)
20世纪60年代	产品策略的营销组合(麦卡锡 4Ps),品牌形象(奥格威)
20世纪70年代	定位理论(特劳特),产品结构管理(亨德森波士顿矩阵)
20世纪80年代	态势分析(韦里克 SWOT),竞争战略(波特五力)
20世纪90年代	需求策略的营销组合(劳特朋 4Cs),整合营销(舒尔茨)
21世纪初至今	关系策略的营销组合(舒尔茨 4Rs),电子商务,个性营销,体验营销,事件营销,大数据营销

表1-2中,从20世纪30年代起诞生的一系列重要理念至今仍有生命力,加括号特别标注的那些理论对营销策划的影响尤为显著,希望同学们认真学习、实践和领悟,在策划创意和撰写营销策划文案中积极运用。

4. 营销策划的由来

营销策划是市场营销的中国实践者们结合中国实际和外国咨询业特点发展与创造出来的新型行业。"策划"一词,是具中国特色的,在国外找不到与之具有完全相同含义的词汇。比较接近的职业或工作任务,在国外被称为计划、规划、咨询、顾问,如"Plan""Strategy""Consultation""Scheme""Plot"等,具有战略、策略、计谋、计划等词义,并没有策划的意思。因此,营销策划的许多相关理念、知识、概念和技术等来源于西方的市场营销学,但却是具有中国特色的中国产物。

实际上,中国的"策划"一词已有几千年的文化底蕴,如《吕氏春秋》中"此胜之一策也",《后汉书·隗嚣传》中"是以功名终审,策画复得",唐代元稹《奉和权相公行次临阙驿逢郑朴射相公归》中"将军遥策画,师氏密许谟",清代魏源《再上陆制府论下河水利书》中"前此种种策画,皆题目过大",等等。现代"策划"的词义基本继承了古词内涵,含有"运用智慧,围绕目标进行调查研究和预测分析,整合现成及潜在资源,使之有效完成"的意思。

营销策划是随着中国市场经济的发展而发展起来的,大体经历了萌芽、形成、发展等三个阶段。

（1）萌芽阶段

这个阶段为 1978—1998 年,随着中国开始发展具有中国特色的市场经济,社会企业对营销策划开始形成需求,有人开始为企业经营提供分析和策略的参谋,但此时并没有运用科学的理论工具和系统的策划理念,大多以"出点子"的形式呈现(见图 1-9)。

"点子"从哪里来?

图 1-9 "点子"从哪里来?

（2）形成阶段

这个阶段为 1999—2003 年,这个阶段企业面临日益激烈的市场竞争产生了强烈的营销策划需求,中国社会从理论到实践都充分认识到营销策划职业已经形成,迫切需要形成完整的理论体系。2003 年,国家教育部审定的高校专业目录中,"广告策划专业"在本科院校开始招生,"营销与策划专业"在高等职业院校开始招生,标志着营销策划行业开始形成。

（3）发展阶段

这个阶段为 2003 年以后，以重庆工商大学为代表的一批本科院校和以南宁职业技术学院为代表的一批高等职业院校为营销策划行业展开了理论研究、项目科研和人才培养，尤其是南宁职业技术学院，在营销与策划专业先后出版了紧扣营销策划理论和实践的两本专著及两本国家"十二五"规划教材，并在核心刊物上发表了一批理论文章。尤其是该专业的核心课程"策划创意"，在 2009 年被评为国家教育部的国家级精品课程，是全国本专科院校唯一在营销策划方面获得"国家级精品课程"称号的课程，标志着中国的营销策划职业人才培养模式在理论和实践上得到了社会的认可。2015 年第三方权威机构麦可思对南宁职业技术学院营销与策划专业 2014 届毕业生进行了大数据抽样调查分析，数据显示，该专业 85% 的毕业生对就业现状表示满意，全校排名第一，其他专业均没有达到 80%，说明该专业建立的营销策划职业能力培养模式与营销策划行业对人才的需求吻合度高，毕业生能够充分发挥作用并得到满意回报，就业期望得到了满足。

这个阶段的营销策划人员已经能够运用科学工具、理论知识为企业提供服务，既能够开展"企业诊断""CIS 导入""战略研究""品牌咨询"等战略咨询服务，又能够开展"市场调查""市场定位""营销策略""广告设计"等战术咨询服务，还能够深入市场执行具体的方案。

1.2 营销策划的作用

一个企业开拓市场成功绝不是偶然的，几乎都有一系列精心的营销策划。在现代市场经济条件下，对营销活动实行科学的策划，是企业必然的选择。

1. 有助于了解客户的独特需求

市场在发展，社会也在发展，消费者追求更新鲜的个性化消费与体验的特征日渐突出。科特勒曾经说过，最好的营销其实就是不需要营销。不需要营销怎样销售产品？靠优秀的营销策划，使消费者追着购买产品。比如苹果手机，十年前推出 iPhone 第一代产品时，乔布斯不遗余力地亲自推销，而现在每推出新款 iPhone 再无须推销，消费者已早早排队抢购。究其原因，就是 iPhone 一直以来营销策划做得很好，满足了全球 4.75 亿目标客户（截至 2015 年 3 月，苹果公司季度财务报告）的独特需求。

优秀的营销策划人员具有敏锐的洞察力，能够熟练运用马斯洛需求层次理论，在市场调查的大数据中发现独特需求的踪影，并运用深度访谈、观察测试等技术手段厘清独特需求的心理特征和行为特征。营销策划学与其说是管理技术、营销技术的学科，不如说是心理分析技术的学科，营销策划学从某种意义上来说，就是营销心理学。

2. 有助于明确产品的独特定位

在市场营销实践中，不少企业花费了大量的精力去抓质量、抓生产，而市场却始终打不开，还造成了产品的大量积压，这是为什么呢？就是因为缺乏科学的营销策划，没有为产品设计独特卖点。产品没有独特定位，质量再好也无法满足消费者的独特需求，市场不买账。特劳特说，定位就是在客户的大脑中占据一个独特的位置，这个位置不是唯一就是第一。

优秀的营销策划人员具有严谨的逻辑分析能力，能够熟练运用 SWOT 态势分析、STP 市场细分和定位理论，能够从产品的品质、包装、精神以及生产方式中提炼出战胜对手并且满足客户独特需求的独特卖点，形成独特定位，面对市场时势如破竹，所向披靡。

3. 有助于建立品牌的核心价值

包装、品质和精神这三个部分构成了产品的品牌价值，而产品精神就是品牌的核心价值，产品定位正是产品精神的核心内涵。

孔子说过"大学之道，在明明德，在亲民，在止于至善"（《大学》），产品精神正是这样的大道："明德、亲民、至善"，消费者对品牌价值的高估往往不是因为包装和品质的差异，而是追求这样的产品精神。比如耐克和李宁的产品都在国内生产，品质不会差太远，但价格却差三倍以上。耐克的标志和口号"Just do it"（明德）从来没有改变，产品精神的代言人是能够从胜利走向胜利的世界顶级运动员，如乔丹、梅西、贝克汉姆、刘翔、伍兹等（至善），选择的代言人运动领域也是拥有最多爱好者的篮球、足球、田径、网球、高尔夫等（亲民）；而反观李宁，标志改变了，口号变了多次，代言人的选择标准也不断改变，选择的代言人是并非最好的篮球运动员韦德、国人不满意的男足运动员李铁、小众的羽毛球运动员林丹、与运动精神差好远的演艺明星林志玲等，这对产品精神产生了极大的影响，"明德、亲民、至善"哪一条都没有做好（见图1-10）。正是营销策划水平的差异造成了品牌核心价值在分析、设计和建立方面的差距，使本有可能缩小的竞争距离反而加大了。

图1-10　耐克和李宁的新代言人

优秀的营销策划人员具有高超的文化修养，能够熟练运用品牌形象理论和需求策略的 4Cs 组合工具，能够写出触动客户心底柔软处的文字，形成产品精神和品牌的核心价值，使目标客户在付出超额高价交换产品价值时却依然感到极大满足，这样的品牌如猎猎战旗百年不变，却依然成为客户追逐的偶像。

同步知识点 1-3

产品精神和黄尧教授的"划算公式"

所谓产品精神，就是产品内涵、产品灵魂，是品牌价值和产品价值的核心部分。由于

消费者购买产品时必然会根据性价比来选择产品,因此黄尧教授根据营销策划实践与理论研究提出了"划算公式"理论:

$$产品划算 = (29\% 品质 + 20\% 包装 + 51\% 精神) \div 价格$$

其中,百分比因子即项目权重,说明该项需求得到满足时消费者价值感的提升速度,产品精神起决定作用。

产品品质是消费者的生理价值需求,产品包装和产品精神是消费者的心理价值需求,按马斯洛需求层次理论分析,产品品质属于第一层"生存"和第二层"安全"的生理需求,产品包装属于第三层"社会交往"和第四层"社会地位"的心理需求,产品精神属于第五层"自我价值实现"的心理需求,人们对第五层的追求往往是不惜代价的。

现代市场竞争中,随着竞争白热化和产品同质化,消费者更注重个性化体验和自我价值认同,此时,产品精神的作用越发重要,产品被赋予的品牌内涵越独特、丰富、持久,就越有竞争力,哪怕价格更昂贵,消费者也会觉得划算。

划算公式一方面源自心理学大师马斯洛的需求层次理论,另一方面源自营销学大师科特勒的产品三层次,但划算公式比产品三层次更清晰地指出了三层次在满足消费者需求方面的不同作用,因此能够有效指导营销策划工作的重点。

产品三层次是指:核心层(品质—功效),有形层(表现—包装),价值—延伸层(服务—精神)。

4. 有助于企业的营销创新

人类社会发展的动力是人类"喜新厌旧",无论是引领社会变革的重大事件还是推动社会进步的关键理论与技术,无不因为创新的动力而促成。中国经济目前的关键问题就是创新力不足,虽然中国的 GDP 总量居于世界第二,但大多是创新型国家的代工生产总量,所以国家在 2015 年提出了"大众创业、万众创新"的实施计划。

彼得·德鲁克(Peter Drucker)说过,企业只有两个基本职能:营销和创新。企业基本职能的主体是营销,因为社会需求的核心是消费,学者在观察经济现象时发现,无论是经济上行还是下行,消费总需求并不随经济波动,只不过是目标消费的需求不同而已;同时,企业营销的核心是创新,那是因为消费需求的核心是追求创新。可见,创新是企业的根本。

现代市场竞争不是大鱼吃小鱼,而是快鱼吃慢鱼,那些大鱼因为创新不足已经纷纷死去,如 SONY 公司、NOKIA 公司、通用公司的破产危机,因此,唯有营销策划站在企业经营的逻辑起点上,为企业提出创新策略,才能够真正解决企业营销问题(见图 1-11)。

优秀的营销策划人员具有永不放弃的创新勇气和活跃的脑细胞,善于运用波特五力分析、波士顿矩阵、STP、USP 等理论工具和头脑风暴、逆向思维、联想思维、发散思维等创新方法,有时哪怕一点点创新就能够为企业营销创造奇迹,比如淘宝的平台创新、脑白金的形式创新、王老吉的口号创新、白加黑感冒药的组合创新等。

图1-11　办好企业必须首先具备营销策划能力

5. 有助于提高营销活动的可行性

企业最苦恼的事情就是无法预测市场的发展，最痛苦的事情就是无法预估营销的目标，而此时营销活动的盲目就是企业最大的风险。《孙子兵法》说，没有开战之前就要先搞清楚条件与筹划的可行性，可行性大的胜算大，可行性小的胜算小（孙子曰：夫未战而庙算胜者，得算多也；未战而庙算不胜者，得算少也。多算胜，少算不胜，而况于无算乎！吾以此观之，胜负见矣）。市场犹如战场，企业营销策划的所有目标都是为了取得胜利，营销活动的可行性决定了市场竞争的成败。

优秀的营销策划人员懂得运用归纳、演绎的逻辑思维去推理可行性，分析企业内外环境、资源的现状，判断市场发展的趋势和企业竞争的态势，估算企业的投入产出，使企业对营销活动胸有成竹。

同步案例1-2

脑白金满足了独特需求而畅销

从1997年开始，每年春节总有一支广告铺天盖地地出现："今年爸妈不收礼，收礼还收脑白金"，而且总是以两个老人的动画形象喜气洋洋地跳着个性舞蹈（见图1-12）。从一开始，脑白金实际上策划的就是礼品，而不是保健品。脑白金分析了广大消费者的痛点：给家中老人送礼，选来选去很纠结，不知道送什么。

脑白金产品诞生之初，在中老年保健礼品市场上，传统的礼品是营养保健品，如蜂皇浆、脱脂奶粉、麦乳片等，这些营养品其实对老年人也没有什么特别的功效，更多的是心理上的安慰。史玉柱说：那么好吧，我们按照这样一种模式思考一下还有什么领域没有老年人保健礼品。大家的结论是医药领域。那么为什么这个领域没有礼品呢？经过调查发现，原来医药产品要成为礼品，国人在传统心理上还是无法接受的，因为中国人"忌病讳医"，因此各厂家还是挤在营养礼品的"红海"中厮杀。

图 1-12 脑白金产品广告图

史玉柱带领团队开始营销策划工作,明确了三点创意:第一,进口一种医药保健品;第二,起一个像药品的保健品名字;第三,拿到保健品许可证仍在药店销售。

于是,他们从美国引入了能够改善睡眠质量的保健品"褪黑素"在国内生产,并给它起了一个响亮的名字"脑白金",打造了医药保健礼品"蓝海"市场的首个产品,投入巨资在中央电视台黄金时段投放两个老人跳舞的动画广告,辅之以姜昆、大山的名人代言,在全国各大城市的药店迅速铺货。

脑白金营销策划被业界称为"快速启动市场、迅速拓展全国领域"的典范,"导演了医药保健品领域的神奇现象"。事实上,它也确实取得了非凡的成绩,仅2001年1月就创下了2亿多元的佳绩,突破了中国保健品行业单品单月的销售记录。

【案例思考】中国是好礼的国家,从来不缺给老人的礼品,为什么脑白金能够成功?

【分析提示】营销策划的关键是产品定位,一定要了解产品的购买者是不是消费者,购买者是高参与度还是低参与度。高参与度的,就要通过理性广告介绍产品品质,打理性牌;低参与度的,则要通过感性广告渲染产品精神,使用名人代言。显然脑白金的购买者不是消费者,他们对礼品消费是低参与度的。因此,脑白金市场定位是首创医药保健礼品,包装和定价是基础,感性广告是关键,此时购买者往往关心的是礼品价格代表的档次、礼品包装蕴含的祝福,对功效反而不太关心了。俗话说"礼到情意到",脑白金家喻户晓时,购买者把它送出去,就更容易传递礼物的价值,至于最终消费的效果,老人的心理因素对身体健康影响很大,而且睡眠好就感觉什么都好了。

【案例关键词】案例关键词是"蓝海"。顶级策划人员在设计营销策划方案时,并非考虑如何超越对手在红海中抢夺一块蛋糕,而是寻找或创造一片没有人涉足过的蓝海,他们经过精心构思建立了自己的商业模式,既可以迅速占领这片蓝海又能够较长时间控制这片蓝海。

【营销策划技巧启示】案例中,史玉柱采用了经典的定位技巧之三——人优我特。在一个成熟的红海市场里,一定已经存在许多优秀、优质的竞争产品,它们占领了市场,控制了趋势,我们无法与它们正面竞争。但是,如果能够发现潜在的其他独特需求并满足它,就避开了正面竞争而开辟了新的市场。脑白金案例中,以往产品满足的是营养保健礼品需求,而医药保健礼品需求还没有得到满足,此时脑白金以产品精神的独特性和口号的独特性,满足了医药保健礼品比营养保健礼品更有疗效的独特需求,创造出了一个只属于它自己的蓝海,因此旺销长达近二十年不衰。可见,"人优我特"的定位技巧比前两个("人无我有""人有我优")要求更高,但是一旦成功则营销效果更好。

课堂活动 1-1

目标: 掌握策划与营销的关系,理解如何运用定位技巧构思产品定位。

内容: 以各模拟公司学习小组为单位,学习定位技巧,以最近市场上刚刚兴起的品牌"我为王"男士内裤为例,讨论可否创造男士内裤礼品的市场。

组织形式: 这是同学们以模拟公司为学习小组参加的第一次课堂活动,老师要组织同学成立模拟公司。模拟公司应该有公司名称、LOGO、口号、公司组织机构,公司设有总经理、副总经理、策划经理等岗位架构,有完成社会实践与服务后获得的真实收入,也有虚拟收入,虚拟收入可由老师按照课堂活动、作业、提问、考试、项目活动等计算团队和个人得分,团队作业要根据个人参与团队活动的表现按照加权分值换算为个人得分。先请同学们在本组讨论,形成结论。老师从每组随机指定一个同学上台来做分享,老师给每个团队点评和打分。最后,由老师做总结。

要求: 每个模拟公司学习小组必须有讨论的成果,每天小组必须有一个同学上台讲解本组的结论。老师既可以引导本组其他同学补充,也可以调动其他小组点评该组结论,营造教学的生态氛围。

【训练要点】 掌握策划与营销的关系,掌握营销策划定位的技巧,学会运用"策+划"理论和"划算公式",学会头脑风暴创意并安排好实施计划。

【参考资料】 自行用电脑或手机搜索新浪网、搜狐网、凤凰网、中新网等各大媒体2015年12月25日前后发布的新闻《"我为王"男士内裤——洗牌逆流中的龙头初显》,该新闻在显著位置介绍了南宁职业技术学院营销与策划专业2014届毕业生徐小好、顾志远,大学毕业一年后响应国家"大众创业、万众创新"的号召,自觉运用黄尧教授传授的定位技巧和策划创意技能,成功创建"我为王"男士内裤品牌的市场传奇(见图1-13、图1-14)。

图1-13 "我为王"内裤品牌创始人徐小好、顾志远

图 1-14 "我为王"内裤重视品质、包装和产品精神

1.3 营销策划的基本内容

营销策划的基本内容如下:

1. 制定企业发展战略和市场竞争战略

营销策划首先必须解决企业发展战略和市场竞争战略问题。企业营销目标必须符合企业发展战略目标,如果企业还没有明确战略目标,营销策划人员就必须为企业制定发展战略。发展战略是企业经营的大方向,如果不能与大方向一致,无论你的营销策略有多好,都如同大海中迷失了方向的小船,速度越快,可能离目标越远。所谓"方向比速度重要",营销策划人员的首要职责就是为企业把握正确方向(见图1-15)。

图 1-15 "方向比速度重要"

2. 开展市场调查与分析

"没有调查就没有发言权",知己知彼才能百战不殆。

黄尧教授在营销与策划专业的课堂上做案例分析时说过:"你以为你以为的就是你以为的吗?"他的学生都被这句名言深深打动而一直铭记。营销策划必须基于真实的客户需求和市场竞争情况,这样才能够整合企业内外资源,运用创意的智慧发挥营销策略的作用。科学准确的市场调查分析必须是营销策划的前提。

同时,同学们还必须记住:没有明确的客户筛选、未经逻辑陷阱排伪的调查数据是不能作为营销策划依据的,还应切记:网络数据不足以成为严谨的分析依据。

同步知识点 1-4

黄尧教授的"逻辑陷阱排伪法"

在问卷调查中,面临的最大问题是我们不知道被访者是否在敷衍了事或有意说谎。由于营销策划采用 STP 法须先调查消费者需求才能细分消费者市场,如果被访者敷衍或说谎,这些数据就无法带给我们真实数据的支撑,那么,做出的创意和策划就都是错误的。事实上,我们发现,有不少调研报告采用的调查数据与事实感受有很大偏差,即使一些权威官方调查机构或著名调查公司的数据有时也存在这样的情况。我们还发现,教科书强调的是采样方法要科学,权威机构和公司也强调自己的采样方法最科学,也就是符合统计学原理的采样方法和操作流程上避免虚假样本等,殊不知这些方法根本无法避免来自被访者自身的敷衍和有意说谎,更无法避免调查员参与问卷答案造假。

黄尧教授通过总结自身十多年主持市场调查项目的经验,独创了"逻辑陷阱排伪法",可以排除不真实或造假的问卷,其原理就是,在问卷设计中编织逻辑陷阱,如果被访者不说真话,一定会掉进逻辑陷阱,这张问卷就视为作废。该方法在中国电信、中国移动、美国赛百味(Subway)、茅台习酒、娃哈哈、大明山、百年乐等项目中,进行了上百次的市场调查研究,得到了有效验证,效果显著,客户反映非常好,据此做出来的营销策划创意和方案针对性强。

所谓逻辑陷阱,就是在问卷设计中事先安排好前后逻辑关联的问题,被调查者如果回答前面问题时说谎,就必定会在后面回答问题时造成逻辑矛盾,掉进预先在后面问题中设计的逻辑陷阱。比如,先问"上帝是万能的吗?",其实你并不知道答案,但你随意回答"是",那么在后面会遇到一个问题"上帝能创造他也举不起的石头吗?",你回答"是"或"不是"都是矛盾的,说明你在之前没有想好就瞎说。我们再举一个市场调查问卷的例子,比如,先问"你觉得赛百味三明治好吃吗?",其实你根本没有吃过,但你随口回答"好吃"或"不好吃",那么后面会有问题再问你"你喜欢赛百味三明治的三角形吗?",你回答"喜欢"或"不喜欢"都是错误的,回答"其他"才是对的,因为赛百味三明治只有一种形状,就是潜水艇形的。

3. 明确营销策划目标

营销策划是为了解决"如何满足需求"问题的,因此必须明确本次策划以"满足某独特需求"为目标。只有先发现企业在市场中没能满足消费者某一个独特需求,才能通过营销策划创意来形成满足这个独特需求的方法。所以,每一次营销策划都要有一个明确的目标。评价一个策划文案的优劣,最终就是要看方案实施后的效果能否与策划的目标相吻合。

4. 挖掘并整合尽可能多的资源

能够整合多少可供调度的企业及社会资源，往往体现了营销策划人员的能力和水平。可整合的资源越多、越丰富，那么营销策划人员策划水平和能力就越高，策划起来也就越容易，实施起来效果也就越好。

在营销策划时，要尽可能多地挖掘企业自身现有的或可开发的资源，如人力、物力、财力、社会关系等，这样既节约了费用，又整合了自身的资源优势，同时也能够达到预期的策划目标。比如请明星或名人参与某项活动，如果这些对象是热心支持企业或热衷于公益活动的，就可以节省费用开支。

5. 统筹考虑市场因素

营销策划是一项系统工程，市场营销中出现的任何一个问题，都可能是众多市场因素综合作用的结果。比如产品滞销或市场占有率低的问题，既可能是因为消费需求改变了，也可能是因为竞争品、替代品增加了，还可能是因为营销人员水平低、干劲不足、品牌推广不到位等，而且很可能是几种因素同时作用的结果。

如果认为一个营销问题只是一个市场因素造成的，将不利于营销策划方案全面解决问题。因此营销策划人员要统筹考虑各类市场营销因素，这有利于发现更多的、更准确的营销问题和问题产生的原因。

6. 利用无形资产盘活有形资产

企业的有形资产是指资金、设备、产品、办公环境等"硬件"，而无形资产则是指企业形象、品牌价值、产品精神、创新能力等"软件"，营销策划人员的突出能力是懂得利用企业的无形资产促进有形资产的迅速升值并产生效益。比如海尔利用已取得成功的海尔冰箱品牌价值制定品牌延伸策略，开发了彩电、洗衣机、空调等多种产品（见图1-16）。

图1-16 一个哥哥"生出"众多兄弟

7. 按照逻辑推演过程开展工作

营销策划既是一种思想，也是一个过程。营销策划工作的起点是市场分析，通过收集信息分析需求变化、对手变化、企业变化等市场趋势，判断可能的发展结果，然后才能够对企业和产品是否需要调整定位作出判断，围绕定位展开营销策略的系统构思，最后进行实施计划安排和盈利模式、投入产出等可行性评估。这个过程是具有严谨的前后逻辑推演的，营销策划人员必须按照这个过程开展工作（见图1-17）。

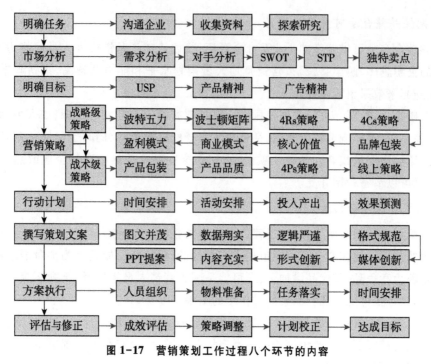

图1-17 营销策划工作过程八个环节的内容

同步知识点1-5

逻辑推演

逻辑推演是指从一个概念（包括名称、主题、理念、定义、命题等）推理过渡到另一个概念的逻辑演绎活动。营销策划的工作过程就是一个逻辑推演的过程，从目标客户的名称开始到客户关系的建立为止，每一步都是一次推理过渡。

下面推荐营销策划逻辑推演过程的六个概念节点：

第一，目标客户点。首先要精准找到目标客户，并给这群目标客户定义一个名称，描述他们的心理特征、行为特征、消费特征、收入特征等。

第二，痛点。目标客户有消费问题急需解决，睡不着觉、苦恼，这就是目标客户的痛点。找到痛点就找到了独特需求点。

第三，痒点。目标客户有独特需求急需满足，此时心理不痛快、别扭，不知道什么样的消费能够满足他、帮他"挠痒痒"，这就是目标客户的痒点。找到痒点就找到了独特需求的满足点。

第四，兴奋点。目标客户在消费中产生"哇"的惊喜和满足感，这是一种难得的消费快感，是产品或服务挠到痒点产生的兴奋。找到了兴奋点就找到了产品满足独特需求的方法，这就是产品在目标客户心目中的地位，即市场定位、产品定位。

第五，价格划算点。虽然目标客户兴奋了，但是一看到价格超出他对价值的判断，一瓢水就把燃起的兴奋点浇灭了，那之前的逻辑推演也就全部白费了。因此，在亮出价格之前，一定要从品质、包装和产品精神三个方面达成目标客户的价值认同，这时亮出价格才能够达到理想的价格划算点(参见黄尧教授的"划算公式"理论)。

第六，客户关系点。俗话说"一回生二回熟"，人类是很健忘的动物，必须及时重复才能产生记忆，产生记忆才能产生密切关系，忠诚客户的关系就此才能建立起来。因此，客户关系点就是再次挠到痒点的维系点。

同步案例 1-3

在校生超越职业前辈获"广西十大创意"奖

【**南宁职业技术学院讯**】2016年1月29日，由广西创意产业协会主办、广西出版传媒集团承办的第三届"广西十大创意"颁奖典礼在南宁绿地中央广场隆重举行，由我校营销与策划专业在校生开发的"绿植云"项目喜获2016"广西十大创意"大奖"最具创意互联网服务平台奖"。获奖团队成员受邀出席了颁奖典礼，奥理公司董事长、我校财经学院院长、营销与策划专业创始人黄尧教授和周玉媛同学作为团队师生代表上台领奖(见图1-18)。

图1-18 营销与策划专业在校生获"广西十大创意"奖

据悉，该项目是以黄尧教授、唐可可高级经济师和姚洁讲师为指导小组，2013级营销与策划专业庞焕兴、李佳利、周玉媛、祥靖弥四位在校生组建创业团队，最终在"互联网+"的营销策划领域取得历史性突破，该成果填补了全国市场空白，并获得了300万元天使资金。这是该奖项有史以来由在校生团队取得的大奖，也是南宁职业技术学院"敢为人先"精神的再次体现。

"绿植云"项目创业团队从2015年7月开始对广西绿色空间生态科技有限公司产品进行市场调查与分析，依托其"家庭农庄"线下产品，以打造一个让孩子快乐成长的家庭生态环境为目标，运用"互联网+"的思维，开发"自创客"的盈利模式，设计了集种植体验、乐趣分享和个性化互联网服务于一体的策划创意方案，形成了在国内家庭绿色种植领域独一无二的创意，寻找到了一条帮助企业从传统经营困境到现代企业管理、市场营销的新型发展道路。该项目于 2015 年 11 月进行了创业路演,现场获得了行业评审专家的高度认可,随后不久即拿到了天使投资,现项目已进入实施阶段。

"绿植云"项目斩获大奖,彰显了我校师生强大的创新创业能力和较高的行业技能水准,是我校营销与策划专业践行"双主体"育人的成果体现。奥理公司与我校经过 12 年的深入合作,倾力打造营销与策划专业,培养了大量优秀人才,树立了行业地位,很好地服务了广西区域经济和产业发展。

据介绍,广西创意产业协会是由广西壮族自治区工业与信息化委员会主管,由广西出版传媒集团担任会长单位。协会在广西壮族自治区党委宣传部、自治区工信委指导下积极主办两年一届的"广西十大创意"活动。在首届评选活动中,"印象·刘三姐"实景演出、中国-东盟博览会开幕式、电影《黄土地》等项目获奖,获奖单位均派重要代表到现场领奖。

【案例思考】在校生团队为何能在与企业、机构、职业策划人的竞争中胜出?

【分析提示】创意成功的关键是什么呢?从表面上看是创新,实际上完美的逻辑和现实的可行性也同样重要。在校生欠缺的第一是经验,第二还是经验,但他们通过系统训练能够拥有严谨的逻辑和开放的创意,如果能够在可行性方面通过大量真实项目的实训迅速积累经验,就有可能比在职的团队做得更好。

"绿植云"项目研究了原来企业存在的问题,研究了目标消费群的痛点和痒点,沿着营销策划的逻辑发挥了大学生在"互联网+"方面的创新能力,突破了传统思维,在现实可行性上解决了难以解决的售后服务问题,受到了天使投资的青睐,填补了全国空白。

【案例关键词】案例关键词是"痒点"。城里的孩子缺乏像农村的孩子那样与大自然的动物、植物亲近的机会,因此不少家庭用养小动物、种绿色盆栽来弥补,这些活动解决了痛点问题,但因为小动物既不卫生也不容易养活,绿色盆栽比较单调,孩子们的体验不强,形成了急需持续服务指导的痒点。"绿植云"项目通过整合互联网的"云"概念,使客户在"自创客"方面享受到了乐趣,同时又促进了"云服务"的发展,挠到了家庭客户的痒点,创造了他们的兴奋点,将绿色种植箱打造成了家庭快乐中心。这个例子说明痒点的营销策划逻辑推演正是帮助在校生团队夺取"广西十大创意"大奖的关键。

【营销策划技巧启示】案例中,南宁职业技术学院在校生团队采用了经典的营销策划技巧之一——借花献佛。所谓借花献佛,是指借用其他领域已经成功的技术、科学或案例,整合到策划项目中提供给客户,获得满意的结果。"绿植云"项目整合了互联网云服务的经验、家庭快乐中心的概念、智能种植传感的技术,形成了突出的创意。

借花献佛突出地体现了创意的特征:"想别人不敢想的,做别人不敢做的,做别人做不到的。"看起来越离谱、越不可能的概念或资源,被营销策划人员合理地整合到一起,就越是了不起的创意,比如淘宝整合了信用卡的概念创意了支付宝,滴滴打车整合了移动平台的概念突破了打车难,E 代驾整合了能帮就帮的概念创意了开车去放心喝酒,易到专车整合了专车服务的资源使专车合法化。

8. 树立企业盈利的宗旨

营销策划是企业的核心工作，企业是营利性组织，营销策划必须以追求资本的最大升值和最大利润为宗旨，没有利润的企业将无法生存。在特定的时期或某一阶段，企业具体的营销目标既可能是树立企业品牌形象，也可能是提高市场占有率，虽然这样的目标不能立即取得利润，但能为企业的长远盈利做好铺垫，做出贡献。因此营销策划如果不能取得即时利润就要取得长远利润，这样的营销策划才是有价值的、成功的。

9. 重视执行与控制

要确保一个好的营销策划方案能够得到完美的执行，就要重视执行与控制的工作内容。我们知道，让不同的人去办同一件事，会得到不同的结果。好的营销策划方案，让水平低的人员去执行，就会影响效果。因此，在制定营销策划方案时，要事先考虑到方案执行难度与执行人员能力水平之间的匹配，提前做好培训工作。

此外，由于营销环境的复杂性和多变性，经常会遇到一些新情况、新问题，让策划方案无法按原计划执行，这就要求营销策划人员对执行过程进行跟踪测评，对过程进行有效控制。不能无视环境变化而机械地按原方案要求执行，要及时调整下一步的执行内容，以控制事态发展符合营销策划的目标，力争达到预期效果。

1.4 营销策划常用理论

1. 二八法则

意大利经济学家帕累托提出：80%的收入来源于20%的客户，公司里20%的员工完成80%的业绩，20%的强势品牌占据着80%的市场……因此，策划要解决的问题一定是关键问题，提倡"有所为，有所不为"。

2. CIS 理论

CIS 理论即"企业识别系统"。CIS 理论主张将企业理念（MI）、企业行为（BI）及企业视觉（VI）通过统一设计加以整合，强化其传播效果，使企业迅速提升自己的知名度、美誉度和公众的认可度，这是策划整合能力中的至高境界，是品牌策划的核心内涵。

3. SWOT 分析

SWOT 分析是一种能够较客观而准确地分析和研究一个对象（包括个人、单位、产品、品牌、项目等）内外环境的条件和因素，结合资源现实情况而得出结论的方法。S、W、O、T 四个英文字母分别代表内在环境的优势（Strength）、劣势（Weakness），外在环境的机会（Opportunity）、威胁（Threat）。

4. STP 理论

STP 理论是由 S-市场细分、T-目标市场、P-市场定位构成的，该理论认为，市场是一个综合体，是多层次、多元化的消费需求的集合体，任何企业都无法满足所有的需求。

企业首先应根据不同的需求、购买力等因素把市场细分为由相似需求构成的消费群，即若干细分市场。其次,企业可以根据自身战略和产品情况从中选取有一定规模和发展前景,并且符合企业的目标和能力的细分市场作为企业的目标市场。最后,企业应完成市场定位,即需要将产品定位在目标消费者所偏好的位置上,并通过一系列营销活动向目标消费者传达这一定位信息,让他们注意到品牌,并感知到这就是他们所需要的。

STP理论的根本要义在于确定目标市场和产品在目标市场的定位,也称为市场定位理论。

5. USP理论

USP理论即"独特的销售主张",包括三个方面的要求:

一是要对消费者提出一个购买本产品的明确理由;

二是这个理由是其他竞争对手不能提出或不曾提出的;

三是这个理由必须具有震撼力,具有足够的力量来吸引、感动消费者。

6. 波特五力分析

美国的波特教授提出了五力模型用于竞争战略的分析,五力分别是供应商的讨价还价能力、购买者的讨价还价能力、潜在新进入者的竞争能力、替代品的替代能力、行业内竞争者的竞争能力(见图1-19)。

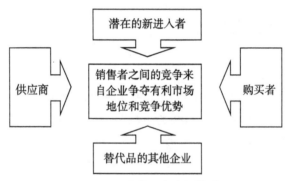

图1-19 波特五力分析模型

7. 波士顿矩阵理论

波士顿矩阵理论认为,企业若要取得成功,就必须拥有增长率和市场份额各不相同的产品组合,组合的构成取决于现金流量的平衡。这个方法使我们在完成产品策划的任务时,拥有系统性、可行性、创新性的分析方法。

第一,评价各产品的市场前景。用"市场增长率"指标来表示发展前景。

第二,评价各产品的市场竞争地位。用"相对市场份额"指标来表示竞争力,计算公式是用某产品的收益除以其最大竞争对手的收益。

第三,表明各产品在矩阵图上的位置。以产品在二维坐标上的坐标点为圆心画一个圆圈,用圆圈的大小来表示企业每项业务的销售额(见图1-20)。

通过波士顿矩阵可以诊断企业的产品组合是否健康。一个不健康的产品组合要么有太多的瘦狗产品或问题产品,要么有太少的明星产品或金牛产品。

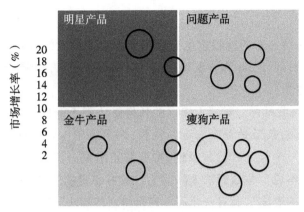

图 1-20　波士顿矩阵模型

8. 马斯洛需要层次理论

美国心理学家马斯洛提出了人类需要的五个层次,从生理到心理,逐渐迈向更高层次的需要(见图 1-21):

第一层,生理需要,即生存需求,是个人生存的基本需要,如吃、穿、住等。

第二层,安全需要,包括心理上与物质上的安全保障,如不受盗窃的威胁,预防危险事故,职业有保障,有社会保险和退休基金等。

第三层,社会需要,即社会交往需求,人是社会的一员,需要友谊和群体的归属感,人际交往需要彼此同情、互助和赞许。

第四层,尊重需要,即社会地位需求,包括要求受到别人的尊重和自己具有内在的自尊心。

第五层,自我价值需要,即自我价值实现需求,指通过自己的努力,实现自己对自我价值目标的期望。

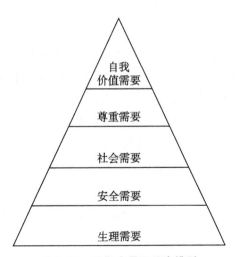

图 1-21　马斯洛需要层次模型

9. 头脑风暴法

头脑风暴法是一种有效的就特定主题群策群力汇集创意的方式，不必拘泥于特定的形式，完全可以根据时间、地点、条件和主题的变化而有所变化，有所创新。

（1）必须坚持原则

- 禁止批评和自我批评。对别人提出的任何想法都不能批判、不得阻拦。即使自己认为是幼稚的、错误的，甚至是荒诞离奇的设想，亦不得予以驳斥；同时也不允许自我批判，在心理上调动每一个与会者的积极性，彻底防止出现一些扼杀性语句或自我扼杀语句。诸如"这根本行不通""你这想法太陈旧了""这是不可能的""这不符合某某定律"，以及"我提一个不成熟的看法""我有一个不一定行得通的想法"等。
- 目标集中，追求数量越多越好。强迫大家提创意，越多越好，以创意的数量为目标，比如本次会议要汇集100个创意。
- 鼓励巧妙地利用和改善他人的设想，这是成功的关键。每个与会者都要从他人的设想中激励自己，从中得到启示，或补充他人的设想，或将他人的若干设想综合起来提出新的设想等。
- 与会者一律平等，各种创意全部用卡片记录下来。不论是总经理、专家，还是普通员工，一律平等；各种创意无论大小或是否荒诞，都要记录下来。
- 必须独立思考，不允许私下交谈。

（2）主持人必须尽职尽责

- 主持人必须介绍本次主题与参考情况。
- 主持人必须逐个要求参会者提出创意。
- 主持人必须控制时间，在最短的时间内获得最多的创意。

（3）头脑风暴会议流程

- 确定主持人。主持人宣布主题，介绍情况。
- 调动积极性。主持人给每人发10多张卡片，必须要求大家调动积极性。此时遵循头脑风暴的原则，交叉随意发言，但不要私下议论，不要批评与自我批评，与会者自己在发言之后把创意写在卡片上。
- 卡片分组。主持人将卡片收集起来随机分组，每组5张卡片以上，最多分为7组。
- 排列顺序。大家讨论，按照创意的逻辑性10分、创新性10分、可行性10分将每一张卡片无记名评分后，在分组中按得分多少进行排列。
- 挑选。在每组卡片中选出得分最多的3张重点卡片。
- 决定。大家集中研究重点卡片，再按照逻辑性10分、创新性10分、可行性10分重新汇总无记名评分，选出最突出的创意。

10. 鱼骨分析法

鱼骨分析法是进行因果分析时经常采用的一种方法，其特点是简捷实用，比较直观（见图1-22）。

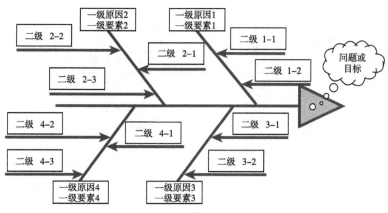

图1-22 鱼骨分析法模型

方法如下：
- 确定要解决的问题或要达到的目标,写在鱼头上。
- 进行头脑风暴,尽可能多地列出原因或要素。
- 把各种原因或要素归纳分类,按照一级、二级、三级……划分下去。通常划分到第三级就可以了,如果级别过多,鱼骨法就变得不直观了,效果就不好。
- 集体讨论或投票决定哪些原因或要素是比较重要的,针对这些原因或要素,就能够做出逻辑性强、创新性强、可行性强的策略。

鱼骨分析法举例见图1-23。

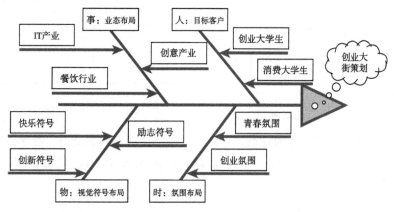

图1-23 鱼骨分析法举例

1.5 策划与其他相关概念的区别

1. 策划与策略、计划的区别

策划是以时间为进度,具体安排策略、创意实施的过程;策略是提出解决问题的创意和点子;计划是以时间为脉络安排内容、人员、成果验收的方法。策划与计划对比见表1-3。

表1-3 策划与计划对比表

策划	计划
必须有创意	不一定有创意
必须创新	按部就班
注重战略方向	注重流程和细节
解决怎样去做的问题	解决做些什么的问题
挑战性大	挑战性小
需长期专业训练	只需短期训练

策划、策略与计划的运用领域对比见表1-4。

表1-4 策划、策略与计划的运用领域对比表

领域	策划	策略	计划
国家	听取各方合理化建议,整合资源使国家的政治、经济、法律、社会生活等得到发展	为了国家的利益提出解决方法的创新性建议	用直接的行动来促进国家的发展
战争	协调各兵种、各类兵器以取得战争的全面胜利	为取得战争胜利而进行各种新战略、新战术创意	为取得战争胜利而安排攻守进退的时间
企业	整合协调企业各类资源,以取得市场竞争的胜利	在市场营销策略中提出独特的创意	具体安排各项企业的活动以产生效益
个人	发挥自身特点,利用各种条件和资源,形成独特优势,促进职业生涯发展	训练自身独特优势的创新想法	为了达到某个目的而进行的具体安排
比喻	从头到脚(整体)	头(创意)	脚(行动)

2. 策划与点子、创意的区别

策划是一个整体的、系统的过程,点子只是某个营销活动的想法,创意是营销策划逻辑性、创新性、可行性的系统构思。点子是创意的闪光点,既不能代替策划,也不能代替创意。

3. 策划与决策的区别

策划是一个分析、判断与实施的过程,决策是一项明确的决定。策划是为了达到某个目标而制定的一系列措施,决策是对若干可选策略的优选结果。策划是纵向执行流程的安排,决策是若干方案的横向比较。

4. 战略策划与战术策划的区别

战略策划的目的是做正确的事,要有效果,因此选对发展方向很重要;战术策划的目的是正确地做事,要有效率,因此选择正确的方法很重要。战略与战术的辩证统一关系见表1-5。

表 1-5　战略与战术的辩证统一关系表

战术	战略	
	无效果	有效果
有效率	快速灭亡	欣欣向荣
无效率	缓慢灭亡	挣扎生存

同步案例 1-4

汇源果汁的"冷生产"

2003年,中国的果汁饮料市场竞争已经进入白热化阶段,汇源集团在北京正式启动"冷生产"计划,国内9位著名食品专家在一份名为"汇源PET无菌冷灌装技术鉴定书"上签下了自己的名字。活动现场及之后央视播放的汇源果汁广告中,一只手"唰"地扔掉一只代表"传统热灌装"的橙子,拿起一只代表"无菌冷灌装"的橙子送给顾客,广告传递了"瞬时灭菌,25摄氏度常温下灌装,最大限度减少果汁受热时间,确保果汁的口感更新鲜"的价值概念。

其实,汇源早在2001年年初就引进了3条无菌PET生产线(见图1-24),可为什么到了2003年6月才启动广告?这是因为到了竞争激烈的2003年,汇源发现"冷生产"的广告价值值得利用。由于消费者无法分辨出热灌装果汁与冷灌装果汁哪个更好喝,其他企业也有冷灌装生产线,但消费者的直觉是"冷"的果汁才好喝,"冷"的才不会使营养成分受损。我们没必要去研究所谓的热灌装到底对营养和口感有多大影响,只要大家普遍认为"冷"的比"热"的好就足够了。

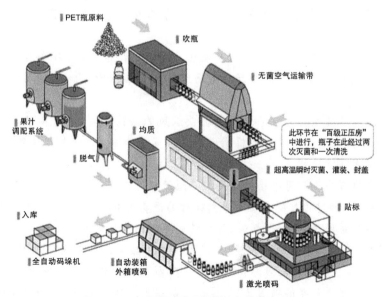

图 1-24　汇源果汁"冷"计划生产线示意图

汇源果汁的"冷生产",亮出了产品生产过程中竞争对手没有提出过的一种独特现象,刚好满足了消费者的独特体验,同时让产品的"冷"形象抢占了消费者的心理位置,直接挠到了消费者的痒点。

【案例思考】汇源是如何发现"冷生产"的创意概念的？

【分析提示】汇源果汁一直坚持定位策略：打进消费者心智、牢牢占据一席之地。汇源果汁在产品的各种特点中无法找到新的独特卖点，转而向生产过程挖掘，如同当年的乐百氏"27 层净化"一样，"冷生产"满足了消费者冷果汁的体验需求。

【案例关键词】案例关键词是"冷生产"。消费者都喜欢喝冷果汁，即使是冬天，如果把果汁加热了也会感觉味道怪怪的。生产厂商一般都会推荐冷藏后喝果汁，因此广告宣传"冷藏喝"不显得有创意。农夫果园提出"喝前摇一摇"，区别于其他厂商会把果肉滤掉，这就显出其与众不同的创意。汇源果汁提出"冷生产"是采用了与农夫果园相同的创意思路，也同样产生了市场效果。其实大部分规模化品牌厂商也都采用了冷杀菌方法，只不过汇源率先说了出来。

【营销策划技巧启示】案例中，汇源果汁采用了经典的营销策划技巧之二——小题大作。某个生产方式或者概念，从生产厂商的角度，因为司空见惯了不以为然，但是我们换到消费者的角度，却会发现从来没有人明确地提出过，就可以很隆重地把这个概念推出来。

市场竞争越激烈，越难找到有亮点的创意，营销策划人员唯有深入地调查消费者、生产企业、竞争对手，才能够发现从来没有人提出来的挠到消费者痒点的创意。

课堂活动 1-2

目标：运用头脑风暴法和"小题大作"技巧为广西大明山风景区品牌策划提出广告创意。

内容：各模拟公司学习小组以广西大明山为对象，通过网络收集资料，开展小组头脑风暴，经过 STP 的市场细分、目标市场和市场定位后，确定 USP 的独特卖点，提出广告精神和 USP 的广告语。

组织形式：请各模拟公司学习小组遵循头脑风暴法的原则，按照头脑风暴会议流程，选出一个最佳创意。老师从每组随机指定一个同学上台来分享，老师给每个团队点评和打分。最后，由老师做总结。

要求：每个模拟公司学习小组的成员都必须参与讨论。

【训练要点】掌握定位技巧与营销策划技巧的逻辑关系，掌握头脑风暴法的流程，学会撰写广告语，学会运用逻辑性、创新性、可行性评价营销策划创意。

【参考资料】自行用电脑或手机搜索"广西大明山旅游品牌策划"。2013 年，黄尧教授带领校企双方专家组建的品牌策划团队接受了广西大明山管理委员会的旅游品牌策划项目委托，开展了历时近一年的项目工作，提出了以壮族龙母文化为核心的"岜是养生"独特定位，完成了旅游品牌策划、产品体系设计、营销体系设计、形象识别设计等，对 LOGO 进行了重新设计，顺利通过了专家委员会评审验收，该景区全面升级建设并启用了团队设计的 LOGO，品牌策划助力广西大明山旅游品牌在全国市场上提升知名度。现广西大明山正在申报国家5A级旅游景区,全国各地的游客蜂拥而至,比过去5年同期增长了3倍多。

"岜是"是壮语中"神山"的意思,广西大明山与其他名山差异化的优势就是山脚周边都是壮族国家级长寿村,策划人员运用"小题大作"技巧,系统性研究大明山壮族神话传说故事和壮族养生的资源,烘托、提升形成了"岜是养生"的品牌定位,激发全国各地的旅游者形成了好奇、探寻的体验之旅。

广西大明山旅游品牌策划工作照见图1-25。

图1-25 广西大明山旅游品牌策划工作照

知识训练题

一、问答题

1. 什么是市场营销?
2. 什么是营销策划?
3. 2016年,平板电视机市场竞争将更加白热化,长虹电器应该如何确定自己的目标市场和市场定位?
4. 2015年,白酒行业进入国家政策影响下的深度整顿期,许多厂家和经销商面临倒闭或破产,举例说明某白酒厂家应该如何调整营销策划方案。

二、判断题

1. 营销策划就是为完成营销任务所做的工作计划。(   )
2. STP理论是由S-市场细分、T-目标市场、P-产品定位构成的。(   )
3. 美国著名心理学家马斯洛创造的需求层次分析理论是用来分析消费者心理需求的。(   )

4. 企业开展策划活动的目的就是赚钱。（   ）

三、选择题

1. "营销策划＝策＋划"的理论中，最重要的是（   ）。

A. 如何促使成交

B. 满足客户需求

C. 设计独特卖点

D. 如何利用资源

2. 马斯洛需要层次理论指的是（   ）五层。

A. 生理需要、心理需要、地位需要、尊重需要、自我实现需要

B. 生理需要、心理需要、地位需要、社交需要、自我实现需要

C. 生理需要、安全需要、社交需要、尊重需要、自我实现需要

D. 生理需要、安全需要、地位需要、尊重需要、自我实现需要

第 2 单元　营销策划创意

学习目标

知识点：
1. 创意是营销策划的核心，是突破原有的思维，是独一无二的构思。
2. 创意思维是从灵感创意到修正创意的思维过程。
3. 营销策划创意工作有三个主要的内容：发现独特需求，提出独特卖点，构思传播创意。

技能点：
1. 掌握创意的逻辑思维方法，使创意自然发生。
2. 掌握创意思维运用于营销策划的实践过程，使创意满足实战的需要。

导入案例

加多宝，从 1 亿元到 200 亿元

2002 年之前的七年，加多宝公司经营的红罐王老吉年销售额只有 1 亿元左右，而 2010 年销售额已经达到了 200 亿元，是什么魔力使红罐王老吉在中国迅速成为销量超过可口可乐的传奇品牌？回答是肯定的：营销策划创意。

2002 年年底，加多宝找到了广州成美营销顾问有限公司的营销策划团队，初衷是为红罐王老吉拍一条以赞助奥运会为主题的广告片，要以"体育、健康"的口号来进行宣传，以期推动销售。营销策划团队经初步研究后发现，红罐王老吉的销售问题不是简单地通过拍广告就可以解决的，其首要解决的应该是品牌定位。

红罐王老吉虽然已经销售了七年，但其品牌却从未经过系统、严谨的定位，"体育、健康"传递的品牌形象不鲜明，企业都无法回答红罐王老吉究竟是什么，消费者就更不用说了，完全不清楚为什么要买它，这是红罐王老吉缺乏品牌定位所致。经深入沟通后，加多宝公司接受了建议，决定暂停拍广告片，首先对红罐王老吉进行品牌定位，采用的手段是 STP。

通过对红罐王老吉已有的目标用户群进行调研（S），营销策划团队发现，消费者的认知和购买行为均表明，消费者对红罐王老吉并无传统凉茶的"治疗"要求，而是作为一种功能饮料购买，购买红罐王老吉的真实动机是用于"预防上火"，如希望在吃火锅、烧烤时减少上火情况的发生，而真正上火后则会采用药物治疗，如消炎药、牛黄解毒片、传统的苦口

凉茶等(T)。营销策划团队将这个选择红罐王老吉的理由放到了潜在目标消费群中进行调查,发现消费者也能够认同并接受,表明"预防上火"是消费者的独特需求。加多宝因此评估自己的产品生产营销能力以及企业综合实力,确认能够满足这个独特需求,创意了USP:"怕上火,喝王老吉"(P),在传播上尽量凸显红罐王老吉作为饮料的性质。在第一阶段的广告宣传中,红罐王老吉都以轻松、欢快、健康的形象出现,避免了出现对症下药强调疗效的负面诉求,从而把红罐王老吉和传统的苦口凉茶区分开来。

为更好地唤起消费者对这个独特需求的共鸣,电视广告选用了消费者认为日常生活中最易上火的五个场景,即吃火锅、通宵看球、吃油炸食品、烧烤和夏日阳光浴,画面中人们在开心享受的同时,纷纷畅饮红罐王老吉,时尚、动感十足的广告歌反复吟唱"不用害怕什么,尽情享受生活,怕上火,喝王老吉",促使消费者在类似活动时,自然联想到红罐王老吉能够消除"上火"的后顾之忧,从而促成购买(见图2-1)。

图 2-1 红罐王老吉的营销策划创意

【案例思考】"怕上火,喝王老吉"广告语看似没什么文采,为何如此成功?

【分析提示】营销策划创意工作有三个主要的内容:发现独特需求,提出独特卖点,构思传播创意。其中,传播创意是与消费者沟通信息的方式和内容,其文化手段是"阳春白雪"还是"下里巴人"并不重要,关键是目标消费者的文化口味能否产生共鸣。红罐王老吉的目标消费者是大众,老同学、老乡、老战友、家庭的聚会、集体烧烤等活动就是它抢夺的主要阵地,这时候消费者的文化口味没有什么特别的特征,普适性是主要的诉求,"怕上火,喝王老吉"这句直白的广告语和一目了然的广告画面是最合适的了。

从中我们体会到,广告的创意既不是为了炫耀设计水平和文字技巧,也不是为了哗众取宠,而是要直接明了、简洁易懂、直抵人心。

【案例关键词】案例关键词是"创意"。创意并不一定是消费者头脑中或策划人头脑中从来没有想到过的内容,而是目标市场上从来没有被提出来过的独一无二的构思。从本案例可见,红罐王老吉原来已经有了1亿元的销售额,也就是已经有了稳固的消费群,他们头脑中早已有了"预防上火"的想法,但市场上无论传统的苦口凉茶还是改进后的微甜凉茶,传播的广告信息仍是一样的"清肝明目,治疗上火",居然没有广告针对预防上火的广阔市场。可见,创意并不仅仅是提出广告语的那个时刻,而是营销策划的调查分析、资源整合和策略构思的整个过程,当你在这个过程中下足功夫,创意是自然的结果。

【营销策划技巧启示】案例采用了经典的营销策划技巧之三——借题发挥。借题发挥是借助某个比较熟悉的主题、概念来为营销策划的目的大肆渲染一番,如熟悉的名词、俚语、成语、明星、活动、节日等都可以成为主题。但是要注意,这个熟悉的主题、概念一定是针对目标消费群的,否则熟悉的人数再多也没有用,比如首个获得诺贝尔文学奖的中国人是莫言,熟悉他的人很多,但是许多不喜欢读小说的人对他并不熟悉,因此事实上借莫言来发挥营销作用的产品很少。本案例借用"怕上火"这个主题来发挥,正是目标消费群熟悉的概念,经过一番发挥形成了很好的创意,助推红罐王老吉销售额从1亿元到200亿元。

【导学链接】

名著导读:《一个广告人的自白》,"现代广告教皇"大卫·奥格威的经典著作,已被译成二十余种文字出版,全球销量超过1 500 000册(见图2-2)。

图2-2 大卫·奥格威的《一个广告人的自白》

一体化实训

长虹年终促销策划创意

实训目的:长虹是国产彩电中大家比较熟悉的品牌,同学们比较容易通过这个专项实训掌握策划创意的方法。

实训内容:长虹UD55B6000i电视作为长虹U-MAX主推的一款4K平板电视(见图2-3),由内而外都做足了功课,不仅外观工业设计精美,4K性能表现也非常出众,又搭载多项智能应用,CIRI语音功能表现出色。2013年国庆期间,其售价仅为6 990元,销售业绩出色,但尚未成为国产品牌领军者,而后来者也在冲击着长虹的市场。长虹4K平板电视想通过独特的创意引爆市场,进一步提升销量,扩大市场占比,我们该如何为它进行营销策划创意?

实训要求:以模拟公司学习小组为单位,开展市场调查分析和运用头脑风暴法进行创

图 2-3　长虹 4K 平板电视

意,按照"营销策划九步实训法"完成项目实训(参见第 1 单元"一体化实训")。

成果评价:三周内完成实训作业,提交营销策划方案,进行 PPT 提案演讲。老师应邀请长虹厂家领导、行业专家到提案现场,与课程老师一起担任评委,评分采用"营销策划实训评分表"(参见第 1 单元"一体化实训")。

2.1　营销策划创意的基本概念

1. 什么是创意

创意字面解读:

"创"就是开创、独创、首创、原创,第一个想出来的当然就是创,或者借鉴别人的方法、思路但是形成了明显区别于原来的新方法、新思路,也是创。

"意"就是心里构思的、想好要表达的,是意图、主意、意念、想法、思维。

"创意"就是突破原有的思维,在旧的基础上创新,成为策划的新灵魂,创造新的价值。对营销策划来说,创意是独一无二的策划,创意是首创的独特构思,创意所具有的新颖性和创造性能够为企业创造出更大的效益,包括经济和无形资产两方面的效益。

营销策划创意工作有三个主要的内容:发现独特需求,提出独特卖点,构思传播创意。

比如,阿迪达斯的广告语是"Impossible is nothing",中文是"没有什么不可能";李宁的广告语是"一切皆有可能",英文是"Anything is possible",两者的区别并不明显,阿迪的广告语在前,李宁的广告语在后,就不算"创"。又比如,民间俗语"车到山前必有路,船到桥头自然直",丰田越野车借鉴后改为广告语"车到山前必有路,有路必有丰田车",既明显区别于原来的俗语,又提出了"无路不能"的独特卖点,满足了探险、旅游、长途的独特需求,为丰田越野车带来了很好的广告效应,是一个非常典型的营销策划创意案例。

课堂活动 2-1

目标:运用头脑风暴法和"借题发挥"技巧为茅台集团习酒产品的营销策划提出广告创意。

内容:各模拟公司学习小组通过网络收集茅台集团习酒产品资料和中国白酒市场竞

争现状资料,尤其注意针对白酒作为一种特殊消费品的需求分析,开展小组头脑风暴,运用 STP 理论分析目标消费者的独特需求,提出习酒的独特卖点,构思其广告精神和广告创意(包括广告文字和视觉两方面的内容)。

组织形式:请各模拟公司学习小组遵循头脑风暴法的原则,按照头脑风暴会议流程,选出一个最佳创意。老师从每组随机指定一个同学上台来分享,老师给每个团队点评和打分。最后,由老师做总结。

要求:每个模拟公司学习小组的成员都必须参与讨论。

【训练要点】掌握创意的概念和营销策划创意的三个主要内容,学会运用头脑风暴法和营销策划技巧。

【参考资料】自行用电脑或手机搜索"习酒营销策划"。2011 年,黄尧教授带领营销策划团队接受茅台集团习酒公司的委托,开展了历时五年的广西白酒市场营销策划工作,期间,提出了"欲罢不能的臭豆腐"独特卖点,创意了广告语"人逢喜事喝习酒",策划并实施了七次精英意见领袖行动计划,策划了习酒高端品鉴竞价大会,多次培训习酒经销团队。黄尧教授还示范了习酒促销实战,亲自完成一次性对单个个人消费客户销售习酒 100 万元,而且是先付款后提货。黄尧教授带领策划团队赴茅台集团习酒公司开展工作的场景见图 2-4。

图 2-4　黄尧教授带领策划团队赴茅台集团习酒公司开展工作

2. 营销策划创意特征

以下四个特征是由国家精品课程"策划创意"主持人黄尧教授在丰富的营销策划工作经验中总结出来的,并在亲身经历的大量案例中得到了验证,具有重要的指导意义。

(1) 创意是喜剧呈现

喜剧呈现就是喜剧效果呈现,能够使人哈哈大笑或会心一笑,创意者往往采用夸张的手法、巧妙的结构、诙谐的语言、喜感的画面来激活消费者的笑点。

营销策划人员首先要找出事物的本质和真理,然后以喜剧的方式将这个真理呈现出来。喜剧效果越强烈,越容易获得目标消费者的共鸣和记忆,越能够达到传播产品价值和独特卖点的目的。

比如红罐王老吉案例中,营销策划人员找到了稳固消费群之所以重复消费的真理——预防上火,此时如果直接做广告说"红罐王老吉可以预防上火"就没有任何喜剧效果,无人能记住,后来创意的广告语"怕上火,喝王老吉"采用了类似抖包袱的巧妙的结构,读起来朗朗上口,使人会心一笑,再加上电视广告和平面广告采用了夸张的手法,消费者很容易记住,成为迅速抢夺市场的优秀创意。

又如谐音广告语通过诙谐的语言、双关的含义来激活消费者的笑点,其喜剧效果让大家忍俊不禁后记住了传播的品牌。比较知名的是恒源祥的广告"羊羊羊,发羊财"。还有一些谐音广告语的例子也比较有喜剧效果,比如英特尔的"给电脑一颗奔腾的芯",红桃K的"补血,我就服红桃K",桂龙咳喘宁的"咳不容缓,请用桂龙",有一个打字机广告是"不打不相识",一个牙刷广告是"一毛不拔",效果都不错,恩威牌洁尔阴洗液广告语"难言之隐,一洗了之"更是助推该品牌一举成名。

多年前,还有过一个很有意思的广告创意故事。那时,联想公司刚创立不久,做惠普公司的打印机代理,四处广而告之"买惠普找联想,想都不用想"。若干年后,联想脱离惠普单干了,惠普意识到联想是自己养大的对手,反过来做了个广告"惠普,连想都别想",一语双关,既传播了惠普打印机高品质、智能化的独特卖点,又以巧妙的谐音挖苦了联想公司,令消费者哈哈一笑之后记住了惠普的卖点。不过,联想的营销策划团队同样高手云集,顺势借力打力进一步创立"联想"品牌,创意广告语"人类失去联想,世界将会怎样",同样是双关喜剧效果:人类失去联想,就和动物一样;人类失去联想,可想而知。消费者再次会心大笑,惠普是洋品牌,联想可是我们自己的品牌,那么有幽默感、有文化、有创意,当然绝对不能失去它。

不过,有些策划人员过分迷恋谐音双关的创意,不但不能激活消费者的笑点,反而会引起反感。更甚之,一些谐音广告语与产品定位、目标受众心理、品牌策略相冲突,对市场营销会带来负面的效果。比如某止泻药品谐音某明星的名字取名"泄停封",某策划人员为店名取谐音"非发走丝""高级发院"等,引起社会反感。

同步案例 2-1

羊羊羊,发羊财

1993年10月到年底,注册了恒源祥羊毛绒品牌的刘瑞旗花了100多万元,在中央电视台晚7点新闻联播广告时段,反复轰炸充满喜剧效果的广告语"羊羊羊,发羊财"。他还采用5秒一个广告,15秒三个广告连播的方式,在广告形式上更增添了喜剧效果。

可能许多人还不知道,这句广告语是灵机一动创意得来的,原来的广告语是"恒——源——祥,绒线羊毛衫羊发财"。但广告送上去没有被通过,说词不好,羊是动物怎么会发财? 其实,刘瑞旗自己也嫌"绒线羊毛衫羊发财"广告词没有喜剧效果,累赘难记,他灵机一动,干脆将这一句改成了简单通俗且充满喜剧效果的"羊羊羊,发羊财"。恒源祥就是因为这个简洁而令人发笑的广告而成为妇孺皆知的品牌,后来恒源祥旗下很快发展了四家加盟企业。

2002年和2003年,恒源祥蝉联"中国十大公众喜爱商标"称号。2004年,恒源祥被评为"中国最具文化价值十大品牌"。2003年和2005年,恒源祥牌羊毛衫、羊绒衫先后荣获"中国名牌产品"称号。

【案例思考】又一个看似没有文化的广告语,为何又能获得巨大成功?

【分析提示】脑白金的广告语每年都被一些媒体评为十大最烂广告,而脑白金创始人史玉柱这样看待这个问题:广告语我做到了三点所以有助于营销,评为十大最烂也要感谢他们帮我们宣传。第一,创造语病吸引消费者;第二,直白说出卖点;第三,反复传播。其实,创造语病就是黄尧教授总结的创意特征之一——喜剧呈现。想一想,看小品、听相声、听笑话,是不是作品中呈现的语病、矛盾、错误往往就是笑点?"羊羊羊,发羊财"这句广告语里面有幼稚的逻辑和简单的语病,这个笑点让小学生都能笑出声来,不正好利于产品的传播吗?羊绒衫无论男女老幼都要穿,恒源祥品牌的目标消费群就是大众市场,广告语能够帮助品牌迅速在市场上攻城略地。但是,这个"语病"别忘了"说出卖点",如果为了笑点而找笑点,不顾卖点和品牌营销,就是错误的营销策划。

也许,当初刘瑞旗的那个创意是歪打正着,似乎他也没有弄明白在营销策划上自己的创意是怎样成功的。2005年12月22日,恒源祥成为北京2008年奥运会赞助商,广告语从那天至2005年12月31日,换成了"恒源祥,牛牛牛",后来按照十二生肖系列在新年广告上改为了"恒源祥,鼠鼠鼠""恒源祥,牛牛牛"……"恒源祥,猪猪猪"(见图2-5)。"羊"能够直抵"纯真羊绒"的需求心理,其他动物则与羊绒毫无关系,这样的广告语反而演变为故弄玄虚,没有了喜剧效果,引起了消费者反感和对恒源祥能否坚守产品品质的怀疑,后来恒源祥的一些产品质量问题加剧了这种怀疑,恒源祥便开始逐渐走下圣坛。

图2-5 恒源祥十二生肖广告词

【案例关键词】案例关键词是"笑点"。笑是一种心理共鸣,笑点能够引发内心深处某种体验发生谐振,这个谐振的频率越大,笑声就越大。营销策划所追求的信息传播、价值传播的效果不就是如此吗?共鸣,认同,认可,购买,忠诚消费……这个消费决策路径与其说是消费行为规律,毋宁说是消费心理规律。营销策划学的一大半是心理学,满足需求的一大半是满足心理需求,能够找到与传播产品卖点相一致的笑点,就是一次伟大的创意。

【营销策划技巧启示】案例采用了经典的营销策划技巧之四——无中生有。"无中生有"原来是《三十六计》中的第七计,本意是指用兵贵在虚虚实实,在"没有硬说有"的计谋中取胜。这里是指利用消费者或竞争对手都没有想到的,形成独特的创意。"发洋财"谐音"发羊财",再加上之前的"羊羊羊",如此重复"羊"字,之前没有人想到,更没有厂家敢于直白说自己想通过卖羊绒衫发财,出乎意料的"无中生有"不仅形成了喜剧效果的笑点,还达成了以"纯羊毛"为独特卖点的价值传播,确实是很好的创意。

(2)创意是简洁表达

营销策划以满足需求尤其是独特需求为目的,所以广告传播成为营销策划创意最关键的内容。广告处于整个营销流程的末端,担负着与消费者沟通的任务,目的是使消费者有感情共鸣和满足感。因为消费大众直面产品广告,因此广告创意最受关注,最容易引起轰动。

不需要消费者思考,只需要简单点燃其共鸣,引发感情爆发的创意才是优秀的创意。

广告的创意不论采用多么高超的艺术手法和工具技巧,都不要让消费者费神思考,他们每天面临很多工作和生活的事情,很累,不想对你的广告费脑筋。

因此,如果我们没有办法使创意经过提炼变得更加简洁,没有办法一下子说清楚我们给消费者带来的价值是什么、产品的卖点是什么,那么这个创意不但不能对产品销售起促进作用,反而会起负面作用。

比如,某乳酸饮料制作了这么一段视频广告,一位年轻女孩早上起床,突然高喊一声"哇",以焦急而失望的眼神照着镜子。原来脸上长了个青春痘。旁白:"有什么了不起,是酸也是甜。"于是,女孩就在痘痘周围装点几颗彩色的饰品,非常满意地照照镜子,喝着某品牌的乳酸饮料高高兴兴地上学去了。这个创意是想把年轻女孩成长的甜蜜和青春的烦恼类比乳酸的酸甜,可是长痘的酸和饰品的甜与乳酸饮料在这里没有必然联系,观众的简单思维里没有空费神去想青春痘与乳酸饮料的逻辑关系,因此很糊涂:到底广告是在表达青春痘的有趣,还是想表达乳酸饮料可以治疗青春痘。不久,厂家撤下了这个广告。蒙牛酸酸乳的广告创意"酸酸甜甜就是我"(见图2-6),简单明了,表达简洁,以直白易懂的逻辑获得了成功,产品的广告诉求和目标群定位因此而清清楚楚。

图2-6 蒙牛酸酸乳广告"酸酸甜甜就是我"

营销定位理论创始人特劳特说过，不要试图改变消费者脑子里固有的思维模式，那是件徒劳无功的事情。他告诫人们，营销一定要围绕消费者简单的思维逻辑来做，而不是把复杂的、牵强的东西强加给消费者。

（3）创意是创造第一

在营销策划创意中，我们要解决的关键问题是创新产品的卖点，而且不要多，就要最有力量、最能穿透、最容易引起轰动的那一个，也就是独特卖点，瑞夫斯称之为独特的销售主张。我们可以从创新产品本身、创新产品应用、创新产品传播等方面找到如何创造第一的方法。

第一，创新产品本身。创新产品就是发明新产品，发明一种任何人也想不到的产品和需求。在瓦特发明蒸汽机之前，如果想通过市场调查了解消费者从苏格兰到英格兰的最快交通工具的需求是什么，他们会告诉你是某某类型的汽车，绝对没有人提出火车；莱特兄弟发明飞机之前，如果想通过市场调查了解消费者从华盛顿到纽约的最快交通工具的需求是什么，他们会告诉你是某某线路的火车，绝对没有人提出飞机。比如，感冒药"白加黑"就是把配方调整一下发明了一款新产品，晚上吃的黑片，瞌睡药含量高一些，让你恢复体能战胜病毒；白天吃的白片，瞌睡药含量低一些，让你仍然能够正常上班。然后，让广告语直接说出独特卖点——"白天吃白片不瞌睡，晚上吃黑片睡得香"，只这一招就成功了，"白加黑"只用一年就成为国产感冒药第一。

第二，创新产品应用。不需要发明新产品，只需要发现一个任何人都没有想到的需求市场，率先将原有产品应用到这个市场上，这也是一种很好的创意，比如脑白金应用到礼品上，从来没有人想过要把药品当作礼品，这在中国的传统中是避讳的，这个创意中将美国"褪黑素"起了个好听的名字"脑白金"，然后，也是让广告直接说出独特卖点"今年过节不收礼，收礼还收脑白金"，同样只这一招就成功了，而且十多年不败。

第三，创新产品传播。很多产品其实是蕴含独特卖点的，可惜缺乏大智慧的营销策划创意人员，没有能力形成有创意的传播。比如，前面举过的例子，瑞夫斯当年将USP运用到M&M's巧克力豆的营销策划中，至今仍被奉为经典——"只溶在口，不溶在手"（见图2-7）。看似一句简简单单的直白广告，其实是经过十几个方案对比，提炼了企业用50多万美元研制的独特糖衣配方，此广告一举击中消费者吃巧克力时狼狈状况的要害，激发了消费者强烈的需求，成为市场上第一个提出来的独特卖点，意义重大。再如，乐百氏发现消费者不了解纯净水的生产过程，他们需要真正干净的水，但是不相信瓶装水真的那么干净。乐百氏针对消费者的这个潜在需求，仅仅把所有纯净水厂的标准化工艺"27层过滤"传播出去，就成功了。

可见，满足现实需求的创意并非优秀的创意，只有满足潜在需求的创意才是伟大的创意，它能够帮助你一下子甩开对手占领第一的地位。因此，创意的真正作用并不是以差异化的优势超越对手，而是想方设法创造第一。

图 2-7　M&M's"只溶在口,不溶在手"

（4）创意是直抵人心

营销策划研究的重点不是产品,而是需求,这是营销界的共识,但未必所有的企业家在具体的营销策划实践中都能够时时保持这样的清醒。

营销策划是让企业内外的资源能够以最经济有效的方法去整合,整合的目的是满足客户需求,创意则能够让这种满足升华、放大、显化。换句话说,营销策划让消费者在实现消费前清晰准确地放大了对需求得到满足的期待,而在消费后获得了超出期待的更大满足,因此消费者愿意付出比厂家提供产品和服务的成本要高得多的钱,而心里却仍然在说:"太划算了,物超所值!"（参阅第 1 单元黄尧教授的"划算公式"理论）。

可见策划创意的能量如核裂变般能够传递、放大产品的价值。为什么能够这样?因为"猜对"消费者心思的才是创意!消费者是人,人都有一颗"柔软"的心。哪怕我们需要提供服务的对象是冰冷的汽车,但为之付款的仍是汽车的拥有者,他心灵的最柔软处决定了他认为这笔钱花得值不值。

同步知识点 2-1

黄尧教授的"创意诉求"理论

心灵的柔软处就是心理上认可消费的触动点,人非草木,孰能无情?情之所至,金石为开。因此,创意就是要直抵消费者的心灵柔软处,让消费者动情。基于这种现象的研究,结合广告感性诉求和理性诉求的理论,黄尧教授提出了"创意诉求"理论,用一句话来概括就是:"感性诉求解除防备,理性诉求征服消费。"这是一套由外及内、由视觉到内心、由图文音像到数理推论的系统创意方法,其原理就是要通过产品价值传播的感性诉求引起消费者共鸣,解除消费者的心理抗拒和防备,最终通过理性诉求征服消费者的讨价还价心理。

这里所说的创意是指营销策划创意,包括营销策划过程中的所有内容,已经不仅限于广告创意了。比如,许多企业过多强调投资、生产、技术等理性数据,忽视了品牌形象的人性化色彩,给消费者的印象就是缺乏创意,因此敬而远之。

心理试验已经表明,价值认同感是人类获得需求满足的前提。通俗地说,就是"你给人们什么瓶子,里面装的就是什么水"。

我们做过这样的试验,邀请同样的三个对象,相隔三个月,分别在两个不同的场地中谈谈最近的工作和生活。场地中没有其他人的干扰,我们安排的一位咨询师仅作为观察员,不参与交谈。当他们坐在优雅精致的咖啡吧里谈话时,大家以优雅的言辞谈论着工作和生活美好的事情,心中充满了热情和善良的愿望;当他们坐在公路旁的一个小饭馆里谈话时,大家的言辞无所顾忌,谈论的多半是工作和生活中琐碎烦心的事情。

我们还做过这样的试验,将农夫山泉瓶子里的矿泉水和娃哈哈瓶子里的纯净水进行交换,两个瓶子的外包装和商标依旧。然后请三名大学生来品尝,试试哪一瓶水更有矿泉水的甘甜味,他们都不约而同地说是农夫山泉瓶子里装的水。

这是人们内心对价值期待追求满足的结果。当消费者发现自己得以接触期待对象,在对象身上确实存在期待的因素,哪怕只有一点点时,他的内心都会加强这一期待获得满足的心理感受,并不断产生共鸣,以提升这一价值体验,使自己的心里获得欣慰的满足感,而此时往往会忽视其他不利因素的存在,正如广告歌曲唱的:"我的眼里只有你。"

非常有意思的是,这个对象既可以是消费的目标,也可以是交友的目标!

同步案例 2-2

大排档的四脚凳

某天我们去大排档用餐,坐的凳子看上去还是原来那种四条腿的无靠背凳,但是,坐上去屈腿蹬着凳子横杠很舒服,原来凳子腿之间的加固横梁恰是地方,使我们之前弯腰弓背的坐姿马上变得既舒服又优雅,如同肯德基的高脚凳。

从图2-8可见,凳子的成本没有任何改变,但结构改变后立即变得因人性化而有创意。这正是资源重新整合后,按照满足消费者对身体舒适的渴望和需求进行创意而获得的结果。之前的凳子之所以把加固梁提升这么高,当然也是有生产者的考虑的,这满足了某些大排档老板的需求,可以摞起来存放,占用地方更少,但却牺牲了消费者的需求,而在顾客看来,这是大排档老板站在自己的角度考虑问题,忽略了他们的需求。

之前的凳子　　　　　现在的凳子　　　　　肯德基的凳子

图2-8　大排档四脚凳的创意

这家大排档老板的创意直抵消费者内心的需求,使我们感到满意,这才是真正促进消费的创意。

【案例思考】大排档老板是如何想到要更换高脚凳的？

【分析提示】大排档老板想出这个创意的原因也许十分朴素，但一定是从实践中总结出来的，他就只有一个简单的理由：让吃客坐得舒服，愿意常来。这个案例揭示了营销策划的真谛：任何营销策划的构思和创意，都应该以满足消费者真正的需求为目标，这些需求也许深深地埋藏在消费者的心里，需要创意者通过调查研究后才能发现。

这个案例还说明一个道理，消费者需求调查采用访谈法、观察法和测试法也是不可忽视的，因为调查组可以带着营销问题和策划目标一边思考一边同步调查。但是，无论是经营者、营销者亲自调查还是委托第三方调查，调查者必须用心体会消费者的需求，这样才能得出正确的结果。

【案例关键词】案例关键词是"感觉舒服"。如何让产品和服务使消费者感觉舒服，这在市场营销中其实是一个非常复杂的问题。"感觉"两个字带有强烈的心理感受特征，"舒服"两个字却带有明显的身体享受特征，因此，感觉舒服是一个综合了心理体验和生理体验的结果。消费者感觉用苹果手机比用三星手机舒服，但却无法全面确切地描述出来；消费者感觉在星巴克喝咖啡比在上岛喝咖啡舒服，也同样没有办法全面确切地描述出来，甚至每个消费者的说法似乎都不一样。让消费者感觉舒服现在已经发展成一种营销策略，即体验营销。比如，必胜客每周可以让消费者报名参与制作披萨，麦当劳也不示弱地推出亲手制作汉堡，农夫山泉建设透明的生产流水线，随时欢迎消费者参观，这些就是要让消费者感觉更加舒服，并将舒服告诉更多的人。

【营销策划技巧启示】案例采用了经典的营销策划技巧之四——移花接木。移花接木是常用的创意技巧，就是将别处成功的做法嫁接到自己的项目中来，本案例中四脚凳的横杆就是移植了肯德基的高脚凳结构。显然，移花接木不是简单的照搬，而是创造性移植，这样才是真正的创意。小米手机的设计和营销模式也是移花接木的创意，移植的是苹果手机的商业模式，也取得了巨大的成功。

3. 营销策划创意的意义

(1) 企业制胜的核心

市场经济的发展和市场竞争的趋势，使企业的营销活动越来越注重策划，策划创意已不止于前期策划阶段的构思和点子，而是贯穿于营销活动全过程。

第一，战略核心。策划创意对于企业经营活动而言，具有战略核心的意义。它从企业的战略目标和资源水平出发，研究企业营销活动整体上如何与战略目标相适应，并寻求确定企业品牌独特定位的理念与实施方案，以实现企业的战略目标。就此意义而言，策划创意起到了"定海神针"的重要作用，是企业制胜的战略核心。

第二，战术核心。策划创意对于企业营销活动而言，具有战术核心的意义。它在企业经营的过程中，要不断分析营销活动所处环境的变化情况，适时调整方案，做出正确的市场行为决策。就此意义而言，策划创意起到了"指南针"的重要作用，是企业制胜的战术核心。

第三,融资核心。策划创意对于企业资源整合而言,具有融资核心的意义。对于大多数项目的风险投资来说,投资者就是冲着创新项目估值而来的,因此,企业若要在开发新产品、开拓新市场时能够取得天使投资或风险投资,就必须策划具有较高盈利预期和未来估值的创新项目,比如,阿里巴巴的马云、雅虎的杨致远、脸书的扎克伯格等都是靠几页纸的创意说服风险投资人,获得几千万美元的无抵押风险投资的。就此意义而言,策划创意起到了"吸金石"的重要作用,是企业制胜的融资核心。

(2) 提升产品与消费者沟通的质量

在4Ps营销组合中,促销的主要功能是要抓住和吸引消费者的注意,因为消费者的注意决定了传播效果。从注意的本义上来说,注意是有机体在长期的进化中发展起来的一种对外界信息的选择机制。所有的促销创意都是通过引人注目的内容来唤起情感和激发兴趣,以赢得和保持消费者对产品或品牌的注意,争取产品或品牌被消费者选择的最大可能。因此,对于厂商来说,人员推广、广告宣传、客户关系、营业推广等促销活动不是从产品到消费者的单向推动和传播,而是"推""拉"结合,与消费者的对话、交流、沟通,达成消费者认知、认可、共鸣、购买。

(3) 降低营销成本

越来越多的企业意识到经过策划创意的营销活动效果更好,更令人难忘,且在市场上能更有效地传达营销意图。一个有创意的广告,人们只需看一遍而不是看十遍就能够记住;一个营销活动唯有创意才容易与消费者建立关系,否则任何营销效果都会在15分钟内烟消云散;一个富有创意的品牌传播,可迅速实现消费者共鸣的最大化,亦可放大品牌知名度与指定购买效果;一次富有创意的公关形式,可以吸引各种低成本甚至是无成本的媒体资源、合作资源。因此,策划创意是低成本营销的重要手段。

同步知识点 2-2

黄尧教授的"创意 HR 价值"理论

对企业来说,策划创意是营销成本的一部分,尤其体现为策划人力成本较高,且人力资源价值评价弹性较大、缺乏标准,往往不被企业理解。实际上,策划创意正是发挥了"策划人创意值"的作用,而大大降低了资源成本、媒体成本、时间成本、空间成本等其他营销成本,总的营销成本不但没有增加反而大为减少。因此,企业付出策划人力成本完全是值得的,是"一本万利"的投资。

黄尧教授通过观察发现,越来越多成功的企业正是因为注重引进营销策划人员,从而注重对提升策划人创意值的投资。为了指导更多的企业正确理解创意人力成本与营销成本的辩证关系,黄尧教授提出了"创意 HR 价值"理论:

$$\text{创意 HR 价值} \begin{cases} \text{营销成本} = \text{策划创意成本} + \text{其他成本} \\ \text{策划创意成本} = \text{策划人资历值} + \text{策划人创意值} \\ \text{其他成本} = \text{资源成本} + \text{媒体成本} + \text{时间成本} + \text{空间成本} - \text{策划人创意值} \end{cases}$$

HR 即人力资源。创意 HR 产生的策划创意成本与其他成本之间呈反向关系,其反向因子正是策划人创意值。策划人创意值越高,其他成本则会大大降低,因此,企业在聘用策划人员时,一定要重点考察策划人创意值是否优秀,创意值越高则企业总的营销成本反而越低。

(4) 实现品牌增值

市场竞争白热化和产品同质化日趋严重,使品牌的重要性日趋显著。无论是对生产者还是对消费者而言,产品都只是一种具体的事物,而品牌则代表消费者对产品的态度和情感。品牌的公关形象就是消费者的认同、产品的市场。因而,策划创意最重要的责任之一就是策划品牌价值、树立品牌形象、实现品牌增值。现代品牌的建构并不是单纯地吸引目标消费者的注意,它同时也体现和传递产品的价值,创造消费者的心理预期,补偿消费者的某种心理失落,使消费者心理得到满足。品牌建立起消费者对质量好、信誉高的产品期待,而最终产品或服务的质量超过消费者期待,因而建立起消费者信任,创造消费者对品牌的忠诚。

成功的品牌需要消费者的共鸣,而策划创意是实现品牌与消费者之间有效沟通的手段。就一般意义而言,品牌对于消费者具有实用性(习惯、便利、品质和保证)、情感取向(识别性、自我表达、怀旧和真挚情感)和社会角色(交流、承受和认可)等象征性价值,策划创意以此为切入点,在营销活动中多方展现品牌的丰富内涵和可想象空间,促成消费者对品牌的情感归属而形成依赖。

(5) 提升消费者的生活审美

在现代社会里,策划创意不仅是一种商业行为,更是一种文化现象。策划创意在营销活动中,以视、触、听、嗅等感觉塑造一系列品牌价值的文化符号,挖掘人类新时尚、新理念、新生活,引导消费者对生活本质的重新审视,构建社会生活的美学时尚内涵。

生活审美,通俗的理解就是让人类的生活更加有滋有味。基于这一点,我们发现,人类就是在这样的发展过程中不断前行完善,完善到一定阶段时,突然发现生活中美好的东西需要取一个名字固化下来,于是便出现品牌。因此,品牌源于人类发现美的本能,源于对美好事物的发掘与进化。反过来说,发现人类生活之美也是检验品牌是否成功的标准。

图 2-9 巴勒莫品牌创意的生活审美

策划创意的作用正是调动消费者潜意识层面的生活审美,激发消费者对策划创意塑造的文化符号产生消费模仿行动,使自己产生与产品或品牌文化融为一体的生活审美体验。巴勒莫品牌创意的生活审美见图 2-9。

4. 营销策划创意的原则

营销策划创意的原则共有六项,前三项是核心原则,后三项是必备原则,在项目实战的考核中，重点评价前三项，但不可忽视后三项。

（1）创新性

营销策划创意应该是创新的，前所未有的，以充满新意的产品价值吸引消费者，并满足消费者追寻新鲜体验的需求，使消费者保持对品牌的忠诚。

营销策划创意的创新性是一种创新思维，是打破固有的思维方式，在已有思维方式的基础上，运用想象、联想、逆向等思维方式进行跨界、整合得出新的构思，进而使营销策划方案具有对未来发展方向的指导性。

在市场竞争中，厂家每一次推出新产品，如果新产品没有什么真正的新意或改进，就会被消费者认为该厂家已经没有能力进步，这对厂家的市场形象将是一次打击。比如，可口可乐公司进入中国市场后，不仅涉足纯净水、矿泉水市场，还涉足果汁饮料市场，每年都要推出新的产品，就是为了使消费者保持对可口可乐公司创新能力的认同。

（2）逻辑性

一个人的思维不符合逻辑，民间称之为"神经病"，其表现就是词不达意、自相矛盾、胡言乱语等。所以，营销策划创意是一种指导市场营销活动的思维结果，必须具有逻辑性。

逻辑性泛指规律性，就是思维要符合客观规律，比如，"种瓜得瓜，种豆得豆""猫的儿子会上树，老鼠的儿子会打洞"等。而在营销策划中，逻辑性表现在，提出一个市场调查数据就应该提出针对性分析，明确一个市场需求就应该明确一个产品卖点，给出一个市场定位就应该设计一套围绕定位的营销策略。

营销策划创意的逻辑性思维是营销策划人员的理性认识阶段，是运用归纳、演绎、判断、推理等思维方式创新对事物本质与规律认识的过程。

（3）可行性

所有的企业都认为，营销策划创意的可行性是必需的，不可行的创意是"天马行空""无根浮萍"，看起来再精彩最终也是没有结果的。

营销策划创意的可行性表现在：采用的数据是真实可靠的，采用的概念是准确完整的，采用的推理是合乎逻辑的。

创意的过程是"大胆假设，小心求证""从想象出发，最终创造事实"的过程，创意是合理且具有预见性的想象，绝非胡思乱想。

不过，确实有时我们的创意可能不被人理解，也许是大多数人的经验和知识使他们无法认识到创意所运用的概念和逻辑是可行的，这个时候，更需要创意者反复推理、反复推敲，直至确认自己所坚持的概念和逻辑是可行的。比如，苹果手机的创造者乔布斯曾因其创意不被公司董事局理解而被迫离开苹果公司，但后来事实证明，他的创意是正确可行的，董事局又重新将他请回苹果公司，才有了现在全球4.7亿人都在用着的伟大成果：iPhone。

（4）想象力

营销策划创意是构思出来的，是别人没有想到的，要有一定的想象力。创意的目标是超越当前的现状，因为营销的目标只能进步不能退步。

创意是"出乎意料之外,合乎情理之中",创意要做到"无中生有、小题大做、借题发挥",这些都需要借助想象力的构思才能完成。

所以,同学们要想拥有创意能力,别忘了这个原则,一定要训练自己的想象力。

（5）竞争性

营销策划创意是为企业完成营销目标而构思的,企业营销目标是争取更大的市场占比,从竞争对手中抢夺更多的市场份额。

因此,营销策划创意的思维过程中,必须带有很强的竞争意识,针对竞争对手,针对竞争产品,针对要争夺的市场,针对要争夺的客户,这样做出来的创意才容易被企业接受。

（6）整合性

能够完成整合资源任务的构思才可称为营销策划创意,否则只能称为营销策划点子。但并不是任何资源都能够为我们所调用,也不是任何能够调用的资源都能够达到策划目标。因此,既可以为了整合资源而开展创意,也可以为了开展创意而整合资源。比如,大众途观SUV为了利用QQ音乐这个平台传播产品,考虑到在这个平台上的目标客户都是音乐爱好者,因此整合了汪峰的歌曲《像梦一样自由》,利用"未被打磨的棱角"和"不曾迷失的初心"等歌词突出体现途观SUV的产品精神,该创意体现了很好的整合性,令人愉悦而升华了产品价值,效果很好(见图2-10)。

图2-10　大众途观SUV产品传播创意的整合性

5. 营销策划创意灵感

2 200多年前希腊的叙拉古王国,有个家伙突然从浴缸里跳出来,大叫:"尤里卡！尤里卡！（我找到了！我找到了！）"他全身赤裸,光着屁股向前冲。他是发明裸奔的第一人吗？不,他叫阿基米德,他洗了一个最有创意的澡,他找到了如何证明皇冠是不是纯金的方法。原来,叙拉古的亥厄洛国王,叫金匠打了一顶纯金的皇冠,但他怀疑金匠掺了假。但皇冠的重量和国王给金匠金子的重量完全一样,国王便叫阿基米德想办法。

阿基米德日思夜想,终于在他将身体浸入浴缸时,看着从浴缸徐徐渗出的水,找到了解决问题的方法(见图2-11)。阿基米德跑进王宫,在国王和金匠面前把皇冠和皇冠等重的金块、等重的银块,分别放入不同的水盆里,结果发现,银块排出水量最多,其次是皇冠,最后是金块。

图2-11 阿基米德的灵感

可见灵感乍现,铁板也挡不住,灵感熄火,脑袋想破也没用。灵感能够为我们带来创意,事实上,灵感乃创意之母,没有灵感,创意从何谈起?有了灵感,创意是水到渠成的事。

但是创意灵感并非来去无踪、深不可测,它的出现全在于是否足够用心,是否全心扑在策划的构思上。很多人为了策划冥思苦想、绞尽脑汁,希望创意从天而降,其实他们需要的只是一个灵感。通过围绕策划目标而搜索相关信息,我们可能获得许多灵感,比如我们想要策划一个欧式风格的公关活动,需要查阅大量相关资料。此外,灵感也不是凭空想象的,它们很可能来自我们生活的自然界,俯拾皆是;灵感也不会嫌贫爱富,它能够满足任何人的愿望,有求必应。灵感是一个取之不尽用之不竭的创作源泉,只要你用心去捕捉它,去感受它,去倾听它,它就会自然而然地来到你的身边,换言之,灵感只属于有心之人。

6. 营销策划创意修正

阿基米德的创意,真的只是在洗澡的时候"突然想到"的吗?不是的,从洗澡入水那一刻到得出结论要有一段路,路也许很长,也许很短;但都要有"想"这一段过程,如果阿基米德洗澡时没想到,也许他要喝水时,假牙掉到水杯里,水溢出杯外时会想到。因此,从另一个角度来说,灵感创意的结果又有其必然性,是不断积累知识、经验、信息,不断思考的结果,这个过程实际上是创意修正的过程。

国内策划师谈作品大多喜欢围绕创意结果做文章,而国外策划师谈作品则愿意分享自己的创作灵感过程。这说明了一个问题,那就是国内策划师比较内敛,喜欢谈创意的修正过程,而国外策划师比较有激情,喜欢谈创意的灵感产生过程,其实创意的最终形成既有灵感的部分也有修正的部分。

灵感创意是针对问题获得的一种创新性、独特性、突发性的思维结果,修正创意是不断积累知识、经验、信息,不断分析,最终发现创新思维结果的过程。修正创意是以灵感创意为基础,对灵感创意进行修订、矫正和推动的结果。凡思维工作,都追求灵感创意和修正创意的成果,策划创意是一种思维方式,当然也是如此。

按照创意的灵感和修正规律来训练,就能够培养策划创意能力。策划创意的工作成果与个人思维能力有很大关系,往往会被误认为仅仅是依靠灵感得来的,因此使人陷入创意依赖天才的误区。其实,策划创意与市场环境、产品资源、执行条件密切相关,这是与绘画、书法等艺术创意完全不同之处,因此,在策划创意工作过程中,修正创意与灵感创意同样重要,甚至更重要。

营销策划公司、广告创意公司在策划创意工作过程中采用"策划创意工作卡"来监督、控制策划创意工作过程、检验创意成果、反馈客户沟通状况、收集市场和客户数据、激发创意成果,是灵感创意与修正创意结合的工作过程控制机制(见图2-12),建议同学们在项目实训中采用。

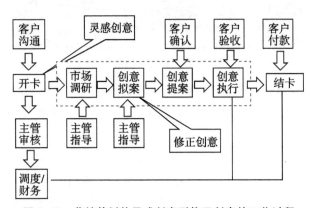

图2-12 营销策划从灵感创意到修正创意的工作过程

7. 灵感创意与修正创意的关系

创意是对已有的信息再加工的过程。右脑的特点是形象思维,因此如果没有存贮大量的信息,创意就无从谈起。我们常常强调"直觉""一闪念"灵感的重要性,但是这种灵感的产生,要求发挥左脑的抽象思维作用,且与右脑的形象思维有很好的配合。

灵感创意通常是在确定工作目标后,在头脑中如闪电般激发出一串"做什么"的点子和思路,而修正创意则是在灵感创意激荡之后,让头脑冷静下来,通过个人或团队的作用,进行调查分析、深入研究、剥茧抽丝等思考,在谁来做(Who)、何时做(When)、在哪做(Where)、如何做(How)、做什么(What)五个方面(5W)进行翔实的论证,最后挑选最优创意作为结果(见图2-13)。

灵感创意属于抽象思维,修正创意属于形象思维,都会存在于每个人的大脑中,只是因为每个人的思维天性和特点的不同而擅长在不同的方面。同学们可以从形象思维即右脑修正创意入手,逐渐提高抽象思维即左脑灵感创意能力,最终成为形象思维能力与抽象思维能力并举的人才。

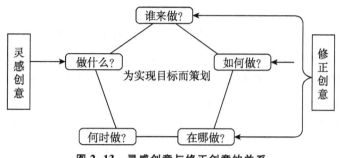

图 2-13　灵感创意与修正创意的关系

同步案例 2-3

给皮肤喝点水

地处北京的亚都环保科技有限公司(以下简称"亚都")现在已经成为"国内空气品质专家"了,但公司在 20 年前只不过是一家生产很简单的室内加湿器的公司而已。当年亚都加湿器的广告创意"给皮肤喝点水"深入人心,他们提出"皮肤的肌纤维由大量水溶性胶原蛋白构成,水分的流失会导致肌纤维收缩变形,乃至形成不可恢复的皱纹,使用空调或者电暖器的房间空气尤其如此"。这个看起来像化妆品的广告,却让亚都取得了良好的销售业绩,使产品一直畅销至今。亚都早期加湿器产品见图 2-14。

图 2-14　亚都早期加湿器产品

亚都敏锐观察市场,适时利用创意成果,在营销传播上表现出了杰出的创新才华。把家电当成化妆品来卖,亚都很有可能是第一家。亚都的渠道策略,也类似于化妆品,它没有进入家电超市,而主要是在百货商场化妆品专柜附近销售。

【案例思考】亚都的广告"给皮肤喝点水"的创意灵感来自哪里?

【分析提示】北京的秋冬确实很干燥,尤其是放暖气后更加干燥,其实这两个季节很多家庭都会在房间里放一盆水,皮肤、嗓子、鼻孔、眼睛等都会舒服一些,亚都加湿器就是比照此需求而生产的。但是问题来了,既然家里和办公室有了脸盆这个替代品,还有买亚都加湿器的必要吗?在这里,亚都加湿器面对的是"弹性需求"和"替代品"的问题。此时,营销策划人员要创意一个独特卖点,一举将弹性需求变为刚性需求,一举超越替代品的价值,这样创意才能够成功。营销策划人员从加湿器的诸多需求对象中单单提取了"皮肤",

每个家庭都有爱美的女主人,每个办公室都有爱美的同事,大量化妆品的主要功效就是给皮肤"补水",理由就是皮肤缺水会老得快。接下来的创意就顺理成章了,把亚都加湿器当作化妆品来卖:"给皮肤喝点水",每个身处干燥北方的爱美女性都至少会买一台。

亚都加湿器的创意灵感就是通过创意修正找到了一条营销策略:把家用电器当成化妆品来销售,听起来匪夷所思,但却很成功。

【案例关键词】案例关键词是"观察市场"。一个产品投放市场,一定会面临五种压力,即波特五力——现实竞争品、潜在竞争品、替代品、供应商讨价还价、消费者讨价还价。亚都充分分析了市场现状,主要问题就是消费者因有替代品而手握讨价还价的筹码:"大不了我不买了,还是回去用脸盆。"发现问题就解决了问题的一半,通过观察市场发现问题就离成功创意不远了。

【营销策划技巧启示】案例采用了经典的营销策划技巧之五——弹性需求变刚性需求。亚都加湿器一开始面临和消费者讨价还价的压力,而消费者之所以能够讨价还价,就是因为存在替代品——脸盆,从而使得消费者对亚都加湿器的需求是弹性需求。此时,亚都的营销策划人员创意思维的焦点就是要把弹性需求变为刚性需求。这个世界上,通常涉及女人和孩子的需求往往因主观上不遗余力而成为刚性需求,所以亚都加湿器将目标市场从家庭市场、单位市场再细分到女人市场,就成功地把弹性需求变为了刚性需求,一句直白的广告语"给皮肤喝点水"即刻横扫市场取得了巨大成功。

课堂活动 2-2

目标: 运用修正创意开展营销策划。

内容: 各模拟公司学习小组以上述同步案例为背景进行创意修正训练,讨论亚都加湿器在北方市场和南方市场有何差异,目标消费者有何消费特征,亚都在本地市场应该如何开展营销。请就营销策划创意的原则讨论可否对其广告语进行创意修正,并描述相应的营销策略。

组织形式: 老师从每组随机指定一个同学上台来分享,老师给每个团队点评和打分。最后由老师做总结。

要求: 每个模拟公司学习小组的成员都必须参与讨论,每个同学提交一份书面分析报告。

【训练要点】修正创意的头脑风暴法。

【即问即答】
1. 营销策划创意的特征是什么?
2. 如何理解营销策划创意必须创造第一?
3. 灵感创意与修正创意的关系如何?

2.2 营销策划创意的常用理论

1. 蓝海战略理论

蓝海战略理论源自 W. 钱·金（W. Chan Kim）和勒妮·莫博涅（Renée Mauborgne）教授合著的《蓝海战略》一书。蓝海战略其实就是企业超越传统产业竞争、开创全新市场的企业战略。如今这个新的经济理念，正得到全球工商企业界的关注。"红海"是竞争极端激烈的市场，但"蓝海"也不是一个没有竞争的领域，而是一个通过差异化手段得到的崭新的市场领域，在这里，企业凭借其创新能力获得更快的增长和更高的利润。

蓝海战略理论为营销策划创意提供了战略级的思路，即使竞争再激烈的市场也会有市场空白存在，我们应该善于通过市场分析研究，发现市场空白，并第一时间介入（见图 2-15）。

图 2-15 如果市场的海洋只有我独自捞鱼……

2. 长尾理论

长尾理论的基本原理是，只要存储和流通的渠道足够大，需求不旺或销量不佳的产品所共同占据的市场份额，可以和那些少数热销产品所占据的市场份额相匹敌甚至更大，即众多弱小品牌汇聚成可与主流大品牌相匹敌的市场能量。实际上"长尾"就是二八法则中不怎么被重视的那 80% 非关键的市场和低收益客户（见图 2-16）。

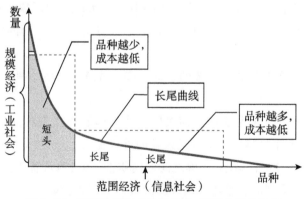

图 2-16 如果做不了龙头做平台，控制长尾也很好

长尾理论为营销策划创意提供了两方面的创意理论依据：一是现代计算机和网络技术高度发展，使渠道、客户管理、分散存储的成本大大降低，使长尾得以实现，比如淘宝。二是与传统的二八法则逆向思维，形成创新创意成果，比如京东。

3. 定位理论

定位理论的创始人是美国人特劳特与里斯（见图 2-17）。定位起始于产品，但并不是对产品本身采取行动。定位是指要针对潜在顾客的心智采取行动，即要使产品在顾客的心智上、头脑中占据一个有利的位置。因此，定位是对顾客头脑的争夺战，其目的是在潜在顾客心中得到有利的地位。

图 2-17 特劳特与里斯

营销策划创意正是要将消费者的心灵当作营销的终极战场，要想抓住消费者的心，必须了解消费心理。

4. 品牌形象理论

20 世纪 60 年代由大卫·奥格威（David Ogilvy）提出的品牌形象理论是广告策划创意理论中的一个重要流派。在此理论影响下，出现了大量优秀的、成功的广告。

其基本要点是：

- 为塑造品牌服务是广告最主要的目标。广告就是力求使品牌具有并维持一个高知名度的形象。
- 任何一个广告都是对品牌的长期投资。从长远的观点来看，广告必须尽力去维护一个好的品牌形象，而不惜牺牲追求短期效益的诉求重点。
- 随着同类产品差异性减小，品牌之间的同质性增大，消费者选择品牌时所运用的理性就越少，因此，描绘品牌的形象比强调产品的具体效用和功能特征要重要得多。
- 消费者购买时所追求的是"效用利益＋心理利益"，对某些消费群来说，广告尤其应该运用形象来满足其心理需求（见图 2-18）。

围绕品牌形象所进行的思考是营销策划创意的战略目标问题，只有战略目标明确后，营销战术的策略才有明确的方向。

图 2-18　品牌是我在消费者眼中的结果

5. 木桶理论

所谓"木桶理论"也即"木桶定律",其核心内容为:一只木桶盛水的多少,并不取决于桶壁上最长的那块木块,而恰恰取决于桶壁上最短的那块。根据这一核心内容,木桶理论还有两个推论:

其一,只有桶壁上的所有木板都足够长,木桶才能盛满水。

其二,只要这个木桶里有一块木板长度不够,木桶里的水就不可能是满的。

木桶理论可以启发我们思考许多问题,比如企业团队精神建设的重要性。在一个团队里,决定这个团队战斗力强弱的不是那个能力最强、表现最好的人,而恰恰是那个能力最弱、表现最差的落后者(见图2-19)。因为,最短的木板对最长的木板起着限制和制约作用,决定了这个团队的战斗力,影响了这个团队的综合实力。也就是说,要想方设法让短板达到长板的高度或者让所有的木板维持"足够高"的相等高度,这样才能够完全发挥团队作用,充分体现团队精神。

图 2-19　长板代替整体实力的错觉经常发生

在营销策划的前期,用SWOT分析企业内环境和外环境是一个常规的环节,其中至关重要的是充分认识未来营销工作中可能存在的短板,也就是劣势(W)和挑战(T)中最危险的因素,使营销策划创意更具可行性。

同步知识点 2-3

黄尧教授的"取长补长"理论

木桶理论是传统的"取长补短"理论,它追求大而全的企业、个人和团队建设,终究会发现忙于"补短"却永远追不上别人"长"的快速进步。黄尧教授早在多年前的策划创意实战和教学工作中,就独创性地提出了"取长补长"理论,以此指导创意实践和人才建设,取得了很好的效果。黄尧教授的"取长补长"理论指出:无论是品牌、产品抑或个人、团队,在市场的竞争中,并不取决于整体实力,而是脱颖而出的特长,也就是我们反复强调的 USP,可以称为特长、独特卖点或独特的销售主张。"取长补长"理论的关键是分析自己的最"长"特质,不断吸取其他对手或对象的可以增加我们"长处"的"长处",使我们的"长处"迅速"更长",最终使我们"站在巨人的肩膀上"而快速成为第一。

比如,奇瑞汽车发现,自己最大的长处就是利用其他厂家免费的先进技术和自己获得的廉价劳动力、廉价材料把汽车做到最便宜,消费者只需花费 2 万多元即可把 QQ 开回家(见图 2-20)。此举取得了巨大成功,1999 年奇瑞收购了世界名牌轿车沃尔沃。

图 2-20 奇瑞 QQ3 仅售 2.35 万元

再举一个贴近同学们的真实例子。廖冠蘅是黄尧教授培养的南宁职业技术学院营销与策划专业 2004 级学生,他毕业后进入房地产行业创业,发现这个行业已经充斥着林立的强手,几乎没有给自己任何竞争的机会和缝隙。他分析自己唯一的长处就是年轻,敢拼敢闯,于是通过"取长补长"理论建立起了"快速房地产营销专家"这个定位,实现了比其他所有公司都要快一倍的销售计划,通常只需 1—3 个月即可将项目销售一空。短短 5 年,他创立的荣申博地产营销策划有限公司已经成为广西最强的代理和开发公司,个人已经拥有两辆劳斯莱斯汽车。现在,他每年在母校设立 8 万元筑梦奖学金,鼓励更多贫困学子自强自立,苦练营销策划创意技能。

6. 羊群效应

羊群效应是指管理学上一些企业的市场行为中的一种常见现象。例如一个羊群(企业群体)是一个很散乱的组织,平时大家在一起盲目地左冲右撞。如果一只羊发现了一片肥沃的绿草地,并在那里吃到了新鲜的青草,后来的羊群就会一哄而上,争抢那里的青草,全然不顾旁边虎视眈眈的狼,或者看不到其他地方还有更好的青草。

羊群效应一般出现在竞争非常激烈的行业中,而且这个行业中有一个领先者(领头羊)占据了主要的注意力,那么整个羊群就会不断模仿这只领头羊的一举一动,领头羊到哪里去吃草,其他的羊就会到哪里去"淘金"(见图2-21)。

图 2-21　有时领头羊不一定是最肥的

有则幽默的故事反映了羊群效应:一位石油大亨到天堂去参加会议,一进会议室发现已经座无虚席,没有地方落座,于是他灵机一动,喊了一声:"地狱里发现石油了!"这一喊不要紧,天堂里的石油大亨们纷纷向地狱跑去,很快,天堂里就只剩下那位后来者了。这时,这位大亨心想,大家都跑了过去,莫非地狱里真的发现石油了?于是,他也急匆匆地向地狱跑去。

羊群效应在营销策划创意中可带给我们两个方面的思维启发:一是在培育市场时如何培养领头羊,二是在突破市场包围时如何声东击西。

7. 果子效应

对于消费者而言,品牌是一种认知经验。在物质生活日益丰富的今天,同类产品多达数百种甚至上千种,消费者根本不可能逐一去了解,只有凭借过去的经验,或别人的经验来加以选择。因为消费者相信,如果在一棵果树上摘下的一颗果子是甜的,那么这棵树上其余的果子也都会是甜的(见图2-22)。这就是品牌的"果子效应"。

图 2-22　果子效应往往会让消费者看走眼

在营销策划创意过程中,我们可以利用果子效应来思考市场周期策略、事件营销策略等,果子效应可以帮助企业在开发新产品介入新领域后利用原品牌影响力来统领市场。实践证明,企业在进入市场初期,投入的宣传费用、促销费用往往占进入成熟期之前费用的1/3,之后果子效应会引爆市场。

8. 苹果定律

现在的苹果一般是5元一斤,一斤大概有两三个。如果将这两三个苹果切成片,装上盘,在KTV包房或大酒店出售,可以卖到48—98元一盘(见图2-23)。这就是"盘子里的苹果更值钱"的苹果定律。

图 2-23　鸡尾酒会上的果盘

在营销策划创意中,这个盘子可以是品牌、包装、广告等。同样是皮包,全球首席奢侈品LV的箱包,是采用同类品质牛皮和配饰设计制作的,而价格却是其他品牌的几十倍到一百倍;耐克设计师设计的运动鞋,在中国代工生产,同类品质的产品价格要比国产的高4—10倍。

品牌就是符号,策划学就是符号学,因此赋予"苹果"什么档次的符号,就相应的有什么档次的消费者来接受这个符号,这在营销策划创意中是非常重要的理念。

同步案例 2-4

淘宝的核心创意

淘宝网目前已经是亚太地区最大的网络零售平台,由阿里巴巴集团在2003年5月10

日投资创立。淘宝网现有业务跨越C2C(个人对个人)、B2C(商家对个人)两大部分。阿里巴巴集团在2012年11月30日宣布,其旗下淘宝和天猫2012年总交易额已经突破1万亿元。目前有7亿多注册消费者。

数百万想赚钱的个人,此前从未做过生意,或从未持续地做过生意。他们甚至连去工商局注册个体户都没有足够的资本和信心,小得让制造商、经销商都不以为然,甚至他们自己都不曾想过可以有一个商店做生意。当时,淘宝把开店的门槛降到零:开店不再高不可攀,它是无须工商执照、无须注册资金、无须代理授权的,店面租金为零,谁都可以做。另外,对于成千上万的消费者来说,在淘宝上寻找自己喜欢的东西已成举手之劳。

数百万的个人开的淘宝店代表了一个巨大的长尾消费品市场,这条长尾最终能有多长,恐怕谁也无法预知。

【案例思考】淘宝在创立之初发现了什么需求?

【分析提示】当年淘宝创立之初有一个非常强大的对手:易贝(eBay)(见图2-24)。易贝在尚未准备好的时候就错误地决定实施全球化战略,结果导致网站不稳定,消费体验下降,而淘宝委托SUN公司开发的系统一个漏洞都没有,恰好上线运行,顺势接收了易贝大量流失的客户。这时,是木桶效应在起作用,"不稳定"的短板把易贝的客户都赶到淘宝这里了。而淘宝依据"长尾理论"发现的需求则是后来占中国经济90%以上的"长尾客户":个体民营者和个人消费者,淘宝利用支付宝的7天信用手段将两者黏合起来,取得了巨大成功。据可靠的统计渠道数据,截至2017年11月6日,天猫店铺总数达到了185 775家、淘宝店铺总数达到了9 906 546家,阿里巴巴公布的2016财年净盈利高达427.41亿元人民币,2016财年交易总额(GMV)突破了3万亿元人民币。

图2-24 淘宝与易贝(eBay)到底谁更高大?

【案例关键词】案例关键词是"效率"。过去传统的二八法则指导了大量企业因找准20%的客户而使其发展获得了巨大成功,其关键是"效率"二字。过去的理论无法预测到互联网能够更加高效地解决另外80%的市场的开发问题,那时,谁将资源投入这部分市场基本上都是得不偿失的,但今天的互联网技术却帮助许多企业低成本、高效率地实现了长尾市场的开发,7天连锁酒店、滴滴打车、E代驾、E代洗等企业迅速成功上市,说明了当今营销策划创意的构思重点是"逆向思维",这是长尾理论PK二八法则带来的重要意义。

【营销策划技巧启示】 案例采用了经典的营销策划技巧之六——逆向思维。逆向思维是对既定理论、观点、概念、规律等进行否定或逆向思考而形成新的思维成果的一种思维方式,即俗话说的"反其道而行之"。当大家已经习惯于某一个固定的思维结果时,你却朝着否定或相反的方向去找到新的思维成果,这显然是一种独特的创意,必定会产生"出乎意料之外,合乎情理之中"的显著效果。

课堂活动 2-3

目标: 掌握一种营销策划创意理论。

内容: 淘宝目前也在做着各种全球化布局和跨界的商业改革,假设淘宝就是当年的易贝,各模拟公司学习小组通过调研分析找出淘宝存在的问题,如果由你们来成立一家电商企业,你们会怎样做?请运用一种或几种营销策划创意理论来分析阐述你们的观点。

组织形式: 老师从每组随机指定一个同学上台来分享,老师给每个团队点评和打分。最后由老师做总结。

要求: 每个模拟公司学习小组的成员都必须参与讨论。

【训练要点】 营销策划创意理论的运用。

【即问即答】

1. 营销策划创意理论的共同点是什么?
2. 长尾理论是否指企业的营销渠道比较长?
3. 在上述八个理论中,你最喜欢哪个?

2.3 营销策划创意的构建

1. 营销策划创意类型

(1) 整合型

这种类型的策划创意一般出现在产品策划的创意上,以实用问题解决为导向,解决如何突破原有产品对消费群吸引力不足的问题,实现不断积累品牌价值和增加品牌溢价。

美国凯蒂柯(Kinetic)公司的 VAC 创伤治疗产品(真空吸尘器辅助闭合)在解决病人伤口闭合时所产生的一系列痛苦(如伤口愈合缓慢、导致感染、伤疤负压等)问题上独树一帜,它改变了传统用纱布包扎伤口的方式,通过进一步的实用功能整合,把止痛药或抗生素也加入了产品中,使其应用范围扩展至几乎所有伤口愈合领域,就连美国军方也加入了产品使用的行列。此种功能整合纯属原创性的,很少有现成的组合元素可供拼凑。

娃哈哈营养快线也属于功能整合型创意产品,即对现有元素直接进行组合,将牛奶或酸奶加果汁形成新产品创意,当然产品会加入更多保证营养、口味等的元素,使之成为年销售超过百亿元的同业翘楚(见图2-25)。

图 2-25　功能整合型创意策划出营养快线产品

宝洁的众多洗护品牌产品也采用了功能整合型创意,是对现有产品功能的强化升级,手法可谓技艺高超。

(2) 故事型

这种类型的策划创意常用于广告策划。故事型创意是借助生活、传说、神话等故事内容的展开,在其中贯穿有关品牌产品的特征或信息,借以加深受众的印象。由于故事本身就具有自我说明的特性,易于让受众了解,使受众与广告内容发生连带关系。在采用这种类型的策划创意时,对于人物选择、事件起始、情节跌宕都要做到全面的统筹,以使在短暂的时间里和特定的故事中,宣传出有效的广告主题。在国内这几年的电视广告中,不少是故事型的策划创意,如南方黑芝麻糊的广告(见图2-26)、孔府家酒的广告、沱牌酒的广告等。

图 2-26　南方黑芝麻糊"叫卖故事"广告获创意大奖

(3) 极限型

这种类型的策划创意常用于整合资源策划。许多企业对资源整合的理解只停留在浅显的层面,一般只是以单纯物化方面的细节为创意落点,多以物件本身为指标。而成功的企业在细节极限方面则选择符合人性的资源整合方法,所有资源从产品到宣传的细节须以人的各种感受为标准,因此,细节的真正内涵应该符合人性对极限的深入。

比如三星核心技术部门都承认自己拥有关键技术,但一开始仍然设计不出像苹果那

样的畅销产品，而三星为苹果提供的A4芯片却在乔布斯近乎苛求的极限策划中，创造了惊世骇俗的手机及其营销模式。乔布斯是极限型创意的代表人物（见图2-27）。

（4）投射型

这种类型的策划创意属于商业模式创意。所谓投射，就是将一个物体投影到另一端的情形，此处是指将某产业的成功元素复制，借用其他产业的创意。企业根据战略需要，通过借用或部分复制其他产业中成功的商业模式创意元素，完全可以在其他产业中开创一个全新的分化市场。

如电子商务型网站1号店，以沃尔玛、亚马逊、戴尔等有关供应链及电子商业模式投射创意，对原有垂直电子商务进一步分化，于2008年7月11日正式上线，开创了中国电子商务行业网上超市

图2-27 乔布斯是极限型创意的代表人物

的先河，公司独立研发出多套具有国际领先水平的电子商务管理系统，并拥有多项专利和软件著作权，率先以更完备的供应链系统、标准化流程、服务、低价格等构筑了一个超级网购平台（见图2-28）。

图2-28 2013年1号店创意获戛纳国际广告节"Best Use of Media"大奖

（5）扩展型

这种类型的策划创意用于体验营销策划。以体验营销为策略，以体验产品价值为主要营销方式的自由竞争时代，由于产业界限被打破，营销的延伸空间放大，对产品进行外围扩展已成为营销策划创意的重要手段。

如传统的动物园已经从马戏团表演扩展到摩天轮、海盗船、激流勇进等娱乐项目（见图2-29），宜家家居已经从传统的摆放家具的销售方式扩展到随意坐卧、开关、搬动等体验，苹果手机已经从传统的通信、拍照功能扩展到音乐、视频节目、电子商务等功能。

图 2-29 动物园里不仅是动物在玩

【导学链接】

名著导读：霍华德·莫斯科维茨、亚利克斯·戈夫曼著,刘宝成译,《卖掉蓝象》,北京：中国人民大学出版社,2009年。书中介绍了 RDE 方法(规则建立实验),如何找到顾客需求,开发明星产品(见图2-30)。

图 2-30 莫斯科维茨和戈夫曼的《卖掉蓝象》

2. 营销策划创意技巧

(1) 创意的三原理

第一,迁移原理。这个原理认为,创意是一种迁移。所谓迁移,就是用观察此事物的办法去观察彼事物,就是用不同的眼光去观察同一个现象,就是采取移动视角的办法来分析问题。通过视角的迁移,人们可以很简单地创造出众多新鲜的、交叉的、融合的、异化的、裂变的、创新的事物来。这就是创意产生的成因。

自然科学中的转基因的研究,社会科学中的交叉学科和边缘学科的出现,实际上都是学者迁移观察的结果。科研是这样,产品亦是这样,策划更是这样。在市场实践中,许多杰出的策划创意都源于这类的"再认识"。

随手就可以举一些例子,比如,最早的移动电话只不过是想办法把固定电话做到像无线电发报机那样,这是一种移动视角的改变;第一瓶纯净水只不过是有人想把开水放到密封的水杯里随身带着喝,后来在中国居然发展成了一个拥有几百亿元产值的大产业;第一碗方便面是华人的发明,因为中国人在野外充饥不习惯啃面包,总要有一碗热汤。同学们,你们也来试试。

第二,变通原理。创意有时只是"概念的变通",只要换一种方式去理解,换一个角度去观察,换一个环境去应用,一个新的创意就产生了。这就是创意的变通原理。

某种事物的功效在一定条件下是可以变通转换的,比如,用于战争的兵法,经过变通可用于经济,这是观念的转换;原本属于动物本能的保护色,经过变通可用于军队的迷彩服,这是功能的变通;民用产品可以用于军需,军需产品也可以转为民用,这是能量与功效的传递和延伸。显然,上述各种观念的转换、功能的变通,对策划创意的产生是极有启示性的。同样,知识的用途也可以变通,比如,心理学应用于管理,产生了管理心理学;军事谋略应用于商战,可以使精明的商人懂得韬略;运筹学引入政界,成为竞选的有力武器;等等。

以一样的眼光看待不一样的事物,或对一样的事物用不一样的眼光来看待,都是一种变通,都能够产生新的创意。

第三,组合原理。在自然界中,元素通过组合可以形成各种各样的新物质,策划创意也可运用元素组合来产生,即策划人员可以通过研究各种元素的组合而获取新的创意。这就是组合理论。

营销策划不能墨守成规,必须不断尝试和揣测各种组合的可能,并从中获得具有新价值的创意。元素的组合不是简单的相加,而是在原有基础上的一种创造。能够产生创意的元素包罗万象,可以是实际的,也可以是抽象的;可以是现实存在的,也可以是虚构想象的。比如电视机可以论斤出售、冰激凌可以油炸、外墙涂料可以给人喝等,都是一些超越常人思维习惯的元素组合。

同步案例 2-5

什么是龙菊?

【新华网 2015 年 11 月 3 日讯】广西全州:订单龙菊助农增收

11月2日,广西全州县龙水镇殿子岭村村民在菊田里采收龙菊(见图2-31)。眼下,正值龙菊采收的大忙时节,广西全州县龙水镇殿子岭村的村民们抓住晴好天气抢收龙菊。据了解,该村今年种植的400多亩龙菊在种植前就与当地一家农业开发公司签订了收购订单,村民们吃了定心丸。目前,该村预计可产鲜菊40多万公斤,平均亩产鲜菊约1 000公斤,每亩龙菊可为菊农带来近万元的经济收入。11月2日,广西全州县一家农业开发公司的员工在加工龙菊,准备烘烤。

图 2-31 广西全州县龙水镇村民喜收龙菊

广西全州县的这家农业开发公司就是黄尧教授带领的策划团队从 2014 年开始指导的广西璟晨农业发展有限公司,该公司从农业生产、产品包装到产品营销,均采用营销策划创意的三原理进行构思。首先,在全州种植什么?用迁移原理创意种菊花。地处桂林长寿腹地的全州龙水镇,其气候、环境条件比盛产皇菊的黄山、婺源更加优越,经国内顶尖农业专家实地考察和小范围试种,证实花开更艳、花瓣更厚、冲泡更香且不掉花瓣,效果也更好。其次,产品如何包装?用变通原理创意产品名字。概念要变通,产品要独创,从名字做起。宋朝皇帝四下全州、五次加封湘山寺,这里地处连接南北的龙脉,因此龙水镇产的皇菊变通为"龙菊",满城尽带黄金甲,龙菊将是中国黄龙文化的首席代表。最后,产品如何营销?采用组合原理进行营销策划创意,除了龙水镇,今后龙菊将在桂林其他乡镇种植上万亩,形成桂林特色旅游观光产业带,生产龙菊酒、龙菊粉、龙菊饼系列产品,组合电商的高效率营销模式,打造山水甲天下的龙菊新农村。

【案例思考】起个好名字就万事大吉了吗?

【分析提示】营销策划创意不是点子创意,而是系统创意,就是说名字不仅应该与产品定位、产品价值、产品精神、产品故事相一致,而且应该与目标消费群的独特需求、消费体验相一致。所以,起了个好名字还不够,还要围绕好名字按照本书指导的流程和技能,拟定一套优秀营销策划方案,而且在实施过程中要根据市场变化及时调整。龙菊的定位就在"龙"字,营销策略必须围绕这个独特需求和消费体验来做出短、中、长期的工作计划。产品故事是为产品精神服务的,产品精神是为产品价值提供内涵的,只要这个"龙"的产品价值能够被消费者体验到,而且产生"划算"感受(参见第 1 单元黄尧教授的"划算公式"理论),市场开发就是顺利而迅速的。

【案例关键词】案例关键词是"好名字",如果一个产品的名称让消费者听一次或者看一次就能够记住,就已经在传播上为公司减少了很大的成本,同时也减少了很多的营销时间,比如,阿里巴巴、滴滴打车、上岛咖啡等,好听易记。不过,好名字的本质有其更加核心的理念,即好名字必须与产品的卖点、定位、概念相结合。不少名字似乎很容易记,但因与产品的概念不符,消费者反而会放弃记忆,比如,饥饿饭店、爆炸酒店、傻乎乎牙膏等。

因此,名字的好坏不仅是"好听易记",而且要让消费者在第一时间听懂含义,并且能够马上体会到产品的卖点或定位、概念。比如,永固门锁,第一感觉是坚固、耐用;美加净牙膏,第一感觉是牙齿更亮、更白;奔驰轿车,第一感觉是奔跑得更快;兰蔻,第一感觉是雅而不俗,能够直接和女性护肤品产生联想,听起来就像一个高端产品。

【营销策划技巧启示】案例采用了经典的营销策划技巧之七——好听易记。营销策划的作用是更低成本、更高效率地推动营销的成功,因此快速传播成为很关键的追求。不仅产品的名字,广告口号、广告语、广告文案也都应该好听易记。对于不同文化背景的目标人群,好听的概念是不同的,易记的效果也是不同的,所以必须从消费者的角度出发,揣摩他们的喜好、需求、文化、品味,制作出好听易记的产品传播信息。当下,为产品、商家撰写微信推文的写手们,有了比以前能够更直接感受到消费者喜好的平台,所以他们写出来的语言更加贴近目标消费群,如果没有人喜欢、没有人爱看、没有人记得住,那么他们就要下岗了,因为事情很简单,要么拿了工资却没有办法让消费者记住产品,要么消费者没有记住产品就拿不到工资。所以,好听易记是很关键的营销策划技巧,同学们必须刻苦修炼这项技能。

(2)创意的三要素

第一,概念。再好的想法,如果不能提炼出精辟、简练、实效的概念,创意就没有基础。比如看书写字,天经地义。但是,能不能打破这个规则?让书不是用来看的,而是摸、听、闻、啃?等等。这是点子和思维的过程,还不能成为创意,因为没有形成概念。当我们明确地提出"听书"这个概念时,创意就开始具备了基础,这是创意的第一要素。

第二,工具。概念必须有效、有用,才能够成为创意,否则就是空想,因此需要"大胆假设,小心求证"。为了有效、有用,需认真选择实现创意的工具。

这里所谓的工具,可以是素材,也可以是途径、手段、方法等。比如为了实现听书的概念,我们可选择如下工具之一:说书人、其他音频文件、视频文件、电脑、播放器、收音机、其他播放设备等。

第三,表现。相同的工具还会有不同的表现手法,自然也会产生不同的效果。比如人声翻译分为两种,一种是现场同步翻译,每个人都戴着耳机;另一种是逐段翻译,讲话人讲一段,译者跟着翻译一段。

比如听书,假设我们选择的工具是播放器,播放器采用什么外观、多大的内存、怎样的音场效果、需不需要配喇叭和耳机等,就是具体表现。具体表现是创意在受众面前的直接体现。

(3)创意的三作用

第一,引人注目。创意必须能够引起别人的注意,并且能够吸引更多人的注意。比如听书必定能够吸引更多人的注意。

第二,包装信息。把一个很好的信息通过创意包装起来,才能够让别人可以看到、理解并且使用,比如"发明录音机让书可以听"。

第三,留下深刻印象。创意能够冲击灵魂,产生心理上的震撼,这样才能够被深刻记忆。比如"随时随地都可以听书,将无聊的打发时间变成宝贵的学习"。

(4) 创意的七方法

第一,头脑风暴法。前面已经介绍过,所谓头脑风暴,是指无限制的自由联想和讨论,其目的在于产生新观念,或激发创造性设想的产生。由头脑风暴一词可获知允许自由联想的程度以及创造者须将创造力(确切地说应该是想象力、联想力)激发到何种程度。

这种自由联想方式可以创造知识互补、思维共振、相互激发、开拓思路的条件。

第二,信息交合法。信息交合法是一种在信息交合中进行创新的思维技巧,即把物体的总体信息分解成若干个要素,然后把这种物体与人类各种实践活动相关的用途进行要素分解,把两种信息要素用坐标法连成信息标 x 轴与 y 轴,两轴垂直相交,构成"信息反应场",每个轴上各点的信息可以依次与另一个轴上的信息交合,从而产生新的信息(见图 2-32)。

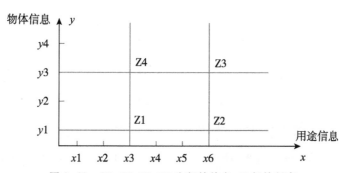

图 2-32 $Z1$、$Z2$、$Z3$、$Z4$ 为新的信息,即新的创意

同步案例 2-6

杯子的新概念创意

运用信息交合法六步骤可完成杯子的新概念创意。

第一步,确定原点。

也就是说,你思考的问题是什么,你要解决的课题是哪个,你研究的信息为何物,要首先确定下来,以此为坐标系的原点。比如,现在我们要研究"杯子",那么,就将"杯子"作为"形式-效用"坐标系的原点。

第二步,设计坐标系。

根据"中心"的需要,确定需要设计多少个分类坐标系,其纵轴是"形式"的分类,横轴是"效用"的分类。如研究"杯子",可以根据"形式"分成四类纵轴——"风格""材料""相关学科""形态结构"等;可以根据"效用"分成三类横轴——"功能""大小""冷热"。

第三步,选择一个分类为横轴。

在此,为了简洁地说明问题,我们只完成其中一类横轴的创意步骤——"功能"。

实际上,我们因此得到了四个 xy 坐标系,见图 2-33 至图 2-36。

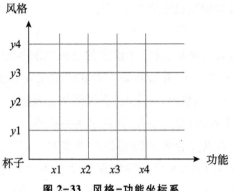
图 2-33　风格-功能坐标系

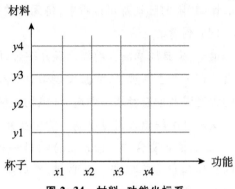
图 2-34　材料-功能坐标系

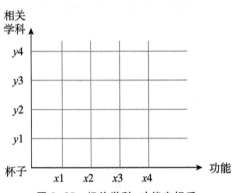
图 2-35　相关学科-功能坐标系

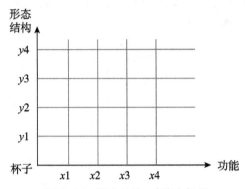
图 2-36　形态结构-功能坐标系

第四步，选择一类分类为纵轴。

同样，为了简洁地说明问题，我们只完成其中一类纵轴的创意步骤——"材料"。

在"材料—功能"坐标系上，按照生产杯子可以采用的"材料"形成多条纵轴线，如：$y1=$陶瓷，$y2=$金属，$y3=$玻璃，$y4=$塑料等。

按照杯子的"功能"形成多条横轴线，如：

$x1=$盛液体，$x2=$插花，$x3=$装饰品，$x4=$刻度等（见图 2-37）。

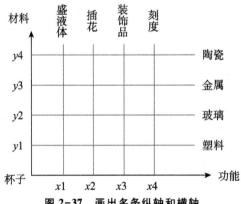
图 2-37　画出多条纵轴和横轴

第五步,信息交合产生创意点子。

y 纵线与 x 横线交叉形成交合点 z,即创意点子。

在此"材料-功能"坐标系上,四条纵线与四条横线形成 16 个创意点子,即 Z1—Z16(见图 2-38)。

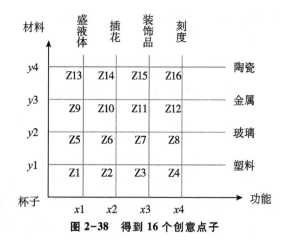

图 2-38　得到 16 个创意点子

第六步,对创意点子进行解释。

按营销策划工作方法,围绕营销目标,从 16 个创意点子的角度进行营销策略的分析。比如,在此我们从产品策划的角度解释创意点子。

如玻璃 $y2$ 与刻度 $x4$ 交合点,我们可以策划"刻度玻璃杯",可用于饮水、服药时掌握剂量。

如塑料 $y4$ 与装饰品 $x3$ 交合点,我们可以策划"彩色塑料杯""玩偶塑料杯"。

课堂活动 2-4

目标:学会运用信息交合法进行学生文具盒产品创新。

内容:学生文具盒既是传统的学习用具,又是较难创新的产品,现请各模拟公司学习小组运用信息交合法进行产品创新创意。

组织形式:老师从每组随机指定一个同学上台来分享,老师给每个团队点评和打分,最后由老师做总结。

要求:每个模拟公司学习小组的成员都必须参与创意活动。

【训练要点】能否按照信息交合法六步骤,完成文具盒的新产品创意。

第三,强制联想法。强制联想法就是强制人们运用联想思维,充分激发大脑的想象力和联想力,提高创造性思维能力,从而产生有创造性的设想。强制联想法可以迫使人们去联想那些根本联想不到的事物,从而产生思维的大跳跃,突破逻辑思维的屏障而产生更多的新奇怪异的设想,而有价值的创意就孕育其中。其中有查杂志法、列表法、焦点法等。

- 查杂志法。将两个以上、一般情况下彼此无关的想法强行联想在一起,从而产生创意。这种方法比较简单,只需随意打开某杂志将某个项目、题目或某句话挑选出来,然后,从其他杂志中将某个项目、题目或某句话挑选出来,将它们合二为一,以强制联想的思维逻辑,可产生意想不到的创意。
- 列表法。事先将考虑到的所有事物或设想依次列举出来填入表内,然后任意选择两个加以组合,从而获得创意。
- 焦点法。以一个事物为出发点(即焦点),联想其他事物并与之组合,形成新创意。如玻璃纤维和塑料结合,可以制成耐高温、高强度的玻璃钢。很多复合材料都是利用这种方法制成的。

第四,设问法。设问法是一种把有关问题以提问的方式列举出来,然后把某一事物或特定对象代入,与表中的各项加以核对,以启发创意的方法。

第五,类比法。类比法是以两个不同事物的类比作为主导的创意方法,其特点是以大量的联想为基础,以不同事物之间的相同或类似点为纽带,充分调动想象、直觉、灵感诸功能,巧妙地借助他事物找出创意的突破口。其关键是寻找恰当的类比对象,比如拟人、仿生、直接类比、象征类比和幻想类比等。

第六,创意马拉松法。人类的大脑不停地运转,就是为了不使大脑中所浮现的画面总是停留在某一个记忆之中,以创造出新的点子。然而存在的另一个难题就是瞬间产生的点子可能稍纵即逝,因此,我们必须用大量的信息持续刺激大脑,使其源源不断地产生新点子,这就是"创意马拉松法"。

创意马拉松法可以归纳为以下八条定律:① 所有的创意都需要不断改良;② 人类的脑力无论怎样使用都不会出故障;③ 想出一个点子所需的时间为三秒钟;④ 点子很容易忘记,尽快一个个记录下来;⑤ 不要太讲究记录纸张的版面;⑥ 每一个点子必须比之前的点子更有创新;⑦ 当想要尝试实现点子时,会连带地想出其他 10 个点子;⑧ 无论想出了多少个点子,千万不可因此而自满。

课堂活动 2-5

目标:采用创意马拉松法进行学校迎新晚会的创意。

内容:晚会是常见的公关活动,无论是单位的社交活动还是企业的产品营销推广,都会经常用到晚会这种形式,但晚会需要不断创新才能够吸引参与者,现请每个同学运用马拉松创意法,将尽可能多的点子写在 A4 纸上,比一比谁的创意最多、最好。

组织形式:老师从每组随机指定一个同学上台来分享,最后由老师做总结,每个同学的作业交上来由老师给出分数。

要求:每个同学都必须参与创意活动。

【**训练要点**】掌握创意马拉松法。

第七,黄尧教授发明的"喜剧创意法"。喜剧创意法是由黄尧教授独创的方法,其概念来源于他总结的创意的第一个特征"创意是喜剧的呈现",这将大大有助于营销策划人员迅速获得一个成型的创意。

喜剧是有规律可循的,将喜剧创意的方法运用到策划工作中,策划作品就能够迅速被消费者认知、认可和记忆,这大大节省了广告费用。

黄尧教授指出,喜剧创意就是"抖包袱",是以常理的思维逻辑为基础,在一波三折后步步推高,逐步推向悬念的顶端,最后瞬间点爆包袱,引起撼动人心的共鸣。"包袱"是指通过信息对即将点燃的主题进行包装和呈现,包装的手段可以是视觉、听觉、触觉、味觉、嗅觉等任何一个人类感知的方面。

喜剧创意法分为四步:

第一步,铺垫。采用大家熟悉、喜爱、容易认知和理解的元素为本次策划进行铺垫,比如名人、明星、模特、鲜艳色彩、美丽风光等。

第二步,好奇。就是所谓的"包袱",使目标消费者对创意充满好奇,通常采用出乎意料的反差达到这一效果。反差越大,"包袱"越大,消费者的好奇心越重,喜剧的效果也将越强烈。

第三步,共鸣。能够引起共鸣的内容必定是合乎情理的结果,所谓"出乎意料之外,合乎情理之中"。反差越大而情理越简单时,共鸣越强烈,喜剧引发的笑声越畅快、越持久,而且越有回味。

第四步,点燃。许多喜剧仅仅是为了追求发笑,但营销策划创意必须有营销目的,其目的是通过共鸣点燃消费者笑点后,使其心智对某一产品卖点、定位或概念产生深刻的认可和记忆,从此该产品在消费者的心智中就占据了一个独特的地位。

同步案例 2-7

视频作品《不差钱》

2009年春晚赵本山的小品《不差钱》与以往他在春晚的小品不同,以往只是为了引人发笑,而这次的小品是为了"推销"小沈阳。男扮女装、丫蛋认姥爷等桥段的反差很大,逐渐推高观众的好奇,最后通过共鸣点燃笑点的效果就非常好(见图2-39)。

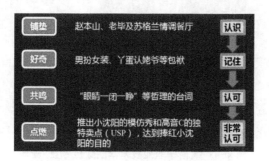

图 2-39 赵本山《不差钱》的喜剧创意

平面作品《万宝路》

广告策划大师李奥·贝纳(Leo Burnett)为美国万宝路香烟进行了重新定位,改女士香烟为男士香烟定位,以西部牛仔代表美国人的个人英雄主义文化,最终成为与可口可乐齐名的美国文化符号之一。其"铺垫"是美国男人熟悉并且喜爱的西部环境、骏马和牛仔形象;"好奇"是万宝路香烟与骏马有什么关系,这种反差的概念很强烈;"共鸣"是一身牛仔打扮的男人叼着香烟确实更加帅气;"点燃"是通过广告语"来到充满韵味的大地,来到万宝路的世界"点明产品概念,引发吸烟的男人们会心一笑(见图2-40)。

图2-40　李奥·贝纳《万宝路》的喜剧创意

画册作品《南宁职业技术学院数控专业》

黄尧教授带领的策划团队为南宁职业技术学院机电学院数控专业策划和设计了广告画册,也采用了喜剧创意的方法,"铺垫"是学校获得西班牙500万欧元贷款进口的先进设备,很容易吸引理工科考生的眼球;"好奇"是采用数控机床上精密器件的照片与大气恢宏的设备形成反差,勾起考生急于了解的渴望;"共鸣"是采用剖析机床和元器件的拓扑逻辑图形,引起理工科考生爱好数理分析的共鸣;"点燃"是最终聚焦到数控专业的主题广告语"锻造现代工业的核心人才",引发理工科考生的会心一笑。广告语中,"锻造"一词吻合了机电行业,"核心"一词阐明了数控专业在现代工业的地位(见图2-41)。

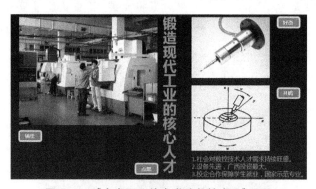

图2-41　《南宁职业技术学院数控专业》画册

课堂活动 2-6

目标：掌握喜剧创意法。

内容：运用黄尧教授的"喜剧创意法"分析"女人星"手机广告（见图 2-42）和"雀巢"咖啡广告（见图 2-43），写出"铺垫、好奇、共鸣、点燃"的对应内容，分别为广告图配上理性诉求广告语和感性诉求广告语。

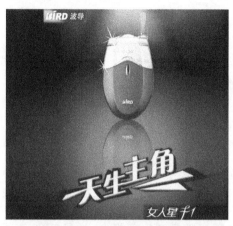

图 2-42　平面广告"女人星"

图 2-43　平面广告"雀巢"咖啡

组织形式：自发抢先举手的前 3 人和老师随机指定的 3 人，分别上台分享发言，老师给前 3 名加分，其他同学提交作业由老师打分。

要求：个人练习，15 分钟之内完成。

【**训练要点**】喜剧创意法的灵活运用。

3. 营销策划创意工具箱

教师团队可进一步将创意技巧的方法、手段、内容等改编为系列创意工具，形成创意工具箱。根据创意任务的不同，借助不同的创意工具，会得到意想不到的结果。

教师可指导学生借助创意工具箱的工具，掌握策划创意的工作过程，这有利于培养学生的创意思维,养成创意的好习惯。

图 2-44 为南宁职业技术学院营销与策划专业教学团队设计的"创意工具箱"。在此我们介绍其中的"创意扑克牌"工具的使用方法及其同步案例,这个创意工具是"强制联想法"的具体应用。

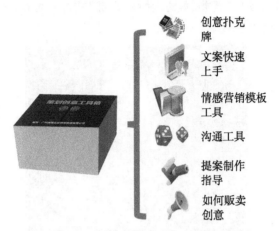

图 2-44 南宁职业技术学院的"创意工具箱"

创意扑克牌的好处是能够随机产生新组合,诱导新创意,得到让人喜出望外的创意点子。

创意扑克牌的步骤采用"扑克五步法":

(1) 准备工作 1

通知每个模拟公司学习小组提前准备三副扑克牌(见图 2-45)。

图 2-45 买回来的三副扑克牌

(2) 准备工作 2

在课堂上,指导模拟公司学习小组在每张扑克牌的正面写上一种创新方法,每副牌 54 张,三幅牌一共 162 种创新方法,具体内容如下:

① 把它颠倒过来
② 把颜色变换一下
③ 使它更大
④ 使它更小
⑤ 使它更长
⑥ 使它闪动
⑦ 使它更短
⑧ 使它可以被看到

⑨ 使它超出一般情况
⑩ 使它发荧光
⑪ 把它放进文字里
⑫ 使它沉重
⑬ 把它插进音乐里
⑭ 结合文字、音乐和图画
⑮ 不要图画
⑯ 使它成为年轻型的
⑰ 不要文字
⑱ 使它成为壮年型的
⑲ 把它分割开
⑳ 使它重复
㉑ 保守地说
㉒ 夸张地说
㉓ 使它变成立体
㉔ 使它变成平面
㉕ 当替代品卖
㉖ 变换它的形态
㉗ 发现新用途
㉘ 只变更一部分
㉙ 减掉它
㉚ 使它成为一组
㉛ 撕开它
㉜ 为捐献或义卖而销售
㉝ 使它化合
㉞ 鼓励它
㉟ 用显而易见的
㊱ 机动化
㊲ 把要素重新配置
㊳ 电气化
㊴ 降低调子
㊵ 使它活动
㊶ 提高调子
㊷ 使它相反
㊸ 使它罗曼蒂克
㊹ 改用另一种形式表现
㊺ 增添怀旧的诉求
㊻ 使它的速度加快
㊼ 使它看起来流行
㊽ 使它缓慢下来
㊾ 使它看起来像未来派
㊿ 使它飞行
(51) 使它成为某种物品的部分代替
(52) 使它浮起
(53) 使它更强壮
(54) 使它滚转
(55) 使它更耐久
(56) 把它切成片状
(57) 运用象征
(58) 使它成为粉状
(59) 它是写实派
(60) 以性欲作诉求
(61) 运用新艺术形式
(62) 使它凝缩
(63) 变为摄影技巧
(64) 使它弯曲
(65) 变换为图解方式
(66) 使它成对
(67) 使它变更形式
(68) 使它倾斜
(69) 用图画说明你的故事
(70) 使它悬浮在半空中
(71) 使用新广告媒体
(72) 使它垂直站立
(73) 创造新广告媒体
(74) 把它由里向外翻转
(75) 使它更强烈
(76) 把它向旁边转
(77) 使它更冷
(78) 摇动它
(79) 增加香味
(80) 把它遮蔽起来
(81) 变换气味
(82) 使它对称

⑧③ 把它除臭
⑧④ 使它不对称
⑧⑤ 将它向儿童诉求
⑧⑥ 把它隔开
⑧⑦ 将它向男士诉求
⑧⑧ 使它与其他相敌对
⑧⑨ 将它向妇女诉求
⑨⓪ 使它锐利
⑨① 价钱更低
⑨② 变更它的外形
⑨③ 抬高价格
⑨④ 要它绕一周
⑨⑤ 变更成分
⑨⑥ 把它框起来
⑨⑦ 增加新成分
⑨⑧ 把它卷成一圈
⑨⑨ 拧搓它
⑩⓪ 把它填满
⑩① 使它透明
⑩② 把它弄成空的
⑩③ 使它不透明
⑩④ 把它打开
⑩⑤ 用不同背景
⑩⑥ 把它拼错
⑩⑦ 用不同环境
⑩⑧ 给它起绰号
⑩⑨ 使它富有魅力
⑪⓪ 把它封印起来
⑪① 使用视觉效果
⑪② 把它移转过来
⑪③ 使用另外的物料
⑪④ 把它捆包起来
⑪⑤ 增加人的趣味
⑪⑥ 把它集中起来
⑪⑦ 变更密度
⑪⑧ 把它推开
⑪⑨ 置于不同的货柜

⑫⓪ 使它成为交替的
⑫① 变换包装
⑫② 使它凝固起来
⑫③ 使密度增加
⑫④ 使它溶化
⑫⑤ 小型化
⑫⑥ 使成凝胶状
⑫⑦ 增加至最大限
⑫⑧ 使它软化
⑫⑨ 使它硬化
⑬⓪ 使它轻便
⑬① 使蒸发变为汽化
⑬② 使它可以折叠
⑬③ 加上抑扬顿挫
⑬④ 趋向偏激
⑬⑤ 使它更狭窄
⑬⑥ 如夏天炎热
⑬⑦ 使它更宽广
⑬⑧ 如冬天寒冷
⑬⑨ 使它更滑稽
⑭⓪ 使拟人化
⑭① 使它成为被讽刺的
⑭② 使它更暗
⑭③ 用简短的文案
⑭④ 使它发光
⑭⑤ 用冗长的文案
⑭⑥ 使它灼热
⑭⑦ 发现第二种用途
⑭⑧ 使它更有营养
⑭⑨ 使它合成在一起
⑮⓪ 把它倒进瓶中
⑮① 把它当作用具来卖
⑮② 把它倒进罐中
⑮③ 使它清净
⑮④ 把它放进盒中
⑮⑤ 把它倒进壶中
⑮⑥ 把它倒进缸中

(157) 把它弄直
(158) 把它缠起来
(159) 提升声誉
(160) 免费提供
(161) 以成本价出售
(162) 提供特价

(3) 创意五步

第一步:洗牌。根据需要随意抽取其中 5 张来组成一种新的创意诱导工具。

第二步:排序。将 5 张牌按从小到大顺序排列。

第三步:创意。根据营销目标,按照营销策划工作要求,进行创意联想思维,形成创意点子。

第四步:联想。用思维逻辑将 5 个创意点子连接起来,形成最后的营销策划方案。

第五步:构思。构思主题及主题广告语。

同步案例 2-8

鹰卫浴的扑克牌创意

YING(鹰卫浴)签约徐静蕾后,推出了"Smart Living 慧生活"(以下简称"SL")的全新理念,树立了"慧生活"是一类"自在、适度、永续"的 SL 族生活观念,在满足需求的基础上,力求自然环保,不增添消耗、减少负担,倡导"实用""好用"的产品。

然而,在具体营销策划中,鹰卫浴却始终没有成功激发 SL 族的兴奋点,市场热情一直没有成功营造。

为此,黄尧教授领导的策划团队借助创意扑克牌,为鹰卫浴进行了一次公关活动策划的创意思维,步骤如下:

第一步:洗牌。从 162 张创意扑克牌中随意抽取 5 张。

第二步:排序。由小到大排列好创意扑克牌。分别是:

红桃 3:改用另一种形式表现(㊹);

黑桃 3:把它捆包起来((114));

红桃 7:使它罗曼蒂克(㊸);

方块 9:使蒸发变为汽化((131));

梅花 J:变更它的外形((92))。

第三步:创意。围绕策划创意的目标,分别按创意方法进行思维。

(1) 红桃 3:改用另一种形式表现

先了解鹰卫浴的基本情况。如下:

2010 年 04 月聘请徐静蕾担任代言人,开启"慧生活"。

"不和别人比较""舒服最重要""不要把自己看得太重要",真诚,真实,不夸张,不掩饰,没有明星味,这是徐静蕾代言"慧生活"的核心内涵,也是 SL 族对自由自在生活的追求。

但鹰卫浴在 2010 年至今的各大奖项和各种活动中缺乏自由、灵动、舒服的主题体现,更多的体现是绿色环保、智慧科技、高端奢华等生活符号。比如鹰卫浴发布的第三代展厅样板,见图 2-46。

图 2-46 鹰卫浴发布的第三代展厅样板

"改用另一种形式表现",因此为北京、上海等地的小资白领在小空间中推荐自由搭配卫浴展厅,体现舒适灵动、朴实自在、明快真切的生活享受,符号 SL 族的生活定位,见图 2-47、图 2-48。

图 2-47 "改用另一种形式表现"的展厅一　　图 2-48 "改用另一种形式表现"的展厅二

(2) 黑桃 3:把它捆包起来

从这个创意方法的字面来看,如果机械地理解,那么只能是对产品有形包装的创意了,其实不然,我们可以延伸到公关、形象、色彩、品牌等无形的包装。

徐静蕾的形象代言是一种品牌的包装,还需要构思一系列公关活动,把"慧生活"自由、舒适、朴实的主题包装起来。

如举办印象派画家或画作参与的活动,使活动的包装具备"自由"的符号,以艺术共鸣吸引追求"自由"生活的 SL 族,见图 2-49。

图 2-49 用印象派画作"把它捆包起来"

还要增加"舒适"的包装,并进而过渡到生活的感受中,使SL族在自己的生活中找到"自由"和"舒适"的共鸣。见图2-50。

图 2-50　用舒适画面的作品"把它捆包起来"

最后,以鹰卫浴相关产品和上述相关画作、图片为元素,搭建与主题相符的装修空间,并在系列活动中持续呈现。通过这样的"捆包",在SL族中逐渐积累口碑和忠诚,见图2-51。

图 2-51　用画作和装修"把它捆包起来"

(3) 红桃7:使它罗曼蒂克

如果徐静蕾一味地只是沉稳和率真,就缺乏自由的时尚符号,会因为偏重中年化和朴实化而缺乏SL族的拥戴追捧,所以,要发挥"自由、舒适、朴实"中的罗曼蒂克本质,这是所有人在卫浴装修中的追求,鹰卫浴可以通过这样的创意宣告"只有我们可以做得到"。如图2-52所示,把徐静蕾的浪漫制作成月历,赠送给参加公关活动的嘉宾和客户。

图 2-52　用浪漫的月历"使它罗曼蒂克"

(4) 方块 9：使蒸发变为汽化

在有形创意方面的思考，可以在公关活动中采用舞台喷雾器制造浪漫效果，增加自由浪漫氛围对 SL 族的直觉诱导；在无形创意方面的思考，可以在公关活动中将上述讨论过的内容，制作成小小年历卡、小小吊坠（见图 2-53）、小小手机贴、小小冰箱贴等成本很低的小纪念品，如同雾化的蒸汽般，尽可能多地播散到每一个潜在的消费者手中，使广告宣传的千人成本和有效率都大大提高。

图 2-53　广告宣传通过小小吊坠"使蒸发变为汽化"

(5) 梅花 J：变更它的外形

变更外形是为了使目标受众因创新而被点燃期待，因富有创意而投以更多的关注，这样可以迅速使受众对诉求和主题产生认知，为进一步认可、忠诚打下坚实的基础。因此，公关活动的形式也要有创新的改变。比如：

地点改变：原来是在装修市场、活动广场、商城等城市内举办的活动，可以考虑改在水上、海边等去举办，透视出浪漫自由的诉求；

内容改变：原来是演员表演、问答、抽奖等形式的活动，可以改由群众自发参与的自由互动、舒适体验、寻宝等形式的活动(见图 2-54)。

图 2-54　营销活动的地点和内容改变实现"变更它的外形"

第四步,联想。将上述步骤的创意结果,以关联的逻辑为策划路线,按照策划书的结构,整理出来。

第五步,构思。提炼主题为"自由、舒适、朴实的随性生活",主题广告语是"为了你的随性生活,鹰牌努力了 18 年"。

课堂活动 2-7

目标: 运用创意扑克牌为 vivo X20 王者荣耀手机进行上市宣传策划创意。

内容: vivo X20 王者荣耀周年庆限量版是一款专门为王者荣耀粉丝设计的手机,采用了更为大胆的红黑撞色设计,机身从中间为界,用一条"V"形金色腰线分割开来,上半身为红色,下半身为黑色,背面机身还印有王者荣耀的定制徽章。

配置方面,vivo X20 王者荣耀周年庆限量版搭载高通骁龙 660 处理器,采用 6.01 英寸 18∶9 AMOLED 全面屏,辅以 6GB 运存+64GB 存储组合,前后双核 2×1 200 万像素(2 400 万感光单元),支持 Face Wake 面部识别。

课堂活动"上市宣传策划创意"的目标是通过上市宣传,迅速打开 18 岁到 25 岁的市场。

请各模拟公司上网收集二手资料,自行准备三副扑克,在课堂上亲手制作创意扑克牌。完成制作后,随意抽取 5 张牌,采用扑克牌创意工具诱导思维的方法,按照扑克创意五步法做出富有创意的上市策划创意方案,重点是构思主题和广告语。

组织形式: 老师请模拟公司全组上台讲解自己的创意,老师和台下各团队提问并打分,最后由老师做总结。本次课程最好能够请手机行业的专家参与。

要求: 每个模拟公司学习小组的成员都必须参与创意活动。

【训练要点】 学会制作创意扑克牌,学会创意扑克牌五步法。

4. 营销策划创意构建的一般步骤

（1）确定诉求点

创意所要强调、劝服、打动目标消费者的诉求点，通常是依据产品或品牌的卖点、定位、概念或 USP 来确定的，换句话说是诉求主题、诉求概念，通常是主题广告语。

（2）收集和分析信息

创意是一种创新、独特、可行的想法，不对比竞争对手的优劣势做不到"独特"，不了解过去是怎样做的就做不到"创新"，不调查环境和自身资源就做不到"可行"，因此，收集和分析信息是创意的基础和前提。

（3）发想

采用联想、想象、对比、夸张等发散思维、逆向思维的方法对创意进行构想，此时无须追求创意的质量，而是追求创意的数量，是头脑风暴的过程。

（4）归结

将发想阶段得到的所有创意，采用逻辑推理、假设推理和筛选推理等归纳分析的方法，不断推演、总括、淘汰，最终归结出几个具有典型代表性的优秀创意。

（5）确定创意

从几个具有典型代表性的创意中再选出最符合诉求点，且在创新、独特、可行方面最优的创意。营销策划创意构建的一般步骤见图 2-55。

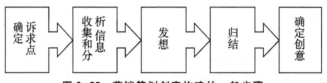

图 2-55　营销策划创意构建的一般步骤

2.4　营销策划创意的误区

1. 毫不知情出创意

营销策划人员经常会遇到这样的老板，交谈刚刚开始，他就要求帮出点子，其实这个时候策划人员连企业和产品的 A、B、C 还不知道呢。相当多的企业老板对策划存在某种程度上的误解，仿佛策划就是想一两个点子或创意，而不知道策划是在充分掌握企业实态和市场状况之下的分析、判断和推论过程，不知道策划首先是一套思想，然后才是一个点子、一份方案。

2. 提供信息有偏差

企业需要营销策划人员帮忙，肯定是因为企业在实际运作中遇到了不容易解决的问题，否则他不会请策划人员介入。既然有问题，那么就不要向策划人员隐瞒，而是要客观、实事求是地摆出来，把一切可能和问题有关的情况都提供出来，好让策划人员据以做出筛选、分析和判断。如果只说好的，不说差的，那么很有可能由于原始信息不完整而出现判断失误,做出的策划方案其价值自然大打折扣。事实上,策划人员也明白,如果真的像企业所说的那样"形势一片大好",那么也就用不着做什么策划了。

3. 只看创意和费用

有些企业管理人员,在研判策划人员提供的策划方案时,往往把前面关于市场和竞争对手分析的部分一带而过,或者干脆直奔"主题",就看策略创意和费用预算两部分,认为其他的都是虚的,只有这两部分才是实的。他们认为,"创意关系到我的营销能否成功,预算多少关系到我的钱袋子"。殊不知,不看市场分析数据和结论,就缺乏在思维逻辑上对营销策划创意的系统理解,对创意点子和费用预算往往会产生较大偏见。

4. 看谁的要价最低

是否物有所值,是企业管理人员做出取舍的依据。正如判断一件衣服的贵贱不能只看其价格还要看其品质,同样,对策划方案价值的判断也不能只看策划人员开价多少,还要看方案有没有水平,有没有实质内容,有没有有分量的东西。

一般而言,好东西总是要贵一些,不能因为有人开价更低就认为他人的价格更合理,要引入性能价格比的概念。如果一套策划方案相当完整科学,不但可行性高,而且精致新锐,贵一点也是值得的,因为这个方案能够很快地帮你把钱赚回来。无形资产是因智力而值钱的,因为营销策划创意的目的在于营销效果,希望达到提高市场占有率、扩大销售量的目标,最终归结为"挣钱",而不是"省钱"。

5. 策划就是"修鞋匠"

在企业管理人员的一般理解里,策划就是解决"我的产品出来了怎么进入市场?"或者"我的产品市场状况不好,如何予以改善?"这类问题的。总而言之,就是在产品既成事实的前提之下让策划人员给他想办法出主意。这种策划是传统意义上的策划,也叫"事后策划"。因为进入市场前和进入市场后都是企业管理人员单独策划和操作的,策划人员不参与,只是当产品进入了市场并形成了某种客观事实之后(比如市场状况糟糕),策划人员才介入,这时策划人员实际上充当了"修鞋匠"的角色。企业管理人员将"鞋子"穿烂了,无法走路了,于是想到了策划人。这是对策划极其狭隘的理解。

事实上,策划不仅有"事后策划",还有"事中策划",更应该重视"事前策划",以及"全程策划"等。策划本来就是"预则立,不预则废"理念的体现。

6. 策划法力无边

和策划只是做一些修修补补的工作的观点正相反,还存在一种"策划崇拜"现象。有些企业管理人员看到某产品或企业经过策划人员点拨后走向兴旺发达,就认为策划具有点石成金的魅力,不管产品质量如何,只要舍得花钱,只要请策划人员"策划策划"就必定能够起死回生,"钱"途辉煌。这种过分夸张策划作用的观点同样是一种不成熟的表现,因为营销策划的根本是符合市场营销的规律,比如产品已经很糟糕,做再多市场销售的策划,哪怕销量上去了,钱赚回来了,也是一种忽悠、欺骗消费者的行为,赚回来的钱迟早也要亏出去,"出来混迟早是要还的"。

理性而客观地看待策划和策划人员,是现代企业必备的理念。

【即问即答】

1. 创意扑克牌能否帮助我们完成策划方案?其关键内容是什么?
2. 营销策划创意的原理是什么?
3. 为什么企业会误认为策划人员是"修鞋匠"?

知识训练题

一、问答题

1. 什么是营销策划创意?
2. 策划创意的特征有哪些?
3. 以你所在城市当地某楼盘为策划对象,为其做开盘活动策划,请你采用创意扑克牌做出创意策略后完整描述策划内容。
4. "勾兑门"两次终结中国白酒行业的黄金十年,请你指出策划创意为白酒企业带来的成与败。

二、判断题

1. 营销策划研究的重点不是产品,而是需求。(   )
2. 策划创意是为了唤起消费者注意的手段、技巧。(   )
3. 策划创意的作用不是调动消费者潜意识层面的生活审美。(   )
4. 修正创意属于抽象思维,灵感创意属于形象思维。(   )

三、选择题

1. 下述哪种方法是营销策划创意常用的方法:(   )
   A. 头脑风暴法　　　　　　B. 强制联想法
   C. 座谈法　　　　　　　　D. 创意马拉松法
2. 营销策划创意类型包括哪五种?(   )
   A. 整合型、故事型、极限型、投射型、扩充型
   B. 分化型、故事型、极限型、投射型、发展型
   C. 整合型、故事型、极限型、投射型、扩展型
   D. 分化型、故事型、极限型、投射型、扩展型

第 2 篇

专题策划篇

第 3 单元　整合营销策划

第 4 单元　公关策划

第 5 单元　品牌策划

第 6 单元　促销活动策划

第 7 单元　传播营销策划

第 8 单元　创业策划

第3单元　整合营销策划

学习目标

知识点：
1. 掌握整合营销策划的基本概念。
2. 理解整合营销策划的特征。

技能点：
1. 通过案例示范和实训任务，熟悉整合营销策划的工作过程。
2. 掌握整合营销策划的工作方法和文案结构。

导入案例

"梦酒"定制酒整合营销策划案例背景

定制酒是指酒水企业根据客户的特定需求，从品质和形象设计着手为客户量身打造具有浓郁个人专属风格的酒水，是一种"一对一"式的高品质服务产品。与一般用酒相比，定制酒打上了用户的风格烙印，具有更多的个性元素和纪念意义。从定制内容来看，有侧重于酒类包装的定制，有侧重于酒质的定制，或兼而有之。定制高贵典雅的酒类包装的客户可尊享个性化酒瓶外观、祝福语、刻字等个性化服务。定制酒质的客户可尊享独特酒配方、制定年份等个性化服务。无论侧重于包装定制还是酒质定制，定制酒都有一些共同特性。

本策划从四川宜宾红楼梦酒业现状出发，通过对企业外部环境以及定制酒市场现状分析，得出了目前国内定制酒市场混乱，尚未出现市场领导者，也没有深入人心的大范围广告，是争取市场的好时机的重要结论。综合四川宜宾红楼梦酒业 SWOT 分析结果，团队提出了四川宜宾红楼梦酒业旗下"梦酒"定制酒系列产品市场策划创意方案，并针对"梦酒"定制酒的"宝宝"定制酒系列产品提出了"中国萌宝宝"行动策划方案。

资料来源：社科奖全国高校市场营销大赛参赛作品（一等奖，2014年），指导教师王秋月，参赛团队队长陈冶洁，队员姜梦芝、王宸、张桂。

3.1 整合营销策划的概念和特征

1. 整合营销策划的概念

菲利普·科特勒认为：企业所有部门为服务于顾客利益而共同工作时，其结果就是整合营销。整合营销发生在两个层次，一是不同营销功能——销售力量、广告、产品管理、市场研究等——必须共同工作；二是营销部门必须和企业其他部门相协调。

营销组合概念强调将市场营销中各种要素组合起来的重要性，营销整合则与之一脉相承，但更为强调各种要素之间的关联性，要求它们成为统一的有机体。在此基础上，整合营销更要求各种营销要素的作用力统一方向，形成合力，共同为企业的营销目标服务。

传统的大众营销，是为了向同质性高、无显著差异的消费者，销售大量制造规范化的消费品。营销管理者认为，只要不断强调企业产品的质量，并不断努力降低成本和价格，消费者就会购买。然而大众取向的传媒和充斥市场的广告，并未能持续圆满地解决销售困难。以满足消费者需求为中心的服务营销，在竞争日益激烈的条件下，逐步取代了以企业生存和发展为中心的产品营销。需求导向的企业以目标市场的需求为出发点，力求比竞争者更加有效地满足消费者的需求和欲望。企业要通过真正了解消费者喜欢什么，又想要得到什么来战胜竞争对手。如果不知道消费者的需要是什么，就无法满足这些需要，但是，了解消费者真正的需求并非易事。企业面临的主要难题是，消费者在作出购买决定时，越来越依赖他们自以为重要、真实、正确无误的认识，而不是具体的、理性的思考。企业唯一的差异化特色，在于消费者相信什么是厂商、产品或劳务以及品牌所能提供的利益。存在于消费者心智网络中的价值，才是真正的营销价值。因此，要想有效地为满足顾客需求而开展营销，首先要进行有效的沟通。

整合营销观念改变了把营销活动作为企业经营管理的一项职能的观点，而要求所有活动都整合和协调起来，努力为消费者的利益服务。同时，强调企业与市场之间互动的关系和影响，努力发现潜在市场和创造新市场。以注重企业、消费者、社会三方共同利益为中心的整合营销，具有整体性与动态性特征，企业把与消费者之间的交流、对话、沟通放在特别重要的地位，是营销观念的变革和发展。

整合营销策划就是通过对全局的考虑，合理安排各种营销活动和营销工具的使用，使整个营销活动处于有组织、有秩序的状态，发挥整体营销的力量，达到最佳效果。整合营销策划的重点是资源整合的策划能力。

2. 整合营销策划的特征

第一，整合营销策划，首先是一种思想、一种理念的策划，其次才是一种方法、一种方案的策划。整合营销策划起到统筹全局的作用，需要综合思考策划的结果、过程和风险等。

第二，整合营销策划的对象是消费者需求。换句话说，整合营销策划的出发点是对消费者需求的正确把握，需要思考企业的价值主张如何围绕一个中心——消费者的需求，以产品、服务来满足他们的需求。

第三，整合营销策划的核心点子是对资源的有效利用。这些资源既包括企业外部的社会资源、合作资源、公关资源、生产资源等，也包括企业内部的资金资源、人力资源、品牌资源、文化资源等，是内外部资源的有机结合。

第四，整合营销策划的关键在于目标、策略、计划、实施等战略与战术的高度统一。

3.2 整合营销策划路径

整合营销策划是一个促使社会公众认同和理解企业行为的过程，整个过程可分为以下四个阶段。

1. 市场分析

（1）企业目标和任务

重点是企业资源整合的策划。

（2）市场现状与策略

总结企业所运营的整个市场状况和目前所运用的营销策略。企业需要确定让自身运作得更好的相关营销活动有哪些。

（3）主要竞争对手

作为营销策划方案一个很重要的部分，需要对相同产品或服务类似的客户群的竞争对手做一个细致的分析，有针对性地评估他们的优势和劣势，以帮助企业在竞争中取胜。

（4）外部环境分析

企业的外部环境因素对企业业绩的影响很大。这些因素包括经济、竞争、与企业相关的法律法规、技术、成本，以及社会的期望和需求。

（5）内部环境分析

发现那些独特的资源为企业所用。

（6）SWOT 分析

将各种主要的内部优势、劣势和外部机会、威胁，通过调查列举出来，并依照矩阵形式排列，然后用系统分析的思想，把各种因素相互匹配起来加以分析，从中得出一系列相应的结论，而结论通常带有一定的决策性。

2. 营销策略

营销策略包括所服务的目标市场和针对目标市场所涉及营销组合的详细描述。

（1）目标/预期效果

列出销售额、利润和客户满意程度目标，阐述目标制定依据，并预期收益计算的可行性。

（2）市场细分

综合利用市场细分（Segmentation）分析工具。确定企业进入的市场领域，并陈述企业选择该业务领域和服务的理由；选择最具需求差异的两个参数进行细分市场分析；选择次级需求差异参数,继续细分市场,锁定目标市场。

(3) 目标市场描述

明确目标市场,清晰阐述市场需求及消费特征,描述目标市场客户决策过程的每个阶段。选择目标市场(Targeting)分析工具:评估企业目标市场的市场吸引力。评估企业与目标市场的匹配度。

(4) 市场定位

目标市场定位要准确、合理,并能够体现差异性、排他性原则。选择市场定位(Positioning)分析工具。在目标市场定位点选择范围的深度上主要由利益定位、属性定位与价值定位三部分组成。利益是满足顾客的效用需求,属性是利益产生的原因,价值是给顾客带来的精神感受。定位点的选择过程是,先进行利益定位,然后进行价值定位,最后进行属性定位。

(5) 营销组合描述

它包括对每一个营销组合要素的完整描述。在营销策划中,可以使用 4Ps、4Cs、4Ss、4Rs 等常用的市场营销管理工具。

3. 行动计划

营销策划方案的最后一个部分是指出完成营销策略所需要的具体活动有哪些,并评估最终的营销策略。

(1) 活动/安排/预算

营销策略需要一系列的营销活动来实现。活动内容包括明确活动开展的时间和如何开展活动。需要指派特定人员去参与具体的营销活动。这些人既可能来自企业内部,也可能来自企业外部。需要制作一个详细的营销活动预算。

(2) 评估流程

评估流程是对营销活动是否按时完成,以及营销活动开展的方式是否正确等问题的具体描述。也可以由是否完成了营销目标,以及目标市场是否满意来决定。

4. 执行效果

- 能够按照策划方案中的行动计划执行;
- 能够提供执行过程中的实证材料(图片、照片、视频、合作文件等);
- 能够对执行结果例证与说明(整合的具体资源、建立的合作关系、销售业绩等)。

3.3 整合营销策划常用方法

1. 营销组合

(1) 4Ps 理论

4Ps 营销理论(The Marketing Theory of 4Ps)产生于 20 世纪 60 年代的美国,是随着营销组合理论的提出而出现的。1953 年,尼尔·博登(Neil Borden)在美国市场营销学会的就职演说中创造了"市场营销组合"(Marketingmix)这一术语,其意是指市场需求或多或少的在某种程度上受到所谓的"营销变量"或"营销要素"的影响。为了寻求一定的市场反应,企业要对这些要素进行有效的组合,从而满足市场需求,获得最大利润。4Ps营销理论的4Ps分别指:产品(Product)、价格(Price)、地点(Place)和促销(Promotion)。

第一,产品。市场营销人员要能够说清楚公司要销售的产品是什么,有哪些产品系列,有哪些产品型号,有哪些产品规格,产品是由什么材料生产的,采用了哪些先进技术,产品的设计有什么特点,产品的功能有哪些,产品的质量是怎样的,产品的使用寿命是多长,产品的环保性如何,对人的健康和环境会带来哪些影响,产品在使用中的便利性和方便性如何,公司产品与市场上同类产品有何不同之处,产品的定位是什么,是卖给男性还是女性,是卖给老年人还是年轻人。

第二,价格。公司在制定产品价格时,一定要了解清楚公司的产品定位。公司的产品是面向高端客户、中端客户,还是低端客户;是面向学龄前儿童、中小学生,还是面向大学生、上班后崇尚时尚的年轻人,还是面向有消费能力的中老年人;是面向男性客户,还是面向女性客户。产品价格策略的制定,除了要针对不同客户群体的购买需求和购买力进行分析,还要全面参考目前市场上同类产品的价格,最后统筹研究制定好产品的销售价格。

第三,地点。产品销售的地点由于客户购买力的不同,会显著影响到销售效果。一般来说,一线和二线城市的消费水平比三线和四线城市的消费水平高,中心城市的消费水平比周边郊区和农村的消费水平高。由于中国东西部经济发展的不平衡,中东部地区较西部地区富裕,有钱人多,购买力强,产品销售相对较好,销售回款也会较快。具有浓郁民族特色的产品在当地销售一般效果不错,一旦离开了当地的民俗生活环境去销售,销售情况就容易不理想。随着互联网和移动互联网技术的普遍应用,互联网营销已经将线下实体店搬到了线上销售,产品销售已经打破了地域和国界,商家和客户可以实现网上文字和语音沟通,甚至是视频交流的在线营销。

第四,促销。产品促销是市场销售中最关键的内容之一。我们应该采用怎样的促销手段,采取怎样的促销方式,使用怎样的促销行为,策划怎样的促销主题活动,这些问题都需要认真研究和思考。我们目前的促销渠道有哪些,还能借助哪些销售渠道,如何搭建新的销售渠道;为了拓展销售渠道还需要发展哪些人脉关系,如何搞好客户关系,搞定关键人物,需要采取何种手段、采用何种形式和方法;如何实现互联网营销,如何利用移动互联网来促销,如何利用微博、微信公众号、微信群、QQ群、BBS帮助促销;如何利用电视媒体、平面媒体、网络媒体、户外媒体、楼宇媒体开展广告促销活动。

(2) 4Ss 理论

4Ss营销理论强调从消费者需求出发,打破企业传统的市场占有率推销模式,建立起一种全新的"消费者占有"的行销导向。这要求企业对产品、服务、品牌不断进行定期、定量,以及综合消费者满意指数和消费者满意级度的测评与改进,以实现服务品质最优化,使消费者满意度最大化,进而达到消费者忠诚度持久化。4Ss营销理论的4Ss分别指:满意(Satisfaction)、服务(Service)、速度(Speed)和诚意(Sincerity)。

第一,满意。满意是指让顾客满意,强调企业以顾客服务需求为导向,以顾客满意为中心,企业要站在顾客立场上考虑和解决问题,要把顾客的需要和满意放在一切考虑因素之首,要以他人利益为重。要想赢得顾客的人,必先投之以情,用真情服务感化顾客,不仅要让顾客满意,还要让顾客感动。这里指的满意,不仅是让顾客对我们提供的产品质量满意,还要对我们提供的产品性能、产品寿命、产品价格、产品包装,以及产品使用的便利性、方便性、安全性和环保性都满意。

第二,服务。企业营销人员要精通业务,满足顾客的服务需求,为顾客解答问题,提供相关商品资讯。我们在公司接待顾客时,要为顾客营造一个温馨的服务环境,要笑脸相迎,礼貌待客,提供微笑服务;我们在外服务顾客时,要经常保持电话、微信、短信、邮件的沟通,随时了解顾客的服务需求,征求顾客对产品使用后的意见反馈。我们要将每位顾客都视为特殊和重要的人物,将顾客看作上帝,看作朋友,看作亲人,记住顾客的生日和重要的纪念日,在关键的日子里打电话问候,发个微信,或寄个小礼物。我们只有与顾客友好亲密地相处,才能搞好顾客关系,才能取得顾客的信任,才能更好地发展业务,促进公司可持续生存和健康发展。

第三,速度。快速反应,为顾客提供快捷的服务十分重要。大部分顾客都很看重商家提供产品的交货周期和便捷方式。你能为顾客提供快速反应服务,及时介绍清楚你的产品,及时提供设计方案,及时提供产品样品或样机,及时包装运输交货,及时解决售后发现的产品质量问题,及时解决产品售后维修或换货问题,快速,就是你的服务特色,就是你的服务优势。别人的交货期是6个月,你的交货期是3个月,别人的送货时间需要1周,你的送货时间只需要3天,别人解答客户的售后问题需要1周,你解答客户的售后问题只需要1天,速度就是你的市场竞争优势。

第四,诚意。做事先做人,一定要让顾客先认同你、接受你、信任你,这样才有可能与顾客发展业务关系。以诚待人,是我们的工作态度,以诚做事,是我们发自内心的呐喊。诚心、真心、热心、关心、爱心,这"五心"是我们服务顾客的经营理念。有了这"五心"服务理念,我们就会取得顾客的信任,就容易获得顾客的认可。我们以虔诚的服务、善意的微笑和快速的响应来服务顾客,就是我们的市场竞争力。

(3) 4Cs 理论

随着市场竞争日趋激烈,媒介传播速度越来越快,以 4Ps 理论来指导企业营销已经有点"过时",4Ps 理论逐渐受到挑战。到了 20 世纪 80 年代,美国营销理论专家罗伯特·劳特朋(Robert Lauterborn)针对 4Ps 存在的问题提出了 4Cs 营销理论。4Cs 理论的基本原则是以顾客为中心进行企业营销活动的规划设计,从产品到实现消费者需求的满足,从价格到评估消费者购买所愿意支付的成本,从促销的单向信息传递到实现与消费者的双向交流与沟通,从通路的产品流动到实现消费者购买的便利性。4Cs 理论的 4Cs 分别指消费者需求(Consumer's Need)、消费者所愿意支付的成本(Cost)、消费者的便利性(Convenience)和与消费者沟通(Communication)。

第一,消费者需求。市场营销首先要了解清楚的就是消费者需求,这是开始营销的基础。如果都不了解消费者需要什么服务,我们就很难提供消费者满意的服务产品。我们第一步要做的就是要了解清楚消费者到底需要什么样的产品,需要具有哪些服务功能,需要多高的技术含量,需要多大的尺寸,需要多大的重量,需要什么样的材料,需要什么样的造型设计,需要什么样的结构设计,需要什么样的包装,需要什么样的售后服务,需要多长的使用寿命,需要多长的交付周期。有多少消费者有类似的想法,是共性需求还是个性需求,是刚性需求还是潜在需求,刚性需求有多大,潜在需求又有多少,市场需求空间到底有多大。

第二,消费者所愿意支付的成本。消费者购买产品都关心价格,每个消费者都希望以最低的价格购买最优质的产品服务。这就要求你在产品开发和生产前,要考虑清楚产品的研发成本、设计成本、制造成本、包装成本、销售成本、物流仓储成本,以及管理成本和财务成本,要统计出产品各项成本之和,总成本是多少,然后在这个成本上加出多少利润,在成本的基础上是加出 10%—20%,还是 50%—100% 的利润,不同的产品,对应的消费群体不同,市场购买力不同,价格策略也应该有所不同。

第三,消费者的便利性。在目前发达的电商平台下,消费者已经养成了上门送货的习惯。如何在服务的便利性如在交易方式、交货时间、送货方式、付款方式、退货方式、换货方式、咨询方式、保修方式等方面替客户着想,为消费者带来便利性,是我们应该思考的问题,从而可以有针对性地制定销售策略。

第四,与消费者沟通。以消费者为中心实施营销沟通是十分重要的,通过互动、沟通等方式,将企业内外营销不断进行整合,把顾客和企业双方的利益无形地整合在一起。在互联网高速发展的今天,与消费者的沟通可以采用多种形式,如电话、短信、微信、qq、电子邮箱、网站、社群、微信朋友圈等,都是目前比较流行的沟通形式。

(4) 4Rs 理论

4Rs 营销理论是由美国学者唐·舒尔茨(Don Schuhz)在 4Cs 营销理论的基础上提出的新营销理论。4Rs 理论以关系营销为核心,重在建立顾客忠诚。该营销理论认为,随着市场的发展,企业需要从更高层次上以更有效的方式在企业与顾客之间建立起有别于传统的新型的主动性关系。4Rs 理论的 4Rs 分别指关联(Relevance)、反应(Reaction)、关系(Relationship)和回报(Reward)。

第一,与顾客建立关联。所谓关联,就是要与顾客经常保持联系和沟通。与顾客建立关联强调企业与顾客在市场变化的动态中应建立长久互动的关系,保持顾客黏性,防止顾客流失,赢得长期而稳定的市场。从关心的角度,可以经常电话问候一下顾客,特别是在顾客生日、国家节假日或特殊的日子里,发个短信或微信,送个精致的小礼物,都是对顾客关心的表现形式;从联系的角度,除了电话和微信联系沟通,也可以经常邀请顾客一起吃饭、品茶、喝咖啡、摄影、钓鱼、打球、唱歌、郊游,从而进一步保持与顾客的联系,培养与顾客间的关系,增进与顾客间的黏性。

第二,反应。快速反应是市场营销中需要引起重视的关键要素。企业面对瞬息变化的市场环境和不断变化的顾客需求,应学会倾听顾客的意见,及时寻找、发现和挖掘顾客的渴望与不满及其可能发生的演变,要能做到快速反应,及时判断,拿出应对策略和解决方案,以满足顾客的现实需求。快速反应重点在"快",要竖起耳朵,睁大眼睛,紧密关注顾客的行为变化和心理变化,随时解决顾客的需求,提供快速优质的服务。

第三,关系。江湖上有句话:做生意一靠产品质量,二靠客户关系。这里的客户关系指的就是与客户的交情和情感。许多优秀的市场销售业务员,都是把客户发展成为朋友,与客户之间建立了长期而稳定的朋友关系。不论是"酒肉朋友",还是"球友牌友",只要是你和客户成为朋友,关系就进了一层,客户有了业务订单也就会第一时间想到你,关照你的生意。你把客户当成了朋友,也必然会更尽心地为作为朋友的客户提供更多的增值服务,会从实现销售转变为实现对客户的责任与承诺,从而维系了客户的忠诚度。

第四,回报。现如今社会已经进入了讲双赢和多赢的时代。做市场销售时,一定要想着不能只有你自己挣钱,还要让别人去挣钱,让别人挣大钱。客户通过你提供的优质产品和服务,不仅可以获得市场收益,还可以获得市场价值和社会价值。企业以利润为中心,要追求市场回报,要通过自己的服务,与客户共同成长。

(5) "3Rs+4Ps"服务营销组合

随着科学技术的进步,企业的竞争进入白热化阶段。美国营销学者塞斯与瑞查德通过研究发现,顾客的满意与忠诚已成为决定利润的主要因素。他们认为,企业的营销重点应转向顾客保留(Retention)、相关销售(Related Sales),以及顾客推荐(Referrals),从而在传统营销组合基础上形成了现代市场营销组合——"3Rs+4Ps",即服务营销组合。

"3Rs+4Ps"服务营销的核心理念是顾客的满意与忠诚,通过取得顾客的满意与忠诚来促进相互有利的交换,最终获取适当的利润和企业长远的发展。如何保留顾客、如何使顾客接受相关业务、如何让顾客向他人推荐企业的业务将成为企业的营销重点。

第一,对顾客保留的影响。顾客保留是指通过持续积极地与顾客建立长期的关系以维持与保留现有顾客,并取得稳定的收入。吸引一位新顾客所花的成本费用约为保留老顾客的5倍以上。根据美国营销学者塞斯与瑞查德的研究,顾客的保留率每上升5个百分点,企业的利润率约上升75%。显而易见,保留顾客是一个成本小利润大的做法,对服务营销至关重要。

第二,对相关销售的影响。通过有效的顾客服务,企业还可以了解到顾客的其他需求,企业可以围绕核心产品开发出其他产品以满足顾客的需求,这就是相关销售。相关销售是企业提供延伸服务的重要途径,可以推陈出新,提高企业的竞争力。

第三,对顾客推荐的影响。顾客推荐是指顾客把企业的产品推荐给他人,拓宽企业的市场,是3Rs中的最高阶段。根据美国消费者协会所做的一项调研发现,高度满意与忠诚的顾客将向其他5人推荐产品,而对产品不满意的顾客将告诉其他11人。虽然因行业与企业不同可能有所差异,但也说明了顾客推荐是十分普遍的。

2. STP分析工具

(1) 市场细分分析工具

第一步:确定企业进入的市场领域,并陈述企业选择该业务领域和服务的理由,见表3-1。

表 3-1　企业市场领域的选择

企业业务市场	消费者市场	组织购买者市场
业务市场 1		
业务市场 2		
业务市场 3		

第二步：选择最具需求差异的两个参数进行细分市场分析，见表 3-2。

表 3-2　细分市场表格格式一

参数 2 \ 参数 1				

第三步：选择次级需求差异参数，继续细分市场，锁定目标市场，见表 3-3。

表 3-3　细分市场表格格式二

参数 4 \ 参数 3				

（2）选择目标市场分析工具

第一步：评估企业目标市场的市场吸引力，见表 3-4。

表 3-4　评估企业目标市场的市场吸引力

市场吸引力因素	权重	A 市场	B 市场	C 市场	A 市场加权	B 市场加权	C 市场加权
市场规模							
市场竞争程度							
市场成长率							
行业平均利润率							
总加权得分							
评估结果							

第二步：评估企业与目标市场的匹配度，见表 3-5。

表 3-5　评估企业与目标市场的匹配度

市场竞争因素	权重	A 市场	B 市场	C 市场	A 市场加权	B 市场加权	C 市场加权
总加权得分							
评估结果							

(3) 市场定位分析工具

在目标市场定位点选择范围的深度上主要由利益定位、价值定位与属性定位三部分组成。利益是满足顾客的效用需求,属性是利益产生的原因,价值是给顾客带来的精神感受。定位点的选择过程是,先进行利益定位,然后进行价值定位,最后进行属性定位。以某手机配件产品为例加以说明:

第一阶段:利益定位点,见表 3-6。

表 3-6　利益定位点

组合要素	增加顾客获得利益	减少顾客支出的成本
产品	功能利益:科技、新颖、时尚、安全、品质等	减少货币、时间与体力支出
价格	价格利益:中高价与适量折扣	低价省钱
渠道	便利利益:提供便利、与时代接轨等	减少货币、时间与体力支出
沟通	形象利益:身份、互动、品味、参与感等	减少货币、时间与体力支出

第二阶段:价值定位点,见表 3-7。

表 3-7　价值定位点

最终价值	工具价值
舒适的生活;享受科技带来的体验;互联网便利;参与感;创新创业	有能力;愉快的;创造力与想象力;独立的;有感情

第三阶段:属性定位点,见表 3-8。

表 3-8　属性定位点

产品属性	价格属性	渠道属性	沟通属性
手机配件产品升级;众筹体验参与式生产	注重顾客交换价值;实施 CRM 管理体系;社群营销思维	电商生态系统打造;跨境电商平台入驻;搜索引擎优化	整合营销活动搭建情感平台,形成首因效应;差异互动广告增强感官体验

3. 行业竞争格局分析工具

(1) 识别竞争对手

企业在开展市场营销活动和制定竞争战略时,仅仅了解其顾客是远远不够的,还必须了解自身所处的环境,即行业结构和竞争对手。知己知彼(竞争对手),才能够取得竞争优势,在商战中获胜。根据迈克尔·波特(Michael Porter)的观点,影响一个产业内部竞争激烈程度的力量有五种,即潜在参加竞争的厂商、替代产品的威胁、买方的讨价还价能力、供应方的讨价还价能力,以及行业现有竞争对手之间的抗衡①(见图3-1)。竞争对手主要是指那些与本企业提供的产品或服务相似,并且所服务的目标顾客也相似的其他企业。例如,美国可口可乐公司把百事可乐公司作为主要竞争对手;通用汽车公司把福特汽车公司作为主要竞争对手。识别竞争对手的关键是,将行业和市场两个方面结合起来,综合考虑。

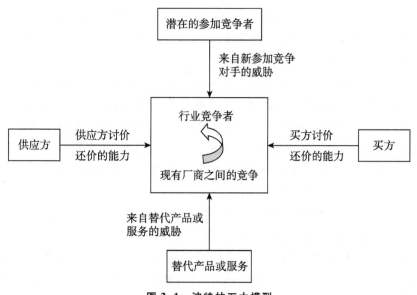

图 3-1 波特的五力模型

生产相同或类似产品的企业不一定就是竞争对手。广义地说,判断谁是竞争对手,取决于两个企业是否争夺同一个顾客群,或者说顾客在选购产品时,是否在两者之间做了选择,比如"可口可乐"的竞争对手除了"百事可乐"和其他可乐类产品,软饮料、矿泉水、果汁、啤酒、牛奶等也都是竞争对手。

(2) 确定竞争对手的经营目标

识别了主要竞争对手之后,就要确定对手的经营目标。我们可以这样假设,所有竞争对手都只是为了追求利润最大化,从而采取适当的行动。但是这种做法会出现很大偏差,因为各企业对短期利润和长期利润的重视程度各不相同。有的竞争对手可能倾向于市场份额的最大化,而不是利润的极大化,甚至是"满意"的利润。

---

① [美]迈克尔·波特著,陈小悦译,《竞争战略》,北京:华夏出版社,2005年,第14页。

因此，市场营销决策者还必须考虑竞争对手除利润目标以外的其他事情。每个竞争对手均有目标组合，其中每一个目标有不同的重要性。企业要知道竞争对手对其目前的"位置"是否满意，包括目前的利润水平、市场份额、技术领先程度等。另外，企业还需监视其竞争对手对不同产品市场细分的目标。如果企业得知，竞争对手发现了一个新的细分市场，这可能就是一个机会，如果得知对手计划进入本企业所服务的细分市场，应做好充分的准备。

（3）确定竞争对手的策略

企业间的策略越相似，它们之间的竞争就会越激烈，在多数行业里，竞争对手可分为几个追求不同策略的群体。策略群体（Strategy Group）是指在一个行业里采取相同或类似策略且在一个特定的目标市场上的一群企业。显然，策略群体内的竞争一定最为激烈，但各个群体间的竞争有时也相当激烈。首先，某些策略群体可能争夺重叠顾客的细分市场。例如，不论其策略是什么，所有主要家用电器的制造商都会选择新建住房和房地产开发商细分市场。其次，顾客可能看不出各个群体所提供产品之间的差别。最后，一个策略群体成员可能会采取扩展新的细分市场的策略，那么又如何确定竞争对手的战略呢？

（4）确定竞争对手的优势与劣势

企业要充分考虑评估每个竞争对手的优势与劣势，企业可收集有关对手过去几年的关键资料，包括销量、市场份额、利润率、现金流量及技术领先水平等。当然，有些信息可能不易获得。一般会通过二手资料来了解有关竞争对手的优势与劣势。它们可以通过与顾客、供应商和经销商合作进行原始的市场营销研究。当前，越来越多的企业采用优胜基准的方法在产品和工序方面与竞争对手相对比，以便找出改进业绩的方法。

（5）确定竞争对手的反应模式

仅仅知道竞争对手的经营目标和优势、劣势是远远不够的，关键是要通过各种渠道来获知对手可能采取的行为，如削价、加强促销或推出新产品等。

另外，还需要充分考虑和分析主要竞争对手的企业文化（包括经营哲学、经营理念等）。企业文化将直接影响其在市场营销中的经营策略，这对分析和预测竞争对手的行为将有重要的参考价值。

每个竞争对手对事情的反应各不相同。但概括起来，以及竞争对手的反应不外乎三种：其一，不采取行动；其二，防御型；其三，进攻型。这主要取决于竞争对手自己的战略意图及所具有的战略能力，竞争对手是否对自己目前的形势满意，以及竞争对手受到威胁的程度。另外还取决于竞争对手的实力和信心，即他是否有足够的信心依靠现有的条件来打败竞争对手对其的威胁。

具体来说可分为五种反应模式：

第一，从容不迫型：某些竞争对手对某一特定竞争对手的行动没有迅速反应或反应不强烈，而只是坐观事变。它们可能是认为某顾客是忠诚于它们的，也可能是由于它们没有作出反应所需的资金，还可能是认为还未到"出击"的时机。企业一定要先弄清楚竞争对手"镇静"的原因，以防止它们的突然袭击。

第二，全面防守型：这类竞争对手会对外在的威胁和挑战做出全面反应，以确保其现有地位不被侵犯。但会使战线拉得过长,若资源不雄厚,会被其他竞争对手拖垮。

第三,选择型:这类竞争对手可能只对某些类型的攻击做出反应,而对其他类型的攻击视而不见。例如竞争对手会对削价做出积极反应,以防止自己的市场份额减少(中国目前家电市场上就是这种情况,对价格极为敏感,只要有一家降价,其他竞争对手都会不约而同地做出反应)。它们可能对对手大幅增加的广告费不予理睬,认为这并不能构成实质性威胁。为此,应了解这种类型的竞争对手的敏感部位,避免与其发生不必要的正面冲突至关重要。

第四,强烈反击型:这类竞争对手对其所占据的所有领域发动的任何进攻都会做出迅速而强烈的反应。例如宝洁公司(P&G)绝不会允许一种新洗涤剂轻易投放市场。这种类型的企业一般都是实力较强大的企业,占有的市场份额具有绝对优势,否则没有实力对任何外在威胁采取行为。

第五,随机型:这类竞争对手并不表露自己将要采取的行动。这类竞争对手在任何特定情况下可能做出也可能不做出反击,而且根本无法预测它会采取何种行动。

(6) 选择竞争对手

在进行上述分析后,企业应能够意识到在市场上可以与谁进行有效的竞争。经理必须决定与哪个竞争对手进行最有力的竞争。企业就可把注意力集中在这一竞争对手上。

第一,区分强大或弱小的竞争对手。大部分企业愿意选择比较弱小的企业作为其攻击的对手。因为这样做比选择强大企业作为竞争对手所需的资金和精力要小得多。但从长远来看,企业则很难提高它们的能力,易于造成盲目乐观的心理。为此,从理论上讲,企业还应选择较强大的竞争对手竞争,以便使它们有压力,来磨炼自身的能力。在选择强大企业竞争时,关键是要努力发现强大的企业潜在及现在的弱点(即使再强大的企业也有弱点),并对其弱点采取有效行为,以便取得更多的回报。

评估竞争对手强弱的一种有用工具是顾客价值分析(详见《营销管理》(第13版),科特勒等著,中国人民大学出版社,2009年)。在分析时,企业首先要识别顾客的重要属性和顾客将这些属性排名的重要性。其次,要评估企业和竞争对手在有价值属性上的业绩。如果通过比较发现,企业在所有重要属性方面均超过竞争对手,就可以通过制定高价策略获得更多的利润,或者在同样价格的条件下占有更多的市场份额;如果主要属性表现不如竞争对手,则必须想方设法加强这些属性,并且再挖掘其他能够领先竞争对手的主要属性。

第二,靠近或疏远竞争对手。大部分企业会与那些与自己实力接近的企业竞争。同时,企业还要尽量避免"摧毁"实力接近的竞争对手,否则会促使其与其他企业联合起来组成更强大的企业,成为自己更难对付的竞争对手。

第三,区分"品行良好"与"品行低劣"的竞争对手。每个行业中都包括"品行良好"和"品行低劣"的竞争对手。一个企业应积极支持前者而攻击后者。从某种意义上讲,企业能够受益于竞争对手。例如,它们可以增加总需求;导致更多的差别;分担市场开发及产品开发成本,协助推出新技术等。

易于掌握的行业竞争格局分析、主要竞争对手分析表格见表3-9和表3-10。

表 3-9 行业竞争格局分析

五种力量	行业竞争态势分析
行业内对手的竞争	
潜在进入者的威胁	
替代品的威胁	
购买者的议价能力	
供应商的议价能力	
分析结论	
应对策略	

表 3-10 主要竞争对手分析

竞争对手	竞争对手具体分析项目	
对手1	战略意图	
	产品分析	
	营销分析	
	网站分析	
	服务分析	
对手2	战略意图	
	产品分析	
	营销分析	
	网站分析	
	服务分析	
对手3	战略意图	
	产品分析	
	营销分析	
	网站分析	
	服务分析	

4. SWOT 分析矩阵工具

SWOT 分析矩阵是进行企业外部环境和内部条件分析，从而寻找二者最佳可行战略组合的一种分析工具。

"S"代表优势(Strength)，是组织机构的内部因素，具体包括有利的竞争态势、充足的财政来源、良好的企业形象、技术力量、规模经济、产品质量、市场份额、成本优势、广告攻势等。

"W"代表劣势(Weakness),是指在竞争中相对弱势的方面,也是组织机构的内部因素,具体包括设备老化、管理混乱、缺少关键技术、研究开发落后、资金短缺、经营不善、产品积压、竞争力差等。

"O"代表机会(Opportunity),是组织机构的外部因素,具体包括新产品、新市场、新需求、市场壁垒解除、竞争对手失误等。

"T"代表威胁(Threat),也是组织机构的外部因素,具体包括新竞争对手进入、替代产品增多、市场紧缩、行业政策变化、经济衰退、客户偏好改变、突发事件等。

SWOT分析矩阵见图3-2。

	优势(S) 1. 2. 3.	劣势(W) 1. 2. 3.
机遇(O) 1. 2. 3.	扩张型战略(SO) 发展内部优势,利用外部机会	扭转型战略(WO) 利用外部机会来弥补内部弱点
威胁(T) 1. 2. 3.	多元化战略(ST) 利用自身优势,规避威胁	防御型战略(WT) 减少内部劣势,规避外部环境威胁

图3-2 SWOT分析矩阵图

对于每一种外部环境与企业内部条件的组合,企业可能采取的一些战略原则如下:

(1)扩张型战略(SO)

扩张型战略是一种发展企业内部优势与利用外部机会的战略,是一种理想的战略模式。当企业具有特定方面的优势,而外部环境又为发挥这种优势提供了有利机会时,可以采取该战略。

(2)扭转型战略(WO)

扭转型战略是一种利用外部机会来弥补内部弱点,使企业改变劣势而获取优势的战略。存在外部机会,但当企业存在一些内部弱点而妨碍其利用机会时,可采取措施先克服这些弱点。

(3)多元化战略(ST)

多元化战略是一种企业利用自身优势,规避或减轻外部威胁所造成的影响的战略。如竞争对手利用新技术大幅度降低成本,给企业以很大的成本压力;同时材料供应紧张,其价格可能上涨;消费者要求大幅度提高产品质量;企业还要支付高额的环保成本等。但若企业拥有充足的现金、熟练的技术工人和较强的产品开发能力,便可利用这些优势开发新工艺,简化生产过程,提高原材料利用率,从而降低材料消耗和生产成本。

（4）防御型战略（WT）

防御型战略是一种旨在减少内部劣势，规避外部环境威胁的防御性技术。当企业存在内忧外患时，往往面临生存危机，降低成本也许成为改变劣势的主要措施。

需要指出的是，在任何一种组合内可能会发现有多种因素，它们之间形成了多种错综复杂的组合，而这些组合又成为战略选择的基础。M品牌实战案例见图3-3。

	优势（S）	劣势（W）
	S1.M品牌国内产品生产能力较强，生产成本较低； S2.M品牌属中低端市场，消费者偏好价低质优产品品牌； S3.M品牌产品品质优异，售后保障优势较明显； S4.国内电商平台初具规模优势，高新科技顾客提升体验。	W1.M品牌原属外贸企业，国内未销售，品牌知名度低； W2.M品牌产品原创设计能力薄弱，科技水平不足，难以跟上潮流； W3.M品牌电商运营经验不足，技术性营销策略难以实施； W4.国产品牌意识不足，溢价能力差，文化内涵等附加值过低。
机会（O）	SO战略	WO战略
O1.3C产业利好政策全面铺陈，东莞等属于改革试点城市； O2.经济增长平稳，B2C规模大，网购消费向移动端转移； O3.智能手机普及影响消费者生活方式，配件潜力巨大； O4.跨境电商衔接"一带一路"，海外市场需求不断扩大，国内外贸手机配件产品优势突出。	• 借助政策优势，加速企业转型，选择适合的电商平台，提升流量转换率。（S1、S2、O1） • 整合品牌理念与企业文化，打造中国的民族优势品牌，提升品牌体验。（S2、S3、O3） • 营销环节融入数据思维，运用互联网技术优化营销策略，实现精准营销。（S4、O2、O4）	• 政策指引下参与各类电商行业峰会与能力培训活动，提升全球化视野。（W1、W3、O1） • 加快企业品牌经营差异营销战略，注重打造原创科技产品与特色产品。（W2、W4、O3） • 加强客户关系管理，整合营销传播活动，生产符合需求的产品。（W2、O3、O4）
威胁（T）	ST战略	WT战略
T1.手机配件产业需求平稳，非创新型企业易被市场淘汰； T2.中国手机配件外贸出口占比相对进口呈逐年下降趋势； T3.手机配件品类竞争激烈，营销能力薄弱，顾客体验一般； T4.小米等品牌早已深入人心，其他国产品牌美誉度较低。	• 利用国内低成本优势，加快传统出口贸易转型，打造柔性化制造工厂。（S1、T1、T2） • 建设电子商务体系，优化运营环节，全网搜索引擎优化。（S2、S4、T3） • 完善媒体传播规划，洞悉媒体传播效益。（S3、T4）	• 利用社交媒体、营销活动、社群思维等打造企业与消费者间的社群。（W1、W4、T4） • 采用众筹式生产，降低生产风险，强化参与过程，创造用户价值。（W2、T2、T3） • 建立内部人才成长计划，提高员工软实力。（W3、T1）

图3-3 M品牌SWOT分析矩阵图

5. PEST模型分析工具

（1）政治和法律环境（Political）

政治和法律是影响企业营销的重要宏观环境因素。政治因素像一只有形之手，调节着营销活动的方向，法律则为企业规定了商贸活动行为准则。政治与法律相互联系，共同对企业的市场营销活动发挥作用和施加影响。

- 政治环境因素。政治环境指企业市场营销活动的外部政治形势和状况,以及国家方针政策的变化,对市场营销活动带来的或可能带来的影响。

第一,政治局势:指企业营销活动所在国家或地区的政治稳定状况,一个国家的政局稳定与否会给企业的营销活动带来重大影响。如果政局稳定,生产发展,人民安居乐业,就会给企业带来良好的营销环境。相反,政局不稳,社会矛盾尖锐,秩序混乱,不仅会影响到经济发展和人民的购买力,而且会对企业的营销心理产生重大影响。战争、暴乱、罢工、政权更替等政治事件都可能对企业的营销活动产生不利影响,能够迅速改变企业的生存环境。例如,一个国家的政权频繁更替,尤其是通过暴力改变政局,这种政治的不稳定,会给企业投资和营销带来极大的风险。特别是在对外营销活动中,一定要考虑东道国政局变动和社会稳定情况可能造成的影响。像中东地区的一些国家,虽然有较大的市场潜力,但由于政治不稳定,国内经常发生宗教冲突、派系冲突,还有恐怖组织的恐怖活动,国家之间也常有战事,这样的市场有较大的风险,需要认真评估。

第二,方针政策:各个国家在不同时期,根据不同需要会颁布一些经济政策,制定一些经济发展方针,这些政策、方针不仅会影响本国企业的营销活动,而且会影响外国企业在本国市场的营销活动。例如,中国在产业政策方面制定的《国务院关于当前产业政策要点的决定》,明确提出了当前生产领域、基本建设领域、技术改造领域、对外贸易领域各主要产业的发展序列。还有诸如人口政策、能源政策、物价政策、财政政策、金融与货币政策,都给企业研究经济环境,调整自身的营销目标和产品构成提供了依据。就对本国企业的影响来看,一个国家制定出的经济与社会发展战略、各种经济政策等,企业都是要执行的,而执行的结果必然要影响市场需求,改变资源供给。相关政策和方针在扶持和促进某些行业发展的同时,又限制了另一些行业和产品的发展。企业必须按照国家的规定,生产和经营被允许的行业和产品,而这种影响是非常直接的。

国家也可以通过政策、方针对企业的营销活动施以间接影响。例如,通过征收个人收入调节税,调节消费者收入,从而影响消费者的购买力来影响消费者需求;通过增加产品税来抑制某些商品的需求,如对香烟、酒等课以较重的税收来抑制消费者的消费需求。这些政策必然会影响社会的购买力,影响市场需求,从而间接影响企业的营销活动。从对国外企业的影响来看,市场国的政治环境是外国企业营销的重要环境因素,会直接和间接影响到外国企业在市场国的营销活动。例如,中国在改革开放之初的外贸政策还比较谨慎,有关外贸的法律制度既不健全,又缺乏稳定性和连续性,因此,外国资本来华投资很多表现为短期行为,投资期限短,抱着捞一把算一把想法的投资者不乏其人。随着中国改革进一步深入和对外开放进一步扩大,特别是对外开放政策的进一步明朗化和外贸、外商投资法律制度的完善,外资看到了在华投资的前景,因而扩大投资规模,延长投资期限(由最初的1—3年,延长到5年以上,甚至10年、20年、50年),来华投资的外国企业也越来越多。这说明,市场国的政治环境对外来投资有非常大的影响。

目前,国际上各国政府采取的对企业营销活动有重要影响的政策和干预措施主要有:①进口限制。指政府所采取的限制进口的各种措施,如许可证制度、外汇管制、关税、配额等。进口限制包括两类:一类是限制进口数量的各项措施,另一类是限制外国产品在本国市场上销售的措施。政府进行进口限制的主要目的在于保护本国工业,确保本国企业在市场上的竞争优势。②税收政策。政府在税收方面的政策措施会对企业的经营活动产生影响。比如对某些产品征收特别税或高额税,则会使这些产品的竞争力减弱,给经营这些产品的企业带来一定影响。③价格管制。当一个国家发生了经济问题如经济危机、通货膨胀等,政府就会对某些重要物资,以至于所有产品采取价格管制措施。政府实行价格管制通常是为了保护公众利益,保障公众的基本生活,但这种价格管理直接干预了企业的定价决策,影响了企业的营销活动。④外汇管制。指政府对外汇买卖及一切外汇经营业务所实行的管理。它往往是对外汇的供需与使用采取限制性措施。外汇管制对企业的营销活动特别是国际营销活动具有重要影响。例如,实行外汇管制,使企业生产所需的原料、设备和零部件等不能自由地从国外进口,利润和资金也不能或不能随意汇回母国。⑤国有化政策。指政府由于政治、经济等原因对企业所有权采取的集中措施。例如为了避免本国工业受到外国势力阻碍等,将外国企业收归国有。

第三,国际关系:指国与国之间的政治、经济、文化、军事等关系。发展国际间的经济合作和贸易关系是人类社会发展的必然趋势,企业在其生产经营过程中,会或多或少地与其他国家发生往来,开展国际营销的企业更是如此。因此,国家间的关系也就必然会影响到企业的营销活动。

这种国际关系主要包括两个方面的内容:①企业所在国与营销对象国之间的关系。在国外经营的企业要受到市场国也就是营销对象国对于企业所在国外交政策的影响。如果营销对象国与企业所在国的关系良好,则对企业在该国经营有利;反之,如果营销对象国对企业所在国政府持敌对态度,那么,营销对象企业就会遭遇不利的对待,甚至是攻击或抵制。比如中美两国之间的贸易关系就经常受到两国外交关系的影响,美国经常攻击中国的人权状况,贸易上也常常采取一些歧视政策,如搞配额限制,所谓的"反倾销"等,阻止中国产品进入美国市场,这对中国企业在美国市场上的营销活动是极为不利的。②国际企业的营销对象国与其他国家之间的关系。国际企业对于营销对象国来说是外来者,但其营销活动同样受到市场国与其他国家关系的影响。例如,中国与伊拉克很早就有贸易往来,后者曾是中国钟表和精密仪器进口的较大客户。海湾战争后,由于联合国对伊拉克的经济制裁,使中国企业有很多贸易往来不能进行。阿拉伯国家也曾联合起来,抵制与以色列有贸易往来的国际企业,当可口可乐公司试图在以色列办厂时,引起了阿拉伯国家的普遍不满,因为阿拉伯国家认为,这样做有利于以色列发展经济。而当可口可乐公司在以色列销售成品饮料时,却受到阿拉伯国家的欢迎,因为它们认为,这样做会消耗以色列的外汇储备。这说明国际企业的营销对象国与其他国家之间的关系,也是影响国际企业营销活动的重要因素。

- 法律环境因素。法律是体现统治阶级意志、由国家制定或认可,并以国家强制力保证实施的行为规范的总和。对企业来说,法律是评判企业营销活动的准则,只有依法进行的各种营销活动才能受到国家法律的有效保护。因此,企业开展市场营销活动,必须了解并遵守国家或政府颁布的有关经营、贸易、投资等方面的法律、法规。如果从事国际营销活动,企业除了要遵守本国的法律制度,还要了解和遵守市场国的法律制度和有关国际法规、国际惯例和准则,因为这方面的因素对国际企业的营销活动有深刻影响。例如,日本政府曾规定,任何外国企业进入日本市场,必须要找一个日本企业同它合伙。也有一些国家利用法律对企业的某些行为作特殊限制,美国《保护贸易及商业免受非法限制及垄断法》规定,不允许几个企业共同商定产品价格,一个企业的市场占有率超过 20% 就不能再合并同类企业。

除上述特殊限制外,各国法律对营销组合中的各种要素,往往有不同的规定。例如,产品由于其物理和化学特性事关消费者安全问题,因此,各国法律对产品的纯度、安全性能有详细甚至苛刻的规定,目的在于保护本民族的生产者而非消费者。美国曾以安全为由,限制欧洲制造商在美国销售汽车,以致欧洲汽车制造商不得不专门修改其产品,以符合美国法律的要求;英国也曾借口法国牛奶计量单位采用的是公制而非英制,将法国牛奶逐出本国市场;德国以噪音标准为由,将英国的割草机逐出德国市场。各国法律对商标、广告、标签等也都有自己特别的规定,比如加拿大的产品标签要求用英、法两种文字标明,法国却只使用法文产品标签。广告方面,许多国家禁止电视广告,或者对广告播放时间和广告内容进行限制。例如德国不允许做比较性广告和使用"较好""最好"之类的广告词,许多国家不允许做烟草和酒类广告等。这些特殊的法律规定,是企业特别是进行国际营销的企业必须了解和遵循的。

从当前企业营销活动法律环境的情况来看,有两个明显的特点:

第一,管制企业的立法增多,法律体系越来越完善。西方国家一贯强调以法治国,对企业营销活动的管理和控制也主要通过法律手段。在这方面的立法主要有三个内容或目的:一是保护企业间的公平竞争,制止不公平竞争;二是保护消费者的正当权益,制止企业非法牟利及损害消费者利益的行为;三是保护社会的整体利益和长远利益,防止对环境的污染和生态的破坏。近几年来,中国在发展社会主义市场经济的同时,也加强了市场法制方面的建设,陆续制定、颁布了一系列有关的法律法规,如《公司法》《广告法》《商标法》《经济合同法》《反不正当竞争法》《消费者权益保护法》《产品质量法》《外商投资企业法》,等等,这对规范企业的营销活动起到了重要作用。

第二,政府机构执法更严格。有了法还必须进行执法,这样法律才能够起到应有的作用。各个国家都根据自己不同的情况,建立了相应的执法机关。例如,美国有联邦贸易委员会、联邦药物委员会、环境保护局、消费者事务局等执法机构;日本有公正交易委员会;德国有联邦卡特尔局;瑞典有消费者行政长官处和市场法院;加拿大有市场保护委员会等。这些官方机构对企业的营销活动有很大的影响力,近年来执法更加积极、严格。中国的市场管理机构比较多,主要有工商行政管理局、技术监督局、物价局、医药管理局、环境保护局、卫生防疫部门等机构,分别从不同方面对企业的营销活动进行监督和控制,在保护合法经营,取缔非法经营,保护正当交易和公平竞争,维护消费者利益,促进市场有序运行和经济健康发展等方面,发挥了重要作用。因此,企业必须知法守法,自觉用法律来规范自己的营销行为,并自觉接受执法部门的管理和监督;同时,还要善于运用法律武器维护自己的合法权益,当其他经营者或竞争对手侵犯自己正当权益时,要勇于用法律手段保护自己的利益。

(2) 经济环境(Economic)

经济环境指企业营销活动所面临的外部经济因素,其运行状况及发展趋势会直接或间接地对企业的营销活动产生影响。经济环境一般包括经济发展阶段、社会购买力、消费者收入、消费者支出、消费者储蓄和信贷等。

- 经济发展阶段。企业的市场营销活动要受到整个国家或地区的经济发展阶段的制约,处在不同经济发展阶段的目标市场,会呈现出不同的市场需求和消费方式,因而会对企业的营销活动产生直接或间接影响。如在经济发展水平较高的地区,消费者更注重产品的款式、性能和特色,品质竞争多于价格竞争;而在经济发展水平较低的地区,消费者往往更注重产品的功能及实用性,价格因素显得比产品品质更为重要。因此,对于处在不同经济发展阶段地区的消费者,企业应采取不同的营销策略。

- 社会购买力。社会购买力指一定时期内社会各方面用于购买产品或服务的货币支付能力。市场规模的大小,归根到底取决于购买力的大小,因此从企业市场营销的角度来看,社会购买力是经济环境最主要的要素。而社会购买力的大小取决于国民经济发展水平以及由此决定的国民平均收入水平。经济发展快,人均收入高,社会购买力大,企业的营销机会就随之扩大;反之,经济衰退,市场规模小,则会给企业的营销活动带来威胁,迫使许多企业不得不缩小经营规模。

- 消费者收入。消费者收入是指消费者个人从各种来源中所得到的全部收入,包括消费者个人的工资、退休金、红利、租金、赠予等收入。消费者的购买力来自消费者的收入,但消费者并不是把全部收入都用来购买商品或劳务,购买力只是收入的一部分。因此,在研究消费者收入时,要注意以下几个概念:

第一,国民生产总值。它是衡量一国经济实力与购买力的重要指标。从国民生产总值的增长幅度,可以了解一个国家经济发展的状况和速度。国民生产总值增长越快,对商品的需求和购买力就越大,反之就越小。

第二,人均国民收入。它是用国民收入总量除以总人口的比值。这个指标大体反映了一个国家人民生活水平的高低,也在一定程度上决定了商品需求的构成。一般来说,人均收入增长,对商品的需求和购买力就大,反之就小。

第三,个人可支配收入。它是指扣除消费者个人缴纳的各种税款和交给政府的非商业性开支后可用于个人消费和储蓄的那部分个人收入,是影响消费者购买力和消费者支出的决定性因素。

第四,个人可任意支配收入。它是指可支配收入减去消费者用于购买生活必需品的固定支出(如房租、保险费、分期付款等)所剩下的那部分收入。这部分收入是消费变化中最活跃的因素,也是企业开展营销活动时所要考虑的主要对象。因为这部分收入主要用于满足人们基本生活需要之外的开支,是影响奢侈品、汽车、旅游等非生活必需品和服务销售的主要因素。

第五,家庭收入。家庭收入的高低会影响很多产品的市场需求。一般来说,家庭收入高,对消费品需求大,购买力也大;反之,需求小,购买力也小。

- 消费者支出。消费者支出主要受消费者收入的影响。随着收入的变化,消费者支出也会相应地发生变化,从而影响到消费结构,即消费支出在各类商品上的比例分配。德国统计学家恩斯特·恩格尔(Ernst Engel)根据长期观察和大量统计资料,于1875年发现了家庭收入变化与各种支出之间比例关系的规律性,提出了著名的恩格尔定律:随着家庭收入的增加,用于购买食品的支出占家庭收入的比重将下降,用于住房和家庭日常开支的费用比重保持不变,用于服装、娱乐、保健和教育等方面的开支及储蓄的比重将上升。人们把食物支出占总支出的比重称为恩格尔系数:

$$恩格尔系数 = \frac{食物支出变动百分比}{收入变动百分比} \quad (3-1)$$

恩格尔系数是衡量一个国家、地区、城市、家庭生活水平高低的重要参数。食物支出占总支出的比重越大,恩格尔系数越高,生活水平就越低;食物支出占总支出的比重越小,恩格尔系数越小,生活水平就越高。

优化消费结构是优化产业结构和产品结构的客观依据,也是企业开展营销活动的基本立足点。中国目前的经济发展水平与发达国家相比还有很大差距,特别是在广大的农村,现行消费中衣食等必需品所占的比重还相当大。随着社会主义市场经济的进一步发展以及国家在住房、医疗等制度方面改革的深入,人们的消费模式和消费结构都将发生明显的变化。

- 消费者储蓄和信贷。在一定时期内,储蓄的多少对消费者的购买力和消费支出有一定的影响。当收入一定时,储蓄越多,现实消费量就越少,而潜在消费量则越大;储蓄越少,现实消费量就越大,而潜在消费量则越小。此外,储蓄的目的不同,也往往会影响到潜在需求量、消费模式、消费内容和消费发展方向的不同。这就要求企业营销人员在调查、了解储蓄动机与目的的基础上,制定不同的营销策略,为消费者提供有效的产品和劳务。

另外,消费者信贷对购买力的影响也很大。消费者信贷指消费者凭信用先取得商品使用权,然后按期归还贷款,以购买商品。信贷消费允许人们购买超过自己现实购买力的商品,它可以创造更多的需求。主要有四种形式:短期赊销、分期付款购买住房、分期付款购买昂贵消费品、信用卡信贷等。中国现阶段的信贷消费还停留在初级阶段,信贷商品基本上局限于住房、汽车等,但较以前已有了较大的发展。

(3)社会环境(Social)

任何企业都处在一定的社会环境中,它的经营活动必然要受到各种社会文化因素的影响和制约。文化是指人类在社会发展过程中所创造的物质财富和精神财富的总和,是人类创造社会历史发展水平、梯度和质量的状态,体现着一个国家或地区的社会文化程度。社会文化环境,一般是指在一种社会形态下已经形成的价值观念、宗教信仰、道德规范、审美观念以及风俗习惯等的总和。企业应了解、研究和分析社会文化环境,针对不同的文化环境市场制定不同的营销策略。社会文化环境主要包括以下几个方面:

- 教育状况。受教育程度的高低,影响到对商品的需求。通常文化素质高的国家或地区的消费者要求商品包装典雅华贵,对附加功能也有一定的要求。受教育程度的高低,也会影响到企业的市场调研、分销等营销活动的进行。

- 宗教信仰。宗教是影响人们消费行为的重要因素,宗教影响着信徒的消费需求和消费行为。对市场营销而言,产品在进入一国或地区之前,必须认真研究当地的宗教信仰,否则产品万一与当地的宗教信仰相冲突,企业将受到巨大的损失。
- 风俗习惯。一般而言,风俗是指世代相袭固化而成的一种风尚,习惯则指由于重复或练习而巩固下来并变成需要的行动方式,两者合称习俗。不同的国家,不同的民族,有着不同的风俗习惯。中国地域辽阔,民族众多,长期以来形成了形形色色的风俗习惯。各地的习俗不同,要求市场营销必须有针对性。同时,习俗也给厂家提供了机会,可以说,当今假日经济的火热与各地习俗就有着密切联系。
- 价值观念。价值观念是指人们对社会生活中各种事情的态度和看法。在不同的国家或民族之间,甚至是同一国家或民族的不同群体之间,人们的价值观念都可能存在很大的差异。不同的价值观念会影响人们的消费需求和消费行为。

人口统计特征是社会环境的另一重要因素。现代市场营销学认为,市场是由具有购买欲望和购买能力的消费群体组成的。企业在进入市场时,首先要按某种标准对市场进行细分,然后再确定目标市场,而这种细分实质上就是按消费群体即人口进行划分。人口的多少直接决定了市场潜在容量的大小,人口越多,市场规模就越大,而人口的年龄结构、地理分布、婚姻状况、出生率、死亡率、人口密度、人口流动性及其文化教育等人口特性,会对市场格局产生深刻影响,并直接影响到企业的市场营销活动和经营管理。因此,人口统计特征成为市场营销的主要环境因素。企业必须重视对人口环境的研究,密切注视人口特性及其发展动向,适应人口环境的变化,不失时机抓住市场机会。

- 人口数量。人口数量是决定市场规模和潜在市场容量的基本要素,如果收入水平不变,人口越多,对食物、衣物、日用品的需要量越多,市场也就越大。随着经济全球化的发展,不少跨国公司纷纷在中国投资,将中国市场作为未来经济发展的增长点,其原因就是看中了中国这个巨大的市场。可以毫不夸张地说,中国将是世界上最大的市场。

此外,企业也应充分关注人口数量的变化,人口总量的变化会影响对某些生活必需品的需求,如衣着、食物、住房、交通等。特定年龄段人口数量的变化也会影响到某些行业的发展,如人口老龄化必将影响到老年人消费品、保健品等行业,并促进它们的兴旺发展。

- 人口结构。人口结构包括自然结构和社会结构。自然结构主要包括人口的年龄结构、性别结构、家庭结构,社会结构主要包括民族结构和职业结构。

人口结构对市场营销工作极其重要,因为在不同的人口结构中,其收入水平、生理需求、生活方式和价值观念会有所不同,表现出的需求也就不同,就会出现不同的市场,而大多数产品都是针对某一特定市场展开的。企业应根据各个市场的容量及自身条件,确定目标市场,从而实现营销目标。

- 人口地理分布。人口地理分布是指人口在不同地区的密集程度。人口的这种地理分布表现在市场上,就是各地人口的密度不同,其市场大小不同,地区消费群体习惯不同,市场需求特性不同。

当前中国正处于城市化进程之中,一个突出的现象就是农村人口向城市或工矿地区流动,内地人口向沿海经济开放地区流动。人口流入较多的地方由于劳动力增多,就业问题突出,行业竞争较激烈,但人口增多也使当地的基本需求量增加,消费结构发生了一定的变化,从而带来了较多的市场份额和营销机会。

• 家庭单位和家庭生命周期。现代家庭仍是社会的细胞,也是商品采购的基本单位,一个国家或地区家庭单位的多少,直接影响着许多消费品的市场需求量。如家庭数目多,对家电、家具等生活必需品的需求就会大。同时,家庭生命周期状况对企业的市场营销也有重大影响。

(4) 技术环境(Technological)

作为营销环境的一部分,科技环境不仅直接影响着企业内部的生产和经营,同时还与其他环境因素互相依赖、相互作用,科学技术的发展深刻地影响着企业的市场营销活动。一方面,企业可以不断地利用新技术,开发新产品,满足消费者的需求;另一方面,新技术的出现也使得企业现有产品陈旧,如果不及时跟上科技发展的步伐就很有可能被淘汰。

目前,科技发展的趋势是科技成果转化为产品的周期缩短,产品更新换代加快,企业研发费用急剧增加,技术创新的机会增多,技术贸易的比重加大,以微电子技术为代表的新技术在企业管理和市场营销中广泛应用,降低了企业成本,提高了企业效益。因此,企业应密切关注科技发展的新动向,注意市场对新技术和新产品的需求,积极利用技术发展给企业带来的营销机会。另外,企业还应分析科技发展的长期后果,以便预测可能带来的市场机会或威胁。

6. 基于SMART原则的营销目标管理分析工具

目标管理由管理学大师彼得·德鲁克(Peter Drucker)提出,首先出现于他的著作《管理实践》(*The Practice of Management*)一书中,该书于1954年出版。根据德鲁克的说法,管理人员一定要避免"活动陷阱"(Activity Trap),不能只顾低头拉车,而不抬头看路,最终忘了自己的主要目标。MBO(管理层收购)的一个重要概念是企业战略规划不能仅由几个高管来执行,所有管理人员都应该参与进来,这将更有利于战略的执行。另一个相关概念是,企业要设计一个完整的绩效系统,它将帮助企业实现高效运作。由此,可以将目标管理视为价值管理(Value Based Management)的前身。制定目标看似一件简单的事情,每个人都有过制定目标的经历,但是如果上升到技术层面,经理必须学习并掌握SMART原则。

• 绩效指标必须是具体的(Specific)。指绩效考核要切中特定的工作指标,不能笼统。

• 绩效指标必须是可以衡量的(Measurable)。指绩效指标是数量化或者行为化的,验证这些绩效指标的数据或者信息是可以获得的。

• 绩效指标必须是可以达到的(Attainable)。指绩效指标在付出努力的情况下是可以实现的,要避免设立过高或过低的目标。

• 绩效指标要与其他目标具有一定的相关性(Relevant)。指绩效指标与工作的其他目标是相关联的;绩效指标是与本职工作相关联的。

• 绩效指标必须具有明确的截止期限(Time-bound)。目标特性的时限性就是指目标是有时间限制的,要注重完成绩效指标的特定期限。

SMART 原则为我们有效制定营销策划方案中的营销目标提供了多维度可量化的分析工具,详见表 3-11。

表 3-11 基于 SMART 原则的营销目标分析工具

维度	目标内容
S 具体(Specific)	
M 可测量(Measurable)	
A 可实现(Attainable)	
R 相关性(Relevant)	
T 有时限(Time-bound)	

3.4 整合营销策划文案设计范例

整合营销策划文案范例属于典型的**案例教学**范畴(项目一),设定的目的是为学习者提供一个真正可以模仿的蓝本或范例,这个蓝本或范例始终贯穿整个项目。以下是"梦酒"定制酒整合营销策划完整策划文案。

任务1 "梦酒"定制酒市场分析

1. 任务描述

(1) 企业目标和任务

明确企业营销策划文案的重要目标和任务,并有合理性分析。

(2) 市场现状与策略

提供足够的信息,真实反映实际情况,清晰阐述企业目前所用的策略。

(3) 主要竞争对手

明确界定竞争对手,并利用理论工具进行优劣势分析;工具运用要得当。

(4) 外部环境分析

明确企业必须要应对的外部要素是什么。

(5) 内部环境分析

总结企业自身的优势和劣势;展示具体数据,用以确定企业目前和预计的市场份额。

(6) SWOT 矩阵分析

运用 SWOT 矩阵分析方法,对中国"梦酒"内部的优势和劣势以及外部的机遇和威胁进行系统性的审视、评估和判断,并明确地做出战略选择。

2. "梦酒"定制酒市场分析实战案例

"梦酒"定制酒市场分析具体见二维码。

3. "梦酒"定制酒市场分析实战案例评析

市场分析是进行整合营销策划的基础,所以一定要保证分析的准确性。该实战案例以企业目标和任务为基础,对市场现状、主要竞争对手、外部环境、企业的竞争优势和劣势进行了比较详尽的分析。运用SWOT分析工具,对"梦酒"内部的优势和劣势以及外部的机遇和威胁进行了分析。

SWOT分析的基本逻辑是发挥优势、转变劣势、抓住机遇、规避威胁,但在应用中常犯的错误就是只将企业的优势、劣势、机遇和威胁进行了罗列,没有任何结论,没有做战略选择,造成了为使用工具而使用工具情况的出现。

任务2 "梦酒"定制酒营销策略

1. 任务描述

(1) 目标/预期效果

阐述目标制定依据,并预期收益计算的可行性。

(2) 市场细分

综合利用市场细分分析工具,对"梦酒"定制酒的市场进行研究。

(3) 目标市场描述

选择目标市场分析工具,对"梦酒"定制酒目标市场进行分析。明确目标市场,清晰阐述市场需求及消费特征,描述目标市场客户决策过程的每个阶段。

(4) 市场定位

目标市场定位要准确、合理,并能体现差异性、排他性原则。选择市场定位分析工具,对"梦酒"定制酒进行市场定位。

(5) 营销组合描述

对"梦酒"定制酒进行营销组合策略的设计。

2. "梦酒"定制酒营销策略实战案例

营销策略如下:

(1) 企业目前和预计的市场份额

经过本组大量调查和研究,对比分析发现沱牌酒业是与红楼梦酒业最接近的企业,主要表现在:首先,两者产地都在四川,主要生产浓香型白酒;其次,500毫升的酒产品价格也十分相似。因此,本组详细地从五个方面对两品牌进行了对比分析,结论详见表3-12。

表 3-12　沱牌酒业与红楼梦酒业对比

品牌	沱牌酒业	红楼梦酒业
品牌核心竞争力	生态酿酒。 该公司定义的"生态酿酒"已被纳入 GB/T15109-2008《白酒工业术语》。"生态酿酒"是指保护与建设适宜酿酒微生物生长、繁殖的生态环境,以安全、优质、高产、低耗为目标,最终实现资源的最大利用和循环使用。	"红楼梦酒"以小说《红楼梦》为依托,有着一个中国丰富传统文化的背景,红楼梦酒有着其他酒品无法比拟的理论积淀,红楼梦酒的核心竞争力就是小说《红楼梦》在国内、国际上的巨大影响力,进一步说也就是自身深厚的中国文化积淀。
产品核心竞争力	独有的地域环境优势: 沱牌地处北纬 30.9°这一神秘的酿造天然好酒的地理带,拥有世界公认最适宜酿酒微生物富集繁衍的生态环境。 在独有的四重生态圈:大生态圈(四川盆地)、亚生态圈(全国绿化模范县——射洪县)、核心生态圈(涪江湿地走廊——柳树沱)和微生态圈(47.4%绿化覆盖率的沱牌生态酿酒工业园)的护佑下,公司酿酒微生态环境优势突出,具有酿造高品质白酒不可复制的区域环境优势。	五粮液的故乡: 红楼梦酒业生产基地地处岷江河畔的红楼梦村,其地理位置十分独特,这里侧面是丹山,背面是青山,前面是岷江,恍如俗称的岩匡。此处是古僰人聚居的中心,山清水秀,空气湿润,土层丰厚,黏软适度,回潮性好,更有丹山、青山的地下良泉,水质干冽,无污染,富含多种微量元素,适宜多种微生物生长,是天然的、得天独厚的僰人传统酿造工艺的发祥地之一。独特的地理位置带来的是原材料的优势。
定位及发展方向	产品突出生态,定位为生态酒。 中低档,已调整产品结构,向中高档白酒市场进军。	红楼梦酒品牌定位为"文化名酒"和"中国情酒"。 品牌定位中高档,价位只有中低档。 另红楼梦品牌开始做下移性的开发,下移产品尤其注重淡化红楼梦品牌的文化属性,希望能够更加面向大众消费。
产品类别及价格	产品名称	价位(元)	产品名称	价位(元)

产品类别及价格	产品名称	价位(元)	产品名称	价位(元)
	35°沱牌酒枸杞酒 150ml	12	53°梦酒(夏) 500ml	39
	45°沱牌生态小 100ml	20	53°梦酒(秋) 500ml	52
	50°沱牌头曲 480ml	38	50°梦酒(冬) 500ml	60
	42°沱牌岁月酒五年 500ml	42	45°新和谐梦酒 500ml	69
	42°沱牌岁月酒六年 500ml	58	53°梦酒(春) 500ml	88
	52°九年陶醉酒小酒版 150ml	68	53°红楼梦酒(裸瓶) 125ml	128
	35°沱牌特曲 500ml	68	53°梦酒(金梦) 500ml	148
	42°沱牌岁月酒八年 500ml	88	梦酒定制	168
	50°窖藏沱牌三年 500ml	88	53°红楼梦地藏酒 500ml	258
	50°特曲十二年陈酿 500ml	88	52°金装中国梦酒	268
	50°绿宝石沱牌 500ml	98	53°红楼梦十二金钗酒 500ml(随机发放)	338
	38°窖藏沱牌六年 500ml	108		
	38°窖藏沱牌三年 500ml	118	53°红楼梦酒 500ml	558

(续表)

品牌	沱牌酒业		红楼梦酒业	
	产品名称	价位（元）	产品名称	价位（元）
产品类别及价格	38°沱牌庆典装特曲 500ml	120	66°红楼梦长生商务酒 500ml	2 480
	50°窖藏沱牌六年 500ml	128	66°红楼梦长生礼品酒 500ml	2 878
	38°窖藏沱牌九年 500ml	158		
	50°窖藏沱牌九年 500ml	168		
	42°沱牌岁月酒九年 500ml	289		
	50°六十年窖龄特曲 500ml	298		
	52°百年沱牌经典版 500ml	322		
	52°百年沱牌政务版 500ml	328		
	50°九十年窖龄特曲 500ml	398		
	42°百年沱牌典藏版 500ml	419		
	52°舍得 250ml	488		
	52°庆典舍得 500ml	568		
	52°舍得 500ml	799		
	52品味舍得礼盒 500ml	1 180		
	52°舍得酒·拾贰年年份酒 500ml	1 680		
	53°舍得吞之乎红瓷 500ml	2 780		
	53°舍得吞之乎黑瓷 500ml	2 780		
	52°至尊舍得酒 1988 3000ml	13 999		
市场渠道	**酒店渠道**：在有影响力的餐饮终端销售和展示舍得产品，通过上促销员、设开瓶费、消费者促销等手段带动餐饮。 **团购渠道**：团购渠道是高端酒上量的主要渠道，公司在运作之初就将团购渠道运作作为了舍得酒销售的主要渠道，并成立了专门的直销团队。已建立起一支十多人的专兼职团购销售队伍，并依托直营店作为宣传平台，制作舍得直销手册，配以适度的促销进行目标客户发展。公司已发展固定团购客户60家。 **商超渠道**：在商超渠道进行产品形象展示、向消费者告知产品价格，从而体现产品档次，再结合各种促销并通过对营业员（导购）进行奖励的方式产生销量。 **名烟名酒店渠道**：在该渠道除进行展示销售之外，与团购关系较好的网点建立加盟合作的业务关系。		通过咨询红楼梦酒业工作人员得知其渠道与沱牌酒业相同。	

2006—2010 年白酒行业龙头企业市场份额统计见表 3-13。

表 3-13　2006—2010 年白酒行业龙头企业市场份额统计

企业名称	2010年营收（亿元）	市场份额（%）	2009年营收（亿元）	市场份额（%）	2008年营收（亿元）	市场份额（%）	2007年营收（亿元）	市场份额（%）	2006年营收（亿元）	市场份额（%）
五粮液	155.41	6.44	111.29	5.99	79.33	5.15	73.29	6.16	73.97	7.61
贵州茅台	116.33	4.82	96.70	5.20	82.42	5.35	72.37	6.09	49.03	5.05
洋河股份	74.19	3.15	40.02	2.15	26.82	1.74	17.62	1.48	10.71	1.10
郎酒集团	58.00	2.40	35.00	1.88	20.19	1.31	13.27	1.12	7.76	0.80
泸州老窖	53.71	2.20	43.70	2.35	37.98	2.47	29.27	2.46	19.26	1.98
稻花香	约34.00	1.41	26.00	1.40	16.00	1.04	11.00	0.93	8.60	0.88
剑南春	超30.00	1.25	28.00	1.51	25.27	1.64	36.01	3.03	31.95	3.29
山西汾酒	30.17	1.25	21.43	1.15	15.85	1.03	18.47	1.55	15.27	1.57
四特酒业	达23.00	0.95	估18.50	1.00	11.92	0.77	10.84	0.91	缺数据	—
枝江酒业	19.63	0.81	估15.00	0.81	18.00	1.17	15.00	1.26	11.20	1.15
古井贡酒	18.79	0.78	13.43	0.72	13.79	0.90	12.01	1.01	9.64	0.99
老白干酒	11.66	0.48	8.75	0.47	5.17	0.34	3.88	0.33	2.97	0.31
水井坊	11.42	0.47	11.35	0.61	11.39	0.74	9.45	0.79	8.05	0.83
伊力特	10.21	0.42	8.67	0.47	7.14	0.46	4.95	0.42	4.33	0.45
金种子酒	8.56	0.35	6.08	0.33	3.42	0.22	1.99	0.17	1.36	0.14
沱牌舍得	8.94	0.37	7.23	0.39	8.71	0.57	9.00	0.76	8.78	0.90
湘酒鬼	5.60	0.23	3.65	0.20	3.26	0.21	2.11	0.18	2.02	0.21
全年行业总量	2415.00		1858.00		1540.25		1189.03		971.39	
前十大企总和占比		24.68		23.53		21.80		25.09		24.20

从表 3-13 中可以看出，2006—2010 这 5 年间，白酒市场持续增长，沱牌却没能够水涨船高，营收方面没有明显增长，市场份额一直在下落。洋河、郎酒这几年异军突起，市场份额逐年提高，并跻身于第二阵营。洋河从 2006 的第 7 升至 2010 年的第 3；郎酒从 2006 年的第 12 竟升至 2010 年的第 4。洋河和郎酒在前几年均进行了改制，高管层相应获得了一定的主人翁身份，在经营管理方面积极性高，市场拓展有力，排名节节攀高。相对水井坊、沱牌的每况愈下和汾酒、古井贡酒的上下起伏，国企如何通过有效的改革提升企业经营的活力和发展的持久性，洋河和郎酒无疑给出了很好的榜样。

据了解，红楼梦酒业 2011 年的营收达到了 8 亿元人民币，同比沱牌 2010 年的数据，红楼梦酒业占到的市场份额大约为 0.37%。

红楼梦酒业在 2000 年改制后投资 40 亩新建厂区，2007 年四川怡安建设集团投资 35 亿元与红楼梦酒业合作打造 10 万吨生态纯固态白酒，计划新建设 1 000 亩新工业园，并计划在 3 年内上市。上市对企业来说，能够取得固定的融资渠道，得到更多的融资机会，获得持续发展的资本，有益于企业在行业内扩展或跨行业发展，还可以增加企业知名度和品牌形象,并且在一定程度上帮助企业取得更多的政策优惠和竞争地位。沱牌早在1996年就已经上市,年产量达到了20万吨,是四川酒业五朵金花之一,相信梦酒在2015年上市之后能够有更多的发展,同时在白酒行业日益同质化的今天,推出定制酒就是标准的蓝海战略,所谓蓝海即打乱原有的顾客价值链构成,进行重组重塑,前途更是无量。

(2) 消费者的需求分析

消费者需求是消费者为了满足个人或家庭生活的需要,购买产品、服务的欲望和要求。消费者是许多企业从事经营活动、服务的主要对象。

个性化的需求是在大众日用消费品日趋高度同质化的今天,经常被人们强调的话题,白酒产品亦然。白酒主流消费群集中在41—50岁这个年龄段,这部分消费群体讲究的是传统,喜欢品味白酒的"古"文化。但随着年龄的增长,白酒的主流消费群消费能力下降,有着被具有雄厚消费实力的80后、90后人群所取代之势。随着中国白酒主流消费群年龄的日趋老化,显然白酒有些落后于变化着的消费市场。因此年轻人的消费特征决定着白酒市场的消费趋势。

(3) 目标市场定位

目标市场定位就是根据目标市场上同类产品的竞争状况,针对消费者对该类产品某些特征或属性的重视程度,为本企业产品塑造与众不同的特性,并将其形象生动地传递给消费者,求得消费者的认同。目标市场定位的实质是使本企业与其他企业严格区分开来,使顾客明显感到和认识到这种差别,从而在顾客心中占据特殊的位置。

定位为企业带来了利益。一是为企业和产品带来了特色优势,在一定程度上减轻了企业价格战的压力;二是增加了其他产品替代的难度。为企业制定市场营销战术奠定了基础。

根据本小组的消费者需求分析,特此设计了一份针对80后、90后的调查问卷,在互联网上投放了近一个月,收到有效问卷159份,完整问卷在附录1中。对白酒印象的调查结果见图3-4:

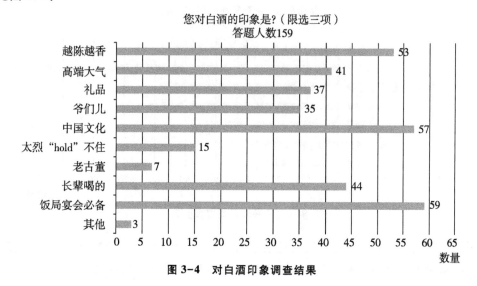

图3-4 对白酒印象调查结果

从图 3-4 中可以看出，这些年虽然洋酒入侵市场抢去很大的市场份额，也颇受年轻人的喜爱，但调查数据显示，白酒始终是"饭局宴会必备"，有 59 人选择了这一选项，占到了 37.1%。不可忽视的选项是"长辈喝的"这一选项也占到了 27.6%，可见很多时候他们的购买行为是受外界因素影响的，而不是发自他们的内在需求，也就是真的想要喝白酒而去消费白酒，在很大程度上是他们用来"孝敬"长辈的。购买白酒用途的结果见图 3-5。

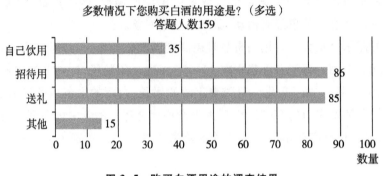

图 3-5　购买白酒用途的调查结果

从图 3-5 中可以更清晰地看到，"招待用"和"送礼"才是他们购买白酒的最大原因，自己饮用只占到了 22.0%，结合图 3-4 的分析来看，80 后、90 后的白酒消费更多的是作为一种礼品、喜庆用品而不是日常消费品。

本小组在问卷中还调查了人群的送礼行为习惯，从图 3-6 中可看到，选择最多的是"师长辈"，占到了 57.9%，可见在 80 后、90 后的消费动机中送长辈占到了很大的比例。"同事同学"和"恋人"都占到了 39.0%，同辈关系一定是人际交往中最重要的部分，这将是非常大的市场，尤其是恋人之间送礼的卖点更是容易挖掘。另一个比较意外的发现是，送"朋友亲戚家的小孩"也有相当大的比例，占到了 34.0%，仅次于同辈关系，从中不难看出现代人对后代的重视，近几年母婴市场，儿童市场的走俏也说明低龄市场前景非常好。

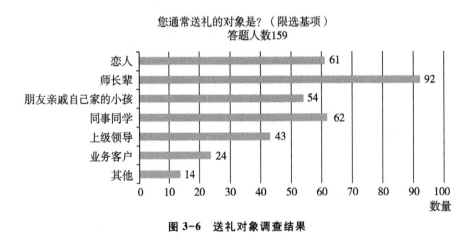

图 3-6　送礼对象调查结果

据观察，国内白酒品牌还没有明显地聚焦在年轻一代的身上，唯独红星二锅头有这样的苗头，但也不能说完全是。在北京各大地铁站内均能看到他们的红色饮酒宣言："让干杯成为周末解放的宣言""有兄弟才有阵营""人手一支是个好主义"。这些俏皮又爷们儿的广告语远胜于从前他们致力于历史、口感、代言人的刻板广告形象,对比见图3-7。

图3-7 红星二锅头广告对比图

不能说红星品牌的红色饮酒宣言就是完全针对年轻人的,这同时也能够唤起老一辈的红色情结,可是"周末""兄弟"这些元素都是给年轻人看的,广告投放的地点大多在地铁、公交站,无疑是这些上班族们最常出没的地方。白酒品牌定位的年轻化一定是趋势。

定位年轻市场是否是一厢情愿?究竟年轻人对白酒的印象如何?

在图3-4对白酒印象的调查结果中看到,一方面,认为白酒是"中国文化"象征的人占到了35.8%,加之有25.8%的人认为白酒"高端大气"和37.1%的人认为是"饭局宴会必备",可见白酒在年轻人心目中的地位还是很重的。而另一方面,认为白酒是"老古董""太烈'hold'不住"的人数分别只占4.4%和9.4%,说明年轻人对白酒并不抵触,也不存在成见。近年来洋酒对白酒市场的冲击很大,尤其是年轻人,洋酒以西方文化和时尚潮流培养年轻的消费者,先让西洋文化,包括饮食文化、娱乐文化和酒文化熏陶年轻人,让年轻人感觉追求洋酒的不仅是接近国际化口味,更是接近国际化的潮流,所以定位年轻人市场是没错的,如何去对好年轻人的口味才是难题。不过只要品牌文化挖掘、传达得恰当还是会受到欢迎的。

从上述调查结论可以看出,白酒的潜在目标消费者,除了当下主力现实消费群体,如高权位者、成功人士或社会名流,以及较低阶层的体力劳动者,不能忽视的群体就是相对有着良好职业和稳定收入的中间群体。

综上所述,本小组将"梦酒"定制酒系列产品的目标消费群体做如下定位调整:**25—45岁社会中间阶层的主流人群;月收入在3 000—8 000元,适龄青年、年轻父母,他们可能是政府科级公务员、企业事业单位中层,也可能是中小私营业主等。**

(4)目标市场描述

这类消费群体具有以下特点:

● 热爱新鲜事物。皆具有一定的受教育程度,对新鲜事物的接受能力较强,并且热爱新鲜事物。

- 渴望与众不同。由小到大，从儿时玩的玩具，到上学时的校服，人生目标与同龄人都是相似的，这些人因为被压抑所以从内心一直渴望与众不同，即使由于现实的种种原因，在人生的重大时刻也一定会"特殊"一把，尤其体现在结婚和育儿方面。每个女孩儿都有对婚礼的憧憬，而每一个男人都有对家庭的责任心，因此每个婚礼都会经过精心策划，自己的宝宝从喝什么奶粉开始就得给他最好的。那么满月酒、生日酒等都应该好好安排。

- 前卫的消费习惯。消费者对产品包装的看法，大多集中在"提高礼品档次"和"增加纪念意义"这两个选项中，说明这个群体与传统的看待事物的眼光是不同的，这造成了他们的消费习惯也有所不同。他们对于产品的实用性相对要求弱一些，而对于创意、美观、潮流这些方面较为敏感，对于性价比则有全新的认识，他们愿意为"新、美、潮"买单。意见领袖对于他们的影响是很大的。

所以定制酒的市场应该向年轻人开放，这对于企业最终目标的达成是非常有利的。企业目前没有进军一线城市，而在一线城市，年轻的白领群体是相当庞大的，他们受着大城市新思想的刺激，上述三点特征更是显著。企业想要达到年10万吨的产量必须要由市场来拉动，有了资金的积累才能够更好地发展，四川的名酒众多，六大酒厂对于家门口的市场当然不会放弃，竞争异常激烈，而一线城市庞大的市场谁能够最先占领至关重要。再者现在培养的这些80后、90后到了"大观园"旅游区落成之时，恰好成家立业带着孩子去游玩，这一战略岂不是高瞻远瞩之举？

(5) 目标消费者决策过程

- **引起需求**：首先应确认客户产生需求的原因，根据不同的诱因采取相应的措施，刺激客户产生需求。对于"梦酒"定制来说，宴席上的酒水并不是一成不变的，可以通过定制来实现与众不同，体现自己的个性，用独特的方式来纪念人生中的美好。企业定制则能够体现企业的文化和独特的精神，奢华可以模仿，但专属无法复制。

- **收集信息**：客户被引发的需求并不是马上就能够被满足的，客户需要从不同的信息中找到满足其需求的最佳方案。客户的信息来源可以分为个人来源、商业来源、公共来源、经验来源。这一阶段企业应了解客户获取信息的途径，并识别各种途径的重要程度，从而创造使客户了解自己产品或服务的机会。针对目标人群，互联网将是重头戏，再依托央视，以平播+热点事件传播，建立并提升全国品牌形象和品牌认知。

- **评价方案**：解决客户需求的方案不是单一的，客户对所有方案会有一个综合的评价，评价指标一般涉及产品属性、品牌满意度、总效用。这一阶段的策略重点是了解客户期望从产品或服务中获得的特定利益，抓住其所关注的重点，强调产品或服务所具备的相关功能，从而打动客户。"梦酒"需要增加实际的体验，让客户在接受新事物时能够有足够的经验来应对，减少由于期望过高而导致的客户满意度下降。

- **决定购买**：产品或服务使客户获益能力的大小是促使客户做出购买决定的关键因素，但别人的态度有时也会对购买决定产生一定的影响。企业应充分了解引起客户风险感觉的可能因素，进而采取措施减少客户可察觉的风险。所以重视终端服务是十分有必要的，所谓三分靠产品，七分靠推销，突出自己的优势给客户最后一击，如"梦酒"定制酒是性价比最高的、定制周期最短的、企业信誉最好的国内定制酒产品。

● **购买后行为**:客户做出购买决定后会对产品或服务的实际表现同期望水平进行比较,体会产品满足自身需求的程度,客户的评价会影响以后的购买行为。为了避免客户购买后产生不满或弥补客户的不满,企业应采取有效措施尽量减少客户不满意的程度。如提供物流查询、售后服务,建立评价系统,建立梦酒社区让会员进行分享与交流等。

(6) 营销策略

● 产品策略。定制满足的是个性化的差异需求。依据马斯洛的需求层次理论,需求的最高层次是精神层面的需求,是超越使用价值本身的附加值,是一定意义上的奢侈品。

第一,现有定制酒的完善。

首先,定制系列整体产品的完善。"梦酒"定制酒目前有四个系列:新婚、满月、贺寿、同学聚会,从图 3-8 的数据中按照选择人数的排名依次是:新婚、贺寿、满月、状元宴、成人礼、生日,这几个选项的呼声较高,且票数差距不大,建议企业增加状元酒、成人礼酒、生日酒这三个定制系列。

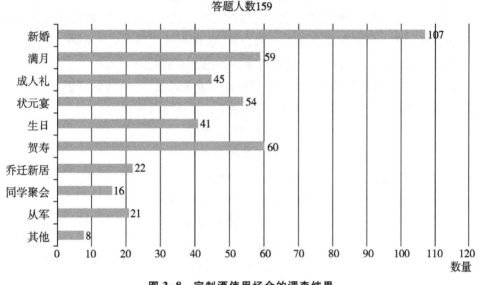

图 3-8 定制酒使用场合的调查结果

本组以状元酒为例设计包装及瓶身作为参考:

瓶身设计理念:瓶盖如同状元帽:十年寒窗苦读,一朝金榜题名。即使不是第一也是父母心中的状元。以极为具象的状元帽为瓶身的主体,突出了此款酒的用途,专为状元设计的酒(见图3-9)。

包装设计理念:酒盒正面"金榜题名"四字醒目,讲述主题,打开酒盒时,沿虚线撕开,慢慢撕开时,虚线左侧出现"状元"的"成就轴"(从小到大经历的学术成就),加号部分添加状元照片和寄语,酒盒背面呈现酒类产品基本内容,前后都添加了"梦酒"的LOGO,让消费者铭记于心(见图3-10)。整个设计简约大方,不失一种书生气息,配合本组设计瓶型,效果更佳。

图 3-9 状元酒瓶身原创设计

图 3-10 状元酒包装原创设计

其次,定制酒瓶身设计更突出。如本组状元酒瓶身的设计为状元帽,让人一目了然酒的用途,建议企业定制酒的所有瓶身款式多样化,针对每款酒的不同用途进行设计,从而突出定制之感。基于定制酒其他竞争者的分析,业内大多只采用红色酒瓶突出喜庆之感便对定制之事敷衍了事。这对定制消费习惯的养成是不利的。

最后,包装方面的策略建议。在必要配料标注清晰之后,可采用以下创意形式让定制梦酒的纪念价值大大升级,以新婚酒为例,其他系列可模仿这种形式。

××小姐与××先生

爱情梦酒元素

原料:爱情　酒精度:炽热

类型:真心　净含量:幸福

执行标准:恩恩爱爱

保质期限:一生一世

贮存条件:用心呵护

原汁含量:百分之百

酿造日期:相识日期

出厂日期:结婚日期

调酒大师:××小姐与××先生

另外,包装的纸盒子在使用之后能够经过简单的手工折叠变成相框等纪念品留存下来,这种温馨的做法不仅把"美好时刻"以不空洞且实用的方法保存了下来,而且环保绿色,响应了国家号召。

第二,女性酒市场。

以性别分类,香烟有非常多的女性品牌,但是堂堂中国白酒行业,竟然找不到几个以女性为消费对象的品牌,难道女性注定就不喝白酒吗?事实显然并非如此,酒场上,许多巾帼不让须眉。况且,白酒消费往往是一种集体消费、情景消费,为了增加气氛,女性也愿意喝白酒,如广东的客家娘酒,把其定位为"女人自己的酒",这对女性消费者来说就很具吸引力,因为一般名酒酒度都较高,女士们多数无口福消受,客家娘酒宣称为"女人自己的酒",就塑造了一个相当于"XO是男士之酒"的强烈形象。

另外,女性最关注的话题莫过于"减肥""养颜""滋补",如果能够针对这几种需求来开发白酒产品实在是全新的一片大市场。这里搜索到一剂"桃花白芷酒"(见图3-11)。

《红楼梦》第二十三、二十七回,分别提及了黛玉葬的花分别是桃花、凤仙以及榴花。黛玉以为花融入泥土才是至纯至净的归宿。花葬入土中,化作春泥更护花,入口即"人面桃花相映红"(榴花的作用还将在渠道策略中提及)。

图3-11 桃花白芷酒

桃花味甘、辛,性微温,入心、肺、大肠经,具有活血行淤、润燥滑肠、祛斑美容的功效。李时珍的《本草纲目》记载:桃花味苦,性平,无毒。入药可除水气,破尿路结石,利大小便,下三虫,消肿胀,泄恶气,治心腹痛及秃疮,以茶饮之可使人面色润泽。

桃花白芷酒:

原料:桃花、白芷、红楼梦酒业金钗酒。

制作方法:农历三月初三前后采集东南方向枝条上花苞初放及开放不久的桃花30克与白芷40克同放于瓶中,加上红楼梦金钗系列黛玉酒1 000毫升,密封一个月后可取用。

早晚各一口,祛斑美容,面如桃花,还有减肥的功效。

第三,酒心巧克力。

酒心巧克力,顾名思义就是最外层是巧克力壳,中间是糖做的硬壳,最里面有液体酒。这种形式在国内外并不少见,尤其成熟的是丹麦的爱顿博格安特门酒心酒瓶巧克力。但要说到巧克力与文化结合的品牌,不得不提上海"申浦"的老上海牛奶巧克力(见图3-12)。如今在上海机场每个礼品店都可以看见这种洋溢着浓浓的老上海复古味道的巧克力,在人流量相当大的国际机场,这样的产品显得非常有竞争力。

图3-12 老上海牛奶巧克力

白酒作为中国文化的代表之一,企业也可以寻找合作伙伴制作这种创意酒产品,作为节日礼物,如情人节、七夕节;亦可在中外闻名的景点、机场加上《红楼梦》的元素作为纪念品出售,既不用担心酒精托运超标也不用担心针对的人群,女性、小孩皆可食用。另外,可以模仿国外小瓶装洋酒,做小瓶装十二金钗酒,将瓶身设计得极具中国风,引得外国友人品中国白酒是假,买椟还珠为了精美的小酒瓶是真,同样作为新型的推广方式也不失为一条妙计。

同时若"梦酒"开辟了酒心巧克力的生产线,酒心巧克力还可以与部分喜铺合作,独特的包装同样可以作为喜宴酬客的礼糖。

- 价格策略。根据企业在市场营销活动中所处的地位和竞争环境,以及产品所处的生命周期,确定的定价目标:竞争导向的定价目标。采用的定价方法是基于顾客的需求导向和竞争者的竞争导向的定价方法。基于顾客的需求导向的定价方法,以顾客的偏好、生活方式、购买力、购买行为等因素为基础。为了制定有效的产品价格,企业需要认真研究目标市场以及影响目标市场需求的各种因素。基于顾客的需求导向的定价方法,主要有撇脂定价、渗透定价、心理定价、价值定价,下面将会进行综合运用。

第一,定价分析。根据《2013北京婚宴用酒市场分析》中北京市场白酒主流价位产品分析结果:①高档(400元以上):茅台、五粮液、国窖1573、水井坊,②中高档(180—260元):红星、牛栏山,③中档(100—150元):红星、牛栏山、汾酒、泸州老窖、口子窖,④中低档(20—80元),金六福、浏阳河、牛栏山、红星、泸州系列、口子系列,⑤低档(10元以下):红星、牛栏山,综合定制酒市场的调查结果(详见表3-11),普通类定制价格在100—400元,仅提供纸壳包装定制且酒品质一般;特殊类定制价格在200—1 000元。

价格跨度大的主要原因是产品的侧重点不同,有如下三种情况:其一是酒品质一般而包装定制非常精美,使用高级设计、材料、工艺等;其二是酒品质较好而包装一般;其三是酒品质和包装都非常好。

另外,考虑到定制酒的礼品市场非常广阔,调查中针对送礼的花销额度也展开了调查,调查结果见图3-13。

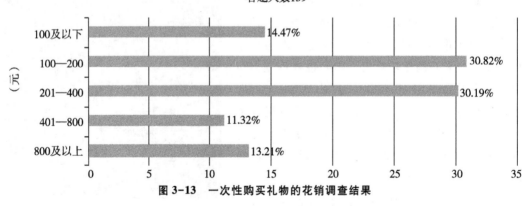

图3-13 一次性购买礼物的花销调查结果

从图3-13中不难看出,大众一次性购买礼物的花销主要集中在100—400元,再来看看"月收入"与"一次性购买礼物的花销"交叉分析后的结果(见图3-14):

目标人群定位的中档市场人群应该是月收入在3 000—8 000元的人群,从图3-14中可以看到,他们的花销基本集中在100—400元。月收入在3 001—5 000元的人群更倾向于"100—200元",占34.2%;而月收入在5 001—8 000元的人群更倾向于"201—400元",占44%。

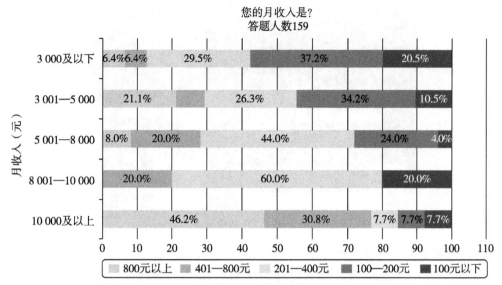

图 3-14　月收入与一次性购买礼物花销交叉分析后的调查结果

第二，梦酒定制酒定价策略。来自沃顿商学院的市场营销教授乔纳·博格(Jonah Berger)提出：让消费者拥有更多的选择，可以提高他们对理性选择的依赖。打个比方说，如果租车公司备选车型足够多的话，相比炫耀的运动车型，消费者会更多地选择实惠的轿车车型。在对其他定制酒研究的过程中也发现，其他企业基本都有不同档次的产品可供选择，定制本身就趋于个性，应给予消费适当的选择余地。且在调查中我们看到，中档市场人群细分后仍然需要两个价格档来满足，部分消费者是需要较低的入门价进行尝试的。至于高档的设立也十分有必要，世界知名品牌"维多利亚的秘密"有一件高达 28 万美元的天价内衣，它的作用并不是售卖赚取超高利润，而是形成一种高价辐射的效应，使其他定价 600 多美元的高价内衣显得平价，从而促进中档产品的销量保证企业利润。在白酒行业内就流传着这样一句话："低档占市场，中档走销量，高档做品牌。"

目前红楼梦酒业已有的定制酒只有一个价位，建议使用梯度定价的方式，建立低、中、高三个档次定价。

以结婚酒系列为例，本组建议定价：

低档：257(爱吾妻)元一对定制酒，←——每瓶 128.5 元；
中档：520(我爱你)元一对定制酒，←——每瓶 260 元；
高档：1314(一生一世)元一对定制酒，←——每瓶 657 元。

按照上述定价，平均单瓶酒的售价囊括了 100—200 元、201—400 元、500 元以上三个花销档次，可供不同人群选择，且符合中档人群一次性送礼的花销水平。而且 257(爱吾妻)、520(我爱你)、1314(一生一世)都是非常好的噱头，本组还制作了精美的价格牌(见图 3-15，以 257 为例示范)可供在实体店展示用，尤其是在一些喜糖铺子、婚纱店、婚庆公司、商超等陈设样品时可以吸引消费者的眼球，引起人们的议论。新郎定下这瓶酒，将独一无二的爱送给妻子，是非常美妙的事情。另外，双数定价符合中国人对数字的说法，办喜事就是得成双成对，俗话说，好事成双。成对出售对企业来说更是对销量的促进。

图 3-15　257 酒价格牌

根据红楼梦酒业已有产品的研究,三档定制酒产品的研发完全没有问题,低档可参照市场价 148 元的 53°梦酒(金梦)500 毫升,中档即为现有的定制酒,高档可参照市场价 558 元的 53°红楼梦酒 500 毫升。以中档 520 为主打,另外两个档次完善产品系列,树立品牌实力形象。

第三,"美梦人生"终身会员制。在平面创意的模块中,本团队成员原创的广告语可以串联成一首小诗:

美梦人生

三生有缘长相守,两盏梦酒结同心。◀——结婚酒、订婚酒定制系列
八方来贺新生喜,百里挑一栋梁器。◀——满月酒、生日酒定制系列
父母含辛梦几载,盼得金榜状元归。◀——状元酒定制系列
膝下儿孙福满堂,唯盼时光更久长。◀——贺寿酒、金婚酒定制系列

我们组的广告文案写的就是人生几大喜事,也是大多数人的人生轨迹。

而"美梦人生"计划的具体形式类似终身会员:如果结婚酒用的是"梦酒",那么这对夫妻在宝宝满月时可以享受折扣,在孩子中考、高考考需酬客时我们同样寄予折扣,或者以"梦想教育基金"的形式返现(所返现金即为折扣所节省的钱)。

会员等级随着时间及消费酒的价值而升级。

在客户的结婚纪念日、生日推送祝福并附上最新的"梦酒"信息,以及一些感人的会员故事,开设"美梦人生　梦酒相伴"的论坛,让每一位客户与梦酒结下不解之缘,这样不仅能够增加客户黏度,而且在白酒品牌中是绝无仅有的,这种生活方式营销正在被越来越多的企业和消费者看好,让企业与客户的关系像老朋友一样,情感价值大大提升。

"梦酒"始建于 1979 年,如果强调历史我们永远也无法超越百年企业,时间对每一个企业都是公平的,如果我们换一种思路去强调历史呢?我们强调的是客户的历史,一个人的成长由我们来见证呢?相信这种贴近生活的历史比什么都更具亲和力。

- 渠道策略。具体如下:

第一,基本渠道信息与线上线下管理。白酒买卖场所问卷调查结果如图 3-16 所示:

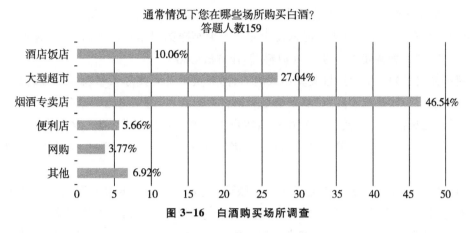

图 3-16　白酒购买场所调查

从图 3-16 中可以看出,"烟酒专卖店"是购买比例最高的场所,不妨借鉴一下洋河酒业的方法,它们拥有自营店和加盟商,统一采用"蓝色经典"风格,同时还将许多零散的个体烟酒专卖店门面也包装成自己的蓝色风格,加之各大电视媒体的广告配合,蓝色风暴已经席卷全国。希望"梦酒"也能够学习洋酒品牌符号化的思路,看见蓝色的酒就知道是洋河,那么看到什么符号才能够让人们想起"梦酒"呢?当然先开一些体验店才是当务之急。近年来虽然电子商务日趋成熟,但是在图 3-16 中看到选择网购的比例还是相当少的,看来酒类的线上市场并不十分活跃,不惜重金的酒仙网有带动行业的意思,现阶段,利用 O2O 模式(下文中促销推广策略的"婚博会"中会有涉及)来培养消费者线下体验,线上便利购买或许才是好的方法。毕竟定制酒还是个新概念,网购酒类也是新的购买体验,人们的消费是建立在一定的消费经验基础之上的,不妨在大型超市设立推销点、推销人员,在一些喜糖喜酒铺设立专柜,在婚纱摄影店、酒店等摆设样品和设立介绍人员。

第二,创意菜单——品牌联盟打天下。说起四川,川菜自然是第一,全国范围内已经有许多成熟的川菜连锁店,也得到了大众的好评,例如俏江南、眉州东坡酒楼、海底捞等。品牌联盟策略可以利用他人已经建立的渠道,特别是较为成熟的品牌,快速打开市场,提高知名度,另外还能够推进联合产品的研发,实现双方的多元化和利润。所以利用川菜打天下不失为强强联手的好计策。

那究竟如何来联合呢?这并非单纯意义上的提供酒水。如全聚德推出的一道新菜"茅台火燎鸭心",立即成为全聚德的明星菜,这不仅使百年老店显得很有创意,也使茅台在这种应酬场合提高了出镜率。这是值得借鉴的,可以推出具有红楼梦特色并加以川菜精髓的创意菜单,推广到成熟的川菜连锁店并快速推广。

创意菜单就是将研发出来的新菜品单独罗列在一张独立的菜单上,在服务员递上餐厅菜单时附上或夹带(类似必胜客推出的新年新品会有单独的新年菜单)。对于客人,只要选购此菜单上的菜品再搭配"梦酒"即可获得折扣或是小礼品;对于餐厅,可以拿到相应的提成;对于红楼梦酒业,在菜单上可以附有红楼梦酒业的企业信息和产品介绍,能够在应酬、聚会、酒水类集中消费的现场做广告。同时这是在为"大观园"旅游景区的餐饮做铺垫。创意菜单如下:

黛玉葬花养颜系列。《红楼梦》第二十三、二十七回,分别提及了黛玉葬的花分别是桃花、凤仙以及榴花。黛玉以为花融入泥土才是至纯至净的归宿。花葬入土中,化作春泥更护花,入口即"人面桃花相映红"。(原料、制作方法等略)。

熙凤弄权系列。王熙凤机关算尽太聪明,面对贾母王夫人等长辈就是八面玲珑,面对底下的小子丫头就是八面威风,鸽子蛋是凤姐讨贾母欢心,逗刘姥姥的菜品。

"凤姐儿偏拣了一碗鸽子蛋放在刘姥姥桌上。贾母这边说声'请',刘姥姥便站起来,高声说道:'老刘,老刘,食量大如牛,吃一个老母猪不抬头。'"(第四十回)(原料、制作方法等略)。

湘云醉卧系列。林黛玉和史湘云月下联诗,湘云的一句寒塘渡鹤影引出了黛玉的冷月葬诗魂,此处以鸡、鸭代鹤,雅兴不输。(第七十六回)(原料、制作方法等略)。

枉凝眉(宝钗黛玉之争):红楼半生枉凝眉,梦酒传世醇满喉。木石前缘终究敌不过金玉之说。"林潇湘魁夺菊花诗 薛蘅芜讽和螃蟹咏"。(第三十八回)(原料、制作方法等略)。

创意菜单联盟推广企业。经过分析筛选,本团队认为,俏江南以及眉州东坡酒楼品牌是目前红楼梦酒业最值得合作的品牌。

第三,白酒新喝法——事件营销。白酒是饮料的一种,其产品同质化严重,近几年很多品牌为了增强产品和品牌的个性,采用创新性产品概念作为市场的区隔策略,在求新求奇的消费心态引导下,也在市场中取得了一定的市场效应。

如今年轻人最喜爱的莫过于形形色色的鸡尾酒,鸡尾酒是什么呢?鸡尾酒是一种以烈酒做基酒加以果汁、香料等调制的冰镇酒。比起传统白酒"一口干"的饮酒习惯,白酒还能够像外国烈酒那样勾兑成可口的低度酒,这样一来针对的人群会更广。据悉,"梦酒"曾举办过"梦酒杯——第二届国际调酒师鸡尾酒表演赛",国际调酒大师伊文先生成功地调制出了三款中国鸡尾酒——鸡尾白酒,分别是"暗黑龙""三叶草""夜来香"。然而这次的事件营销将打破"中国鸡尾酒"的旧思路,而是以一种"白酒新喝法"的思路来进行事件营销,同时结合品牌联盟的思路,强上加强,类似上文中创意菜单的方法,我们需要与以创意著称的餐饮企业合作,在此推荐海底捞火锅与雕爷牛腩为理想合作伙伴。

- 促销推广策略。具体如下:

第一,酒企业广告现状——扎堆央视。据酒评网(jiu.sohu.com)统计的数据显示,中央电视台综合频道一天播29种白酒广告,共计21分钟(1 260秒),白酒广告播放共计91次。2013年中央电视台黄金资源广告招标预售总额约159亿元,其中,酒广告费用42.1亿元,占比超25%,成为中标中央电视台2013年黄金时段最多的行业。

在这酒广告堆中钻牛角尖对企业就有好处吗?81岁的中科院院士、中国地质大学原校长赵鹏大教授,在实名微博连发数条微博,痛批央视晚间新闻白酒广告泛滥,甚至统计出30分钟的新闻时段所插白酒广告多达16种,其负面效果值得酒企业反思。

目前红楼梦酒业已经在央视投放广告并请著名歌手平安代言,如今热门的一些新型的推广手法,如微博、微信等尤其需要央视广告作为核心增加底气。但资金宝贵,企业最关心的永远是投入产出比。如何做有效的传播和推广才是最重要的。如此看来,只是在好的平台播放广告并不一定就有好的效应,还要从受众特征和广告创意方面下功夫。

第二,定制酒代言人选择——葛优。定制酒是红楼梦酒业的全新产品类别,在白酒界也属于一个新概念,在资金允许的情况下,可专门聘请定制酒的代言人。"梦酒"定制酒这个品牌当前最容易让受众联想到 2014 年贺岁电影《私人定制》,片中的定制服务概念与定制酒相近,他们帮助客户圆梦,而"梦酒"呢,套用本组在平面广告创意设计所用的"梦酒定制·让每个梦成为珍藏",帮助客户用定制酒的形式把梦珍藏。推荐素有"全民偶像葛大爷"之称的葛优担当,原因有四:

首先,葛优就是卖货的保证。葛优一句"神州行,我看行"让神州行卡销售翻几倍;一句"三元,有人缘"让三元牛奶稳住北京市场,节节攀升;一句"喝福星,交好运"让福星迅速崛起;一句"那个湿"让亚都加湿器掀起热卖高潮。

其次,葛优最适合"中国国情式传播"。要传达"定制"的核心价值,从沟通力、亲和力、感召力、影响力以及最大化的国情传播角度,葛优堪称第一人。葛优的亲和力与幽默感,无论是年轻消费者与年长消费者,还是精英与大众都喜欢,葛优可以打通关,男女老少通吃。那么多年的贺岁喜剧片让绝大部分人无条件地喜爱他,一见他就想笑,看他顺眼,笑星就有这个天然的优势。

再次,葛优的未来价值。电影《私人定制》余温未散,北京电视台全新体验真人秀《私人定制》的播出,葛优与姜文合作的《一步之遥》2015 年抢占年贺岁档,葛优所代言的茅台白金酱酒品质具有正面影响。

最后,葛优最适合"优"默式的软销。多数白酒广告缺乏创意,斥巨资打造的"鸿篇巨制",大场面、大气魄表现的广告"杰作"根本无法调动观众的兴趣与眼球,广告时间成了"垃圾时间",而随着时间的浪费,观众对满眼的白酒广告则怨声载道,恶气在胸。其原因是白酒企业的目标人群定位为成功人士,这也是近年来白酒企业想要走的路线,这种厚重的、成功的产品定位也框住了广告制作者的创意想法。所以"梦酒"定制酒的广告应该反其道而行之,以葛优幽默的方式把产品"定制"的特色突出出来。以下是初步的模型。

针对"优"默式软销的广告创意设计见表 3-14:

表 3-14 "梦酒"定制酒广告创意设计

画部	声部
葛优穿着西装面向镜头把电视观众当成服务对象。"您看,您这个定制有点难?" 葛优皱眉:"想定制(空一拍),找梦酒呀。" 葛优向自己的左方一瞥眼,镜头拉远,定制梦酒入镜。	演白:您看,你这个定制有点难? 想定制,找梦酒呀。
葛优谈话式介绍:"人这酒,没得说。" 语气加重:"人这定制服务,更是专业呀。" "无论婚酒、满月酒、状元酒、贺寿酒,您能想到的什么酒,人家都能定制。" "一条龙服务,包您把美梦珍藏。"	演白:人这酒,没得说。人这定制服务,更是专业呀。 无论婚酒、满月酒、状元酒、贺寿酒,您能想到的什么酒,人家都能定制。 一条龙服务,包您把美梦珍藏。

（续表）

画部	声部
标版	梦酒定制·让每个梦成为珍藏
画面回来，葛优右手举着酒杯，朝着镜头笑眯眯地说"是时候搞点儿特殊了"，说话的同时左手拍了拍在其左边的定制酒盒。	演白：是时候搞点儿特殊了。

第三，节目赞助。如今广告形式不胜枚举，以2013年最成功的加多宝与王老吉正宗红罐凉茶之争为例，加多宝因为赞助"中国好声音"而大获成功，冠名节目的威力可见一斑。以下介绍两个可以进行合作的节目作为示范。

"梦酒"借《私人订制》东风。继电影《私人定制》和真人秀《爸爸去哪儿》的热播，由北京电视台、华谊兄弟传媒集团、华谊兄弟时尚文化传媒有限公司、北京木火通明影视文化传媒公司联合出品；由湖南中广天择传媒有限公司承制的全新体验真人秀《私人订制》（见图3-17），全面借鉴同名电影中梦想"私人定制"的形式在北京卫视播放，国内最强大的一线明星阵容及电影中的原班明星葛优、宋丹丹、李小璐、白百合、李成儒等华谊群星和行业大咖都将陆续坐镇节目，作为梦想执行团团长的冯小刚更将全程参与其中。

图3-17 《私人订制》

【节目播出安排】

播出频道：北京卫视。

播出周期：2014年1月26日—4月20日，共计13期。

首播时间：每周日21:30—23:00播出。

重播时间：每周2次，具体时间待定。

（注：栏目具体播出时间以北京电视台总编室通知为准。）

【联合特约播映】

实付款2 800万元/每个客户。

《私人订制》大型电视真人秀活动贴片广告方案见表3-15。

表 3-15　《私人订制》大型电视真人秀活动贴片广告方案

版本	30 秒	15 秒	5 秒	备注
刊例价格（元/次）	240 000	120 000	60 000	1. 签订折扣：6 折； 2. 2013 年 11 月 20 日前签订执行此刊例价格。

虽然招标已经结束，但我们依然可以争取合作的可能。

"梦酒"借力《中国梦 365 个故事》。由北京市委宣传部策划推出的大型系列微纪录片《中国梦 365 个故事》2013 年 12 月 2 日登陆北京卫视，每周一、周四在《北京新闻》首播，并在北京电视台多个频道重播。这部定位于"人文生态的真实记录、普通百姓的心灵之光"的系列人物"微纪录"作品，播出后引起了热烈反响。

《中国梦 365 个故事》摄制组深入采访了工人、农民、社区居民、白领、农民工、北漂、流浪艺人等社会各类"小人物"，并深入到许多不为观众熟知的行业和群体中，采集到了许多鲜为人知的故事，而有些故事则是首次被搬上荧屏。节目通过 3 分钟的体量，鲜明地体现了人物的故事和命运，折射出蕴含在普通人心中的真善美和不懈追求。

《中国梦 365 个故事》节目在《北京新闻》播出后，收视率节节攀升，最高收视率达10.52%。截至 2013 年 12 月 19 日下午 3 点，在新浪微博专题视频总播放量达到 20 万次、新浪视频播放 86 390 次，相关微话题达 128 645 条，在搜狐视频播放 14 万次，网易视频播放 110 354 次，在各大门户、视频网站的视频播放总量达 19 337 493 次，转发评论 5 280 条，微话题讨论 55 万余条，很多网友在网上抒发了自己对节目的喜爱。

我们可以与之合作冠名或赞助之后未完成拍摄的故事，或者与北京卫视协商将"梦酒"定制酒插播在栏目播出后。

第四，影视作品植入广告。如今不仅广告形式多样，媒体渠道也同样五花八门，有效的媒体组合策略能够使推广活动事半功倍，通过对目标人群特征的研究，设计对口的广告在对口的地方投放，才是解决"烧完钱却烧不出效果"问题的硬道理。

百加得公司的预调鸡尾酒——"BREEZER 冰锐"在年轻人市场中做得尤为突出，尤其是它在新媒体推广中值得一提。从 2004 年开始，百加得公司开始在上海各大酒吧举行主题派对凝集人气，但是没有在全国引起巨大反响，仅在酒吧销售。2012 年，百加得公司赞助有中国版《生活大爆炸》之称的《爱情公寓》，《爱情公寓 3》在安徽卫视热力上线，网络第一神剧的风暴立刻席卷电视荧屏，安徽卫视播出第一天便排名全国第一。随着《爱情公寓 3》的火热开播，冰锐的人气也节节上涨，网络上充斥着网民的搜索，一时间大家都在询问"爱情公寓中主角天天在喝的酒叫什么？哪里有卖？"

同时，百加得公司开始在各大超市、便利店铺货，这种能够随时随地享受到的鸡尾酒，不仅口感不错、颜色与众不同，还能够和电视剧里的偶像喝一样的饮料，大大迎合了年轻人渴望新鲜、潮流的口味。不得不说《爱情公寓》里的这帮主角成功地成为这一代年轻人的意见领袖，而选择了正确代言人的冰锐也成功地成为最大的赢家。图 3-18 为《爱情公寓》中展博在飞机上问空姐要冰锐喝的搞笑片段。红楼梦酒业的定制酒也是面向年轻人的产品，完全可以选择同样的推广方式，选择如《爱情公寓》《奋斗》《北京爱情故事》等这些针对年轻群体的热播剧，在主角的婚礼上使用定制酒。植入广告并不算新鲜，但是少有像冰锐那么植入人心的,分析它的成功之处就是贴近生活,拿来就用。这些主角们就是年轻人自己的写照,人总是相信"自己",并且主角在剧中喝冰锐就是随时随地,这也打破了传统鸡尾酒需现场调制的局限,消费者也完全可以模仿剧中在家开派对。各类热播剧中的服饰会被炒热也是如此,同理目标群体的意见领袖做出令他们认可的行为,必定能掀起一阵潮流。

图 3-18 《爱情公寓》中关于冰锐的搞笑片段

第五,意见领袖。在"植入广告"中已经提及意见领袖的作用,这里要再次强调的是个人魅力的影响。2013 年最火爆的运动鞋品牌当属 New Balance(以下简称"NB")。首先,NB 在产品环节声称是史上最舒适的慢跑鞋,所有款式的鞋不仅有大小码数还有脚型分类,不管你是宽脚板还是平足都能够找到适合你的运动鞋。"酒香不怕巷子深"在营销 2.0 时代已经不再受用,酒香还得飘出去!NB 的名人效应绝对值得研究,NB 还被列入了乔布斯经典搭配中,潮流领袖余文乐多次高调穿着 NB 出席活动,许多明星也都秀出了自己的 NB 鞋收藏并自称 NB 的粉丝(见图 3-19)。穿 NB 的名人涉及政界、商界、娱乐界,几乎无孔不入的有意无意的代言,使得现在的年轻人几乎人脚一双。许多年轻小夫妻在婚礼之前都会上网查询资料,明星婚礼更是他们的典范,红楼梦酒业可以同样通过赞助明星婚礼,只要策划安排得当,消费者拿来就用,用过的人多了,口碑是最好的宣传。明星婚礼总是媒体聚焦的热点,如果顺风车搭得好那就是直奔成功的大道。

图 3-19 明星秀出自己的 NB 鞋收藏

第六,团购网站、社交网站。网络营销不仅是开网店这么简单。在互联网飞速发展的时代,这是一个能够让你事半功倍的工具。经过对消费者的观察发现,许多年轻人在操办婚礼之前都会先在网上做了解,如大众点评、美团、糯米等团购网站中都有独立的"婚庆服务"等分类,可以在这些栏目中推出"结婚定制酒"产品,淘宝中的"微淘"也会定时推送一些消费者想要获得的信息,善用这些推荐平台也是情感营销的一个好方法。

58同城、百合网、网易花田、红孩子等时下热门的相亲类、亲子类网站都是值得合作的企业,这些平台上聚集了大量的适龄青年,他们正是有需求的客户,也都将是潜在客户。

第七,婚博会。具体信息如下:

基本信息。中国婚博会是由商务部、民政部、国家工商总局批准的世界品牌结婚展、商务部全国百家重点支持品牌展会,每年春夏秋冬在北京、上海、广州、武汉分别召开中国(北京)婚博会、中国(上海)婚博会、中国(广州)婚博会、中国(武汉)婚博会。

中国婚博会成立于2005年,8年间,北京成功举办了28届、上海成功举办了22届,广州成功举办了11届。中国婚博会准确定位于结婚消费人群,紧密围绕结婚消费需求,先后引入了30多个国家的名品名店、名设计师、名流明星来展会发布国际前沿结婚时尚,已成为广大筹婚新人竞相传播、定期守望的结婚时尚盛会和便捷一站式的结婚采购服务平台。

婚博会平台分析。婚博会复合立体宣传体系见图3-20。

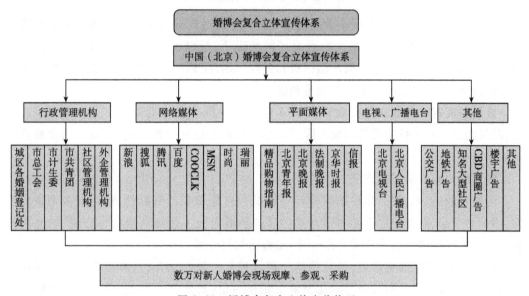

图3-20 婚博会复合立体宣传体系

婚博会以新型营销体系开幕,摒弃了国内专业展会的单一乏味、缺乏亮点的传统运营模式,开创了以迎合新婚消费为导向的新型产业营销模式,也是国内"平台商业模式"运用比较成熟的案例。横向结合了结婚产业链上的婚纱生产、婚纱摄影、婚礼策划服务、婚宴服务、珠宝、房产、汽车、家装、家居、蜜月旅游、花艺、喜烟喜酒等新婚服务和产品。纵向集聚了各行业中最具影响力的强势品牌企业,并配以婚纱流行趋势发布、彩妆流行趋势发布、珠宝流行趋势发布、新婚必知报告等活动,真正做到了一站式婚庆用品购物。

婚博会新型营销体系与企业营销模式比较见图3-21。

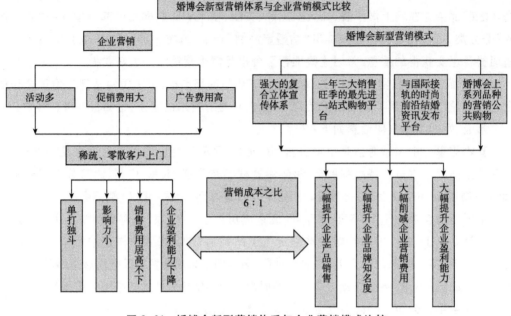

图3-21　婚博会新型营销体系与企业营销模式比较

在展前广告推广中与参展企业捆绑行动,展中、展后充分利用展会媒体云集的优势全力宣传企业。让企业在只付很少参展费用的情况下,现场大量接受新人的集中消费、订购,这不仅能够迅速提升企业的产品销售和品牌知名度,还能够为企业节省大量的广告费用及营销费用,成倍地提高了企业的盈利能力。

梦酒参展时间及地点选择建议。2014年春季婚博会按时间先后分为北京、上海、广州、武汉四站。基于目前准备时间有限及红楼梦酒业的地理位置,我们可以考虑参展武汉站的婚博会。

梦酒婚博会活动方案雏形:

活动目的:首先,吸引前往婚博会即将结婚和打算结婚的目标消费者,促成销售。其次,增加对产品、品牌的宣传度和曝光度,提高"梦酒定制·让每个梦成为珍藏"的品牌知名度。力争在婚博会上寻找到合作伙伴,如婚礼策划公司。

联合促销:在婚纱摄影店、婚礼策划公司寻找几家合作伙伴;只要有客户在指定婚纱摄影店、婚礼策划公司消费即可获得梦酒的祝福一份(特定酒一瓶)。只要客户订酒达到一定交易额,即可获赠婚纱照一套或享受其他优惠活动。

商家合作效果分析:首先,突破展位限制。婚礼准备包含各个环节,在消费者需要上做文章。在合作展位放一个X展架告知活动信息,拍婚纱照凭有效票据到梦酒展位得特订酒一瓶。只要在指定展位都可以接触到梦酒产品信息、品牌信息,从而提高知名度。其他展位在无形中会成为你的展位、变相广告牌。

婚博会参展商、产品信息众多,只有重复传播才能给消费者留下信息。联合其他展商,加强梦酒定制的信息传播,加大消费者接触"梦酒"的概率。

其次,突破时间限制。可以在婚博会前就提前开始,在婚纱摄影店、婚礼策划公司的展厅就提前开始。借婚博会,寻找到合作伙伴,展览会后也可以执行。

最后,开展体验式营销。当消费者获赠了解到"梦酒"的特别之处,感性将占主导地位,时尚个性将会超过对口感的要求。

婚博会官网商家入驻。中国婚博会官网是基于中国婚博会丰富的品牌商家资源、成熟的商业运作模式所打造的中国第一家集结婚顾问、结婚购物于一体的电子商务交易平台,将覆盖全国主要城市70%—80%的结婚消费人群,囊括知名摄影、大品牌摄影、婚纱礼服、婚庆公司、婚宴酒店、结婚钻戒、婚庆用品等核心结婚消费行业的知名品牌企业,为结婚消费者提供服务。

中国婚博会官网的商铺分为两个级别,分别是旗舰店、精品店。

旗舰店:旗舰店在全国的一线城市如北京、上海或当地的核心商业区内有最高级别的品牌形象展示店,一般来讲就是所处地段极佳、客流极强、销售极好的样板店,是代表其品牌或某大类商品的专卖店或专业店,并在当地有很高的品牌知名度和美誉度。旗舰店商铺在中国婚博会官网有区别与精品店和普通商铺的展示空间和专属的服务功能。

精品店:精品店在展示图片大小、展示方式、展示机会和功能上较旗舰店稍逊。

鉴于"梦酒"现状,四川省宜宾市人民路、江北直营专卖店可以考虑申请成为官网精品店,达到与婚博会线下活动相呼应的成效。

婚博会相关项目效果预估。综合来看,婚博会的平台有着国内领先的"平台商业模式",可以说是梦酒推广的有力保证。在第一期合作结束后,我们可以由专员总结汇报婚博会、其官网及婚博会上达成合作的商家的营销效果,查看是否有继续合作的可能。

虽然国内O2O炒得火热,但实体店零售的模式已经开始萎缩,各个行业都在寻找构建网络大数据前提下的精准营销方式,"梦酒"可以以此作为重点研究方向,来拓展自己的市场。所以我们从婚博会展览及官网精品店得来的,还有与合作商家协议共享的大数据,将成为"梦酒"品牌的宝贵资源。

3. "梦酒"定制酒营销策略实战案例评析

营销策略包括所服务的目标市场和针对目标市场的营销组合的详细描述。该实战案例采用互联网问卷调查方式明确目标市场,清晰地阐述了市场需求及消费特征,描述了目标市场客户决策过程的每个阶段。不足之处是没有综合利用市场细分分析工具、选择目标市场分析工具和选择市场定位分析工具。

该实战案例在产品策略方面,对现有"梦酒"定制酒进行了完善:增加了类别、酒品质分档和瓶身设计。在价格策略方面,根据公司在市场营销活动中所处的地位和竞争环境,以及产品所处的生命周期,确定了竞争导向的定价目标。在渠道策略方面,除了传统的渠道,还设计了创意菜单—品牌联盟打天下:推出以梦酒为作料或源自《红楼梦》原著的创意菜品组成的菜单、副菜单(推荐页、夹页、独立页),这样做的好处是:对于梦酒,品牌活化、快速提高知名度、增加销售渠道;对于联盟企业,提供新菜单为餐厅带来创意新菜品、菜系,吸引更多顾客,改善品牌形象,增加优质的酒水供应商。同时巧妙设计了白酒新喝法——事件营销,拟选择海底捞火锅与雕爷牛腩为理想合作伙伴。在促销推广策略方面,主要包括定制酒代言人选择、节目赞助、影视作品植入广告、意见领袖、团购网站、社交网站、婚博会等。

总的来看,"梦酒"定制酒营销策略设计完整,具有一定的操作性,创意菜单-品牌联盟打天下的设计具有一定的新意。

任务3 "梦酒"定制酒行动计划

1. 任务描述

营销策划的最后一个部分是指出完成营销策略所需要的具体活动有哪些,并评估最终的营销策略。

(1)活动/安排/预算

活动安排要根据策划案中的营销策略来进行;活动可操作性强;有明确的风险控制说明;人、财、物资源运用合理。

(2)评估流程

使用售后顾客调查来确定顾客满意度;调查方法合理,评估方法不存在偏见。

2. "梦酒"定制酒行动计划实战案例

行动计划如下:

(1)活动说明

由于资金和时间有限,本组只能采用网络营销的方式来进行推广,虽然近些日子微博有遭朋友圈替代的危险,人气有所下降,但并不会真正阻碍微博的影响力,它只是从顶峰阶段下来完成自我转型而已。相对于微博,微信中的朋友圈显得更加私密,同时消息也相对不容易扩散。单从2013年春晚的微博互动来看,微博已转型成为国内最大的公共交流平台。据新浪公布的最新数据显示:"蛇马"跨年期间,新浪微博上关于春晚的提及量达到4 541万条,比2012年增长了1.39倍。有3 447万名微博用户参与了春晚互动,包括原创、转发、评论、点赞等在内的微博互动总量达到了6 895万次。只要善加利用,微博的威力不可小觑!

因此本组在新浪微博上举办了一个"中国萌宝宝"大赛。活动详情:只要有0—5岁的宝宝,编辑一句对宝宝的寄语+宝宝照片@中国萌宝宝,并另外@5个微博好友即可参加比赛。比赛将评选出最感人的萌宝宝爸妈和萌宝,获奖的萌宝可以获得两瓶"梦酒"定制酒。

红楼梦酒业今后也可以举办类似的比赛,比如宝宝爬行、宝宝满月照、最美新娘、最可爱奶奶等比赛以定制酒作为奖励充分调动消费者分享的热情。

(2)活动日程安排

比赛时间:2014年1月27日—2月9日。

2014年1月27日建立了"中国萌宝宝"官方微博,编辑红楼梦酒业的企业信息和产品介绍,并发布比赛详情(见图 3-22、图 3-23)。

图 3-22　中国萌宝宝大赛官方微博

2014 年 1 月 27 日—2 月 9 日开始宣传活动,具体宣传方法如下:

● **内容高质量**:要做好微博质量,就要找一些大家关注的共鸣的话题(经典语录、如何照顾宝宝、宝宝辅食等)来写内容。仅内容好还不行,需要配上一张好图片,这样比起只看文字效果要好很多。有了高质量的微博,就能够增加人们主动关注你的概率。

● **买粉丝**:通过买粉丝来增加官方微博的威信力度。根据马太效应,利用人们的从众心理,只要有人围观起来无论是什么,大家都乐意去看一看,所以为自己打造人气是第一步。在淘宝上可以直接购买不同类型的粉丝,业内具体价格如下:

套餐 0:200 特级+500 精品真人=15 元;

套餐 1:300 特级+1 000 精品真人=25 元;

套餐 2:200 特级真人+2 000 精品=43 元;

套餐 3:2 500 精品真人+500 特级=60 元(热销套餐);

套餐 4:300 特级真人+1 700 精品+300 达人粉=65 元;

套餐 5:300 特级真人+2 800 精品真人+300 地区粉=85 元;

图 3-23　官方微博详情

套餐 6:2 000 特级+4 000 精品真人=118 元;

套餐 7:2 000 特级+9 000 精品真人=170 元;

(最优惠)套餐 8:3 000 特级+17 000 精品真人=338 元;

套餐 9:2 800 精品真人+200 地区=68 元;

(优惠二)套餐 10:10 000 初级优质粉+3 500 精品真人=95 元。

- **微博推广**：推兔（http://tuitu.sinaapp.com/t？i=384），通过关注别人赚积分，再通过发布信息求关注涨粉丝，此应用关注的时间短，一般一天后，很多人就删除了关注的没互粉的粉丝。用户基数很大，为防止骗粉，取消关注会自动返还积分。

乐光速推（http://www.lequdai.com/p/invite.s？uid=8069）可以自动转发微博赚积分，也可以定时发微博。开始送10粉丝。

另外附上几个微博营销工具，通过转发微博挣钱，这几个比较实用而且赚钱快：①微传播（http://www.weichuanbo.com/Index/register？uid=138672）；②求转发（http://www.qiuzf.com/？c=login&invite=60172）。

- **善用"大V"**：关注所有涉及母婴信息的"大V"（粉丝上千的微博），在他们的微博中留下比赛信息，同时邀请他们来关注并转发微博，许多有实力的"大V"是需要收费的，同所有的广告一样，效果往往与投入成正比，付费转发已经比较常见。普通的营销账号价格从100—3000元不等，还要看其所属的行业及粉丝活跃度来定价格。"大V"，则要看其当红程度。如果是一般的明星"大V"，基本在1万—10万元；而超过10万元的就需要有一定档次的了。但是，有些"大V"为了维护自己的形象，也要看微博内容而定。对于公关公司而言，利用"大V"本身所具有的社会影响力，给予一定的利益，这样的合作模式简单而易操作。

- **一对一互粉**：在搜索中输入关键字"的妈妈""宝贝"等，或是在上述一些母婴"大V"中寻找真的有宝宝，而且喜欢晒宝宝照片的爸妈，直接关注他们，并对其进行产品和大赛的介绍，一般这样的回应较多，容易形成互粉的关系，而且关系黏度也更大，互动性高。

- **时间安排**：一般时间选择在上午9:30—12:00，下午3:30—5:30，晚上8:30—11:30这些时间段，这是发微博的黄金时间段。

2014年2月9日00:00结束比赛。进行评比，根据宝宝爸妈编写的寄语和宝宝照片挑选出最萌的宝宝，并奖励两瓶定制酒。

（3）评估程序

我们将邀请获奖宝宝的爸妈秀出奖品和获奖感言，对收到的产品发微博进行真实的评价，同时官方微博会进行转发。最后填写电子版的梦酒定制评价表（见表3-16），记录并反馈给企业。

表3-16　梦酒定制评价表

项目	1	2	3	4	5
口感					
包装					
客服					
物流					
其他建议					

注：1=非常不满意；2=不满意；3=一般；4=满意；5=非常满意，在对应空格中画√。您的意见是我们进步的动力。

所有通过此次比赛得知并订购"梦酒"定制酒的客户,都会有买家秀的环节,通过秀出在宴席上使用定制酒的现场照片,真实评价产品,会在一定程度上寄予返现奖励。同时官方微博会进行转发。最后填写电子版的梦酒定制评价表,记录并反馈给企业。

此过程中还有与其他微博用户的互动,将尽可能地答疑及介绍,消除客户对产品的顾虑,促进销售。

3. "梦酒"定制酒行动计划实战案例评析

该整合营销策划方案在新浪微博上举办了一个"中国萌宝宝"大赛,制定了详细的活动日程安排。评估程序中拟邀请获奖宝宝爸妈秀出奖品和获奖感言,对收到的产品发微博进行真实评价,同时官方微博进行转发。填写梦酒定制评价表,记录并反馈给企业。不足之处是需要制作一个详细的营销活动预算。

任务4 "梦酒"定制酒执行效果

1. 任务描述

能够按照策划方案中的行动计划执行;能够提供执行过程中的实证材料(图片、照片、视频、合作文件等);能够对执行结果例证与说明(整合的具体资源、建立的合作关系、销售业绩等)。

2. "梦酒"定制酒执行效果实战案例

按照之前的行动时间规划,经过13天的推广,大赛微博@中国萌宝宝共获得了144个粉丝的关注(见图3-24),其中"中国萌宝宝"比赛声明微博被转发70次,受到了1.2万多人次的浏览;其他3条产品、企业微博受到了共2 242人次的浏览;共收到来自50位宝宝的参赛靓照。

图3-24 官方微博

经讨论,已经评选@秋家阳光灿烂作为"中国萌宝宝"比赛的获得者,并与之联系,颁发奖品。选手获奖作品见图3-25。

图 3-25 获奖选手作品

3. "梦酒"定制酒执行效果实战案例评析

该策划方案能够按照策划方案中的行动计划执行,能够提供执行过程中的实证材料。经过推广,大赛微博@中国萌宝宝获得了粉丝的关注,收到了宝宝的参赛靓照。

3.5 整合营销策划专项实训

整合营销策划专项实训属于典型的**实验教学**范畴(项目二),按照项目实验教学的要求,由学员团队按任务要求、自主完成。

整合营销策划专项实训由学员在当地挑选一个具有一定知名度的企业作为实训的合作品牌,事先取得企业的认可和支持,由学员逐步完成整合营销策划。

任务1 市场分析

1. 实战演练任务

以学习小组为单位,对企业所面临的市场状况进行分析,主要包括企业目标和任务、市场现状与策略,主要竞争对手分析、外部环境分析、内部环境分析和 SWOT 分析。

2. 实战演练要求

企业目标和任务重点是企业资源整合的策划;市场现状与策略要求总结企业所运营的整个市场状况和目前所运用的营销策略;主要竞争对手分析作为营销策划方案的一个很重要的部分,需要对相同产品或类似服务的客户群的竞争对手做一个细致的分析;外部环境分析主要进行 PEST 分析;内部环境分析总结企业自身的优势和劣势;SWOT 分析主要运用 SWOT 分析方法,对企业内部的优势和劣势以及外部的机遇和威胁进行系统性的审视、评估和判断,并明确做出战略选择。

3. 实战演练成果评价

利用一周的时间完成市场分析,提交文案并进行 PPT 演讲,现场由企业、行业专家和课程老师担任评委。

任务 2　营销策略

1. 实战演练任务

营销策略包括所服务的目标市场和针对目标市场所涉及的营销组合的详细描述。要求以学习小组为单位,详细进行 STP 分析和制定营销策略。

2. 实战演练要求

要求借助细分市场分析工具评价选择细分市场。目标市场描述要明确目标市场,描述目标市场客户决策过程的每个阶段。市场定位要准确、合理,并能够体现差异性、排他性原则。营销组合要求对营销组合要素进行完整策划。

3. 实战演练成果评价

利用一周的时间完成营销策略,提交文案并进行 PPT 演讲,现场由企业、行业专家和课程老师担任评委。

任务 3　行动计划

1. 实战演练任务

整合营销策划的行动计划主要包括活动、安排、预算和评估流程。

2. 实战演练要求

营销策略需要一系列的营销活动来实现。活动要求明确活动开展的时间和如何开展活动,需要制作一份详细的营销活动预算。

评估流程要求对营销活动是否按时完成,以及营销活动开展的方式是否正确等问题进行具体的描述。

3. 实战演练成果评价

利用一周的时间完成行动计划,提交文案并进行 PPT 演讲,现场由企业、行业专家和课程老师担任评委。

任务 4　执行效果

1. 实战演练任务

以学习小组为单位,能够按照整合营销策划方案中的行动计划执行。

2. 实战演练要求

要求能够提供执行过程中的实证材料（图片、照片、视频、合作文件等）；能够对执行结果例证与说明（整合的具体资源、建立的合作关系、销售业绩等）。

3. 实战演练成果评价

利用一周的时间完成执行效果，提交文案并进行PPT演讲，现场由企业、行业专家和课程老师担任评委。

附录1：调查问卷

调查问卷详见二维码。

第4单元　公关策划

学习目标

知识点：

1. 公共关系是企业主动与公众形成沟通的关系，其目的是树立良好的公众形象。

2. 公关策划是解决如何满足公众了解事件真相需求的问题，其核心是通过改善公共关系促使公众认同和理解企业行为。

技能点：

1. 通过课堂理论学习和实践活动，掌握公关策划的基本概念、特点和作用。

2. 通过示范案例和项目实战任务，掌握公关策划的工作过程和工作技巧实操。

导入案例

广西大明山4A景区公关策划案例背景

2012年10月，南宁职业技术学院营销与策划专业的24支模拟公司学生团队在导师黄尧老师的带领下，受广西大明山4A风景旅游区管理委员会的委托，开展公关策划活动：2012年11月，开展公关形势分析；2013年3月，开展景区实地调查分析；2013年5月，开展公关策略创意；2013年7月，完成《广西大明山景区公关系统策划方案》，顺利通过景区管委会验收。

对于高校大学生来说，缺乏社会经验和企业实践是一个不小的障碍，但在双师型教师的带领下，深入社会调查公关形势，深入景区调查公关现状，最终拿出了一套令景区管委会满意的方案，其中突出的内容包括：

● 策划了一套公关系统。提出尽快建立一套规范、全面的广西大明山景区公关系统，包括公关预警和公关应对两个子系统。不仅要建设公关形象，还要排除潜伏的公关危机，把危机忧患消灭于萌芽之中，还要预防引发公关危机的可能性因素，事先制定各种危机处理预案。

● 设计了公关预案三原则。一是"危机迟早都会来"的原则，二是"设立危机管委会"的原则，三是"以损害品牌美誉度划分危机级别"的原则。

● 确定了公关活动一年规划。在一年内要完成公关危机识别与管理规章制度，建立计算机公关信息管理系统，完成全员公关意识培训。

- 设计了公关危机预警两大内容。一是公关危机评级预警,二是公关危机监控预警。
- 策划了防御型公关五个环节。包括务必找到真相、尽快发表声明、高层务必出面、坚决承担责任、主动接触重要媒体等。

广西大明山 4A 景区如图 4-1 所示。

图 4-1　广西大明山 4A 景区

4.1　公关策划的概念和特征

1. 公关与公关策划

公关即公共关系,是企业与社会公众之间的沟通与传播关系。企业为树立形象、化解危机、促进销售等,必须有意识地维持和改善与社会公众的关系。因此,企业必须主动进行公关策划,通过拟定并执行各种公关行动方案,增进社会公众的认同和理解,提高企业的知名度和美誉度,防范损害企业形象和品牌的风险。

公关策划即公共关系策划,是企业根据营销战略的目标,针对企业形象的现状,分析企业所面对的外部环境和内部条件,制定公关策略,形成最佳公关行动方案,促使社会公众认同和理解企业行为的过程。

2. 公关策划的特征

(1) 求实性

实事求是,是公关策划的基本特征。公关策划必须建立在对事实真实把握的基础上,这样才能够准确判断和把握适时、适度、有利、有节的原则,向公众传递信息时才不会因为过于谦虚而被误以为心虚,也不会因为过于强调而被误以为隐瞒,才能够张弛有度地根据事实的变化来不断调整策划的策略和时机。

(2) 系统性

公关活动是一个系统工程,必须从企业经营战略和品牌战略的全局来看,要强化整体的系统控制,综合考察公共关系的使命、目标,以及公关活动的总体作用和运作过程,从而从整体上寻求到公关活动的最佳境界。

(3) 创造性

公关策划是创造性的智力活动,必须打破传统、刻意求新、别出心裁,使公关活动生动有趣,它不仅需要技巧,更需要智慧和创新,从而给公众留下深刻而美好的印象。这正是公共关系工作富有挑战性、魅力永存的奥秘所在。公共关系策划的创造性表现在四个方面:

第一,能够形成独具一格、不落窠臼的创意;

第二,善于化平凡为神奇,通过对公共关系活动的内容、形式进行艺术的加工,赋予它们浓郁的艺术特色和深刻的文化内涵,对公众产生较强的艺术感染力;

第三,善于运用谋略手段去趋利避害、与时俱进、借力造势,敢于独辟蹊径;

第四,能够把科学分析与直观感觉、理性与情感、逻辑与形象思维有机地结合起来。

(4) 目标性

公关策划首先必须明确公关活动的目标,具体的公关策划方案则应紧紧围绕这个目标进行策划,这样才因具有针对性而效果突出。

(5) 可行性

公关策划不是纸上谈兵,而是为了给公关活动提供科学的指导和切实可行的行动计划,其最终目的是用于解决现实中客观存在的公共关系问题,在实践中接受检验。因此,公关策划必须有很强的可行性。

(6) 效益性

公关策划及其方案应该追求最佳效益。效益是直接经济效益和品牌形象效益的组合,没有效益的公关活动无疑是一种无端的浪费。我们评价任何一项公关策划,既不是在进行作文竞赛,看谁的方案写得漂亮,也不是在进行富豪榜排列,看谁的公关费用多,而是在进行企业公关活动效益的比拼,看谁的公关活动带来的效益最高,而效益高主要是策划的结果,而不是烧钱的结果。让公众边骂边参加的公关活动不是好策划,让公众连声说好却不原因掏一分钱的策划则更糟。要以较少的公关费用,去取得更佳的公关效果,达到企业的公关目标。

(7) 灵活性

公关活动过程中,不可能有足够的时间和信息来100%地还原事情的真相,涉及的不可控因素有很多,此时的关键是掌控事件的走向,因此公关决策必须留有余地,达到进退自如的效果。

(8) 心理性

正确把握公众心理,按公众的心理活动规律及时做出对策方案,因势利导。

3. 公关策划的作用

(1) 品牌维护,不断树立企业形象

事先有策划,有针对性的策略,才能够在公共关系活动中,植入企业形象的内涵,使公众对企业的发展史、产品、服务、企业名称、商标、口号等产生总体认知,促使公众对企业的品牌、文化在心智上充满认可和共鸣的情感倾向,从而取得社会公众的理解和接受,赢得信任和支持,促进企业战略目标的实现。

(2) 口碑塑造,有效协调公共关系

围绕公关目标去整合资源、安排活动,才能够更加有效地协调企业与社会公众的关系,这种协调能够避免在时间、人力、物力、金钱等方面造成浪费,避免企业在市场营销中造成损失,避免企业形象受到损害,使企业在和谐稳定的环境中健康发展。

(3) 产品营销,促进企业效益的提高

协调公共关系,最终是为了获得理想的经济效益和社会效益,而公关策划流程是以市场调查分析为起点的,分析需求和竞争现状,找到正确的公关对象和公关目标,最终有利于使公关活动的项目安排促进企业效益的提高。

(4) 危机处置,及时处理企业突发事件

突发事件是企业市场营销过程中,由于内部失误或外部竞争、环境变化等因素而产生的一些影响企业形象的情况,公关策划在处理企业突发事件中具有举足轻重的作用,一方面,通过设计危机公关预案,建立一套科学的监测与反应机制,防患于未然;另一方面,当事件发生以后,通过策划公关活动,设计公关流程,针对公众需求和心理,精确制定行动方案和发言内容,从而妥善解决矛盾。

4.2 公关策划的路径

公关策划是一个促使社会公众认同和理解企业行为的过程。整个过程可分为以下五个阶段。

1. 分析公关形势

公关形势分析是通过社会环境调查、公众调查和企业形象调查,对公关形势做出正确的判断。

第一,社会环境调查。对社会环境进行调查,主要是为了分析、把握与本企业有关的社会政治、经济、科技、文化等方面的一切动态。

第二,公众调查。公众是一个经常变化的群体,会因企业经营的发展而发生变化,因此公众调查应经常进行,包括公众构成、公众态度、公众需求、意见领袖等。

第三,企业形象调查。企业形象是企业在社会公众心目中留下的印象,是公众对企业的看法和评价,分成两个方面:一是企业自我期待形象的调查,二是企业实际形象的调查。

2. 确定公关策划要素

完成公关形势分析后,为了开展公关策略创意和公关活动设计,首先要确定公关目标、公关对象、公关主题和公关模式。

(1) 公关目标

公关目标是指组织通过策划及实施公关活动所追求和渴望达到的一种状态或目的,

是公关全部活动的核心和公关工作努力的方向。整个公关工作的过程就可以理解为制定公关目标和实现目标的过程。根据公共关系的主要工作内容，派生出公关的三大基本目标，即形象设计与塑造、关系协调、传播与沟通，其中，形象设计与塑造是整个公关工作的核心目标。

- 确定公关目标的依据有：

第一，社会组织自身形象的调查。社会组织的自身形象要通过公关的调查与分析，客观地认识本组织的关系状况，了解本组织的类型、性质和地位，以此进行准确的形象定位。尤其是要了解公众对组织的评价，即组织在公众心目中的印象，由此得出组织的实际形象。在此基础上，发现社会组织关系状态、沟通协调和形象定位存在的问题，科学设定公关目标。

第二，公众的需要及其对组织的要求和期望。社会组织还要注重了解公众的需要，公关目标的确定，要以满足公众的需要，尤其是满足公众日益升华的精神需要为目标；社会组织还要了解公众对社会组织的要求和期望，在设定公关目标时要兼顾公众的要求和期望，这也符合"公众总是对的"这一法则。

第三，组织的总体目标和发展战略。组织的总体目标和发展战略是社会组织公关目标的重要依据。组织的公关目标必须保持与总体目标的协调一致，必须为组织的整体发展战略服务。

第四，组织的资源状况及可提供的活动条件和环境条件。组织可通过广泛的调查研究工作取得及时、准确的上述各项信息，为公关目标的确定提供可靠的依据。组织的公关部门及公共关系人员应积极主动地收集有关信息，了解与本组织有关的和受其影响的个人、组织、社会群体的态度和反映，及时发现组织在公共关系方面存在的问题，以此确立明确的公关目标。

- 确立公关目标的重要意义有：

第一，确定公关工作的方向和一定时期内必须完成的任务；

第二，确定公关目标是制订公关计划的基础；

第三，确定公关目标是安排指导和协调控制公关工作的依据；

第四，确定公关目标是评价公关活动效果的标准与尺度；

第五，确定公关目标是提高公关工作效率、实现公关活动价值的保证。

- 公关目标的分类有：

第一，按目标的时间跨度可分为长期目标、中期目标、短期目标和具体目标。

长期目标。长期目标是指与组织总体发展规划，组织的长远利益相一致的目标，是关于组织发展的战略目标。它的时间跨度通常在5年以上，对组织的发展具有长远的指导作用，是一个方向性的奋斗目标。

中期目标。中期目标是将组织公共关系长期目标所提出的基本任务进行分析所形成的目标，时间跨度一般为2—5年。组织依据中期目标指导和开展其公关工作。

短期目标。短期目标是指年度目标，指组织公关活动在1年内的工作计划和要达到的标准。它是根据组织的年度发展计划和奋斗目标而制定的。短期目标将组织公关工作总目标的有关任务落实到公关活动计划上，对组织在1年中的各项具体公关活动具有指导作用。

具体目标。具体目标是组织针对各项具体问题而开展的专项公关活动所制定的目标。组织为达到与公众沟通的目的，经常会开展一些专项公关活动，如召开一次新闻发布会，处理一次突发的危机事件，开展一项公益活动等。要达到这些专项公关活动的特定效果，必须制定各项具体目标以指导活动的顺利开展。

第二，按目标实现的顺序可分为传播信息目标、联络感情目标和改变态度目标。

传播信息目标。传播信息目标是指组织向公众开展传播宣传活动，让公众知晓有关组织的真实情况，是公关最基本的目标，是公关策划首先要考虑的问题。连接公关主体与客体的中介就是传播，因此大量的公关工作将要围绕这一目标而开展。在进行公关策划时，对传播信息的手段、方式、场所、人力、财力、物力因素都要加以周密思考，妥善安排，才能够保证这一目标的实现。

联络感情目标。联络感情目标是组织的感情投资工作，交际型公关活动模式特别适合这一目标。它是组织依靠某种行为去争取公众对组织的好感和信任的活动，既是一项长期性的任务，也可以在较短的时间内见到成效。在进行公关策划时，首先要考虑到它的方式、方法，要区别于一般的人际关系，避免出现不正当的"拉关系""走后门"现象。如果事前策划不当，消耗了大量的人力、财力、物力，还可能无所作为；反之，按照科学的方法和正当的途径则可以产生事半功倍的效果。

改变态度目标。无论现代公关理论有了什么新发展，组织通过引导、沟通改变公众对组织的某种观念和态度，始终是公共关系的主要目标。

（2）公关对象

公关对象是指与公共关系主体利益相关并相互影响和相互作用的个人、群体或组织，也称为公众。公众是公关主体传播沟通对象的总称，是相对于特定组织而存在的，是因共同利益、问题等联结起来并与特定组织发生联系或相互作用的个人、群体或组织的总和，是客观存在的。

（3）公关主题

公关主题是统率整个公关活动、联结所有公关项目的核心思想和基本宗旨。每一项公关活动都必须设立一个主题，公关活动围绕这一主题展开，从而使整个公关活动成为一个有机的整体。公关主题应该吸引、激励公众，广为公众所知，它的具体表现形式多种多样，既可以是一个简洁的陈述，也可以是一个醒目简短的口号。

公关活动的主题看上去非常简单，但设计起来却并不容易。设计一个好的公关主题，必须做到：

第一，表述公关主题的信息，要独特新颖、个性鲜明，突出本次活动的特色，表述上也要有新意，词句能够打动人心，要使之具有强烈的号召力。

第二，公关主题设计还要适应公众心理需要，主题形象要富有激情并使人有亲切感。

第三，公关主题设计要简明扼要，能够高度概括本次活动的宗旨、目的和意义，还要易于记忆，切忌空泛和雷同。

（4）公关模式

公关模式是指按照一定的公关目标和任务以及由此所决定的若干技巧和方法所构成的某种特定公关方式。

一般分为12种公关模式：

第一，建设型公共关系。建设型公共关系是在社会组织初创时期或新产品、新服务首次推出时期，为开创新局面而进行的公共关系活动模式。其目的在于提高组织美誉度，形成良好的第一印象，或使社会公众对组织及产品有一种新的兴趣，形成一种新的感觉，直接推动组织事业的发展。

第二，维系型公共关系。维系型公共关系是指社会组织在稳定发展期间，用来巩固良好形象的公共关系活动模式。其目的是通过不间断的、持续的公关活动，巩固、维持与公众的良好关系和组织形象，使组织的良好印象始终保留在公众的记忆中。其做法是通过各种渠道和采用各种方式持续不断地向社会公众传递组织的各种信息，使公众在不知不觉中成为组织的顺意公众。

第三，防御型公共关系。防御型公共关系是指社会组织为防止自身的公共关系失调而采取的一种公共关系活动模式。其目的是在组织与公众之间出现摩擦苗头时，及时调整组织的政策和行为，铲除摩擦苗头，始终将与公众的关系控制在期望的轨道上。

防御型公共关系的特点，在于确切地了解自身组织的公共关系现状，敏锐地发现其失调的预兆和症状，针对失调采取对策，及时消除隐患，同时进一步促使其向有利于良好的公共关系建立方面转化，因此特别适用于组织发展过程中的战略决策，是战略型领导者最重视的公共关系活动之一。

第四，矫正型公共关系。矫正型公共关系是指社会组织在遇到问题与危机，公共关系严重失调，组织形象受到损害时，为了扭转公众对组织的不良印象或已经出现的不利局面而开展的公共关系活动模式。其目的是对严重受损的组织形象及时纠偏、矫正，挽回不良影响，转危为安，重新树立组织的良好形象。其特点是"及时"：及时发现问题，及时纠正问题，及时改善不良形象。通常的处理方法为：查明原因、澄清事实、知错就改、恢复信任、重修形象。

第五，进攻型公共关系。进攻型公共关系是指社会组织采取主动出击的方式来树立和维护良好形象的公共关系活动模式。其目的是当组织需要拓展（一般在组织的成长期），或预定目标与所处环境发生冲突时，主动发起公关攻势，以攻为守，及时调整决策和行为，积极地去改善环境，以减少或消除冲突的因素，并保证预定目标的实现，从而树立和维护组织的良好形象。这种模式适用于组织与外部环境的矛盾冲突已成为现实，而实际条件有利于组织时。其特点是抓住一切有利时机，利用一切可利用的条件、手段，以主动进攻的姿态来开展公共关系活动。

第六，宣传型公共关系。宣传型公共关系是指运用大众传播媒介和内部沟通的方法开展宣传工作，树立良好组织形象的公共关系活动模式。其目的是通过广泛发布和传播信息，让公众了解组织，以获得更多的支持。主要做法是利用各种传播媒介和交流方式，进行内外传播，让各类公众充分了解组织、支持组织，从而形成有利于组织发展的社会舆论，使组织获得更多的支持者和合作者，达到促进组织发展的目的。其特点是主导性强、时效性强、传播面广，快速推广组织形象。

第七，交际型公共关系。指交际型公共关系是指在人际交往中，以人际接触为手段，与公众进行协调沟通，为组织广结良缘的公共关系活动模式。其目的是通过人与人的直接接触，进行感情上的联络，为组织广结良缘，建立广泛的社会关系网络，形成有利于组织发展的人际环境。所以，交际型公共关系活动实施的重心是：创造或增进直接接触的机会，加强感情的交流。其特点在于：①有灵活性，即利用面对面交流的有利时机，充分施展公共关系人员的交际才能，达到有效沟通和广结良缘的目的；②人情味强，以"感情输出"的方式，加强与沟通对象之间的情感交流。一旦建立了真正的感情联系，其往往会相当牢固，甚至会超越时空的限制。

第八，服务型公共关系。服务型公共关系是指一种以提供优质服务为主要手段的公共关系活动模式。其目的是以实际行动来获取社会的了解和好评，建立自己良好的形象。对于一个企业或者社会组织来说，要想获得良好的社会形象，宣传固然重要，但更重要的是在于自己的工作，在于自己为公众服务的程度和水平。所谓"公共关系就是 90%要靠自己做好"，其含义即在于此。组织应依靠向公众提供实在、优惠、优质的服务来开展公共关系，获得公众的美誉度。离开了优良的服务，再好的宣传也必将是徒劳的。

第九，社会型公共关系。社会型公共关系是指组织通过举办各种社会性、公益性、赞助性的活动，来塑造良好组织形象的公共关系活动模式。其实施的重点是突出活动的公益性特点，为组织塑造一种关心社会、关爱他人的良好形象。其目的是通过积极的社会活动，扩大组织的社会影响，提高组织的社会声誉，赢得公众的支持。其特点是公益性、文化性、社会性和宣传性。

第十，征询型公共关系。征询型公共关系是指以采集社会信息为主、掌握社会发展趋势的公共关系活动模式。其目的是通过信息采集、舆论调查、民意测验等工作，加强双向沟通，使组织了解社会舆论、民意民情、消费趋势，为组织的经营管理决策提供背景信息服务，使组织行为尽可能地与国家的总体利益、市场发展趋势以及民情民意一致；同时，也向公众传播或暗示组织意图，使公众印象更加深刻。

征询型公共关系的工作方式有：产品试销调查，产品销售调查，市场调查；访问重要用户，访问供应商，访问经销商；征询使用意见，鼓励职工提合理化建议；开展各种咨询业务，建立信访制度和相应的接待机构；设立监督电话，处理举报和投诉等。

第十一，文化型公共关系。文化型公共关系是指社会组织或受其委托的公共关系机构和部门在公共关系活动中有意识地进行文化定位，展现文化主题，借助文化载体，进行文化包装，提高文化品位的公共关系活动模式。

第十二，网络型公共关系。网络型公共关系作为一种新型的公共关系类型，是指社会组织借助联机网络、计算机通信和数字交互式媒体，在网络环境下实现组织与内外公众双向信息沟通与网上公众协调关系的公共关系活动模式。

这种新型的公共关系由于其独特的价值效应，日益受到广泛的重视，掌握这种公共关系的运作，对在愈发激烈的竞争中夺得先机的社会组织来说将具有十分重要的意义。

3. 公关策略创意

公关策略是指企业为获得公众信赖、加深顾客印象而进行的一系列活动的总称,创新的策略才容易使公众认可和记忆,因此公关策略创意非常重要,是公关策划人员的经常性工作。

公关策略根据公关模式可分为建设、维系、防御、进攻、矫正、交际、宣传、服务、征询、服务等12种类型。

公关策略创意可以依据一些经验做出选择,通常围绕已经确定的公关目标和公关主题,针对公关对象的特点,依据企业发展的不同阶段,注重发挥公关作用。

有关公关策略创意的技巧在此主要介绍以下5种:

(1) 建设型公关策划创意技巧

在公关策划实施的初期,公关形象还没有在公众的头脑中留下什么印象,此时,公关策略应当以正面传播为主,建设较大气势的"第一印象"。

建设型公关策划创意在形式上要学会创造"事件",可以采用举办专题活动、建立长期客户关系、举行公共宣传活动等形式,在策划创意中一定要懂得选择有利时机,重点在"新"上,掌握好与公众信息沟通的分寸。

(2) 维系型公关策划创意技巧

在公关策划实施的中期,主要是维系已享有的公关声誉,稳定已建立的公关形象,其特点是采取较低姿态,持续不断地向公众传递信息,使良好的公关形象长期保存在公众的记忆中。建设型公关活动是拓荒性的基础工作,常常需要"花大钱",而维系型公关活动常常只要"花小钱"就可以了。

维系型公关策划创意应以渐进而持久的方式,针对公众的心理因素精心设计活动,潜移默化地在公众中产生作用,追求水到渠成的效果。在策划创意中要始终抓准公众心理,渐进性地加强企业与公众之间的关系。

(3) 防御型公关策划创意技巧

当公共关系出现不协调时,或者即将出现不协调时,应及时采取以防御为主的公关活动,将问题消灭在萌芽时期。

防御型公关策划创意在形式上常采用开展公共宣传活动,举办研讨会、鉴定会、同行联谊会、售后服务形式,加强信息交流与协作,创造和谐的外部环境。

在策划创意技巧上要以防为主,居安思危,防患于未然;要洞察一切、见微知著,避免矛盾尖锐化;要积极防御,加强疏导,防御与引导相结合;要有较明确的解决问题的步骤;要重视信息反馈,及时调整自身的政策或行为;要重视调查与预测。

(4) 进攻型公关策划创意技巧

进攻型公关策划是当公关形象受到影响时,为了摆脱被动局面,采取"出奇制胜、以攻为守"的公关策略,争取主动,力争创造一种新的公关环境。

在策划公关策划时要注意研究环境变化,把握有利时机;同时,要以创新创造为主,发挥主观能动性以适应局面变化;还要适可而止,把握进攻分寸;此外,不要忽略公众利益,要坚持伦理道德原则。

进攻型公关策划创意应积极采用以下策略：

第一，改变策略。改变组织对环境的依赖关系。

第二，交流策略。想方设法加强沟通，形成支持组织的社会舆论，这样既可以减少公众对组织的对抗情绪，又可以减少组织与环境的摩擦。

第三，回避策略。为避免环境等消极因素的影响，可以采用回避策略。

（5）矫正型公关策划创意技巧

当公关形象严重受损时采取矫正型公关策略很重要，可逐步稳定舆论，挽回影响，重塑公关形象。矫正型公关策划创意属于危机公关的主要内容，是公共关系的最后一道防线，着重研究如何采取各项有效公关措施，做好善后或修正工作，以挽回声誉，重建形象。

企业公关形象受损既有企业主观因素造成的，也有非企业主观因素可以控制的，比如由产品质量下降、服务不周、工作失误、环境污染等问题引起的公众对组织的不满，是企业自身主观因素造成的；但如果是由公众的误解或少数人蓄意制造事端等问题而引起的，则是非企业主观因素可以控制的，此时应该积极查明事实真相及问题的症结，制定积极有效的措施，采取主动的进攻行动。

4. 设计公关项目

根据公关策略创意设计公关项目，是公关策划的重要环节，因为各类公关要素和各种公关内容都需要通过公关项目的载体去实现。

每一个公关项目的内容通常包括时间、地点、参加人员、活动内容、现场安排、媒体配合、后勤保障、效果预测、费用预算等，系列公关项目组成了整个公关活动。

5. 拟订公关活动计划

上述步骤的工作结果，构成了公关活动的内容。为了实现公关目标，在一定的时间周期内，如年、月、周或某个特定周期，安排、部署系列公关项目，并依时间进程拟订时间、内容、人员等安排计划。

4.3 公关策划常用方法

1. 分析公关形势

公关形势就是企业当前在社会公众环境中所面临的问题和发展的趋势，尤其是企业在知名度和美誉度方面的状况。

分析公关形势就是通过公共关系调查，运用定性和定量的研究方法，了解公众对企业的意见、态度和反映，发现影响公众舆论的因素，从中分析和确定社会环境状况、企业的公共关系状态及其存在的问题。

公关形势分析是公共关系调查与分析的重要内容，是公关策划的起点。

2. 利用意见领袖

意见领袖是指在人际网络中经常为他人提供信息，同时对他人施加影响的"活跃分

子",他们在大众传播过程中起着重要的中介或过滤的作用。意见领袖具有如下特征:

第一,意见领袖未必都是大人物,相反,他们是我们生活中所熟悉的人,如亲友、邻居、同事等。正因为他们是人们所了解和信赖的人,所以他们的意见和观点也就更有说服力。

第二,意见领袖并不集中于特定的群体或阶层,而是均匀地分布在社会上的任何群体和阶层中。

第三,意见领袖的影响力一般分为"专业型"和"家族型"。在现代社会中,意见领袖以"专业型"为主,即一个人只要在某个特定专业领域很精通,就会在周围人中享有一定的声望,他们在这个领域就起着意见领袖的作用,而在其他不熟悉的专业领域,则只是被影响者;在传统社会中,意见领袖一般以"家族型"为主,如在家族中的长辈对家族的影响力或在当地社会有名望的家族对社会环境的影响力。

第四,意见领袖社交范围广,拥有较多的信息渠道,对大众传播的接触频率高、接触量大。

第五,意见领袖常常关注那些身边的事件和新闻,并适时发表自己的观点。

由于意见领袖常常是公众心目中的专家,其言行具有非同寻常的说服力,所以,在公关策划中,通过发现和利用意见领袖,能够高效地传播影响公众言论的信息,实现公关目标。

3. 研究公关策略

策略就是根据当前的形势,针对问题的对策,选择最有利于目标实现的最佳创意,包括形式、内容、途径、手段、方式等。在不同的时期,如果所处的环境发生了改变,公关形势就会发生改变,此时公关策略应及时做出改变,这样才能够维护好公共关系和企业形象。

行之有效的公关策略研究方法,就是根据公关策划要素之一的公关模式的 12 种类型,分别进行分析,看看哪种更适合当前时期所需,从而有针对性地进行研究。

4. 设定发言口径

企业代表的发言在企业公关活动中具有重要的作用。在公关事件中,社会公众目光的焦点都极其关注企业代表的发言,竞争对手和责难发起者则会挖空心思寻找发言的破绽,此时的发言如果策划得当,则可以及时沟通传播积极信息,取得公众的认可和理解,如果策划不当,反而会加深公众的误解,授人以柄,使企业形象受损更加严重。

因此,在公关活动中,企业代表的发言口径或代表企业发表的新闻通稿,都是公关策划非常重要的工作内容,需要提前设定。

5. 设计公关场景

公共关系的对象是人,是企业希望得到认可和理解的那部分社会公众,他们在公关活动中的感受和反应,往往受到此时此地环境氛围的影响。这种环境氛围就是公关场景,是指在一定的时间、地点、设施、人文等条件下构建的空间。

通过有意识地为公关活动的每一个环节选择地点、设计场景,可以提升公关活动效果,化解消极反应。

6. 组织媒体力量

由于公关活动的参加人数有限,要实现社会公众都受到公关活动的影响,达到公关目标,必须同时配合部署广告宣传和媒体报道,尤其是微信、微博等新媒体的力量越来越大,几乎每个人都可以成为公众新闻的发起者和信息的推动者,所以公关策划不可忽视组织媒体力量。

4.4 公关策划文案设计范例

公关策划文案设计范例属于典型的**案例教学**范畴(项目一),设定的目的是为学习者提供一个真正可以模仿的蓝本或范例,这个蓝本或范例始终贯穿整个项目。以下是《广西大明山景区公关策划方案》完整策划文案,该作品是一个10万元级别的真实公关策划项目成果,在2013年提交客户顺利通过验收,并受到了高度好评。

任务1　公关形势分析

1. 任务描述

(1) 背景分析

对该机构在公众认知、认可等方面进行分析,找到影响公关形势的因素。

(2) 公关形象现状分析

通过调查,掌握在一定范围内公关形象的现状,提出改善形象的建议。

2. 广西大明山景区公关形势分析实战案例

(1) 背景分析

早在2002年,经过全国知名专家和行家对南宁旅游资源的普查和对目标市场的分析后,专家组最为看重广西大明山景区,认为其最有可能成为区域性甚至全国级的核心旅游产品,无论是资源禀赋还是市场指向,以及对南宁旅游整体形象的支撑和基石作用,都是最具影响力和成长空间的潜在拳头和龙头项目。直到今天,当初确定下来的这个主题定位,仍没有任何需要改变的理由。而且随着旅游趋势的发展,主题变得更为清晰,因游客的旅游感受而变得更为注重生态、环保、养生、绿色。

近年来,广西大明山景区的旅游产业也取得了长足的进步,并且在2012年国庆黄金周中取得了全区4A景区收入第五名的好成绩。但是,随着旅游市场竞争日益激烈,广西大明山的既往旅游规划在市场营销策划方面的不足也日益显露出来,广西区内其他旅游景区在定位、整合、促销等方面策略的积极运用,已经严重冲击着广西大明山景区的旅游市场,广西大明山景区正面临巨大的压力和挑战。

数据表明,南宁市2012年接待国内游客5 221万人次,国内旅游收入397亿元,国际旅游收入10 705万美元,旅游总收入达到了403亿元,同比增长29%,而广西大明山景区2012年虽然游客数量同比几乎翻了一倍,旅游收入同比也有了很大的提高,但全年旅游门票总收入尚未超过 1 000 万元,游客数量尚未突破 10 万人次,与广西大明山 4A 风景区和国家级自然保护区在南宁旅游圈的核心地位极不相称。

总的来说,目前广西大明山景区旅游品牌呈现出:市场知名度低、品牌影响力低、投入产出比低、服务质量低、产品竞争力弱的"四低一弱"问题。原因有很多,有些是开发过程的固有问题,有些则是市场和产品的顶层策划问题。我们认为,投入不足、人员素质参差不齐等都是一些战术层面的原因,而战略层面上的原因是缺乏一个基于市场的整体开发策划,而且在"让专业的人做专业的事"方面做得不够好。

(2) 公关形象现状分析

广西大明山景区的公关形象以"养生名山"为目标,我们首先在周边市场进行现状调查。

● 市场占比调查。调查数据分析表明,还有 17% 的南宁市民不知道有广西大明山景区,虽然近在咫尺,只有一半的市民(51%)去过广西大明山景区(见图 4-2)。

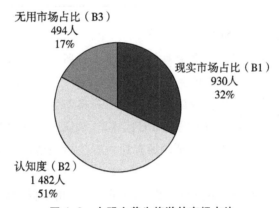

图 4-2 大明山养生旅游的市场占比

现实市场是指去过广西大明山景区的游客在市民中的占比,按照南宁市城区 280 万的人口总数,即有 143 万人,这些人可能是只去过一次,也可能是多次反复去,也可能是口碑的传播者,所以说是广西大明山景区现实的市场。

认知度是指听说过,但仍然没有做出去一次广西大明山景区决定的市民,有 47 万人。认知是在意识中留下印记的一种心理状态,只需要一些推动,这些人就可以成为广西大明山景区现实的游客。创造广西大明山景区认知度是一项很重要的工作。

无用市场是指既没有听说过也没有去过广西大明山景区的市民,说明广西大明山景区任何宣传都没有在他们的心里留下痕迹,这个比例越大说明营销和宣传工作的效果越差。17% 的数字对于已经开发旅游十多年的广西大明山景区来说,不算乐观,未来需要改变营销策略。

● 知名度调查。调查数据分析表明:

第一,在无提示的情况下,现实市场中的被访者几乎没有能够将养生旅游与广西大明山景区联系在一起,说明广西大明山景区养生旅游的品牌还没有建立起来,各人群的值见表 4-1;

表 4-1　无提示知名度调查结果

单位:%

	学生	上班族	私企老板	公职领导	退休
无提示知名度各人群的值	2	6	6	3	3

第二,在有提示的情况下,现实市场中的被访者大部分能够准确指出广西大明山景区养生旅游中的产品,说明对产品的印象是深刻的,但对养生旅游品牌的支撑作用还没有发挥出来,各人群的值见表 4-2。

表 4-2　有提示知名度调查结果

单位:%

	学生	上班族	私企老板	公职领导	退休
有提示知名度各人群的值	72	79	98	87	73

- 公关形象调查。具体如下:

第一,对养生的概念认识。与会者对养生的概念有所了解,但比较简单,大多数人认为,只有心与身的共养才是真正的养生。部分人认为,养生还包括吃营养品、吃维生素等。

第二,养生旅游的认识。与会者认同在旅游中获得养生的效果,尤其是在自然生态、绿色环保的环境中旅游,比起在嘈杂的城市景区旅游,确实有更好的养生效果。

第三,花费在旅游上的支出。一般并没有针对养生做旅游的安排,但是,如果在旅游中能够养生,倒是一种增值的体验。

第四,养生旅游与其他旅游或其他养生的不同之处。由于养生旅游的概念很新,大多数对养生旅游没有感觉或者是感觉模糊,所以讨论并不深入。

第五,对广西大明山养生旅游的认识。有几个与会者在南宁生活了几十年并没有去过广西大明山景区,但他们都知道广西大明山景区。去过广西大明山景区的人,并没有再去的冲动;没有去广西大明山景区的人,缺乏去的冲动,且对广西大明山景区的道路有畏惧感。

第六,与会者对广西大明山景区公关形象的建议。与会者认为养生旅游是很好的概念,广西大明山景区如果能够做起来,有部分人非常希望能够经常去享受;与会者希望广西大明山景区能够有系列养生旅游产品吸引他们,比如养生汤之类。

明确定位,加大宣传力度。与会者建议进一步明确广西大明山景区养生旅游的定位,利用中国-东盟自由贸易区建设和每年的博览会期间,在广西大明山景区举行"养生"专题研讨峰会,借机会宣传和推介广西大明山景区养生旅游项目。

营造广西大明山景区养生旅游的卖点。突出广西大明山景区养生旅游与其他养生旅游的区别。

降低风景点旅游门票。首先是使得旅游者进入广西大明山景区旅游,充分了解和认识广西大明山景区的旅游项目和优势,增强养生旅游的意识和意愿。

提高养生文化品位。加大广西大明山景区养生旅游目的地设施建设,营造广西大明山景区养生旅游、生态旅游、佛教旅游、度假旅游。

引进疗养院项目建设。通过自建或者合作建设,在不同的风景点分别建设一批各具特色的疗养院,增强养生疗养服务功能。

加强对广西大明山景区养生旅游的规划。根据南宁市旅游规划,细化广西大明山景区养生旅游规划,完善功能区建设,使广西大明山景区成为广西著名的养生旅游目的地。

突出宣传广西大明山景区是夏季南方的避暑胜地。对冬暖夏凉且具有养生资源禀赋旅游目的地的追寻,是现代人追求更高生活舒适指数的期望。在有"小火炉"之称的南宁盆地,广西大明山景区无疑可以成为人们首选的避暑胜地。

3. 广西大明山景区公关形势分析实战案例评析

公关形势分析是公关策划的基础和前提,目的是通过调查对公关形势做出正确判断,其中,必须弄清楚企业形象在公众心目中留下的印象。该实战案例采用既全面又深入的调查方法,如先后采用了问卷、深访、焦点、座谈、专家研讨等,以公众认知为镜子,照出企业自我期待形象"养生名山"在公众心目中与实际形象的差距,特别是该景区长期以来没有"照过镜子",使这次调查显得更加及时和必要,它切中了影响公关形象的要害,准确地提出了改善形象的建议,为后续构思公关策略如何解决公关痛点和如何预防公关危机提供了创意的方向。

任务2 确定公关策划要素

1. 任务描述

通过对广西大明山景区进行市场对比分析,确定公关目标、公关对象、公关主题和公关模式等要素。

2. 大明山景区确定公关策划要素实战案例

(1) 市场对比分析

- 国内外养生旅游市场对比。养生旅游起源于20世纪30年代的美国、墨西哥,以健身活动与医疗护理项目为特征,满足旅游者追求放松、平衡的生活状态和逃避工业城市化所带来的人口拥挤、环境污染等问题。从健康需求的角度来看,随着现代生活节奏的加快,人们的生活压力在不断加大。世界卫生组织(WHO)调查显示,目前世界上有70%—75%的人口处于亚健康状态。亚健康状态下的人们对养生休闲、健康理疗的需求逐步增强。

中国的养生旅游始于2002年海南省三亚保健康复旅游和南宁市中药养生旅游,随后在四川、山东、安徽、黑龙江等省市发展迅速,于2007年演绎成为全国时尚旅游热点。从休闲经济的角度来看,中国的人均GDP于2008年突破了3 000美元大关,休闲需求日益增长,在此经济基础上的养生旅游产品供给有着很大的发展空间。目前,中国养生旅游的微观运行主体对养生旅游的本质和运行机制还缺乏全面、深入的认知,而理论研究方面则存在养生旅游与健康旅游概念的混淆。由于养生旅游的本质界定还存在学术争议,从而导致养生旅游产业界限模糊,产业链的供给要素还没有标准方式,因此养生旅游的实践发展和理论研究还处于初级阶段。

世界养生旅游产业最发达的国家是瑞士、印度,除此以外,韩国、泰国等目前均在大力发展养生旅游产业。2007年,亚洲的印度、泰国、马来西亚、印度尼西亚和新加坡5国的养生旅游产业年收入合计就已经高达34亿美元,大约有290万名外国人到这5个国家进行观光旅游兼治疗。

素有医疗养生名城之称的瑞士蒙特勒市在常规旅游度假的服务之外,借羊胎素的发源地之机,开展了高端医疗养生旅游项目,服务于高端人群,至今已有70多年的历史(见图4-3)。

奢华的抗衰老医疗旅游体验包括抗衰老体检和细胞活化治疗,除满足国内人群需求外,近年来,主要客源定位于俄罗斯、近东、中国及印度等的高端人群。每年有3万名外国人到瑞士接受治疗,人均消费超过100万瑞士法郎。

图4-3 蒙特勒市的养生旅游产业

- 国内对养生的认识。养生,古称"摄生""道生""保生",意为生命生生不息,即通过各种手段摄取养分保养生命,使生命生生不息。一般来说,其意义在于通过各种调摄保养,增强体质,提高正气,从而增强对外界环境的适应能力和抗病能力,减少或避免疾病的发生。或通过调摄保养,使体内阴阳平衡,身心处于一个最佳状态,从而延缓衰老的过程。

"养生"一词最早由道家学派代表人物庄子提出,他强调,人类要主动按照自然的规律去调理心身、养护生命。自宋代以来,中国的药物养生、食物养生、老年养生和环境养生都有了迅速的发展。其中,环境养生是自然优美、协调平衡的自然环境和居住环境的营造,潜移默化地由外在的平衡影响到人体内在的平衡,以达到养生的效果。气候、医疗、医药等资源构成了吸引力载体,促使旅游者发生空间位移。

对比中外养生内涵的界定,从时间序列分析,西方学者对养生理念的关注起步较晚,中国在明清时期就发展了相对完善的养生理论,虽然对养生的外延认识与发展方向存在分歧,但本质都归于人体的物质形体与精神、自然的整合统一。究其原因,可追溯到中西医学自然观基础的差异。以运动性、整体性与直觉性为特点的气论构成了中医学的哲学基础,决定了中医学重视"天人合一"的系统整体。而西医学以原子论的局部分析思维为指导,忽视完整机体的复杂反应及神经内分泌系统的作用,形而上学将疾病仅仅看成生物学的改变,忽视疾病与精神、心理、社会、环境的密切关系,因此,现代西医学需要由传统的生物医学模式向生物—心理—社会医学模式转变。

综上所述,造成养生理念中西方时间序列差异的根本原因在于中西方迥异的自然观和思维方式。

(2)要素分析

• 分析形成公关策划要素的要点。养生旅游形成热点,发展迅速,对广西大明山景区是把双刃剑,从正面看,发展养生旅游符合市场需要;从反面看,竞争对手林立,已然是红海,广西大明山景区如何脱颖而出?

好在对手们还有许多不足已经被我们认识到,广西大明山景区养生旅游可以从以下内容中找到突破点:

第一,跟踪分析对手,以差异化领先对手,避免同质化。

第二,完善配套设施,形成舒适放松的氛围。

第三,建立养生产品、环境指标、调养指导、改善验证、跟踪回馈等一系列服务体系。

第四,广西大明山景区养生旅游的六要素应该合理地围绕生态养生进行配置,结合观赏、休闲、会议、度假、避暑等目标进行开发设计。

第五,系统化、有品位地制作解说的内容和解说牌,兼有科学性和图文并茂的展示。

第六,广西大明山景区应该突出养生的真正价值,形成成熟、独特的养生旅游文化品牌。

• 确定大明山景区公关策划要素。具体包括:

第一,公关目标。从国内外养生旅游发展的情况来看,养生旅游是在社会经济文化发展和生活水平提高的需求背景下发展起来的,并引起了旅游业内众多学者的关注。随着人们生活水平的不断提高,可自由支配收入的不断增加,以及闲暇时间的逐步增多,越来越多的人选择在旅游中放松身心,以求养生,延年益寿。

国外从20世纪30年代、国内从21世纪初开始发展养生旅游,国外的养生旅游仍然在迅速发展中,虽然国内比国外的发展要晚70年,但发展同样非常迅速,这与中国成为世界第二大经济体的地位是息息相关的,与此同时,国内涌现出越来越多的具有中国特色的著名养生专家。

明确的公关目标是:5年后成为国内外到广西旅游的壮族山地养生首选目的地;10年后成为中国少数民族特色文化代表。

第二,公关对象。不仅要使区内外游客、居民关注,成为广西大明山景区"粉丝",还要让政府相关部门关注,形成全社会协同提升"岜是养生"知名度的合力。建成之后,专家、媒体关注建设效果,游客关注体验效果,形成更大一轮宣传攻势。

第三,公关主题。广西大明山景区养生旅游的发展充满机会,既可以将目光投向国外,学习借鉴许多先进的经验,还可以审视国内的发展机会,及时总结不足,找到自身独特的定位优势。

按照"越古老越时尚、越民族越世界"的现代消费偏好心理,我们研究了广西大明山景区的文化、民族、习俗、饮食等独特性,壮族先民称广西大明山景区为岜是,我们认为"岜是养生"是大明山的长期公关主题。

旅游项目的竞争不再是资源的竞争,而是品牌的竞争,更是品牌文化的竞争。"岜是养生"以"岜文化"(壮族山地文化)为核心价值,具有鲜明的民族特性,关爱人类的生存价值,是能够满足游客需求的人性化品牌文化。

"岜是养生"品牌文化渗透体系应发挥组织文化特色,将"岜是养生"的理念(MI)、行为(BI)、视觉(VI)等组成为特有的文化形象和氛围,在四个养生圈、三级上升梯次、五大产品系全面渗透。

"岜是养生"品牌文化在一切组织行为、经营活动中迅速渗透和沉淀,代表了大明山景区旅游的利益认知、情感归宿、文化传统和个性形象等价值观念总和。

第四,公关模式。遵循"民族的才是世界的",贯彻国务院关于"南宁市总体规划的批复"中明确了的"具有民族特色和亚热带风光的现代园林城市"的核心思想,将大明山景区打造成为"岜文化"(壮族山地文化)的标志地,推动大明山景区成为世界品牌。

目前消费者在景区所追求的旅游体验以及景区旅游资源形态、相关服务设施、服务水平、环境氛围等才刚刚起步,也就是说,公关模式应该是建设型,但也要注意做好防御,并且安排好危机公关发生时的矫正预案。

需要特别注意,游客关心的是体验的品质,因此提高了对大明山景区旅游项目氛围、服务等的要求。必须围绕游客体验进行深度研究,这样才能够保证盈利的稳定实现。

3. 大明山景区确定公关策划要素实战案例评析

公关策划要素分析在公关策划中至关重要,否则就不必称为要素了。很多企业设计公关战略和战术时,由于没有注意确定公关要素及分析要素之间的逻辑关系,公关活动的结果往往适得其反。该案例值得称道的是,将分析的目光投向了国内外的养生旅游市场,通过对比分析,提出了逻辑清晰贯通的"岜是养生"主题,确定了以建设型公关为主、防御型公关为辅的公关模式,公关目标和公关对象也同样准确、清晰。

任务3 公关策略创意

1. 任务描述

(1) 建设型公关策略创意

如何在形式上创造"事件",如何运用举办专题活动、建立长期客户关系、举行公共宣传活动等形式,

(2) 防御型公关策略创意

当公共关系出现不协调,或者即将出现不协调时,如何及时采取以防御为主的公关活动,将问题消灭在萌芽时期。

(3) 矫正型公关策略创意

当公关危机出现时,如何着手采取各项有效公关措施,做好善后或修正工作,以挽回声誉,重建形象。

2. 广西大明山景区公关策略创意实战案例

（1）建设型公关策略创意

建设"岜是养生"品牌文化的公关策略三层次渗透：

- 表层渗透。通过"岜是养生"品牌文化的视觉符号和物化形象进行渗透，包括品牌名称、LOGO、标志性色彩等。

品牌名称"岜是养生"体现了大明山景区的个性、特性和特色，让人过目后印象深刻，读起来朗朗上口、有震撼力，蕴含着原生态壮族文化的寓意，让游客从中得到愉快的联想。

- 中层渗透。应在各种活动中渗透"岜文化"的精华，包括主题广告口号、广告歌曲、广告视频、广告文案、公关活动、品牌管理方式、品牌营销方法等。

广告歌曲建议采用壮族三声部民歌，只要简单的两三句，把"岜文化"原生态体现出来即可。

- 深层渗透。"岜文化"是大明山景区的灵魂，其深层渗透就是将精神和理念全面渗透在品牌的一切活动之中，长期培育。

（2）防御型公关策略创意

预防公关形象出现危机，必须达到三个方面的效果：

- 新理念。"岜是养生"在养生旅游中树立了壮族山地养生的新理念，新卖点能够黏住游客，缩短与游客的距离。

- 高可信度。促使游客对"岜是养生"保持高可信度。可信度是无形资产，不像其他资产那样稳定，一旦受损，品牌就会迅速贬值。因此，大明山景区养生旅游项目都要保证质量的稳定性和安全性，以赢得游客的信赖和尊敬。

- 高服务度。游客对服务的体验非常重视。只有游客获得好的服务，品牌才能够获得美誉度。大明山景区要建立一系列完善的服务制度，做到业务熟练、响应迅速、热情周到。

（3）矫正型公关策略创意

"岜是养生"和"岜文化"是大明山景区非常重要的公关形象，风险与价值是同时增长的，风险越大，价值越高。在公关形象建设之初，如果没有树立危机防范意识，当品牌积累到一定的时候，更加会不堪一击。因此，必须一开始就建立危机公关防范系统。具体如下：

- 大明山景区公关防范系统。具体如下：

表述：建议建立一套规范、全面的大明山景区公关危机防范系统，将包括危机预警和危机应对两个子系统，不仅要排除潜伏的公关危机，把危机忧患消灭于萌芽之中，还要针对引发公关危机的可能性因素，事先制定各种危机处理预案。

特点：①树立"危机迟早都会来"的意识；②设立危机管理委员会，一旦危机出现，组织的整体运行可以达到高效统一，不会因为临时的忙乱而使指挥混乱；③制定品牌可信度、美誉度、忠诚度的危机预案，并划分危机级别及应对措施。

规划：在一年内建立健全公关危机防范系统。①制定有关规章制度，包括危机识别指标、危机评级标准、危机监控制度、危机控制制度、危机改善方法等。②建立危机管理委员会,并对委员会成员进行全面培训。③建立计算机危机信息管理系统,落实信息采集员、信息分析员、信息决策员等岗位职责,正式运行公关危机防范系统。

- 大明山景区品牌防范系统。具体如下:

第一,建立公关危机预警系统:包括① 危机监控信息采集与分析;②建立危机识别与评级标准;③建立危机分级处理流程;④调整危机监控与评级标准;⑤调整危机分级处理流程。

第二,完善公关危机应对机制:包括①成立危机管理委员会;②建立竞争情报采集系统;③建立公关处理流程;④建立媒体沟通流程;⑤建立危机善后处理工作流程。

第三,做好危机处置和品牌形象恢复工作:包括①查清危机的事实真相;②管理高层人物尽快出面;③分清主次搞准向谁传播;④准确选择公关传播时机;⑤尽可能选择广泛的传播渠道;⑥高姿态承担责任是传播的主要内容;⑦重视信息传播的主渠道。

3. 广西大明山景区公关策略创意实战案例评析

该案例按照前述"以建设型公关为主"的决策,在公关模式如何构建的问题上通过头脑风暴法开拓思路、收集点子,然后通过深入分析研究,提出了"三层次建设型公关模型",表层体现特色、中层渗透精华、深层注入文化,非常具有说服力。此外,在防御型公关、矫正型公关的辅助措施上,也同样采用"由表及里、由远到近"的策略构思方法,这种系统、科学、合理的创意方法值得借鉴。

任务4 设计公关项目

1. 任务描述

研究如何通过公关项目的载体去实现公关要素和公关内容,设计每一个公关项目的内容,通常包括时间、地点、参加人员、活动内容、现场安排、媒体配合、后勤保障、效果预测、费用预算等,系列公关项目组成了整个公关活动。

2. 广西大明山景区设计公关项目实战案例

公关项目的设计包括如下内容:

(1) 品牌战略项目

具体包括:

- 战略转变:由单一型山体产品向立体品牌型文化体验转变。
- 竞争转变:由养生旅游红海竞争向壮族山地养生蓝海转变。
- 模式转变:由观光旅游模式向度假养生模式转变。
- 定位转变:由森林景区向"岜是养生"转变。
- 策略转变:由景区养生产品向养生文化产品集群转变。

(2) 服务战略项目

具体包括:

- 实施"四大养生旅游圈"服务大格局。

- 解决城区往来和上下交通运力僵化问题。
- 旅游线路改善及指示系统优化。
- 五大产品线、四大养生旅游圈、三级上升梯次解决游客接待瓶颈问题。
- 解决大明山景区主体与"四圈"各景区经营主体互动问题。
- 整合营销战略解决客户口碑问题。
- 品牌危机防范系统解决景区服务转型升级问题。

（3）事件营销项目

在真实、不损害公众利益的前提下,大明山景区迅速引爆品牌,提升人气的最好办法就是策划一起轰动的事件营销。

- 创意。为了迅速引爆大明山市场,我们建议通过周密的筹备,策划、组织具有爆炸性新闻效应的事件营销。

制造具有爆炸性新闻效应的事件,可以引发多米诺骨牌连锁传播效果或滚雪球放大效果,迅速引爆品牌,形成人气关注,吸引游客前来,达到品牌营销的目的。

建议营销事件:斥百万巨资选拔大明山影片《神女峰迷雾的故事》女主角。

- 该事件的营销特点。具体如下:

第一,具备新闻稀缺性。"斥百万巨资选拔女主角"事件难得一见。

第二,具备新闻典型性。《神女峰的迷雾》(见图4-4)是20世纪80年代广西电影制片厂以大明山为主要拍摄地制作的经典影片,当时具有较大的影响,看过该影片的人较多,现在重新围绕该影片拍摄有关当时和现在的故事,具有新闻典型性和显著性。

第三,事件很有趣。当年的影片几乎被人忘记了,广西电影制片厂也几乎消亡了,重拾当年的经典影片,到底为什么?

一部影片为了选拔女主角就花那么多钱,到底是为了什么?这与广西电影制片厂最有名的导演张艺谋有关吗?

图4-4　影片《神女峰的迷雾》

《神女峰的迷雾》背后会有什么故事?是迷雾的故事,还是神女的故事?

女主角是扮演神女吗?为什么只选女主角?

《神女峰的迷雾》当年为什么会畅销?有什么熟悉的景区镜头?是否该下载来先睹为快?………

我们将安排一串串有趣的问题通过各种媒体渠道有序地传播出去,不断刺激大众的神经,让他们持续感兴趣,去追踪事情的结果。

第四,事件有分量。人们对资金的数字一般都比较敏感,斥百万巨资选拔一个人的分量还是够重的。

此外,影片《神女峰的迷雾》具备了历史积淀的厚重,对比广西电影制片厂衰落的反差,变得更有分量。

大明山景区现在已经扛着"国家级自然保护区"和"中华特色养生名山"两块显赫名片,在分量上加重了筹码。

分量使公众变得对事件更加关注。

第五,事件可操作。投拍大明山影片可以向市政府申请费用。

斥百万巨资选拔女主角是指选拔过程发生的费用,而不是女主角的报酬。由于事件具有新闻典型性,可以与有实力的商家合作,比如急需事件营销的房地产开发商、白酒厂家等,给它们选拔过程中的广告机会就可以了。

第六,与品牌紧密关联。该事件营销与大明山景区"岜是养生"关联密切。

神女的"神"与"岜是"的"神"(壮族祖宗的神山)密切关联;

神女与"岜是养生"的龙母"女神",更有联想空间。

迷雾是"岜是养生"所强调的独有优势资源之一,大明山富含负氧离子的云雾就是"原生态壮族山地养生长寿文化"支撑资源之一。

第七,能产生后续效应。该事件营销可以产生丰富的后续效应。

预期制造后续效应如下:

《神女峰迷雾的故事》上映后,有关视频可以在电视台、各大网络媒体、手机微信等媒介推送。

影片拍摄地成为景点。

女主角参加大明山景区各种营销活动,提升大明山景区"岜是养生"品牌在公众书目中的认知度。

《神女峰迷雾的故事》选送参加各种大赛,争取获得一系列奖项,持续吸引眼球。

获奖后,陆续曝光拍摄花絮。

解密《神女峰迷雾的故事》与"岜是养生"的关系。

解密《神女峰迷雾的故事》与"女神"的故事。

制作系列《神女峰迷雾的故事》纪念品(T恤、帽子、海报、明信片等)。

制作系列龙母"女神"纪念品(T恤、帽子、徽章、木雕、泥雕、陶雕、布艺等)。

制作神女峰及其他大明山景点的纪念品。

- 事件操作计划。在一年内执行完事件营销。

前三个月,完善事件营销策划方案,做好前期准备,包括流程准备、人员准备、物料准备、新闻稿件准备、各种应对预案等。

用六个月执行事件,执行事件太短不利于新闻传播,太长则容易被受众逐渐淡忘。

用两个月收尾,为了完全释放事件营销对品牌的提升能量,结尾期间可以推出花絮、解密等新闻内容。

预留一个月作为机动时间。

(4) 市场战略项目

广西大明山景区公关形象建设按照十年计划来安排,大明山旅游市场将改变过去以南宁市民为主要目标消费群的策略,取而代之以广东、香港、澳门为一级核心市场,北京、上海为二级市场,国内其他省份为三级市场,国外消费者为拓展市场,强调大明山景区的鲜明特色就是"邕是养生"和"邕文化"。

3. 广西大明山景区设计公关项目实战案例评析

公关项目是实现公关要素和公关内容的载体,该案例通过"4W1H"的设计方法去构思,这也是项目设计的有效思路,但好创意的前提是深入广泛地收集资讯、挖掘信息、掌握资源,如该案例的事件营销项目,挖掘出当年的经典热播影片重新设计事件,顺利地完成了公关要素和公关内容植入的营销事件,得到了专家评委的好评。

任务5　拟订公关活动计划

1. 任务描述

为了实现公关目标,拟订一个计划,在一定的时间周期内,如年、月、周或某个特定周期,安排、部署系列公关项目,并依时间进程拟订时间、内容、人员等安排计划。

2. 广西大明山景区拟定公关活动实战案例

(1) 公关形象包装

公关识别系统:

• 公关口号包装。口号运用的场合包括:第一类是媒体,包括电视、电台、报纸、网络、户外广告牌等;第二类是现场,包括景区入口、休息区、景点等。

在景点或体验活动中采用辅助性的推广广告语,借以让未来的"邕文化"露出"尖尖角",丰富和强调大明山景区公关形象的内涵。

• 公关视觉包装。视觉是大明山景区公关形象初创阶段必须重视的门面装饰。在景区开发建设尚未完备之时,游客即已经能够感受到大明山景区的视觉包装,领会公关形象建设与发展的档次。

视觉运用的方面包括:第一类是 LOGO 运用,第二类是公关形象档次符号,第三类是影视作品。

• 公关听觉包装。听觉是公关形象在游客心目中的共鸣和旋律,"让旅游插上歌声的翅膀"。如《太湖美》《太阳岛上》《请到天涯海角来》《我想去桂林》等,捧红了一批景区。

建议策划一首歌曲,如《千年不老的××传说》或《壮美大明山景区》。

• 公关味觉包装。味觉是公关形象的辣椒和烈酒,在深深刺激之后让人久久满足。

大明山景区已经开发了许多美食,但让人记忆深刻的仍然缺乏,建议立即开发"壮族山地养生汤"和"××人笋"。

• 公关意觉包装。意觉是游客对公关形象的意识体验,意觉包装是指对公关形象和产品进行情境化、体验式的包装。大明山景区要通过营造一种"邕文化"环境,设计一种场景或一个过程等来实现互动参与性与融入性,为游客建立一种个性化、值得记忆的联系,使旅游产品与游客之间建立起更加亲密的关系,并充分互动活化起来,实现一种精神层面的感情诉求和亲和。

可在大明山景区山下和山上适当景点的开发中秉承互动体验的原则,建筑外立面、内部装饰、户外标志物等,将"岜文化"场景化,使游客在参与中进行自己的、唯一的、值得回忆的感受,达到身临其境、感同身受的效果,实现山地壮族风情立体化的全面客户体验。

比如,在鲤鱼跳龙门景区、龙头景区、龙亭景区、金龟瀑布等地点,设置"×人服饰"(即壮族山区服饰)棚,并放置壮族祖先常用的器皿工具以及壮文字、图腾等,以供游客租借拍照。

(2)旅游产品开发

旅游产品开发既是核心,更是难点。

要结合原有的资源和现有的投资力度,做出最小投入最大产出的产品开发决策。

- 景观产品系。养生旅游是养生与旅游两种相辅相成的需求结合到一起的产物。没有景观产品就没有旅游,没有养生产品就没有养生。既然是相辅相成,两者应该由一条红线串在一起,这条红线就是"岜是养生"。梳理大明山的景观产品,把那些能够使支撑"岜是养生"概念、为"岜是养生"增光的产品提炼出来,大力宣传。

- 体验产品系。体验产品是为了使游客在旅游过程中获得更满足的体验,包括吃体验、用体验、活动体验、事件体验等4个方面(见图4-4),既是满足需求的体验方式,也是公关形象宣传的高效媒介。

| 体验产品系 | 吃体验 | 用体验 | 活动体验 | 节事体验 |

图4-4 体验产品系

- 线路产品系。线路产品是指围绕"岜是养生"所做的旅游线路安排(见图4-5)。本手册只是给出指导性意见,具体安排将由大明山景区公关形象管理部门与联合景区、旅游部门共同商议。

| 线路产品系 | 七天线路 | 五天线路 | 三天线路 | 一天线路 |

图4-5 线路产品系

- 纪念产品系。围绕"岜文化"和"岜是养生"策划纪念产品(见图4-6)。

| 纪念产品系 | 吃纪念 | 用纪念 | 把玩 | 纯纪念 |

图4-6 纪念产品系

- 服务产品系。服务类产品很重要,是提升大明山景区养生旅游形象品质的关键(见图4-7)。

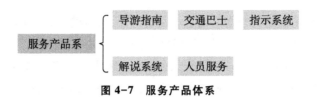

图4-7 服务产品体系

（3）联合型线路产品开发

联合型线路与日程类线路不同,应更加注重利用景区内部的自然资源和外围的相关资源,与旅行社、酒店、联合景区、社团、工会、社区、授权产品、网站等联合起来设计线路,形成具有不同特色的联合型线路。

联合型线路的推介宣传应该放置在旅行社、酒店、旅游巴士、景区门口、游客中心等地点。

联合型线路开发有四个原则:一是突出壮族养生特色,二是利用地理资源的独特性,三是整合游客资源,四是开发渠道资源。

建议推出以下联合型线路(如表4-3所示):

表4-3 联合型线路

线路名称	营销渠道	产品特点
养生之旅	养生馆(如元之源)	养生会员游。访山下长寿村,走山上养生景点,感受养生汤、药溪足浴等。
	健身馆(如瑜伽馆)	健身会员游。安排健身活动与氧吧结合。
	旅行社(如海外社)	组团游。访山下长寿村,看长寿老人生活,品长寿美食,走山上养生景点,感受养生汤、药溪足浴等。
风情之旅	各大酒店(如国大)	组团游。访山下非遗或传统民俗生活,如唱山歌、渡河公,参观斗鸡、斗狗活动,喝养生汤,走山上风情景点。
	外地广西商会	组团游。同上。
	旅行社	组团游。同上
神奇之旅	佛教社团	组团游。访山下传统庙会活动、龙头上诵经活动,参观坐佛和卧佛,许愿佛光普照,访山顶龙母庙。
	协会商会	组团游。访历史宗迹、上林唐碑唐城、马山金伦洞、两江仙圩遗址、北回归线、天书草坪、山顶龙母庙。
	各大酒店	组团游。可细分南国冰雪之旅、峡谷穿越之旅、云雾之旅、佛光之旅、宗迹之旅等。
	旅行社	组团游。同上。
怡情之旅	工会	员工度假游。退休人员五天以上的悠闲养生,在职员工三天的休养生息。
	旅行社	组团游。访上林三里古镇、不孤村,访山上龙头、龙湖、龙母庙,亲手制作渡河公,织壮锦,包粽子,喝甜米酒。
览胜之旅	各大酒店	组团游。参观坐佛、卧佛,期待佛光,看峡谷、访金龟瀑布、登龙亭,观日出。
	旅行社	组团游。同上
	商品厂家	合作生产大明山授权商标产品的厂家,组织VIP客户、抽奖客户等游览大明山。内容同上。

（4）口碑策略实施

大明山景区必须确立保持优良口碑的传播战略。

口碑是游客将自己在大明山景区的体验向其他人传播的行为。口碑是价值超越价格而形成的，并非完美的产品才会有口碑，发展中的产品因心理体验为正作用也可以产生口碑。

口碑树立可注重三个方面，一是养生体验，二是传奇故事体验，三是人员服务体验。

（5）渠道策略实施

由于景区属于不可移动的产品，除了利用广告宣传吸引游客前来，利用渠道组织游客前来也同样重要。

大明山景区应充分利用 4Ps 营销组合的产品、价格、渠道、促销工具展开营销活动，在强调原生态特色养生产品和资源禀赋价值远远高于价格的基础上，通过渠道进行促销。

建议利用以下 7 个渠道进行有效推广的策略：旅行社、酒店、联合景区、社区、授权产品、传统媒体、新媒体。

（6）新媒体促销策略实施

新媒体因具有电商功能，能够及时满足冲动消费的支付需求，解决了传统媒体只有单纯宣传功能的劣势。

那么，新媒体中最具营销潜力的是什么呢？是手机媒体。因为人们随身携带手机，随时可以与大明山景区公关形象产生维系，因此，我们必须着重研究手机媒体的营销对策。

（7）公关形象基础建设规划实施

在公关形象初创期进行市场预热和铺垫的同时，要为公关形象上升期落实公关形象基础建设规划，其内容涉及大明山景区"四圈三级五大产品系列"和"旅居业一体体系"的基础建设。

（8）公关形象推广策略实施

建议在以下 3 个方面 16 种类型中挖掘感人故事进行媒体宣传（如表 4-4 所示）。

表 4-4　公关形象推广策略的 16 种类型

故事主角	类　型	特　点
游客	虔诚信仰	虔诚是最容易引起共鸣的体验。比如，相信佛光，虔诚等待；相信日出美丽，虔诚等待；相信龙母传说，虔诚寻找；相信药溪治疗足疾，坚持泡脚；相信天书是文字，坚持研究……
游客	科学研究	大明山景区地大物博，科研人员进行研究并不奇怪，游客自发进行研究才是新闻，研究出成果更是重要新闻。正如"狗咬人不是新闻，人咬狗才是新闻"
游客	战胜疾病	养生是为了长寿，长寿是因消除了疾病。在大明山景区度假长住后能够减轻病痛、改善症状、消除病因等，都是重要的故事
游客	克服困难	在原生态养生景区旅游，不会缺少困难，比如峡谷穿越、登顶观日、滑翔伞训练、寻找瀑布等，身体状况不佳的游客依然执着地克服困难

(续表)

故事主角	类型	特点
	收获快乐	旅游应该是快乐的,养生旅游的结果更应该是快乐的。与家人一起、与朋友一起、与爱人一起、与同学一起、与同事一起……在大明山景区感受不一样的快乐,这类故事既是新游客的样板,也传递着大明山景区公关形象的精神
	民族风情	其他民族的游客来到大明山景区周边的壮族村屯,会有什么意外的发现?会有什么共鸣?会擦出什么风情的火花?这些都是感人的故事
合作伙伴	真诚	合作伙伴真诚,是因为大明山景区真诚,真诚的故事永远具有感染力。可以在营销渠道客户、合作开发客户、产业链客户等合作伙伴单位或人员中寻找真诚的故事
合作伙伴	无私	合作伙伴无私,也许是因为大明山景区曾经对他无私,也许大明山景区的传奇打动了他,也许是大明山景区治好了他的病,也许是他相信大明山景区的神明……这些都是很好的故事
合作伙伴	坚持	合作伙伴多年坚持做好某件事情,一定是因为认定大明山景区公关形象的市场发展充满希望,最后也确实享受到了成果。这类故事可以激励更多合作者加入大明山景区的价值链
合作伙伴	创新	合作伙伴在景区开发建设中的创新故事,可以诠释大明山景区为不断服务好游客而创新的努力,同样可以感动社会
员工自身	认真	"世界上最怕认真二字",认真最难,所以也最能打动人。员工事事认真,可以传递大明山景区团队的认真精神,令游客放心
员工自身	真诚	真诚是人性的光芒。对家人真诚、对朋友真诚、对游客真诚等,都可以成为故事
员工自身	负责	对无论多么细小的事情同样负责到底,对无论多么重大的事情都敢于担当。这种负责任的态度,是大明山景区公关形象的理念,通过故事传递给游客,使他们放心来旅游
员工自身	无私	无私是一种上层建筑的境界。越无私越可爱,越可爱越让人放心。虽然游客是花钱来旅游的,但他们绝对不喜欢处处商业化的景区。因此,无私的故事可以吸引游客前来
员工自身	合作	员工之间的合作,体现出大明山景区团队的集体主义精神。一个人能力有限,但一个大集体合作的力量却可以很大,这类故事可以令游客放心
员工自身	快乐	员工快乐的故事可以直接感染和打动游客,因为游客来旅游就是来寻找快乐的。员工快乐,说明大明山景区的环境一定是愉快的

(9)"邕文化"研究与公关建设

"邕文化"是"邕是养生"的精神内涵,具有举足轻重的地位,必须加强"邕文化"研究与公关建设。

● 明确"邕文化"的公关地位和作用。从营销思维来看广西的文化,海外游客熟悉的广告口号是"桂林山水甲天下",甚至只知道桂林,不知道广西,更不知道还有南宁、柳州……其实,"广西处处是桂林",因为广西的山水也"甲天下"。因此,壮族是从广西这片有山、有水、有田的美丽家园走向世界的。

因此,广西壮族文化应该包括山文化、水文化、田文化,这样就形成了一个完整的体系,而山文化是排在最前面的。

大明山景区的"岜文化"就代表了广西的"山文化",桂林的"漓江文化"就代表了广西的"水文化",隆安的"那文化"就代表了广西的"田文化"。

- 完善"岜文化"的公关视觉符号提炼。游客在旅游体验中喜欢"新、奇、特"的事物,这正是西藏、新疆、内蒙古等地少数民族文化受到游客喜爱的原因。那些民族文化中充满了许多色彩鲜艳、视觉突出、符号性强的元素,而且一直沿用至今,在旅游营销中具有得天独厚的优势。而壮族文化中令游客印象深刻的只有绣球、山歌,而铜鼓、壮锦等这些本身就很有特点的文化,却因为视觉效果不突出而不被游客喜欢。

广西博物馆、广西民族博物馆、广西名仕田园等景区都在壮族文化的视觉符号提炼方面做过许多有益的尝试,做得比较好的是广西名仕田园,他们的研究与设计团队将壮族文字、图案运用到建筑装修、装饰中,既有大气的造型,也有精巧的装饰,但同样囿于景区规模及团队研究范围,视觉知识系统还不够完整,元素运用尚不够娴熟。

大明山景区完全有条件也有能力超越上述景区,做出"岜文化"完整的视觉知识体系,在大气恢宏的景区中,有足够的空间做出特色鲜明、冲击力强的应用,让游客对壮族文化刮目相看,形成新的一轮大明山景区公关形象口碑。

3. 广西大明山景区拟订公关活动实战案例评析

公关活动就是为了实现公关目标而拟订的一系列具体实施计划,通常按照宣传活动和推广活动两个方面来安排:宣传活动的重点是公关形象包装,侧重于在公关形象识别的宣传;推广活动的重点是文化推广,侧重于在围绕公关主题进行推广。该案例在上述两个方面的活动安排考虑得比较详尽且又不偏离公关目标和公关对象,使公关活动具有合理性和可行性,尤其是在对景区全面、深入、细致调查的基础上做出了有说服力的活动安排,值得我们学习。但是,在实施公关活动的时间和人员上没有做出具体安排,是比较遗憾的。

4.5 公关策划专项实训

公关策划专项实训属于典型的**实验教学**范畴(项目二),按照项目实验教学的要求,由学员团队按任务要求、自主完成。

公关策划专项实训由学员在当地挑选一个具有一定知名度的企业作为实训的合作品牌,事先取得企业的认可和支持,由学员逐步完成公关策划。

任务1 公关形势分析

1. 实战演练任务

以学习小组为单位,对企业的公关形势进行分析,包括社会环境调查、公众调查和企业形象调查,并对企业的公关形势做出正确的判断。

2. 实战演练要求

公关形势分析要求数据准确,内容详细,能够有效地反映出企业公关形势的真实情况。公关形势分析的结果要能够为下一步的确定公关要素提供充分的依据。

3. 实战演练成果评价

利用一周的时间完成公关形势分析,以小组提交文案,在课堂上进行辩论活动,由课程老师担任评委打分。

任务 2　确定公关策划要素

1. 实战演练任务

通过对景区的发展战略和战术进行分析,确定公关目标、公关对象、公关主题和公关模式等要素。

2. 实战演练要求

完成公关形势分析后,通过小组头脑风暴确定公关目标、公关对象、公关主题和公关模式。

3. 实战演练成果评价

利用一周的时间完成公关要素确定,以小组提交文案和 PPT,在课堂上进行宣讲,由课程老师担任评委打分。

任务 3　公关策略创意

1. 实战演练任务

围绕已经确定的公关目标和公关主题,针对公关对象的特点,依据企业发展的现行阶段,从公关模式分类创意公关策略,以五种公关模式为主。

2. 实战演练要求

掌握建设、维系、防御、进攻、矫正等五种公关模式的特点和策略创意技巧,形成具体的创意。

3. 实战演练成果评价

利用一周的时间完成公关策略创意,以小组提交文案,并进行 PPT 演讲,现场由企业、行业专家和课程老师担任评委。

任务 4　设计公关项目

1. 实战演练任务

以学习小组为单位,研究如何通过公关项目的载体去实现公关要素和公关内容。

2. 实战演练要求

设计每一个公关项目的内容,要求包括时间、地点、参加人员、活动内容、现场安排、媒体配合、后勤保障、效果预测、费用预算等。

3. 实战演练成果评价

利用一周的时间完成行动计划,提交文案并进行PPT演讲,现场由企业、行业专家和课程老师担任评委。

任务5　拟定公关活动计划

1. 实战演练任务

将上述四项任务的工作结果,构成公关活动计划的主要内容,并加以时间、地点、承担者、活动执行标准、效果预测、活动投入产出预算等安排,依时间进程拟订时间、内容、人员等安排计划。

2. 实战演练要求

公关活动计划要包括公关形势、公关要素、公关策略、公关活动项目等具体内容,计划要有具体要求和评估标准,要切实可行。

3. 实战演练成果评价

利用一周的时间完成公关活动计划,加上此前四个部分的内容,提交公关策划方案文案,并进行PPT演讲,现场由企业、行业专家和课程老师担任评委。

第 5 单元　品牌策划

学习目标

知识点：
1. 掌握品牌策划的基本概念。
2. 理解品牌策划的特点和作用。

技能点：
1. 通过案例示范和实训任务，熟悉品牌策划的工作过程。
2. 掌握品牌策划的工作方法和文案结构。

导入案例

HeyHoney 蜂蜜品牌策划案例背景

在"大众创业，万众创新"的大潮下，2015 年 3 月，河南信息统计职业学院的几名大学生在创业导师吴瑞杰的带领下，成立了一个小团队。起初，他们就是想将团队小伙伴自家的蜂蜜带到学校，介绍给同学和老师，帮助家里解决蜂蜜库存问题，可慢慢地却走上了创业的道路。

2015 年 5 月，郑州空灵电子科技有限公司成立，HeyHoney 品牌诞生，官方网站、淘宝商铺、微商城上线。2016 年 1 月，第一部主题宣传片上线；3 月淘宝众筹上线……

创业的道路非常艰难，对于 HeyHoney 团队来说，蜜源地可以甄选，质量可以控制，但品牌的推广却遇到了困难。如何利用有限的资源对 HeyHoney 品牌进行推广是摆在每个团队成员面前的重要课题。

5.1　品牌策划的概念和特征

1. 品牌与品牌策划

品牌是名字、术语、标识、设计及其组成的集合，是能够使拥有者的产品或服务区别于竞争对手并带来增值的无形资产，是社会公众对拥有者的组织、产品以及服务认知的总和。

品牌策划是指人们为了达成某种特定的目标，借助一定的科学方法和艺术，为决策、计划而构思、设计、制作策划方案的过程。品牌策划可以让品牌的拥有者在还未进入市场之前就对市场的需求做出正确的判断，并有效地阻止不正确的操作投入对企业造成的巨大经济损失，为品牌投入市场提供成功的基础保障。

　　品牌策划注重的是意识形态和心理描述，即对消费者的心理市场进行规划、引导和激发，是把人们对品牌的模糊认识清晰化的过程。

　　所以，品牌策划就是使企业品牌或产品品牌在消费者脑海中形成一种个性化的区隔，并使消费者与企业品牌或产品品牌之间形成统一的价值观，从而建立起自己的品牌声浪。

2. 品牌策划的特征

（1）首位性

从品牌运行过程的角度来看，策划先行于其他过程。品牌策划通过对消费者和市场进行调查，为决策提供依据，并贯穿于品牌成长的各项活动中。

（2）科学性

无论做何种决策都要遵循客观事实，符合事物发展的规律，不能脱离现实条件任意杜撰、随意想象。从事品牌策划工作，一是必须要有实事求是的科学态度，一切从实际出发，量力而行；二是必须要有可靠的科学依据，包括准确的信息、完整的数据资料等；三是必须要有科学的方法，如科学预测、系统分析、综合平衡、方案优化等。这样才能够使品牌的运营不仅富创造性，而且具有可行性。

（3）有效性

品牌策划不仅要确保品牌目标的实现，而且要从众多的方案中选择最优的方案，以求合理利用资源和提高效率。不仅要用时间、金钱或生产来衡量策划的结果，而且还要衡量品牌所有者和消费者的满意程度。

（4）前瞻性

策划必须具有前瞻性。这就要求策划人员要有"眼光"，要看得远，看到他人没有看到的，这样才能够抢占先机，出奇制胜，反之则会"人无远虑，必有近忧"，整日被琐事缠身，裹足不前。"不谋万世，不足以谋一时；不谋全局者，不足谋一域"，说的就是这个道理。例如，很多企业没有做品牌策划，就忙着请广告公司发布广告，大量的资金投入之后，虽然会有一定的收益，但必然是事倍功半。

（5）兼顾性

策划必须考虑周到，兼顾各方利益。策划不能欺诈消费者，不能损害消费者的利益，更不能有悖于社会道德和伦理。每年"3·15"被曝光的企业，以及其他出现类似危机的企业，尽管在一定时期内取得了经济效益，但从长远来看必然会对品牌造成负面影响。

（6）时效性

做品牌策划，要确保其时效性。市场环境瞬息万变，在品牌运营中，要随时监控品牌运营的实际效果，要有"掘地三尺"的精神和能力，洞穿问题的本质，找到问题的根源，然后再结合现有的资源进行统筹安排，及时解决品牌运营中的问题。

3. 品牌策划的作用

策划的作用是以最低的投入和最小的代价达到预期目的。策划人员在科学调查的基础上,运用熟练的策划技能、新颖超前的策划创意,对现有资源进行优化整合,并进行全面、细致的构思谋划,从而制定出详细、可操作性强的方案,让策划对象赢得经济利益和社会效益。品牌策划在品牌运营活动中具有特殊的重要作用。

(1) 品牌策划是品牌生存与发展的纲领

我们正处在一个政治、经济、技术、社会变革与发展的时代。在这个时代,变革与发展不仅给人们带来了机遇,也带来了风险。如果品牌拥有者在看准机遇和利用机遇的同时,又能最大限度地减少风险,即在朝着目标前进的道路上建设一座便捷而稳固的桥梁,那么,品牌组织就能立于不败之地,在机遇与风险的纵横选择中,得到生存与发展。如果策划不周,就会遭遇灾难性后果。

(2) 品牌策划是品牌组织协调的前提

现代社会的各种组织以及其内部的各个组成部分之间,分工越来越精细,过程越来越复杂,协调关系更趋严密。要把这些复杂的有机体科学地组织起来,让各个环节和部门的活动都能够在时间、空间和数量上既相互衔接,即围绕整体目标,又互相协调,就必须要有一个严密的策划方案,保证品牌目标的实现。

(3) 品牌策划是品牌运营的准则

策划的实质是确定目标以及规定达到目标的途径和方法。因此,为了朝着既定的目标步步迈进,并最终实现目标,策划无疑是品牌运营活动中人们一切行为的准则。它指导不同空间、不同时间、不同岗位上的人们,围绕一个总目标,秩序井然地去实现各自的分目标。

(4) 品牌策划是品牌反馈活动的依据

策划为品牌运营活动确定了数据、尺度和标准,为品牌的发展指明了方向。未经策划的活动是无法控制的,更不可能得到确切的来自客户的反馈信息。在策划活动中,策划人员不断地通过反馈信息纠正偏差,使品牌运营活动保持与目标的要求一致。

5.2 品牌策划的路径

品牌策划是一个把人们对品牌的模糊认识清晰化的过程。整个过程可分为以下五个阶段。

1. 进行环境分析

品牌策划的第一步是环境分析。环境分析是指对品牌组织所处的内部、外部竞争环境进行分析,以发现品牌组织的核心竞争力,明确品牌组织的发展方向、途径和手段。环境分析一般按照由外到内的顺序,依次进行。

(1) 外部环境分析

外部环境分析的目的是评价品牌战略与组织外部的机会、威胁和趋势的匹配性,它包括宏观环境分析、产业环境分析、客户环境分析和竞争环境分析四个部分。

● 宏观环境分析。宏观环境是指对所有品牌组织的经营管理活动都会产生影响的环境方面的各种因素,需要从政治法律环境、经济环境、技术环境、社会文化环境等方面进行分析,找出这些因素对品牌的影响。

● 产业环境分析。产业环境是品牌进行角逐的沙场,不同的产业通常具有不同的结构特征、关键成功因素和变革驱动力,品牌策划必须及时而深入地做出有针对性的响应才能够占据有利地位。

● 消费者分析。消费者分析就是根据消费者信息数据来分析消费者特征,评估客户价值。通过合理、系统的消费者分析,品牌组织可以发现不同消费者的不同需求,挖掘潜在客户,从而进一步扩大商业规模,使品牌组织得到快速的发展。消费者分析可以从以下六个方面进行:消费者行为分析、消费者特征分析、消费者忠诚度分析、消费者注意力分析、消费者营销分析、消费者收益率分析。

● 竞争环境分析。竞争环境是指品牌组织所在行业及其竞争对手的参与、竞争程度,它代表了品牌市场成本及进入壁垒的高低。竞争环境分析常用的工具是五力模型。这五种竞争力分别是行业中现有竞争者的竞争能力、潜在新进入者的竞争能力、替代品替代能力、供应商的讨价还价能力以及消费者的讨价还价能力。

(2) 内部环境分析

内部环境分析的目的是评价品牌战略与组织内部的优势、劣势和期望的匹配性,可以从技术素质、经营素质、人员素质、管理素质、财务素质等方面进行分析。

● 技术素质分析:

第一,生产能力。分析生产的组织与计划稠度,技术质量保证与工艺装备,人员操作水平,消耗定额管理,在制品、半成品及产成品流程管理,运输工具,劳动生产率,环境保护与安全生产等。

第二,技术开发能力。分析科研设计,工艺开发的物资与设备水平,技术人员的数量,技术水平与合理使用,以及获取新技术情报的手段,计量检测手段。此外,还分析技术管理水平与技术开发、更新产品的综合能力。

● 经营素质分析:

第一,销售能力。分析销售力量是否充足,市场调研和市场开发能力如何,现有销售渠道状况。此外,还分析品牌组织的销售组织是否健全,推销手段是否有效,售后服务如何,满足交货条件的能力、收回货款的能力及运输能力如何等。

第二,获利能力与经济效益。分析品牌组织获利能力的大小与途径,目标利润与目标成本,各种资金利润率以及盈亏平衡点。

第三,产品、市场状况。分析品牌组织现在的经营业务范围,主要产品的技术性能与技术水平,产品结构和发展前景,市场占有率,产品获利能力大小与竞争能力,产品属于寿命周期的哪一阶段。

第四,物资采购供应能力。分析品牌组织在物资资源方面的组织、计划、采购、仓储、资金、管理等一系列工作的能力与存在的问题。

● 人员素质分析。人员素质分析分析领导人员素质、管理人员素质、职工素质。人员素质分析就是分析现有工作人员的受教育程度及所受的培训状况。

● 管理素质分析。管理素质分析主要分析品牌组织的领导体制及组织机构的设置是否合理,信息的沟通、传递、反馈是否及时,日常业务性的规章制度是否健全可行等。

● 财务素质分析。财务素质分析以会计核算和报表资料及其他相关资料为依据,采用一系列专门的分析技术和方法,分析与评价品牌组织过去和现在有关筹资活动、投资活动、经营活动、分配活动的盈利能力、营运能力、偿债能力和增长能力等。

2. 明确战略选择

品牌策划的第二步是战略分析,并明确战略选择。在环境分析的基础上,对当前内外部环境的关键影响因素进行系统性的审视、评估和判断,并明确地做出战略选择。

在战略分析中常用的工具是SWOT分析法,就是将与研究对象密切相关的各种主要内部优势、劣势和外部机会、威胁,通过调查列举出来,并依照矩阵形式排列,然后用系统分析的思想,把各种因素相互匹配起来加以分析,从中得出一系列相应的结论战略的分析方法;也就是对品牌组织内外部条件各方面内容进行综合和概括,确定品牌组织应该采取何种战略的分析工具。

"S"代表优势,是组织机构的内部因素,具体包括有利的竞争态势、充足的财政来源、良好的企业形象、技术力量、规模经济、产品质量、市场份额、成本优势、广告攻势等。

"W"代表劣势,是指在竞争中相对弱势的方面,也是组织机构的内部因素,具体包括设备老化、管理混乱、缺少关键技术、研究开发落后、资金短缺、经营不善、产品积压、竞争力差等。

"O"代表机会,是组织机构的外部因素,具体包括新产品、新市场、新需求、市场壁垒解除、竞争对手失误等。

"T"代表威胁,也是组织机构的外部因素,具体包括新的竞争对手进入、替代产品增多、市场紧缩、行业政策变化、经济衰退、客户偏好改变、突发事件等。

在分析之后,可以基于图5-1,对应地进行战略选择。

(1) 扩张型战略(SO)

扩张型战略是一种发展企业内部优势与利用外部机会的战略,是一种理想的战略模式。当企业具有特定方面的优势,而外部环境又为发挥这种优势提供了有利机会时,可以采取该战略。

(2) 扭转型战略(WO)

扭转型战略是一种利用外部机会来弥补内部弱点,使企业改变劣势而获取优势的战略。存在外部机会,但当企业存在一些内部弱点而妨碍其利用机会时,可采取措施先克服这些弱点。

(3) 多元化战略(ST)

多元化战略是一种企业利用自身优势,规避或减轻外部威胁所造成的影响的战略。如竞争对手利用新技术大幅度降低成本,给企业以很大的成本压力;同时材料供应紧张,其价格可能上涨;消费者要求大幅度提高产品质量;企业还要支付高额的环保成本等。但若企业拥有充足的现金、熟练的技术工人和较强的产品开发能力,便可利用这些优势开发新工艺,简化生产过程,提高原材料利用率,从而降低材料消耗和生产成本。

(4) 防御型战略(WT)

防御型战略是一种旨在减少内部劣势,规避外部环境威胁的防御性技术。当企业存在内忧外患时,往往面临生存危机,降低成本也许会成为改变劣势的主要措施。

	优势(S) 1. 2. 3.	劣势(W) 1. 2. 3.
机遇(O) 1. 2. 3.	**扩张型战略(SO)** 发展内部优势,利用外部机会	**扭转型战略(WO)** 利用外部机会来弥补内部弱点
威胁(T) 1. 2. 3.	**多元化战略(ST)** 利用自身优势,规避威胁	**防御型战略(WT)** 减少内部劣势,规避外部环境威胁

图 5-1　SWOT 分析矩阵图

3. 确定品牌定位

品牌策划的第三步是品牌定位。品牌定位是指为品牌确定一个适当的市场位置,使该品牌在消费者的心目中占领一个有利的位置,并与某种需求建立一种内在的联系,当消费者产生这种需求时,首先会想到该品牌。例如,当我们有去头屑的需求时,首先会想到海飞丝;当我们有让头发变得柔顺的需求时,就会想起飘柔。

(1) 品牌定位的原则

品牌定位是品牌成功的关键。在品牌定位中应该遵循以下原则:

● 心智主导原则。品牌定位是根据目标消费者的需求而设计的一种传播策略,目标是利用简洁的定位口号,通过品牌传播活动拨动消费者需求的心弦,激发、引导消费者的购买欲望,并赢得消费者的忠诚。所以品牌定位必须根据消费者需求和消费者心智变化的规律来确定。

● 差异化原则。品牌定位的本质就是塑造品牌的差异性。在同质化的时代,差异化成为企业制胜的法宝,如果品牌定位不能凸显品牌的差异性特征,那么在众多的竞争品牌中就无法区别竞争对手。品牌差异化定位的塑造需要分析消费者的需求和市场状况,从而在市场上找到未实现的消费者诉求,结合企业自身情况,确定品牌定位点。

● 稳定性原则。除非原定位不合时宜,否则品牌定位不能随意更改,要确保品牌定位的相对稳定性。品牌定位为消费者提供了一个购买的理由,这种购买的理由会随着经济的发展和时代的变迁而发生变化,但定位不能随时变化,因此,品牌定位点不能过窄,要在稳定的同时为品牌定位的动态变化预留空间。

- 资源优化原则。品牌定位的最终目的在于让产品占领市场,为企业带来最佳经济效益。因此品牌定位要充分考虑企业的资源条件,以优化配置、合理利用各种资源为宜,既不要造成资源的闲置或浪费,也不要超越现有的资源条件,追求过高的定位,否则会使企业最后陷入心有余而力不足的被动境地。将品牌定位于尖端产品,就要有尖端的技术;定位于高档产品,就要有确保产品品质的能力;定位于全球性品牌,就要有全球化的运作能力和管理水平。

- 简明原则。品牌定位是品牌传播的基础,在信息爆炸的时代,品牌定位信息最终反映为口号,因此必须简明扼要,朗朗上口,只有这样才能够抓住消费者的注意力,便于消费者接收、记忆和相互传播,增强定位的传播效率。

(2) 品牌定位的流程

品牌定位流程的核心是STP,即市场细分(Segmentation)、选择目标市场(Targeting)和品牌具体定位(Positioning)。

- 市场细分。市场细分是指企业根据自己的条件和营销意图把消费者按照不同的标准分为一个个较小的,有着某些相似特点的子市场的做法。

第一,市场细分的依据。消费者人数众多,需求各异,企业可以根据需求按照一定的标准进行细分,确定自己的目标人群。市场细分的依据主要有地理标准、人口标准、心理标准和行为标准,根据这些标准进行的市场细分分别是地理细分、人口细分、心理细分和行为细分。

首先,地理细分。地理细分就是将市场分为不同的地理单位,地理标准可以选择国家、省、地区、市、县或居民区等。地理细分是品牌组织经常采用的一种细分标准。小规模的厂商为了集中资源占领市场,也往往会对一片小的区域再进行细分。

其次,人口细分。人口细分是指根据消费者的年龄、性别、家庭规模、家庭生命周期、收入、职业、受教育程度、宗教信仰、种族以及国籍等因素将市场细分为若干个群体。

由于消费者的需求结构与偏好,产品品牌的使用率与人口因素密切相关,同时,人口因素比其他因素更易于量化,因此,人口细分是细分市场中使用最广泛的一种细分方法。

年龄、性别、收入是人口细分最常用的指标。当然,许多品牌组织在进行人口细分时,往往不是仅依照一个因素,而是使用两个或两个以上因素的组合。

再次,心理细分。心理细分是指根据消费者的生活方式、个性特征及所处的社会阶层对市场加以细分。在同一地理细分市场中的人们可能会显示出迥然不同的心理特征。在进行心理细分时主要考虑的因素是社会阶层和个性等。

最后,行为细分。行为细分是指根据消费者对品牌的了解、认知、使用情况及反应对市场进行细分。这方面的细分因素主要有以下几项:时机、购买利益、使用者状况、品牌了解、态度等。

第二,市场细分的要求。品牌组织根据所提供产品或服务的特点选择一定的细节标准,并按此标准进行调查和分析,最终对感兴趣的细分市场进行描述和概括。当使用上述四种细分标准无法概括出细分市场时,就必须考虑综合使用上述四种标准,资料越详细越有利于目标市场的选择。最终概括出来的细分市场至少应符合以下要求:细分后的市场必须是具体、明确的市场,不能似是而非或泛泛而谈,否则就失去了意义;细分后的市场必须是有潜力的市场,而且有进入的可能性,这样对品牌组织才具有意义,如果市场潜力很小,或者进入的成本很高,品牌组织就没有必要考虑这样的市场。

- 选择目标市场。选择目标市场是指在市场细分的基础上对细分出来的子市场进行评估以确定品牌应选择的目标市场。

第一,评估细分市场。品牌组织评估细分市场的核心是确定细分市场的实际容量。评估时应考虑以下三个方面的因素:细分市场的规模、细分市场的内部结构吸引力和品牌组织的资源条件。

首先,细分市场的规模。潜在的细分市场要具有适度的需求规模和规律性的发展趋势。潜在的需求规模是由潜在消费者的数量、购买能力、需求弹性等因素决定的,一般来说,潜在的需求规模越小,细分市场的实际容量也就越小,对品牌组织而言,市场容量并非越大越好,"适度"才是上策。

其次,细分市场的内部结构吸引力。细分市场的内部结构吸引力取决于该细分市场潜在的竞争力,竞争对手越多,竞争越激烈,该细分市场的吸引力就越小。如果细分市场竞争品牌众多,且实力强大,或者进入壁垒、退出壁垒较高,且已存在替代品牌,则该市场就会失去吸引力。

最后,品牌组织的资源条件。决定细分市场实际容量的最后一个因素是品牌组织的资源条件,也是关键性的一个因素。品牌经营是一个系统工程,有长期目标和短期目标,企业行为是计划的战略行为,每一步发展都是为其实现长远目标服务,进入一个子市场只是品牌发展的一步。

对细分市场的评估应从上述三个方面综合考虑,全面权衡,这样评估出来的市场才有意义。

第二,选择进入细分市场的方式。通过评估,品牌组织会发现一个或几个值得进入的细分市场,也就是品牌组织所选择的目标市场,下面要考虑的就是进入目标市场的方式,即品牌组织如何进入的问题,经常采用的方式有五种,分别是:集中进入、有选择的专门化进入、专门化进入、无差异进入和差异进入。

首先,集中进入。品牌组织集中所有的力量在一个目标市场上进行品牌经营,满足该市场的需求,在该品牌获得成功后再进行品牌延伸。这是中小型企业在资源有限的情况下进入市场的常见方式。

其次,有选择的专门化进入。品牌组织选择了若干个目标市场,在几个市场上同时进行品牌营销,这些市场之间或许很少或根本没有联系,但企业在每个市场上都能够获利。这种进入方式有利于分散风险,企业即使在某一市场失利也不会全盘皆输。

再次,专门化进入。品牌组织集中资源生产一种产品提供给各类顾客,或者专门针对某个顾客群的需求提供各种服务。

复次,无差异进入。品牌组织对各细分市场之间的差异忽略不计,只注重各细分市场之间的共同特征,推出一个品牌,采用一种营销组合来满足整个市场上大多数消费者的需求。无差异进入往往采用大规模配销和轰炸式广告的办法,以达到快速树立品牌形象的效果。无差异进入的策略能够降低企业的生产经营成本和广告费用,不需要进行细分市场的调研和评估。但是风险也比较大,毕竟在要求日益多样化、个性化的现代社会,以一种产品、一个品牌满足大部分需求的可能性很小。

最后,差异进入。品牌组织有多个细分子市场为目标市场,分别设计不同的产品,提供不同的营销组合以满足各子市场不同的需求,这是大企业经常采用的进入方式。差异性进入由于针对特定目标市场的需求,因而成功的概率更高,能够取得更大的市场占有率,但其营销成本也比无差异进入要高。

- 品牌具体定位。品牌定位的关键是品牌组织要设法在自己的品牌上找出比竞争对手更强的特性,准确地选择相对竞争优势,就是一个企业各方面的实力与竞争对手的实力相比较的过程。比较的指标应是一个完整的体系,只有这样,才能够准确地选择相对竞争优势,通常的方法是分析、比较品牌组织与竞争对手在下列六个方面究竟哪些是优势,哪些是劣势,包括经营管理方面的经营者自身的素质、领导能力、决策水平、计划能力、组织协调能力以及个人应变经验等;技术开发方面的技术资源能力和资金来源是否充足等;采购方面的采购方法、存储及物流系统、供应商合作以及采购人员能力等;生产作业方面的生产能力、技术装备、生产过程控制以及职工素质等;品牌营销方面的营销网络控制、市场研究、服务与销售战略、广告、资本来源是否充足以及市场营销的能力等;财务方面的长期资本和短期资本的来源及资本成本、支付能力以及财务制度与理财素质等。

品牌要展示其独特的竞争优势,就是要创造品牌差异,形成自己品牌的特色。拥有属于自己的品牌特色并与竞争对手区分开来,是品牌组织在进行品牌定位时不可忽视的一环。

品牌的差异具体体现在产品、技术、质量或者服务上,但最终要定位在消费者的内心,以创造心理优势。

同步案例 5-1

百雀羚涅槃重生之品牌定位探究

百雀羚,这个诞生于 1931 年,经历了八十多年霜风雪雨洗礼的中国老字号化妆品品牌,20 世纪曾散发出耀眼的光芒。然而,在行业日新月异、大浪淘沙的竞争浪潮中,百雀羚一度被淹没在潮底。

为什么中华老字号品牌频频没落?原因当然是深层次的,但有一点不可否认,那就是老字号所蕴藏的"诚信、优质"的品牌核心价值已不能满足消费者尤其是年轻消费者更深层次的需求了,必须给品牌注入新的内涵,契合消费者的价值需求,这样品牌才能够焕发生机。百雀羚也曾尝试过重振"经典国货"的营销思路,但无奈地发现,戴着"经典国货"帽子的百雀羚,虽然能够使人认可其厚重的品牌资历,但人们也会有意无意地给其贴上"老化"的标签而缺乏购买热情。百雀羚正是在长期的试错中逐渐地认识到,"老字号功劳簿"

只能勉强解决品牌的"温饱",要想奔"小康",还得另辟蹊径。

不可否认,长期以来在护肤品领域,本土品牌被以欧莱雅、玉兰油、资生堂等为代表的跨国品牌打得落花流水、溃不成军,只能挤在细分市场甚至流通领域苟延残喘。这个状况从佰草集开始有了改观,价格定位于中高端的佰草集凭借"本草"这一中国特色国粹成功地打破了跨国品牌对中高端市场的垄断。紧接着相宜本草沿袭了佰草集的套路,改走中低端价格路线,避开同佰草集的直接竞争,虽无新意但仍然使其从激烈的市场竞争中破茧而出,成为中国护肤品领域的又一道风景线。

佰草集和相宜本草等这些本土品牌的成功,从品牌层面上来看,是将"本草"这一中国特色国粹融入了品牌价值中,改变了其品牌属性和基因。中国的传统文化中,发掘和运用中草药(汉方)进行美容、洗发护发已有数千年的历史,这是跨国品牌难以企及的,也是跨国品牌的短板和软肋,因此,这场植物与化学科技的对决,中国本草文化与外国文化的对决,避开了本土品牌的短板,能够发挥其长板效应。

越是民族的,越是世界的。佰草集等先行者的成功给百雀羚品牌指明了方向——走本草之路,既奠定了百雀羚的品牌属性,也奠定了百雀羚的成功之路。尽管百雀羚的产品线中因历史原因目前还保留了很多非本草属性的传统产品,但不管百雀羚有没有意识到,新生的百雀羚留在消费者心智中的印记和划痕是它的本草形象。

成功并不都是源于创新,走正确的路才是关键,必要的时候,跟随和模仿也是可行的有效战术。百雀羚的本草之路并不是一条新路,而是一条消费者"心"路。

寻找不一样的"本草"。百雀羚确立了品牌属性——即"本草护肤品"后,接下来做的是在品牌属性的基础上进行演绎,重点是进行品牌定位以区隔佰草集、相宜本草等同属性品牌。佰草集的"自然、平衡"理念和相宜本草的"内在力、外在美"理念,从严格意义上来说,是一个比较宽泛的诉求,难以形成强有力的定位。在品牌定位层面上,百雀羚比佰草集和相宜本草更聚焦,"天然不刺激"的"温和护肤"诉求更清晰、更直白,更容易被消费者理解。如果说佰草集和相宜本草要的是品牌太极,那么百雀羚要的则是品牌跆拳道,更具实战意义。

4. 提炼品牌核心价值

品牌的核心价值是品牌资产的主体部分,它让消费者明确、清晰地识别并记住品牌的利益点与个性,是驱动消费者认同、喜欢乃至爱上一个品牌的主要力量。核心价值是品牌的终极追求,是一个品牌营销传播活动的原点,即企业的一切营销传播活动都要围绕品牌的核心价值而展开,是对品牌核心价值的体现与演绎,并丰满和强化品牌的核心价值。在品牌核心价值的提炼过程中,要遵从下列原则:

(1)高度的差异化

开阔思路、发挥创造性思维,提炼个性化的品牌核心价值。如果一个品牌的核心价值与竞争品牌没有鲜明的差异,就很难引起公众的关注,从而石沉大海,更别谈认同与接受了。缺乏个性的品牌核心价值是没有销售力量的,不能给品牌带来增值,或者说不能创造销售奇迹。高度差异化的核心价值一亮相市场,就能够成为"万绿丛中一点红",以低成本获得眼球,引发消费者的内心共鸣。此外,高度差异化的品牌核心价值还是避开正面竞争,以低成本营销的有效策略。

(2) 富有感染力

深深触动消费者内心世界。一个品牌具有了触动消费者内心世界的核心价值,就能够引发消费者的内心共鸣,那么花较少的广告传播费用也能够使消费者认同和喜欢上品牌。

(3) 核心价值与企业的资源能力相匹配

尽管传播能够让消费者知晓品牌的核心价值并且为核心价值加分,但品牌的核心价值就其本质而言不是一个传播概念,而是一个价值概念。核心价值不仅要通过传播来体现,更要通过产品、服务不断地把价值长期一致地交付给消费者,这样才能够使消费者真正地认同核心价值。否则,核心价值就成了空洞的概念,不能成为打动消费者的主要力量。而企业的产品和服务需要相应的资源和能力的支持,才能够确保产品和服务达到核心价值的要求。因此,核心价值在提炼过程中,必须把企业的资源能力能否支持品牌的核心价值作为重要的衡量标准。

(4) 具备广阔的包容力

由于无形资产的利用不仅是免费的而且还能够进一步提高无形资产,所以不少企业期望通过品牌延伸提高品牌无形资产的利用率来获得更高的利润。因此,要在提炼品牌的核心价值时充分考虑前瞻性和包容力,预埋好品牌延伸的管线。否则,想延伸时发现核心价值缺乏应有的包容力,就要伤筋动骨地改造核心价值,意味着前面付出的大量品牌建设成本有很大一部分是浪费的,就像市政工程中造路时没有预设好煤气管线,等到要铺煤气管道时必须掘地三尺,损失有多大可想而知。

(5) 有利于获得较高溢价

品牌的溢价能力是指同样的或类似的产品能够比竞争品牌卖出更高的价格。品牌的核心价值对品牌的溢价能力有直接而重大的影响。一个高溢价能力的品牌核心价值,功能方面有明显优于竞争对手的地方,如技术上的领先乃至垄断、原料的精挑细选、原产地优势;在情感性方面要突出"豪华、经典、时尚、优雅、有活力"等特点。

5. 品牌推广与传播

品牌传播,就是以品牌的核心价值为原则,在品牌识别的整体框架下,选择广告、公关、销售、人际等传播方式,将特定品牌推广出去,以建立品牌形象,促进市场销售。品牌传播是企业满足消费者需求、培养消费者忠诚度的有效手段。

通过有效的品牌传播,可以使品牌为广大消费者和社会公众所认知,使品牌得以迅速发展。同时,有效的品牌传播,还可以实现品牌与目标市场的有效对接,为品牌及产品进入市场、拓展市场奠定基础。品牌传播既是诉求品牌个性的手段,也是形成品牌文化的重要组成部分。

品牌推广与传播包括五个要素：品牌传播者、品牌讯息、品牌受众、品牌媒介和品牌传播效果。

（1）品牌传播者

品牌传播者是品牌信息传播过程中的"信源"，即品牌传播行为的引发者，是以发布与品牌有关的信息的方式主动作用于他人的人或组织。

（2）品牌信息

品牌信息是指由与品牌相互关联的意义符号组成，能够表达有关品牌的完整意义的信息。

第一，品牌名称。品牌名称是指品牌中可以用语言称呼的部分，品牌名称是品牌的重要组成部分和企业的无形资产。在品牌传播越来越细化的今天，每个环节都对最终的传播结果具有重要影响。而品牌名称更是市场营销工作中的第一个重要的传播工具，如果不想输在起跑线上，品牌的传播者就一定要重视品牌名称的传播价值。一个好的品牌名称便于受众记忆，能够让受众产生好的联想，进而对品牌抱以好感，并最终促使购买行为的产生。

第二，品牌标志。品牌标志是指品牌中可以被认出、易于记忆但不能用言语称谓的部分，一般包括符号、图案或明显的色彩或字体。品牌标志自身能够创造品牌认知、品牌联想和消费者的品牌偏好，进而影响品牌体现的质量与消费者的品牌忠诚度。品牌标志是一种"视觉语言"，它通过特定的图案、颜色来向消费者传输某种信息，以达到识别品牌、促进销售的目的。品牌标志自身能够创造品牌认知、品牌联想和消费者的品牌偏好，进而影响品牌体现的品质与消费者的品牌忠诚度。因此，在品牌标志设计中，除了最基本的平面设计和创意要求，还必须考虑营销因素和消费者的认知、情感心理。

第三，品牌口号。品牌口号是指能够体现品牌理念、品牌利益和代表消费者对品牌的感知、动机和态度的宣传用语。品牌口号一般都突出品牌的功能和给消费者带来的利益，具有较强的情感色彩、赞誉性和感召力，目的是刺激消费者。品牌口号通常通过标语、手册、产品目录等手段进行宣传。品牌口号要突出自己的特色或竞争优势，同时还可以对商品名称进行解释。品牌口号也可以像品牌标志色和标志物那样进行动态调整，以便适应市场需要。品牌口号不应随意变动，它将运用于广告语、宣传品、海报、条幅、网站等任何够能想得到的地方。

第四，品牌包装。品牌包装是指品牌产品的包装。品牌包装设计应从商标、图案、色彩、造型、材料等构成要素入手，在考虑商品特性的基础上，遵循品牌设计的一些基本原则，如保护商品、美化商品、便利使用等，使各项设计要素协调搭配，相得益彰，以获得最佳的包装设计方案。

（3）品牌受众

受众是指信息的接收者。在品牌传播中，我们可以发现，受众是传播反馈的核心环节，传播效果必须从受众的反应中进行评价，受众是决定传播活动成败的关键因素。品牌传播的受众不仅包括品牌产品的消费者，还包括品牌利益的相关者，包括员工、零售商、供应商、竞争对手、公众和其他利益相关者。

从某种程度上来讲,品牌传播就是品牌与受众的互动。这种互动可以分为以下四种类型。

第一,认知互动。受众对品牌的认知首先通过内部感觉和外部感觉认识某种品牌的产品,受众把感觉到的各种信息加以整理会形成对品牌的完整印象,从而进一步加深对品牌的认识,形成知觉,进而建立起对品牌的整体认知。传播者要结合受众对品牌的认知不断吸引和维持受众的注意,增强品牌信息对受众的刺激,增加刺激物之间的对比,提高品牌信息的感染力,引发品牌联想,加深受众对品牌的记忆,形成对品牌信息的思维反映,建立对品牌的评价观念。

第二,态度互动。品牌传播就是要在受众心中形成对品牌正面的积极态度,从而在竞争中取胜。当品牌信息在传播时与受众固有的对品牌的认知趋于一致时,受众会形成积极的态度并引发购买行为,相反则可能产生抵触情绪。所以品牌的传播者要对受众的具体情况进行分析,避免引起受众的反感和抵触情绪。

第三,情感互动。在品牌信息流动的过程中,品牌获得受众关注并且对品牌形成认知,传播者应利用情感因素以情感人,用亲情、爱情、激情等受众乐于接受的形式与受众进行互动。

第四,行为互动。受众在对品牌认可的过程中会不断经历从认知、态度到情感行为的互动过程,逐步建立起对品牌的忠诚度。当品牌信息更新或推出新的产品时,受众会采取新的行为与传播者互动。

(4) 品牌媒介

媒介是将品牌传播过程中的各种因素相互连接起来的纽带。一切形式的品牌信息最终都必须经过媒介传递出去,所有的品牌传播工具也都必须经过传播媒介才能够使品牌信息与受众接触。

第一,大众传播媒介。大众传播是指专业化的媒介组织运用先进的传播技术和产业化的手段,以社会上的一般大众为传播对象而进行的大规模信息生产和传播活动。大众传播是特定社会集团利用报纸、杂志、书籍、广播、电影、电视等大众媒介向社会大多数成员传送消息、知识的过程。目前公认的大众传播媒介包括报纸、杂志等纸介印刷媒体,广播、电视等电子媒体,互联网、手机等新兴媒体。

第二,小众传播媒介。小众传播媒介是相对于大众传播媒介而言的,是指传播范围相对较小、受众群体相对较少的那些传播媒介。这些媒介往往可以直接影响消费者的购买行为,进行促销,弥补和配合大众传播媒介的传播活动,满足消费者的整体需要。小众传播媒介包括一些小众化的传播载体,如进行品牌传播的图书、期刊、科技报告、专利文献、学位论文、产品资料、档案等,进行品牌传播的车身广告、舞台表演、POP(一种店头促销工具)、DM(直接邮寄)广告、灯箱广告、展览等。

(5) 品牌传播效果

品牌的传播效果是品牌的传播活动给品牌带来的效果,品牌传播是使品牌与消费者建立关系的桥梁,能够使企业的目标受众接触到清晰、明确的品牌信息,并且形成强有力的品牌识别,积累品牌资产,从而达成有效的品牌传播;能够帮助传播者成功地区别于其竞争对手,在品牌的整体建设和维护过程中具有重要的战略意义。

为了有效地掌控品牌传播的效果,应注重搜集来自公众的品牌认知信息。将其与品牌机构发出的品牌信息进行比对,查找品牌裂缝以进行有针对性的修补。公众会通过购买行为,或者态度、意见的表达对接收到的品牌信息进行反馈。

5.3 品牌策划的常用方法

1. 品牌定位感知图

品牌定位过程中的共同点和差异点相辅相成,但品牌要在众多品牌中独树一帜,还需要寻求或提炼差异点,使消费者在同类品牌中,能够有一个不同的选择理由和依据。一般情况下,消费者的选择会注重四个方面的利益:功能性利益、财务性利益、情感性利益和社交性利益。寻找差异点就围绕这四个方面展开。在选择过程中,不一定要四个方面都面面俱到,可以在各种利益中确定消费者最关心的一个或两个属性,从而确定差异点。感知图是在两个维度上寻找差异点的一种技术方法。首先,通过市场调查了解影响消费者购买的关键属性,然后统计分析这些属性的重要性,确定两个重要性较高的属性作为感知图的两个维度。两个属性的确定非常关键,它们基本上决定了品牌定位点的选择。其次,在二维感知图中,找到每个竞争品牌的相应位置,如果需要,可以以标定的位置为圆心,以一定的半径画圆,以圆的半径或面积表示其市场份额等市场势力因素,这样二维图可以变为三维图,更有利于差异点和定位点的确定,消费者对两个属性的期望就可以在感知图上表达出来(见图5-2)。通过感知图,企业可以避开竞争品牌的位置或其他品牌势力较强的位置,寻找到竞争空白点,结合目标消费者的需要,确定品牌定位。

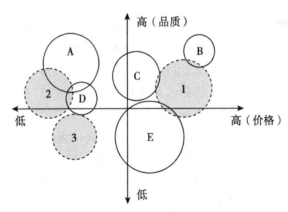

图 5-2　三维度品牌定位感知图

例如,图5-2中表示了一个企业面对的同类品牌的定位情况。企业在品牌定位中,选择品质和价格作为关键属性,构建了三个维度的感知图。圆的大小表示市场份额;圆A表示一个追求高品质,但由于规模可以接受较低价格的细分市场;圆B表示一个追求高品质、高价格的细分市场;圆C表示一个中档品质、中档价格的细分市场;圆D表示一个可接受的中档品质、较低价格的细分市场;圆E表示一个较低品质,却有较高价格的细分市场。

从各品牌的定位点和势力范围来看,企业的品牌定位有三个区域可供选择(图中虚圆部位),在圆 1 和圆 2 附近都已经有好几个品牌占据,竞争很激烈,唯有圆 3 附近还是一个空白点。圆 3 的品牌定位是以较低的价位提供基本产品质量,是一个大众消费品牌,市场空间相对较大。如果企业想控制品牌的制高点,生产销售已经有相当的经验基础,想为高收入、高消费的目标群体提供产品和服务,那么圆 1 附近的定位也是一个很好的选择,品牌定位是较高的品质、较高的价格,但如果 B、C 品牌扩大规模,拓展市场空间,竞争会比较激烈。

2. 品牌定位排比图

随经济社会的发展,消费者的需求日益多元化,消费者对产品的要求也越来越高,两个属性已不能满足其判断决策的需要,多个属性的分析和品牌定位方法十分必要。排比图就是多因素品牌定位的一种技术方法。

首先,根据专家意见和通过消费者调查的方法,确定所有影响消费者购买决策的属性;其次,根据调查结果对影响属性进行重要性排序;最后,根据消费者对本品牌及竞争品牌的属性评价分值,在排比图中标出各品牌的位置,从中得知各品牌的差距,从而明确本品牌未来的定位方向(见图 5-3)。

例如,市场上有五个竞争品牌 A、B、C、D、E 可供参考,通过调查,影响品牌购买决策的属性按照重要性依次是售后服务、操作方便性、款式、耐用性、性能、质量,权重依次是 6、5、4、3、2、1,品牌在各个属性的表现划分为 5 个层次,5 个层次的分值依次是 1、2、3、4、5,由此可以得到每个品牌的评价值。假设各属性被关注的程度是平等的,即每一个都要受到关注,则 E 的品牌定位分值为:

(4 × 1) + (5 × 2) + (1 × 3) + (2 × 4) + (4 × 5) + (4 × 6) = 69

影响因子	1	2	3	4	5	重要性
质量	A	B	C	E	D	1
性能	A			B C	D E	2
耐用性	D E			C B	A	3
款式	A	E		B	D C	4
操作方便性	A			B E	C D	5
售后服务	A	B		E C	D	6

低　　　　　　　　　　　　　　　　　　　　高

图 5-3　品牌定位排比图

在这种定位计算中,既可以通过市场调查法或层次分析法等获得各属性的权重值,也可以细分质量等属性的计量单位,使其得分更准确,进而品牌定位的分值也会更准确。

事实上,消费者认知的品牌属性是有限的,企业要按照消费者关注的属性和市场空间进行品牌定位。假设消费者最关注操作方便性和性能,则 D 品牌的定位就比较合适,但 D 品牌其他属性的分值就不会引起消费者的关注;考虑到成本和效益,不应在质量、款式、售后服务上倾注过多的资源,只要确保行业平均状态,就不会影响消费者的选择决策。

3. 品牌定位点选择过程模型

定位就是定位点的选择过程。定位点是指企业选择、确定并提供给目标顾客的营销要素的某一特征。这一特征目标顾客较为关注、具有比较竞争优势且具有可信性。顾客在购买产品和服务时,其出发点是实现一定的价值,为了实现这一价值需要取得一定的利益,为了实现这一利益需要购买一定的产品和服务的属性。利益定位点是满足目标顾客的效用需求,属性定位点是实现利益定位点的属性特征,价值定位点是由利益和属性给顾客带来的精神上的感受。

在利益定位和属性定位实现差异化的条件下,可以没有价值定位;在利益定位和属性定位无法实现差异化的条件下,通过价值定位也可以实现差异化。不过,在利益定位和属性定位实现差异化的条件下,也可以有价值定位,以取得锦上添花的效果。

(1) 定位点选择的标准

定位点的选择有三个标准:独特性、必要性和可信性。定位就是"在目标顾客心目中占有独特位置的行动",因此,是否与竞争对手形成差异化,是选择定位点的第一标准。同时这个独特性之所以有意义,必须是顾客比较关注的利益点和价值点,即具有必要性。最后,这个具有独特性和必要性的点,还必须具有可信性,而仅仅是一种宣传和口号。

为确保定位的有效性,必须满足以下四个条件:第一,必须对目标顾客有一个清晰的认识,同一产品属性特征对不同的顾客会有不同的定位认知;第二,定位确定的利益点必须是目标顾客最为看重的要素之一,低价利益点对于价格不敏感的顾客来说就属于非重要因素;第三,定位必须建立在公司和品牌现有竞争优势的基础上;第四,定位应该是可以向目标顾客传播的,即应该简单、可修正,便于转化为有吸引力的广告。

(2) 定位点的选择范围

就是产品、价格、渠道、沟通四要素,在属性、利益和价值三个方面的具体表现。

属性方面,定位点选择的范围可以是营销组合要素的各个维度,只要能够产生利益的方面都可以成为属性定位点的备选对象。产品属性包括原材料、工艺、形态等内部属性和服务、品牌、包装、服务等外部属性。价格属性包括价格高低、价格调整和促销酬宾等。渠道属性包括渠道长度、宽度、广度、系统等。沟通属性包括信息内容、传播形式、传播时间和传播媒体等(见表5-1)。

表5-1 四个营销组合要素的属性内容

产品属性	价格属性	渠道属性	沟通属性
原材料、工艺、形态、品牌、包装、服务等	价格高低、价格调整、促销酬宾等	长度、宽度、广度、系统等	信息内容、传播形式、传播时间、传播媒体等

利益方面,定位点选择的范围可以是营销组合要素各个维度带来的利益。

利益定位可进一步分为功能利益和财务利益,以及相应的结果利益和过程利益。实际上,这里的利益不仅是在产品方面,应该是营销组合各个要素带来的效用,也包括价格、渠道和沟通等方面(见表5-2)。不过,有的是一个营销组合要素带来的利益,例如佳洁士儿童牙膏的利益定位点为防止蛀牙,属性定位点为单一的含氟;有的是综合几个营销组合要素带来的利益,例如星巴克独特体验的定位点,由独特的咖啡香味、艺术化的店铺环境设计、温馨的人员服务等多种组合要素属性来实现。健康、舒适、时尚、省钱、省时、省精力、省体力等利益,常常是营销组合属性要素综合作用的结果。

表5-2　四个营销组合要素的利益内容

组合要素	增加顾客获得的利益		
	利益类型	结果利益	过程利益
1. 产品方面	功能利益	产品使用后的好处	使用过程的好处
	财务利益	省钱	节省修理和替代品费用
2. 价格方面	财务利益	省钱或增加价值	花更少的钱
3. 渠道方面	功能利益	节省时间、体力和精力成本	便利、舒适、美感
	财务利益	省钱	节省车费、时间和学习费用
4. 沟通方面	功能利益	便利、心情好、有面子等	节省时间、体力和精力成本
	财务利益	省钱	节省信息搜集和使用费用

价值方面,心理学家米尔顿·罗克奇(Milton Rokeach)认为,个人价值分为终极价值和工具价值。终极价值是指人们渴望实现的最终状态,工具价值是指人们为实现最终价值的理想行为规范。二者分别包括18项内容(见表5-3)。这些都是价值定位点的备选内容。

表5-3　最终价值和工具价值

最终价值	工具价值
1.舒适的生活;2.刺激的生活;3.成就感;4.和平的世界;5.美丽的世界;6.平等;7.家庭安全;8.自由;9.幸福;10.无内心冲突;11.成熟的性爱;12.国家安全;13.快乐;14.救世;15.自尊;16.社会认同;17.真挚的友谊;18.智慧	1.雄心勃勃;2.心胸开阔;3.有能力;4.愉快;5.整洁;6.勇敢;7.宽恕;8.乐于助人;9.诚实;10.创造力、想象力;11.独立;12.理智;13.符合逻辑;14.博爱;15.孝顺;16.礼貌;17.负责;18.自我控制

(3) 选择定位点的具体步骤

属性定位点和利益定位点有着密切的因果关系,因此确定了利益定位点,就自然会产生属性定位点。由于利益定位点是指给目标顾客带来的效用好处本身,又是属性定位的结果,所以在定位点的选择过程中,利益定位应该在属性定位之前。

利益定位和价值定位不是直接的因果关系,但有着一定的逻辑关系,即通过利益定位点的实现可以让顾客感觉到相应的价值定位点。同样,利益定位点带来的价值也可以有很多选择,价值定位点也可以由若干利益来体现。这样找到的主要的利益-价值链,就成为利益定位和价值定位的核心。由于价值定位是满足目标顾客的精神感受,这个感受也必须通过利益来体现,所以在定位点的选择过程中,利益定位也应该在价值定位之前。

由于价值定位点是满足顾客的精神感受,除了通过利益定位点来体现,表现营销组合各要素的属性定位点也具有必不可少的作用。例如产品材质、工艺、价格高低、零售终端档次、广告代言人等都会直接影响顾客对感受的评价。所以在进行定位点的选择过程中,价值定位应该在属性定位之前。

这样,定位点的选择过程:先进行利益定位,然后进行价值定位,最后进行属性定位。整个定位过程又可以详细地分为18个步骤,如图5-4所示。

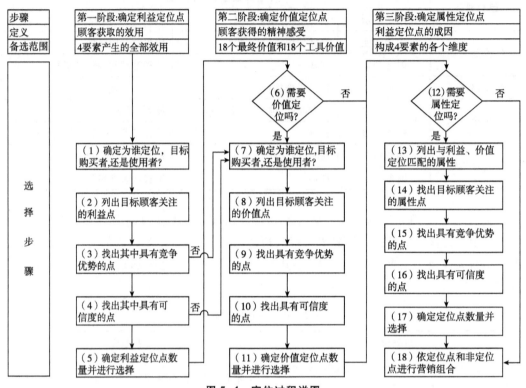

图5-4 定位过程详图

4.品牌策略

品牌策略是一系列能够产生品牌积累的企业管理与市场营销方法,主要包括品牌化决策、品牌使用者决策、品牌名称决策、品牌战略决策以及品牌更新。

(1)品牌化决策

品牌化决策是指企业决定是否给产品起名字、设计标志的活动。使用品牌对企业有如下好处:有利于订单处理和对产品的跟踪,保护产品的某些独特特征不被竞争者模仿,为吸引忠诚顾客提供机会,有助于市场细分,有助于树立产品和企业形象。尽管品牌化是商品市场发展的大趋向,但对于单个企业而言,是否要使用品牌还必须考虑产品的实际情况,因为在获得品牌带来的上述好处的同时,建立、维持、保护品牌也要付出巨大的成本,如包装费、广告费、标签费和法律保护费等。

一般来说,对于那些在加工过程中无法形成一定特色的产品,由于产品同质性很高,消费者在购买时不会过多地注意品牌。此外,品牌与产品的包装、产地、价格和生产厂家等一样,都是消费者选择和评价商品的一种外在线索,对于那些消费者只看重式样和价格而忽视品牌的产品,品牌化的意义也就很小。如果企业一旦决定建立新的品牌,那就不仅是为产品设计一个图案或取一个名称,而且必须通过各种手段来使消费者达到品牌识别的层次,否则这个品牌的存在也是没有意义的。未加工的原料产品以及那些不会因生产商不同而形成不同特色的产品仍然可以使用无品牌策略,这样可以节省费用,降低价格,扩大销售。

(2) 品牌使用者决策

品牌使用者决策是指企业决定使用制造商的品牌,还是使用经销商的品牌,或两种品牌同时兼用。

一般情况下,品牌是制造商的产品标记,制造商决定产品的设计、质量、特色等。享有盛誉的制造商还将其商标租借给其他中小制造商,并收取一定的特许使用费。近年来,经销商的品牌日益增多。西方国家许多享有盛誉的百货公司、超级市场、服装商店等使用的都是自己的品牌,有些著名的商家(如美国的沃尔玛)经销的 90% 的商品使用的都是自己的品牌。同时强有力的批发商中也有许多使用自己品牌的,以增强对价格、供货时间等的控制能力。

当前,经销商品牌已经成为品牌竞争的重要因素。但使用经销商品牌对于经销商会带来一些问题。经销商需大量订货,占用大量资金,承担的风险较大;同时经销商为扩大自身品牌的声誉,需要大力宣传其品牌,经营成本提高。经销商使用自身品牌也会带来诸多利益,比如因进货数量较大则其进货成本较低,因而销售价格较低,竞争力较强,可以得到较高的利润。同时经销商可以较好地控制价格,可以在某种程度上控制其他中间商。

在现代市场经济条件下,制造商品牌和经销商品牌之间经常会展开激烈的竞争,也就是所谓的品牌战。一般来说,制造商品牌和经销商品牌之间的竞争,本质上是制造商与经销商之间实力的较量。在制造商具有良好的市场声誉,拥有较大的市场份额的条件下,应多使用制造商品牌,无力经营自己品牌的经销商只能接受制造商品牌。相反,当经销商品牌在某一市场领域中拥有良好的品牌信誉及庞大、完善的销售体系时,利用经销商品牌也是有利的。因此进行品牌使用者决策时,要结合具体情况,充分考虑制造商与经销商的实力对比,以求客观地作出决策。

(3) 品牌名称决策

品牌名称决策是指企业决定所有的产品使用一个或几个品牌,还是不同产品分别使用不同的品牌。可以有以下四种决策模式:

● 个别品牌名称。即企业决定每个产品使用不同的品牌。采用个别品牌名称,为每种产品寻求不同的市场定位,有利于增加销售额和对抗竞争对手,还可以分散风险,使企业的整个声誉不致因某种产品表现不佳而受到影响。如宝洁公司的洗衣粉使用了"汰渍""碧浪",肥皂使用了"舒肤佳",牙膏使用了"佳洁士"。

● 对所有产品使用共同的家族品牌名称。即企业的所有产品都使用同一种品牌。对于那些享有高声誉的著名企业,全部产品采用统一品牌名称策略可以充分利用其名牌效应,使企业所有产品畅销。同时企业宣传介绍新产品的费用开支也相对较低,有利于新产品进入市场。如美国通用电气公司的所有产品都用"GE"作为品牌名称。

● 各大类产品使用不同的家族品牌名称。企业使用这种策略,一般是为了区分不同大类的产品,一个产品大类下的产品再使用共同的家族品牌,以便在不同大类产品领域中树立各自的品牌形象。例如史威夫特公司生产的一个产品大类是火腿;还有一个大类是化肥,就分别取名为"普利姆"和"肥高洛"。

● 个别品牌名称与企业名称并用。即企业决定其不同类别的产品分别采取不同的品牌名称,且在品牌名称之前都加上企业的名称。企业多把这种策略用于新产品的开发。在新产品的品牌名称上加上企业名称,可以使新产品享受企业的声誉,而采用不同的品牌名称,又可以使各种新产品显示出不同的特色。例如海尔集团就推出了"探路者"彩电、"大力神"冷柜、"大王子""小王子"和"小小神童"洗衣机。

(4) 品牌战略决策

品牌战略决策有五种,即产品线扩展策略、品牌延伸策略、多品牌策略、新品牌策略、合作品牌策略。

● 产品线扩展策略。产品线扩展是指企业现有的产品线使用同一品牌,当增加该产品线的产品时,仍沿用原有的品牌。这种新产品往往都是现有产品的局部改进,如增加新的功能、包装、式样和风格等。通常企业会在这些产品的包装上标明不同的规格、不同的功能特色或不同的使用者。产品线扩展的原因是多方面的,如为了充分利用过剩的生产能力;满足新的消费者的需要;率先成为产品线全满的公司以填补市场空隙,与竞争对手推出的新产品竞争或得到更多的货架位置。产品线扩展的好处有:扩展产品的存活率高于新产品,通常新产品的失败率在80%—90%;满足不同细分市场的需求;完整的产品线可以防御竞争对手的袭击。产品线扩展的弊端有:可能使品牌名称丧失其特定的意义,随着产品线的不断延长,会淡化品牌原有的个性和形象,增加消费者认识和选择的难度;有时因为原来的品牌过于强大,致使产品线扩展造成混乱,加上销售数量不足,难以冲抵它们的开发和促销成本;如果消费者未能在心目中区别出各种产品,则会造成同一种产品线中新老产品自相残杀的局面。

● 品牌延伸策略。品牌延伸是指将一个现有的品牌名称使用到一个新类别的产品上,即品牌延伸策略是指一种将现有成功的品牌,用于新产品或修正过的产品上的战略。品牌延伸是实现品牌无形资产转移和发展的有效途径。品牌也受生命周期的约束,存在导入期、成长期、成熟期和衰退期。品牌作为无形资产是企业的战略性资源,如何充分发挥企业的品牌资源潜能并延续其生命周期便成为企业的一项重大战略决策。品牌延伸一方面在新产品上实现了品牌资产的转移,另一方面又以新产品的形象延续了品牌的寿命,因而成为企业的现实选择。

品牌延伸策略具有以下好处:

第一,品牌延伸可以加快新产品的定位,保证新产品投资决策的快捷准确。

第二,品牌延伸有助于减少新产品的市场风险。如可以大大缩短被消费者认知、认同、接受、信任的过程,极为有效地防范了新产品的市场风险,并且可以有效地降低新产品推广的成本及费用。与同类产品相比，新产品就与之站在了同一起点上，甚至略优于对手，具备了立于不败之地的竞争能力。

第三，品牌延伸有助于强化品牌效应，增加品牌这一无形资产的经济价值。

第四，品牌延伸能够增强核心品牌的形象，提高整体品牌组合的投资效益。

品牌延伸策略具有以下弊端：

第一，损害原有品牌形象。当某一类产品在市场上取得领导地位后，这一品牌就成为强势品牌，它在消费者心目中就有了特殊的形象定位，甚至成为该类产品的代名词。将这一强势品牌进行延伸后，由于近因效应（即最近的印象对人们的认知影响具有较为深刻的作用）的存在，就有可能对强势品牌的形象起到巩固或减弱的作用。如果运用不当的品牌延伸，就会使原有强势品牌所代表的形象信息被弱化。

第二，有悖消费心理。一个品牌取得成功的过程，就是消费者对企业所塑造的这一品牌的特定功用、质量等特性产生特定的心理定位的过程。企业把强势品牌延伸到和原市场不相容或者毫不相干的产品上时，就有悖消费者的心理定位。

第三，容易造成品牌认知的飘忽不定。当一个名称代表两种甚至更多的有差异的产品时，必然会导致消费者对产品的认知模糊化。当延伸品牌的产品在市场竞争中处于绝对优势时，消费者就会把原强势品牌的心理定位转移到延伸品牌上。这样一来，就无形中削弱了原强势品牌的优势。

第四，株连效应。将强势品牌冠名于其他产品上，如果不同产品在质量、档次上相差悬殊，就会使原强势品牌产品和延伸品牌产品产生冲突，这不仅会损害延伸品牌产品，还会株连原强势品牌。

第五，淡化品牌特性。一个品牌在市场上取得成功后，在消费者心目中就有了特殊的形象定位，消费者的注意力也集中到该产品的功用、质量等特性上。如果企业用同一品牌推出功用、质量相差无几的同类产品，就会使消费者晕头转向，使该品牌的特性被淡化。

品牌延伸策略应结合品牌延伸原则来考虑，着重对已有品牌资产进行调查以及对新产品的适应性进行系统分析。具体决策步骤包括：

第一，品牌资产调查阶段。这个阶段的任务是探测存在于公众头脑中与品牌有关的所有联想，推测哪些产品能够符合品牌意义。我们要得到的认识包括品牌的属性、个性、意图、内心、承诺和隐藏的潜力。

第二，新产品构想测试阶段。测试新产品的构想，不但要识别适合品牌延伸的相关产品，确定延伸是否与品牌保持一致，而且还要确定产品是否被认为超越了其竞争对手，即延伸是否创造了一种市场欲望。

因为品牌延伸是战略决策的结果，因此还要结合生产、营销、财务和人力资源等因素进行综合考虑。品牌延伸通常也涉及某种风险，没有一种研究能够精确地预测品牌延伸在一段时间里的效果。因此，企业实施品牌延伸策略，一定要着眼于长远利益。

- 多品牌策略。在相同产品类别中引进多个品牌的策略称为多品牌策略。证券投资者往往同时投资多种股票，一个投资者所持有的所有股票集合就是所谓的证券组合，为了减少风险，增加盈利机会，投资者必须不断地优化证券组合。同样，一个企业建立品牌组合，实施多品牌策略，往往也是基于同样的考虑，并且这种品牌组合的各个品牌形象相互之间是既有差别又有联系的，不是"大杂烩"，组合的概念蕴含着整体大于个别的意义。

第一，培植市场的需要。没有哪一个品牌单独可以培植一个市场。尽管某一品牌起初一枝独秀，但是一旦等它辛辛苦苦地开垦出一片肥沃的市场后，其他人就会蜂拥而至。众多市场竞争者共同开垦一个市场，有助于该市场的快速发育与成熟。当市场分化开始出现时，众多市场贡献者的广告战往往不可避免，其效果却进一步强化了该产品门类的共同优势。有的市场开始时生气勃勃，最后却没有形成气候，其原因之一就在于参与者寥寥。一个批发市场如果只有两三间小店，冷冷清清，则该市场就不是什么市场了。多个品牌一同出现是支持一个整体性市场所绝对必需的条件。以个人计算机市场为例，如果只有苹果一家公司唱独角戏，而没有其他电脑厂家跟进，则绝对不可能形成今天这样火爆的市场。

第二，多个品牌使企业有机会最大限度地覆盖市场。没有哪一个品牌能够单枪匹马地占领一个市场。随着市场的成熟，消费者的需求逐渐细化，一个品牌不可能保持其基本意义不变而同时满足几个目标。这就是为什么有的企业要创造数个品牌以对应不同市场细分的初衷。另外，近年来西方零售商自我品牌的崛起向制造商发出了强有力的挑战，动摇着制造商在树立和保持品牌优势上的主动和统治地位。多品牌策略有助于制造商遏制中间商和零售商控制某个品牌进而左右自己的能力。

多品牌提供了一种灵活性，有助于限制竞争对手的扩展机会，使得竞争对手感到在每一个细分市场中的现有品牌都是进入的障碍。在价格大战中捍卫主要品牌时，多品牌是不可或缺的策略。把那些次要品牌作为小股部队，给发动价格战的竞争对手以迅速的侧翼打击，有助于使挑衅者首尾难顾。与此同时，核心品牌的领导地位则可以毫发无损。核心品牌肩负着保证整个产品门类盈利能力的重任，其地位必须得到捍卫；否则，一旦它的魅力下降，产品的单位利润就难以复升，最后该品牌将遭到零售商的拒绝。

第三，突出和保护核心品牌。当需要保护核心品牌的形象时，多品牌的存在更显得意义重大，核心品牌在没有把握的革新中不能盲目冒风险。例如，为了捍卫品牌资产，迪士尼企业在其电影制作中使用多个品牌，使得迪士尼企业可以生产各种类型的电影，从而避免了损伤声望卓著的迪士尼的形象。在西方，零售系统对品牌多样化的兴趣浓厚，制造商运用多品牌策略来提高整体市场份额，以此增加自己与零售商较量的砝码。

所以，多品牌策略有助于企业培植、覆盖市场，降低营销成本，限制竞争对手和有力地回应零售商的挑战。

多品牌策略虽然有着很多优越性，但同时也存在诸多局限性。

第一，随着新品牌的引入，其净市场贡献率将呈一种边际递减的趋势。经济学中的边际效用理论告诉我们，随着消费者对一种商品消费的增加，该商品的边际效用呈递减的趋势。同样，对于一个企业来说，随着品牌的增加，新品牌对企业的边际市场贡献率也将呈递减的趋势。这一方面是由于企业的内部资源有限，支持一个新品牌有时需要缩减原有品牌的预算费用；另一方面是由于企业在市场上创立新品牌会因竞争对手的反抗而达不到理想的效果，它们会针对企业的新品牌推出类似的竞争品牌，或加大对现有品牌的营销力度。此外,另一个重要的原因是,随着企业在同一产品线上品牌的增多,各品牌之间不可避免地会侵蚀对方的市场。在总市场难以骤然扩张的情况下,很难想象新品牌所吸引的消费者全部都是竞争对手的顾客,或是从未使用过该产品的人,特别是当产品差异化较小,或是同一产品线上不同品牌定位差别不甚显著时,这种品牌间相互蚕食的现象尤为显著。

第二,品牌推广成本较大。企业实施多品牌策略,就意味着不能将有限的资源分配给获利能力强的少数品牌,各个品牌都需要一个长期、巨额的宣传预算。对于有些企业来说,这是可望而不可即的。

● 新品牌策略。为新产品设计新品牌的策略称为新品牌策略。当企业在新产品类别中推出一个新产品时,可能发现原有的品牌名称已不适合它,或是对新产品来说有更好、更合适的品牌名称,这时企业需要设计新品牌。例如,春兰集团以生产空调著名,当它决定开发摩托车时,采用春兰这个女性化的名称就不太合适,于是采用了新的品牌"春兰豹"。又如,原来生产保健品的养生堂开发饮用水时,使用了更好的品牌名称"农夫山泉"。

● 合作品牌策略。合作品牌(也称为双重品牌)是指两个或更多的品牌在一个产品上联合起来。每一个品牌都期望另一个品牌能够强化整体的形象或购买意愿。

合作品牌的形式有多种。一种是中间产品合作品牌,如联想 ThinkPad 的广告说,它使用了英特尔的芯片。另一种是同一企业合作品牌,如阿里巴巴公司旗下的淘宝和天猫都使用了支付宝,这三者都是阿里巴巴公司旗下的品牌。还有一种是合资合作品牌,这种形式在汽车行业较为常见,如一汽大众、上海大众和长安福特等。

(5) 品牌更新

品牌更新战略主要涉及形象更新、定位修正、产品更新和管理创新等四个方面。

● 形象更新。形象更新,顾名思义,就是品牌不断创新形象,适应消费者心理的变化,从而在消费者心目中形成新的印象的过程。其具有以下几种情况:

第一,消费观念变化导致企业积极调整品牌战略,塑造新形象。如随着人们环保意识的增强,消费者已开始把无公害消费作为选择不同商品、品牌的标准,企业这时即可采用避实就虚的方法,重新塑造品牌形象,避免涉及环保内容或采用迎头而上的战略,更新品牌形象为环保形象。

第二,档次调整。企业要开发新市场,就需要为新市场塑造新形象,如日本小汽车在美国市场的形象就经历了由小巧、省油、耗能低、价廉车到高科技概念车的转变,给品牌的成长注入了新的生命力。

● 定位修正或品牌再定位。从企业的角度,不存在一劳永逸的品牌,从时代发展的角度,要求品牌的内涵和形式不断变化。品牌从某种意义上就是从商业、经济和社会文化的角度对这种变化的认识和把握。所以,企业在建立品牌之后,会因竞争形势而修正自己的目标市场。如竞争对手可能继企业品牌之后推出其品牌,并削减企业的市场份额;顾客偏好发生转移,对企业品牌的需求减少;或者企业决定进入新的细分市场。因此,企业有时会因时代特征、社会文化的变化而进行品牌定位修正或再定位。

在作出品牌定位修正或再定位决策时,首先,要考虑将品牌转移到另一个细分市场所需要的成本,包括产品品质改变费、包装费和广告费。一般来说,修正或再定位的跨度越大,所需成本越高。其次,要考虑品牌定位于新位置后可能产生的收益。收益大小是由以下因素决定的:某一目标市场的消费者人数;消费者的平均购买力;同一细分市场竞争对手的数量和实力,以及在该细分市场中为品牌定位修正或再定位要付出的代价。

第一,竞争环境使得企业避实就虚,扬长避短,修正定位。如七喜牌饮料在进入软饮料市场后,研究发现,可乐饮料总是和保守型的人结合在一起,而那些思想新潮者总是渴望能够找到象征自己狂放不羁思想的标志物。七喜公司进行了一次出色的活动,标榜自己是生产非可乐饮料的,品牌的新市场定位给它们带来了生机,从而获得了非可乐饮料市场的领先地位。

第二,时代变化引起企业修正定位。例如,创立于1908年的英国李库珀(Lee Cooper)牛仔裤是世界上著名的服装品牌之一,也是欧洲领先的牛仔裤生产商,近百年来,它的品牌形象在不断地变化:就20世纪来说,40年代——自由无拘束;50年代——叛逆;60年代——轻松时尚;70年代——豪放粗犷;80年代——新浪潮下的标新立异;90年代——返璞归真。

- 产品更新。现代社会科学技术作为第一生产力、第一竞争要素,也是品牌竞争的实力基础。企业的品牌要想在竞争中处于不败之地,就必须重视技术创新,不断地进行产品的更新换代。

- 管理创新。企业与品牌是紧密结合在一起的,企业的兴盛发展必将推动品牌的成长与成熟。品牌的维系,从根本上说是企业管理的一项重要内容。管理创新是指从企业生存的核心内容来指导品牌的维系与培养,它含有多项内容,如与品牌有关的观念创新、技术创新、制度创新以及管理过程创新等。

5.4 品牌策划文案设计范例

品牌策划文案范例属于典型的**案例教学**范畴(项目一),设定的目的是为学习者提供一个真正可以模仿的蓝本或范例,这个蓝本或范例始终贯穿整个项目。以下是《HeyHoney蜂蜜品牌策划》完整策划文案,该作品获2016年全球品牌策划大赛(Global Brand Planning Competition,GBPC)金质奖。

任务1　HeyHoney 蜂蜜环境分析

1. 任务描述

(1) 宏观环境分析

从政治法律环境、经济环境、技术环境、社会文化环境等方面进行分析,找出这些因素对品牌的影响。

(2) 世界蜂蜜贸易情况

通过调查,掌握世界蜂蜜生产及区域分布、世界蜂蜜贸易以及中国蜂蜜进出口贸易情况。

(3) 中国蜜源分布情况

调查中国蜜源的分布情况和主要蜂蜜品种。

(4) 行业分析

对蜂蜜行业的国家规范、生产工艺、行业集中度和竞争状况等进行分析,掌握行业发展动向。

(5) 消费者分析

进行市场调研,准确刻画消费者形象和行为特征。

(6) 小结

2. HeyHoney 蜂蜜环境分析实战案例

HeyHoney 蜂蜜环境分析具体见二维码。

3. HeyHoney 蜂蜜环境分析实战案例评析

环境分析是进行品牌策划的基础,所以一定要保证分析的准确性。该实战案例对宏观环境分析准确,对行业分析详细,对消费者分析全面,用数据和图表为我们真实地展示了蜂蜜市场的基本情况,数据对比可以让我们看到巨大的反差,为进一步的品牌战略选择奠定了基础。

任务 2　HeyHoney 蜂蜜战略选择

1. 任务描述

运用 SWOT 分析方法,对 HeyHoney 蜂蜜内部的优势和劣势以及外部的机遇和威胁进行系统性的审视、评估和判断,并明确地作出战略选择。

2. HeyHoney 蜂蜜战略选择实战案例

HeyHoney 蜂蜜是天然成熟的活性蜂蜜,工艺不同于工业浓缩蜜,没有经过高温蒸馏、使用添加剂等流程,有效地保留了天然蜂蜜中的氨基酸和蛋白酶。

(1) 优势

HeyHoney 拥有优质的蜜源地,蜂蜜品质高,是富含氨基酸、蛋白酶的天然原蜜;同时,精简产业链,只经过过滤、灌装、密封等程序,成品蜂蜜质量高;营销渠道短,有价格优势。此外,HeyHoney 是大学生创业团队,受学校支持,营业压力小。

(2) 劣势

HeyHoney 品牌创立时间短、知名度低;产品种类单一,可供消费者选择的余地小;团队资金有限,品牌推广和宣传渠道受限,市场占有率低。

(3) 机遇

近些年,中国蜂蜜产业产量呈上升趋势,蜂蜜的需求量逐年增加。同时,随着经济和社会文化的发展,消费者对品质的关注度提高,对养生和健康开始重视,品牌红利时代马上来临。此外,由于中国政府加大了对蜂蜜市场的整治力度,伪劣商品逐渐被市场淘汰,为品牌蜂蜜的发展清理了市场。中国政府对大学生创业的扶持力度加大,各项资助和优惠政策惠及了大众,为创业缔造了环境。

(4) 威胁

中国有关蜂蜜产品的质量标准不健全,导致蜂蜜市场混乱,消费者对蜂蜜产品真假难辨。这样的市场环境不利于 HeyHoney 被消费者接受和认可。蜂蜜的替代品多,且替代品的市场认知、行业秩序均好于蜂蜜市场。蜂蜜行业门槛较低,竞争者多。

通过 SWOT 分析,可以看到:目前,中国蜂蜜市场秩序混乱,消费者对蜂蜜的接受程度较低,HeyHoney 自身实力较弱等原因对 HeyHoney 的发展造成阻碍,但 HeyHoney 坚持优质产品,加之中国的蜂蜜产业潜力巨大,且蜂蜜天然绿色、健康符合现代人的生活观念,给 HeyHoney 的进一步发展创造了有利的环境。

HeyHoney 将结合自身优势,抓住机遇,采用增长型战略,快速发展。具体 SWOT 分析见图 5-5。

SWOT 分析	S 优势	W 劣势
内部	S1.优质的蜜源地 S2.产品富含活性酶 S3.产业链短 S4.天然成熟蜂蜜,质量高 S5.成本控制	W1.创立时间短,知名度低 W2.产品单一 W3.资金有限 W4.品牌推广和宣传渠道受限 W5.市场占有率低
O 机遇 O1.蜂蜜产量逐年增加 O2.蜂蜜需求量逐年增加 O3.消费者对品质关注度提高 O4.消费者对养生健康的重视 O5.消费者对品牌认知度提高 O6.政府加大对蜂蜜市场整治 O7.政府各项资助和优惠	**增长型战略** 抓住经济增长、消费观念转变、品牌意识增强、健康意识增加、政府整治市场和优惠资助等机遇,发挥 HeyHoney 蜜源地、产品质量、运营模式和成本控制等方面的优势,最大限度地发展。	**扭转型战略** 利用机遇,扭转劣势;加大融资、丰富产品类别、拓展渠道、提升知名度、抢占市场。
T 威胁 T1.蜂蜜质量标准不健全 T2.市场混乱,真假难辨 T3.替代品多,且替代品市场认知、行业秩序均好于蜂蜜市场 T4.行业门槛较低,竞争者多	**多元化战略** 以 HeyHoney 品牌名称的特殊含义为核心,优化产品组合,拓展新业务,避免市场威胁。	**防御性战略** 避免威胁,回避劣势,收缩、合并。

图 5-5 HeyHoney 蜂蜜 SWOT 分析图

3. HeyHoney 蜂蜜战略选择实战案例评析

战略选择是在环境分析的基础上,对当前内外部环境的关键影响因素进行系统性的审视、评估和判断,并明确地作出决策。该实战案例运用 SWOT 分析工具对企业的优势、劣势和所处环境的机遇、威胁进行了系统的分析,最终确定了采用增长型战略,快速发展,分析准确、逻辑清晰。SWOT 分析的基本逻辑是发挥优势、转变劣势、抓住机遇、规避威胁,但在应用中常犯的错误就是只将企业的优势、劣势、机遇和威胁进行罗列,没有任何结论,没有做战略选择,最终造成了为使用工具而使用工具的情况出现。

任务 3　HeyHoney 蜂蜜品牌策划

1. 任务描述

(1) 市场细分

依据消费者市场细分钻石模型,在收入水平、消费方式等维度,将消费市场进行细分。

(2) 目标市场选择

评估各个细分市场的规模、内部结构吸引力和品牌的资源条件,确定进入的细分市场以及进入方式。

(3) 定位

运用品牌定位点选择过程模型,确定品牌的属性、利益和价值定位点。

(4) 品牌的核心价值

以让消费者明确、清晰地识别并记住品牌的利益点与个性为宗旨,提炼品牌的核心价值。

(5) 品牌形象

从理念识别、行为识别和视觉识别三个方面,对品牌形象进行设计。

2. HeyHoney 蜂蜜品牌策划实战案例

品牌像人一样,需要有自己的个性和风格,这种个性和风格需要通过品牌定位来实现。我们运用 STP 理论进行市场细分(Segmentation)、目标市场选择(Targeting)和定位(Positioning)。

(1) 市场细分

蜂蜜的受众范围很广,老少皆宜。为了定位准确,HeyHoney 参照基于消费价值观六个维度建立的钻石模型,结合蜂蜜的行业特点,增加了年龄、生活方式等维度,将中国消费者分为以下六类,如图 5-6 所示。

(2) 目标市场选择

HeyHoney 将自我满足型消费者作为主要的目标客户,他们的收入处于中等靠上水平,但很注重自己的感觉,愿意为情感买单。这部分消费者大部分是 25—40 岁的女性,她们追求生活品位,注重精神享受,乐于线上购物,享受精致的生活,追求不断完美的自我,对时尚、美容、旅行等非常有兴趣。

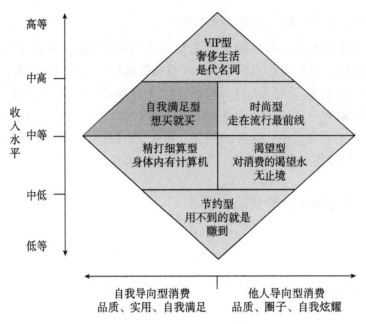

图 5-6 消费者市场细分钻石模型

（3）定位

定位就是定位点的选择过程。定位点是指企业选择、确定并提供给目标顾客的营销要素的某一特征。这一特征是目标顾客较为关注、具有比较竞争优势且具有可信性的属性、利益和价值点。属性定位点是形成利益定位点的原因，利益定位点是给目标顾客带来的功能好处，价值定位点是给目标顾客带来的精神感受，如快乐、幸福和自由等。

根据品牌定位点选择过程模型，我们首先确定利益定位点，然后确定价值定位点，最后确定属性定位点（见图 5-7）。利益和价值定位用于满足消费者需求，体现的是独特性（做到优于竞争对手）和必要性（满足消费者关注的利益点）；属性定位提供利益定位实现的原因，体现的是可信性，用于营销组合策略的制定。

图 5-7 品牌定位点选择过程

在进行定位点选择时，要注意 3 个基本特征：目标消费者关注、具有比较竞争优势和真实可信。

首先，确定利益定位点。在前期的调研中我们可以看出，消费者认为蜂蜜的功能主要表现在以下 8 个方面：①美容、美白；②润肺、止咳、化痰；③通便、润肠、促进消化；④提升免疫力；⑤排毒养颜；⑥调节内分泌；⑦降血压；⑧迅速补充体力；⑨减肥塑身。结合目标消费人群的消费偏好，HeyHoney 在排毒养颜、提升免疫力、减肥塑身方面更加具有相对竞争优势。

所以，HeyHoney 的利益定位点是排毒养颜、提升免疫力、减肥塑身。

其次,确定价值定位点。价值定位点的确定,我们参考心理学家米尔顿·罗克奇的研究结果。他认为,个人价值分为终极价值和工具价值。终极价值是指人们渴望实现的最终状态,工具价值是指人们为实现最终价值的理想行为规范。二者分别包括18项内容(见表5-4)。这些可以作为价值定位点的备选内容。

表 5-4 终极价值观和工具价值观

终极价值观	工具价值观
舒适的生活(富足的生活)	雄心勃勃(辛勤工作、奋发向上)
刺激的生活(振奋的、积极的生活)	心胸开阔(开放)
成就感(持续的贡献)	有能力(能干、有效率)
和平的世界(没有冲突和战争)	愉快(轻松愉快)
美丽的世界(艺术与自然的美)	整洁(卫生、清洁)
平等(兄弟情义、机会均等)	勇敢(坚持自己的信仰)
家庭安全(照顾自己所爱的人)	宽恕(谅解他人)
自由(独立、自主选择)	乐于助人(为他人的福利工作)
幸福(满足)	诚实(真挚、正直)
无内心冲突(内在和谐)	创造力、想象力(大胆、有创造性)
成熟的性爱(性和精神上的亲密)	独立(自力更生、自给自足)
国家安全(免遭攻击)	理智(有知识的、善思考的)
快乐(快乐的、闲暇的生活)	符合逻辑(理性的)
救世(救世的、永恒的生活)	博爱(温情的、温柔的)
自尊(自重)	孝顺(有责任感、尊重的)
社会认同(尊重、赞赏)	礼貌(有礼的、性情好)
真挚的友谊(亲密关系)	负责(可靠的)
智慧(对生活有成熟的理解)	自我控制(自律的、约束的)

结合目标消费者的诉求、品牌名称(HeyHoney)和产品品质(优质的天然活性蜂蜜),我们最终选择"真挚的友谊"作为 HeyHoney 的终极价值,以表现一种亲密的、可靠的、负责的关系。

HeyHoney 的目标消费者中购买者和使用者是分离的。所以,对于目标使用者,品牌的价值定位点是——遇见更好的自己。对于目标购买者,品牌的价值定位点是——爱的表达。

最后,属性定位点。与利益定位点和价值定位点相匹配的属性定位点主要表现在蜂蜜的天然成分(活性物质和各种酶类、氨基酸等)丰富上。

HeyHoney 的品牌独特性表现在产品品质高和品牌富含情感(见图5-8)。

HeyHoney 就是带有浓浓爱意的天然原蜜。

HeyHoney 本着对大自然的敬畏之心,专注于蜂蜜品质,倡导健康时尚的生活方式,致力于帮助人们不断追求更好的自己,遇见更好的自己。

同时 HeyHoney 品牌名称一语双关:嘿,蜂蜜!嘿,亲爱的!品牌名称除了向人们说明

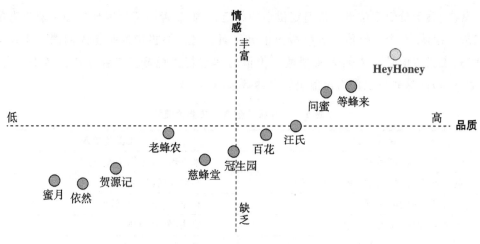

图 5-8　品牌定位感知图

一种产品,也在向人们诉说一种亲密的关系。这种关系将蜂蜜赋予了坚持、执着、甜蜜、想念的情感。

所以,HeyHoney 就是带着浓浓爱意的天然原蜜——爱她就送她 HeyHoney 蜂蜜。

(4) 品牌的核心价值

HeyHoney 品牌的核心价值分为两个方面:一方面体现在产品的质量上,即 HeyHoney 蜂蜜为天然原蜜,富含促进人体新陈代谢的活性酶和人体所需的氨基酸等多种微量元素,对人体健康非常有益。另一方面体现在爱意的表达上,即 HeyHoney 对自己、对亲人、对朋友爱的体现,让更多的人遇到更健康、更好的自己。

(5) 品牌形象

● 理念识别(MI)。HeyHoney 本着对大自然的敬畏之心,专注于做天然原蜜,倡导健康时尚的生活方式,致力于帮助人们不断追求更好的自己。HeyHoney 品牌的核心价值体现为高品质的天然原蜜和浓浓的爱。HeyHoney 是一群认真的人,做的是一瓶负责的蜜。

● 行为识别(BI)。HeyHoney 团队是由一群年轻的大学生组成的,他们不计付出,任劳任怨,把蜂蜜当成事业。正是这个原因,在过去的一年,HeyHoney 不断地向外界传递着这个信号,就连推广与传播也结合创业主题进行。这造成了 HeyHoney 的行为识别与品牌定位存在偏差,难以强化顾客心目中的品牌定位,在顾客心中,HeyHoney 就是一群艰苦创业的大学生。所以,结合品牌定位,围绕着理念识别,团队重新定义了自己的行为识别,规范了自己的行为准则,并通过一系列活动向消费者传达正确了的品牌形象。HeyHoney 的成长就是品牌定位不断准确、清晰的过程。

HeyHoney 选择甄选优质的蜜源基地,与有着多年养蜂经验的蜂农,达成长期及深度的合作,并严格把关,以确保蜂蜜品质。

● 视觉识别(VI)。LOGO 中,半圆代表太阳,象征着积极向上,hey 代表花儿,底部代表大山,上边黑色部分代表辛勤采蜜的蜜蜂。如图 5-9 所示,LOGO 表现出了蜜蜂穿梭在大山中采集蜂蜜的景象,象征着 HeyHoney 团队积极向上的做事态度。HeyHoney 不管是从理念还是形象上都显得年轻,朝气蓬勃。

HeyHoney 的名称由两个英文单词组成："Hey"和"Honey"。"Honey"是蜂蜜的意思,也有亲爱的、宝贝的意思。品牌的名称有两层含义,一是产品:蜂蜜,二是关系:亲密。

HeyHoney 品牌蜂蜜有三个系列,分别代表三个情感阶段。

第一,相遇:相遇是一种缘分。这种缘分一定要纯真、原味的蜂蜜才能够配得上。相遇系列蜂蜜,不仅是甜一点。

图 5-9　HeyHoney LOGO

第二,相知:相知是一种幸运。这种幸运需要时间的考验。HeyHoney 将最好的天然原蜜带给你,只有这种经过时间考验的原蜜,才能够配得上彼此之间留下的美好记忆。

第三,相惜:相惜是情感经过多年酝酿,产生结晶的结果。HeyHoney 正在全世界范围内寻找能够配得上这段感情的最好的蜜源基地,她必须是阳光明媚的,空气清晰的、水源清澈的。

3. HeyHoney 蜂蜜品牌策划实战案例评析

该实战案例运用消费者市场细分钻石型模式对消费者进行了细分,使用品牌定位点选择过程模型准确地确定了品牌属性定位点、利益定位点和价值定位点,并确定了品牌的核心价值,明确了品牌在消费者心目中的形象。整个过程完整,思路清晰,分析到位。其中,品牌定位是品牌策划的核心内容。遗憾的是案例中品牌形象设计的内容由于受到专业限制,制作水平不尽如人意。

任务 4　HeyHoney 蜂蜜行动计划

1. 任务描述

(1) 品牌推广与传播

确定短期、中期和长期品牌推广目标,选择适合的媒介,制订合理的推广计划,并进行效果评估。

(2) 品牌资产保护

主要从法律保护和经营保护两方面着手进行品牌资产保护。

(3) 风险管理

运用风险管理矩阵图,对蜜源地污染、自然风险、产品质量、产品安全、财务风险、品牌形象、竞争对手、政治风险、市场风险等 9 类风险进行衡量,并制定应对措施,降低品牌风险。

(4) 财务预算

依据历史数据以及运营分析,对财务进行预测分析。

2. HeyHoney 蜂蜜行动计划实战案例

（1）品牌推广与传播

● 品牌推广目标。品牌的推广过程伴随品牌的文化理念及形象的传播与宣传。HeyHoney 品牌传播是以品牌的核心价值为原则，在品牌识别的整体框架下，面对资金不足、品牌知名度不高、市场占有率低的问题，以"增强品牌形象，优化情感体验"为总体目标，结合自身优势与劣势进行推广与传播。总体目标细化为长期、中期和短期目标。

长期目标（2020 年）：认可品牌形象，认可品牌价值定位。

中期目标（2018 年）：认可产品质量，熟悉产品定位和品牌形象，认可品牌利益定位和属性定位。

短期目标（2016 年）：网站改版，对包装、LOGO、广告语等元素进行调整，改变品牌形象。

最终，当提到 HeyHoney 时，在目标消费者脑海中就会出现这样的画面（见图 5-10）：

图 5-10 HeyHoney 的品牌联想

● 推广活动计划。品牌推广计划如表 5-5 所示。

线上推广： 2015 年，HeyHoney 在线上主要利用如下 5 种方式进行了推广传播，但是由于定位不明确、传播内容不准确等，效果并不理想。

第一，官方平台。HeyHoney 在 2015 年建立了官方网站、微信公众号和官方微博，针对目标消费者推送内容，聚集了一批粉丝群体——蜜友。其微信后台和微博主页界面如图 5-11 所示。

表 5-5 品牌推广计划

		2016	2017	2018	2019	2020
线上	官方平台					
	视频					
	众筹					
	论坛、平台					
	活动					
线下	超市、便利店					
	路演、体验					
	大客户					

微信后台

微博主页

图 5-11 HeyHoney 的微信后台和微博主页界面

第二,视频。利用视频来达到传播效果。HeyHoney 在成立初期寻找蜜源的过程中,结识了抗战老兵蜂农高爷爷,并将其故事和其优质的蜂蜜制作成微视频,上传至优酷微视频、秒拍(见图 5-12)、腾讯视频等视频门户网站,在蜜友中广泛传播。

图 5-12 秒拍视频传播

第三,众筹。HeyHoney 在 2016 年 3 月 4 日上线淘宝众筹(见图 5-13),众筹本身就是对 HeyHoney 的一个推广传播的过程,可以让更多的目标消费者了解 HeyHoney,体验天然好蜜。

图 5-13　淘宝众筹活动

第四,论坛。2015 年,HeyHoney 借助论坛、贴吧、知乎等网络论坛进行推广,然而在推广过程中一味地追求刷屏而不重视软文的内容与针对的目标人群,所以在推广过程中效果并不明显,没有达到引流、吸引消费者购买的目的。

第五,活动。2015 年,通过线上活动的策划:"带上 HeyHoney 去旅行"(见图 5-14)、"蜜意柔情""寻找最室友""手边的蜜心头的他",来吸引消费者的关注。让消费者参与到 HeyHoney 的互动中来,优化对 HeyHoney 的情感体验。

图 5-14　"带上 HeyHoney 去旅行"活动

我们根据 2015 年线上推广传播中遇到的问题进行了改进与创新。

首先,优化官方页面及内容。目前 HeyHoney 已经改版官方网站,将原有的静态页面(见图 5-15)换成了滚动博客式页面(见图 5-16),内容以更加直观的方式展现出来,这能够让一部分引流至官方网站的消费者获得更多的信息吸引其注册。在内容方面,新的官方网站上不仅可以了解网友想知道的关于蜂蜜的知识,还可以了解关于美容、健身、励志、热门电影影评等一系列内容,进入网站的网友还可以注册账号对文章的内容进行点评互动,这样可以聚集潜在的消费者,培养对 HeyHoney 品牌的情感。想要了解关于蜂蜜的知识,找些有意思的文章,来这里,准没错。

图 5-15　改版前的官方网站

图 5-16　改版后的官方网站

其次,视频拍摄结合增强品牌形象,优化情感体验的传播效果。视频方面,HeyHoney 要在 2016 年切合更清晰,更精准的场景定位把 HeyHoney 与爱情和礼品相结合,拍摄一系列相关视频,将爱情的主题融入视频中,建立场景,结合场合,Honey 一词在视频中,生动、有趣、简洁地体现出来,更精准地定位市场和消费人群,形成一套传播体系,借助视频的传播达到增加公众号、微博粉丝数量的效果。

目前,互联网上关于蜂蜜知识的视频大都是在实验室里进行化验,用简单的方法进行对比,内容枯燥无味且不能准确地表现出消费者真正想要了解的问题,而 HeyHoney 将站在消费者的立场,把消费者疑惑的问题,制作成一系列类似于"一分钟飞碟说"的娱乐教育视频,以搞笑、易懂、简单为原则,使消费者一分钟在笑声中了解一个关于蜂蜜的知识。

再次,淘宝众筹继续进行。截至提交项目之前,HeyHoney 成功地完成了淘宝众筹,众筹金额达 55 899 元,目前团队还在积极策划进行下一次的众筹。

复次,与知名线上平台合作,展示品牌,销售产品。2016 年,通过软文撰写、视频拍摄等,建立起 HeyHoney 的爱情场景,利用已有资金向大豫网和活跃公众号文艺 Fun 等粉丝人群与 HeyHoney 目标消费人群一致的网络公众号推广。参加豫见、豫企五百会等网络平台的活动,增加曝光度,达到推广传播的效果。

最后,线上活动更加针对目标消费人群。2016年,根据场合定位、场景定位策划活动。策划如"早安,Honey!"的一系列活动:早餐是一天中最应该重视的一餐,吃早餐的人是不吃早餐的人的工作效率的3倍,早餐是精神状态的保证,快节奏的生活下,怎样才能简单合理地享受一顿营养的早餐呢?不如来点蜂蜜吧,快在微博朋友圈晒出你的早餐是何种搭配@我们赢取礼品吧,目的是通过更精彩有趣的活动吸引更多的人参与进来,优化情感,体验快乐。

线下推广: 2015年,HeyHoney在线下采用了渠道拓展、参加比赛增加曝光度,以及开发大客户等推广方法。

第一,线下超市出售。目前,HeyHoney已经在郑州有针对性的10家超市,5所高校面包房上架,并在每个周末在不同高校、写字楼举办线下推广活动(见图5-17)。

图5-17　HeyHoney渠道拓展

第二,参加比赛和项目路演,增加曝光。参加各种类型和层次的比赛,让HeyHoney更多地接触人群、媒体,提高曝光度。

第三,面对大客户。2015年年末,HeyHoney为河南最大的网络多线服务器托管商景安网络科技股份有限公司提供了500份公司年货(见图5-18)。优质的产品,简单不失档次的包装,在公司得到了一致好评,达到了口碑传播的效果。2016年,HeyHoney继续拓展大客户,利用自身品质优势面对更多的消费者,形成口碑传播销售产品。

根据2015年线下推广传播中遇到的问题与不足将进行更多渠道的开辟。

首先,线下与品牌形象契合的商家合作。2015年,团队在没有任何选择的前提下找了一些合作伙伴,但有些合作伙伴并不适合HeyHoney的品牌形象,所以团队进行了一些调整。

图 5-18　HeyHoney 为景安网络科技股份有限公司提供年货

2016 年，HeyHoney 与郑州地区的仟吉、元祖、好利来等知名面包房达成合作关系，利用它们的门店渠道，进行 HeyHoney 的线下推广、产品展示。并与健康食品公司小树有机达成了合作关系。使 HeyHoney 的品牌形象与合作伙伴的企业形象更契合。

其次，HeyHoney 带蜜友体验蜜源地。HeyHoney 团队在寻找蜜源，体验大自然的过程中，远离了城市的喧嚣，可以静下心来体会山间的宁静美丽。2016 年，HeyHoney 要把蜜友带进大自然，亲临 HeyHoney 蜜源地，感受大自然，向蜂农学习养蜂技术，深入蜂群中检查蜂箱，收取蜂蜜，体验蜂农生活。HeyHoney 在线上通过活动的形式，利用微信公众号、微博平台选出了 8 名蜜友一起体验为期 3 天的蜜源地户外野营（如图 5-19 所示）。

图 5-19　HeyHoney 带蜜友体验蜜原地

最后，扩展大客户。HeyHoney 将继续扩展大客户，在保证产品质量的前提下，利用产品的质量优势，更多地去面对消费者，形成口碑传播。HeyHoney 已完成活动见表 5-6 所示。

表 5-6 已完成活动列表

项目		年度	
		2015（下半年）	2016（上半年）
线上	官方平台	官方网站、微博、微信公众号	优化官网页面及官方平台内容质量
	视频	拍摄蜜源地蜂农高爷爷视频	视频拍摄结合增强品牌形象，优化情感体验的传播效果，形成一系列视频
	众筹	截至提交项目之前淘宝众筹仍在进行中	继续制作众筹，精准定位众筹蜂蜜人群，抓住消费者痛点，增加销量
	论坛	在知乎、贴吧等论坛推广宣传	重视传播中的软文质量，针对目标消费人群，与知名度高的公众号合作
	活动	实施了一系列线上活动，让消费者参与进来，增加互动性	结合场景定位、场合定位、更有趣的活动方案，更精准地抓住目标消费人群，提高活动效果
线下	线下渠道	线下超市、面包房出售	线下与品牌形象更契合的商家合作，扩展渠道
	参加比赛		参加比赛提高媒体曝光度，提高团队凝聚力
	面对大客户	与大客户合作提供公司年货、福利	在保证产品质量的前提下，继续扩展大客户，利用产品的质量优势，形成口碑传播
	带蜜友体验蜜源地		通过线上活动选出蜜友深入 HeyHoney 蜜源地感受体验大自然

（2）品牌资产保护

HeyHoney 的资产保护分为两部分：法律保护、经营保护。

- 法律保护：

2015 年 3 月，HeyHoney 团队成立；

2015 年 4 月，注册域名 www.heyhoney.cn；

2015 年 5 月，注册成立郑州空灵电子科技有限公司；

2015 年 7 月，注册 HeyHoney 名称和图案商标。

- 经营保护：HeyHoney 蜂蜜从蜜源地到客户，我们都进行了严格的质量把关。我们坚守底线，严格把关，小心翼翼地呵护着品牌。

（3）风险管理

品牌发展中会遇到很多风险，我们认真面对，防患于未然。我们本着对大自然的敬畏之心，认真地坚持着我们的事业。为了保护品牌，防范风险，我们采用全面的监控和防范措施以及应急措施，进行风险管理。

我们首先针对品牌运营过程中可能存在的风险进行了识别，主要存在下列风险：①蜜源地污染；②自然风险；③产品质量；④产品安全；⑤财务风险；⑥品牌形象；⑦竞争对手；⑧政治风险；⑨市场风险。按照风险管理矩阵图对各类风险进行了衡量，结果见图 5-15。

	4=非常高	3	4、9		
重要性	3=高	8	5	6	
	2=中		1	2	
	1=低		7		
		1=极无可能	2=有可能	3=极有可能	4=几乎可以确定
		可能性			

图 5-20 HeyHoney 风险管理矩阵图

从图 5-20 中可以看出,产品质量、产品安全、市场风险以及品牌形象成为 HeyHoney 面临的主要风险。

在产品质量风险方面,我们坚持着对蜜源地严格选择的标准,与有经验、口碑好的蜂农签约,苛求每一滴蜂蜜都达到成熟标准。同时,严格控制农药残留、杜绝使用抗生素,以确保蜂蜜安全。同时,我们将对蜂蜜的活性指标进行检测,以控制蜂蜜中各种蛋白酶和氨基酸的含量,提升蜂蜜的活性。

产品定位符合目标消费者的需求非常重要。我们针对消费者行为进行了研究,并对消费者的需求进行了监控,通过收集数据,及时调整产品,以满足目标消费者的口味。在营销推广中,我们围绕品牌定位,制订了详细的推广计划和应急预案,分工合作,不断强化品牌形象,将品牌运营中的风险控制在最低。

为了更准确地获取信息,更专业地进行市场分析,我们同河南智宸项目数据分析师事务所有限公司进行了战略合作,签订了在数据分析和网络媒体监控领域的合作协议,实现了资源共享,优势互补,进一步降低了品牌运营风险。

(4)财务预算

依据历史数据以及运营分析,对公司财务进行预测分析。2016—2020 年,忠诚客户将由 1 300 人增至 10 000 人,营业收入也将从 15 万元增至 140 万元。具体数据见表 5-7、图 5-21、表 5-8。

表 5-7 财务预测表

序号	项目	年度				
		2016 年	2017 年	2018 年	2019 年	2020 年
	忠诚客户数量(人)	1 300	2 100	3 300	5 000	10 000
1	营业收入(万元)	15	30	48	71	140
2	营业成本(万元)	10	19	31	46	89
3	——成本(万元)	5	9	13	20	40
4	——房租(万元)	1	2	4	4	6

(续表)

序号	项目	年度				
		2016 年	2017 年	2018 年	2019 年	2020 年
	忠诚客户数量(人)	1 300	2 100	3 300	5 000	10 000
5	——销售费用(市场活动费用)(万元)	1	3	6	10	23
6	——管理费用(工资、网络平台维护费用)(万元)	3	5	8	12	20
7	营业利润(万元)	5	11	17	25	51
8	营业利润率(%)	20	30	32	36	36

根据表 5-7 推测,HeyHoney 在 2020 年的营业收入将达到 140 万元左右,营业利润率将保持在 36%。由此可以看出,公司业务发展迅速,成本控制能力强,财务风险低,盈利能力强。

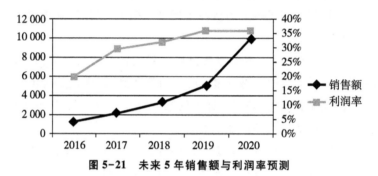

图 5-21 未来 5 年销售额与利润率预测

表 5-8 2016 年度品牌推广活动预算

单位:元

序号	项目	网站维护	拍摄视频	与公众号合作	网上推广	体验活动	总计
1	线上活动	2 000	800	2 000	10 000	—	14 800
2	线下活动	—	—	—	—	2 000	2 000
	总计						16 800

3. HeyHoney 蜂蜜行动计划实战案例评析

品牌推广与传播是围绕品牌的核心价值进行的。HeyHoney 品牌传播是以品牌的核心价值为原则,在品牌识别的整体框架下,面对资金不足、品牌知名度不高、市场占有率低的问题,以"增强品牌形象,优化情感体验"为总体目标,结合自身优势与劣势进行推广与传播。思路清晰、目标明确是该推广与传播方案的特点,但在传播效果的监控方面稍显不足。

5.5 品牌策划专项实训

品牌策划专项实训属于典型的**实验教学**范畴(项目二),按照项目实验教学的要求,由学员团队按任务要求、自主完成。

品牌策划专项实训由学员在当地挑选一个具有一定知名度的品牌作为实训的合作品牌,事先取得企业的认可和支持,由学员逐步完成品牌策划。

任务1 环境分析

1. 实战演练任务

以学习小组为单位,对企业所处的环境进行分析,包括外部环境和内部环境。其中,外部环境分析是重点,包括宏观环境分析、产业环境分析、消费者分析和竞争环境分析四个部分。

2. 实战演练要求

环境分析要求数据准确,内容详细,能够有效地反映出企业所处环境的真实情况。环境分析的结果要能够为下一步的品牌战略选择提供充足的依据。

3. 实战演练成果评价

利用一周的时间完成环境分析,提交文案并进行PPT演讲,现场由企业、行业专家和课程老师担任评委。

任务2 战略选择

1. 实战演练任务

以学习小组为单位,运用SWOT分析工具进行战略分析,确定适合企业的战略。

2. 实战演练要求

在环境分析的基础上,运用SWOT分析方法对当前内外部环境的关键影响因素进行系统性的审视、评估和判断,并明确地作出战略选择。

3. 实战演练成果评价

战略分析同任务1一起,在一个时间段内完成,提交文案并进行PPT演讲,现场由企业、行业专家和课程老师担任评委。

任务3 品牌策划

1. 实战演练任务

以学习小组为单位,运用STP理论进行市场细分、目标市场选择和品牌定位,提炼品牌的核心价值,并进行品牌形象设计。

2. 实战演练要求

市场细分要求具有可衡量性、可盈利性、可进入性、差异性。可衡量性是指各个细分市场的购买力和规模能被衡量的程度。如果细分变量很难被衡量的话，就无法界定市场。可盈利性是指企业新选定的细分市场容量足以使企业获利。可进入性是指所选定的细分市场必须与企业自身状况相匹配，企业有优势占领这一市场。差异性是指细分市场在观念上能够被区别并对不同的营销组合因素和方案有不同的反应。

品牌定位要求使本企业与其他企业严格区分开来，使顾客能够明显地感觉和认识到这种差别，从而在顾客心目中占有特殊的位置。

品牌核心价值的提炼需要具有高度的差异化，并富有感染力，需要与企业的资源能力相匹配，具备广阔的包容力，而且要有利于获得较高溢价。

3. 实战演练成果评价

利用一周的时间完成品牌策划，提交文案并进行PPT演讲，现场由企业、行业专家和课程老师担任评委。

任务4　行动计划

1. 实战演练任务

以学习小组为单位，进行品牌推广与传播，并进行有效的资产保护、风险管理，制定合理的财务预算。

2. 实战演练要求

品牌传播要以品牌的核心价值为原则，在品牌识别的整体框架下，选择广告、公关、销售、人际等传播方式，将特定品牌推广出去，以建立品牌形象，促进市场销售。

3. 实战演练成果评价

利用一周的时间完成行动计划，提交文案并进行PPT演讲，现场由企业、行业专家和课程老师担任评委。

第6单元 促销活动策划

学习目标

知识点：
1. 熟悉掌握促销活动策划的基本概念。
2. 理解促销活动的特征。

技能点：
1. 熟悉促销活动方案策划的路径。
2. 掌握促销活动策划常用的工作方法和撰写促销活动策划方案。

导入案例

启航汽车销售服务有限公司迈腾车型促销活动策划案例背景

启航汽车销售服务有限公司是一汽大众特许经销商，于2012年成立，作为汽车经济开发区唯一一家一汽大众4S店，经营成果显著，在当地深受广大用户信赖，销量稳步提升。

4月为汽车销售淡季，启航汽车销售服务有限公司结合季节特点针对迈腾车型进行市场营销活动策划，策划包括：

- 策划目标（围绕汽车销售淡季进行设定一个或多个策划目标）；
- 市场定位（根据指定车型迈腾的目标客户群进行活动定位，可以针对全部客户群，也可以针对其中的某一特定客户群，如政府公务员）；
- 促销活动策划（包含活动时间、地点、内容等，促销活动策划需围绕策划目标展开）。

6.1 促销活动策划的概念和特征

1. 促销活动策划的概念

促销（Promotion）就是营销者向消费者传递有关本企业及产品的各种信息，说服或吸引消费者购买其产品，以达到扩大销售量的目的。促销实质上是一种沟通活动，即营销者（即信息提供者或发送者）发出刺激消费的各种信息，把信息传递到一个或更多的目标对象（即信息接受者，如听众、观众、读者、消费者或用户等），以影响其态度和行为。常用的促销手段有广告、人员推销、营业推广和公共关系。企业可以根据实际情况及市场、产品等因素选择一种或多种促销手段的组合。

促销有广义和狭义之分。广义的促销包括广告、销售促进、公共关系和人员推销。随着营销实践的不断深入，营销人员把销售促进视为促销，简单地把两者画等号，因而出现了狭义的促销。狭义的促销是指使用各种刺激消费者和零售商较迅速或较大量地购买某一商品或服务的短期性工具。本单元讨论的促销主要是指狭义上的促销。

促销活动策划是指运用科学的思维方式和创新的精神，在调查研究的基础上，根据企业总体营销战略的要求，对某一时期各种产品的促销活动作出总体规划，并为具体产品制订图详而严密的活动计划，包括建立促销目标、设计沟通信息、制定促销方案、选择促销方式等营销决策过程。

企业为实现品牌宣传和产品销量提升开展终端市场活动而进行的思路设计与实施行动规划等方面的工作，称为促销活动策划（重点是产品终端促销的策划能力）。

2. 促销活动策划的特征

促销活动策划一般具有如下特征：

（1）领先法则

无论活动形式怎样，只要是第一个举办类似活动的品牌，效果永远强于第二、第三、第四个追随者。因此，抢先出手，主动地举办活动，主动地挑起竞争，应当成为企业在终端市场运作当中的一项基本原则。

唯有如此，企业才可以确保自身在市场竞争中处于有利地位。企业一定要做领导者，一定要让竞争对手成为跟随者，否则，等待企业的必然是被动挨打、疲于应付。

（2）吸引眼球

一场成功的促销活动，能否吸引公众的眼球至关重要。

通常，吸引眼球有以下几种做法：

第一，不限量，特价销售。在活动时，推出价格明显低于市场价格的特价商品，必然可以吸引眼球，在具体实施中可以做不限量的常规特价销售。

第二，超低特价，限量销售。超低特价活动既可以做抽奖式超低特价限量销售，也可以做定时抢购，如活动期间指定一个时段抢购。比如在活动当天上午11点，推出若干个商品超低特价，限量销售。

第三，超值买赠。买赠活动要想吸引眼球，赠品一定要遵循"名牌、贵重、稀少"的原则，溢价空间大。譬如："买任意套盒送价值398元德国厨具一套"就远不如"买（参与活动商品）就送价值399元美的12小时预约微电脑电饭煲一台"效果好。

赠品的市场价格一定要有公信力，比如此款赠品在当地的超市或商场有售，且卖场价格和活动宣传的赠品价格一致。

第四，加价买赠。加价买赠很普遍，如屈臣氏的买满30元加5元换购，买满50元加10元换购。

加价买赠的本质是牺牲赠品行业的渠道利润，来博得顾客的超值感。加价买赠的精髓在于：顾客加的价要少，赠品的价值要高，赠品是名牌。只要（参与活动的）商品的零售价格不是高得太离谱,必然会有顾客动心。

举办加价买赠活动时,赠品应选择名牌,有售后,或无须售后,或商家自行承担售后但有售后利润,市场零售价格要高,但渠道价格不透明的产品往往会取得更好的效果。比如家用净水器产品,市场价格普遍超过 1 000 元,但工厂的提货价一般不超过 400 元。如举办顾客加 488 元即可获赠价值 1 488 元的家用净水器一台,不仅没有费用,而且还有利润,企业大可以放手买赠,疯狂送。

第五,零元购。顾客凭活动报纸广告领取抽奖券,现场定时抽奖,获奖即可获得参加活动的商品一件。

第六,不花钱,摸大奖。顾客持活动单页排队摸奖,大奖为指定的参加活动的商品一件,然后设置相应的二、三、四等奖,未中奖送小礼品一份等,也可以确保吸引顾客眼球。

(3) 宣传到位

宣传是否到位直接决定着促销活动的成败,因此宣传至关重要。一般来说,活动前一周的电视或者 LED 屏幕飞字预告,活动前三天的 DM 单页散发、覆盖,活动宣传车游街,活动前一天或前两天的报纸广告投放,活动当天的在马路两侧、马路对面发放 DM 单页进行终端拦截都是必不可少的环节。

促销活动的宣传总结为一个字母缩写:FXBD("F"电视飞字,"X"宣传车,"B"报纸,"D"活动 DM 单页)。只要遵循 FXBD 原则严格执行就可以确保活动宣传到位。

(4) 人气爆棚

人气是一场促销活动成功的基础保证,再好的活动,如果没有顾客的参与,结果也等于零。因此,在制定促销活动方案时,一定要有确保人气的内容。譬如进店有礼,进店送购物袋、手套、烟灰缸等,效果最好的是购物袋加洗衣粉、手套之类使用价值高的赠品。来店即送,确保人气爆棚。

需要说明的是,来店有礼可以对老顾客特殊关照,送若干项免费服务,再送一份区别于新顾客的赠品,这样还能够起到借助老顾客的口碑感染到场新顾客的目的。

(5) 销量提升明显

成功的促销活动,销量比平时要有明显的提升,否则也不能称之为完美。而销量的提升,最笨的做法是推出特价商品,因为价格永远是竞争的利器。但纵观以往的促销活动,仅靠价格取胜的活动往往是赔钱赚吆喝,还不能称之为完美,这种做法最大的好处是提升了人气及市场占有率,但利润一般是零或是略亏。

最理想的促销活动,一种是在进行策略性买赠提升销量的同时,略有盈余;另一种是在确保人气的同时,推出性价比高、卖点好的促销商品。

(6) 费用可控

一场成功的促销活动费用一定要合理、可控、可承受。

促销活动中,宣传费用要确保、赠品费用要确保,其他费用应从简,如气球、礼炮费,数量偏大的 DM 单页印刷费,非主流媒体的报纸广告费,不必要的电视画面广告费,价位虚高、演员人数偏多的路演费等。

（7）细节完备

促销活动的成功与否，首先是方案是否完备，方案中应尽可能地考虑细节；其次是执行是否到位；最后是现场的秩序和气氛、突发事件的应对和处理是否及时。

因此，促销活动一定要做到手续到位、人员到位、宣传到位、赠品到位、宣传物料到位、产品到位、培训到位，做好了这几个到位，活动必然可以成功。

6.2 促销活动策划的路径

完整的促销活动策划方案一般包括12个部分：

1. 活动目的

对市场现状及活动目的进行阐述。市场现状如何？开展这次活动的目的是什么，是处理库存、提升销量、打击竞争对手、新品上市，还是提升品牌认知度及美誉度？只有目的明确，才能够使活动有的放矢。

2. 活动对象

活动针对的是目标市场的每一个人还是某一特定群体？活动控制在多大范围内？哪些人是促销的主要目标？哪些人是促销的次要目标？这些选择的正确与否会直接影响到促销的最终效果。

3. 活动主题

这一部分主要解决两个问题：一是确定活动主题，二是包装活动主题。

降价？价格折扣？赠品？抽奖？礼券？服务促销？演示促销？消费信用？还是其他促销工具？选择何种促销工具和何种促销主题，要考虑到活动的目标、竞争的条件和环境，以及促销费用的预算和分配。

在确定了主题之后要尽可能艺术化，淡化促销的商业目的，使活动更接近于消费者，更能打动消费者。例如爱多VCD的"阳光行动"堪称经典，把一个简简单单的降价促销行动包装成维护消费者权益的爱心行动。

这一部分是促销活动方案的核心部分，应该力求创新，使活动具有震撼力和排他性。

4. 活动方式

这一部分主要阐述活动开展的具体方式。有两个问题要重点考虑：

第一，确定伙伴：拉上政府做后盾，还是挂上媒体的"羊头"来卖自己的"狗肉"？是厂家单独行动，还是和经销商联手？或是与其他厂家联合促销？和政府或媒体合作，有助于借势、造势；和经销商或其他厂家联合可整合资源，降低费用及风险。

第二，确定刺激程度：要使促销取得成功，必须使活动具有刺激力，能够刺激目标对象参与。刺激程度越高，促进销售的反应越大。但这种刺激也存在边际效应。因此必须根据促销实践进行分析和总结，并结合客观市场环境确定适当的刺激程度和相应的费用投入。

5. 活动时间和地点

促销活动的时间和地点选择得当会事半功倍,选择不当则会费力不讨好。在时间上要尽量让消费者有空闲参与,在地点上也要让消费者方便,而且要事前与城管、工商等部门沟通好。不仅发动促销战役的时机和地点很重要,同时还要对持续多长时间效果会更好进行深入的分析。持续时间过短会导致在这一时间内无法实现重复购买,很多应获得的利益不能实现;持续时间过长又会导致费用过高而且市场无法形成热度,并降低在顾客心目中的身价。

6. 广告配合方式

一个成功的促销活动,需要全方位的广告配合。选择何种广告创意及表现手法?选择何种媒介炒作?这些都意味着不同的受众抵达率和费用投入。

7. 前期准备

前期准备分为三部分:一是人员安排,二是物料准备,三是试验方案。在人员安排方面,要"人人有事做,事事有人管",既无空白点,也无交叉点。谁负责与政府、媒体沟通?谁负责文案写作?谁负责现场管理?谁负责礼品发放?谁负责顾客投诉?各个环节都要考虑清楚,否则就会临阵出麻烦,顾此失彼。

在物料准备方面,要事无巨细,大到车辆,小到螺丝钉,都要罗列出来,然后按单清点,以确保万无一失,否则就会导致现场的忙乱。

尤为重要的是,由于活动方案是在经验的基础上确定的,所以有必要进行必要的试验来判断促销工具的选择是否正确、刺激程度是否合适、现有的途径是否理想。试验方式可以是询问消费者,填调查表,或是在特定的区域试行方案等。

8. 中期操作

中期操作主要是活动纪律和现场控制。

纪律是战斗力的保证,是方案得到完美执行的先决条件,在方案中,应对参与活动的人员纪律作出细致的规定。

现场控制主要是把各个环节安排清楚,要做到忙而不乱,有条有理。

同时,在实施方案的过程中,应及时对促销范围、强度、额度和重点进行调整,保持对促销方案的控制。

9. 后期延续

后期延续主要是媒体宣传的问题。对这次活动将采取何种方式在哪些媒体进行后续宣传?脑白金在这方面是高手,即使一个不怎么成功的促销活动也会在媒体上炒得盛况空前。

10. 费用预算

没有利益就没有存在的意义。对促销活动的费用投入和产出应作出预算。当年爱多VCD的"阳光行动B计划"以失败而告终的原因就在于没有在费用方面进行预算,直到活动开展后,才发现公司根本就没有财力支撑这个计划。一个好的促销活动,仅靠一个好的点子是不够的。

11. 意外防范

每次活动都有可能出现一些意外，比如政府部门的干预、消费者的投诉，甚至是天气突变导致户外的促销活动无法继续进行等。必须对各个可能出现的意外事件做必要的人力、物力、财力方面的准备。

12. 效果预估

预估这次活动会达到什么样的效果，以利于活动结束后与实际情况进行比较，从刺激程度、促销时机、促销媒介等各方面总结成功点和失败点。

6.3 促销活动策划的常用方法

为了体现实战性，本部分内容以汽车类产品为例，阐述促销活动策划的常用方法。

1. 降价式促销

降价式促销是指将商品以低于正常的售价出售。其最常见的方式有库存大清仓、节庆大优惠、每日特价商品等。

（1）库存大清仓

以大降价的方式促销换季商品或库存较久的商品、滞销品等，如图6-1所示。

图6-1　库存大清仓

（2）节庆大优惠

新店开张、逢年过节、周年庆时，是折扣售货的大好时机，如图6-2所示。

图6-2　节庆大优惠

（3）每日特价商品

由于竞争日益激烈，为争取顾客登门，推出每日一物或每周一物的特价商品，让顾客用低价买到既便宜又好用的商品。低价促销若能真正做到物美价廉,则极易引起消费者的"抢购"热潮,如图6-3所示。

图6-3 每日特价品

2. 有奖式促销

顾客有时总想试试自己的运气,所以"抽奖"是一种极有效果的促销手段。因为抽奖活动一定会有一大堆奖品,如彩色电视机、洗衣机等,这样的奖项,是极易激起消费者的参与兴趣的,可在短期内对促销产生明确的效果。通常,顾客参加抽奖活动必须具有某一种规定的资格,如购买某种特定商品,购买某一商品达到一定的数量,在店内消费达到固定的金额,或答对某一特定问题。另外,需要注意的是,举办抽奖活动时,抽奖活动的日期、奖品或奖金、参加资格、评选规则、发奖方式等务必标示清楚,且抽奖过程需公开化,以增强消费者的参与热情和信心。如图6-4所示。

图6-4 有奖式促销

3. 惠赠式促销

"惠赠"是指在目标顾客购买产品时对其给予某种优惠待遇的一种促销手段,如图6-5所示。分为以下三种情况:

第一,买赠,即购买获赠。只要顾客购买某一产品,即可获得一定数量的赠品。最常用的方式如买一赠一、买一赠三等。

第二,换赠,即购买补偿获赠。只要顾客购买某一产品,并再略做一些补偿,即可换取其他产品。

第三,退赠,即购买达标退利获赠。只要顾客购买或购买到一定数量,即可获得返利或赠品。

图 6-5 惠赠式促销

4. 打折式促销

一般在适当的时机,如节庆日、换季时节等打折,将商品以低于正常的售价出售,使消费者获得实惠。

(1) 现价折扣

即在现行价格的基础上打折销售。这是一种最常见且行之有效的促销手段。它可以让顾客现场获得看得见的利益并心满意足,同时销售者也会获得满意的目标利润。因为现价折扣过程一般是讨价还价的过程。通过讨价还价,可以达到双方基本满意的目标,如图 6-6 所示。

图 6-6 现价折扣

(2) 减价特卖

即在一定的时间内对产品降低价格,以特别的价格来销售。减价特卖的一个特点就是阶段性。一旦促销目的完成,即恢复到原来的价格水平。减价特卖促销,一般只在市场终端实行。但是,制造商一旦介入,就可能是一种长久的促销策略。减价特卖的形式通常有"包装减价标贴""货架减价标签"和"特卖通告"三种,如图 6-7 所示。

(3) 大拍卖和大甩卖

商品大拍卖是指将商品以低拍的方式、非正常的价格来销售;商品大甩卖也是指将商品以低于成本或非正常价格的方式来销售。大拍卖和大甩卖,都是一种价格利益驱动战术。对商家而言,大拍卖和大甩卖又是一种清仓策略。通过大拍卖或大甩卖,能够集中吸引消费群,刺激消费者的购买欲望,在短期内消化掉积压的精品,如图 6-8 所示。

图 6-7　减价特卖

图 6-8　大拍卖

（4）优惠卡优惠

即向顾客赠送或出售优惠卡。顾客在店内购物，凭手中的优惠卡可以享受特别折扣。优惠卡的发送对象既可以是由店方选择的知名人士，也可以是到店购物次数或数量较多的熟客，出售的优惠卡范围一般不定，这种促销是为了扩大顾客群，如图6-9所示。

图 6-9　优惠卡

（5）批量作价优惠

即当消费者整箱、整包、整桶或较大批量购买商品时，给予价格上的优惠。这种方法一般用在周转频率较高的食品和日常生活用品上，可以增加顾客一次性购买商品的数量，如图6-10所示。

图 6-10 批量作价优惠

（6）折价优惠券

即通称优惠券，是一种古老而风行的促销方式。优惠券上一般印有产品的原价、折价比例、购买数量及有效时间。顾客可以凭券购买并获得实惠。折价优惠卡，即一种长期有效的优惠凭证，它一般由会员卡和消费卡两种形式存在，可以使发卡企业与目标顾客保持一种比较长久的消费关系，如图 6-11 所示。

图 6-11 优惠券

（7）设置特价区

即在店内设定一个区域或一个陈列台，销售特价商品。特价商品通常是应季大量销售的商品或是过多的存货，或是库龄超过一定范围的车型，或是外包装有瑕疵的车型。注意不能鱼目混珠，把一些有瑕疵的车型卖给顾客，否则会使企业的经营活动触犯国家相关法规，如图 6-12 所示。

图 6-12 特价区

（8）节日、周末大优惠

即在新店开业、逢年过节或周末时，将部分车型打折销售，以吸引顾客购买，如图 6-13 所示。

图 6-13 节日大优惠

5. 竞赛式促销

竞赛式促销是指利用人们的好胜和好奇心理,通过举办趣味性和智力性的竞赛,吸引目标顾客参与的一种促销手段。

(1) 征集与有奖竞赛

即竞赛的发动者通过征集活动或有奖问答活动吸引顾客参与的一种促销方式。促销竞赛,是消费者发挥自己的才华参与并获得消费利益的活动。最终竞赛的获胜者,必是在比赛中的佼佼者,如广告语征集、商标设计征集、作文竞赛、译名竞赛等,如图 6-14 所示。

图 6-14 征集活动

(2) 竞猜比赛

即竞赛的发动者通过举办对某一结局的竞猜以吸引顾客参与的一种促销方式,如猜谜、体育获胜竞猜、自然现象竞猜、揭迷竞猜等,如图 6-15 所示。

图 6-15 竞猜比赛

（3）优胜选拔比赛

即竞赛的发动者通过举办某一形式的比赛，吸引爱好者参与，最后选拔出优胜者的一种促销方式。如最美驾驶者比赛、选星大赛、形象代言人选拔赛及汽车节油大赛等，如图6-16所示。

图6-16　优胜选拔比赛

（4）印花积点竞赛

即竞赛的发动者指定在某一时间内，目标顾客通过收集产品服务印花，在达到一定数量时可兑换赠品的一种促销方式。印花积点是一种古老而具影响力的促销战术。只要顾客握有一定量的凭证（即印花：商标、标贴、瓶盖、印券、票证、包装物等），即可依印花量多少领取不同的赠品或奖赏，此项活动可以和售后联合推出。

6. 活动式促销

"活动SP（Sales Promotion，销售促进）"是指通过举办与汽车销售有关的活动，来达到吸引顾客注意和参与的一种促销手段。

（1）新闻发布会

即活动的举办者以召开新闻发布的方式来达到促销的目的。这种方式十分普遍。其利用媒体向目标顾客发布消息，告知商品信息以吸引顾客积极去消费，如图6-17所示。

图6-17　新闻发布会

(2) 车展活动

即活动的举办者通过参加展销会、订货会或自己召开产品演示会等方式来达到促销的目的。这种方式可以每年定期举行。其不但可以实现促销的目的,还可以沟通网络,宣传产品。这种方式亦可以称为"会议促销",如图6-18所示。

图6-18 车展活动

(3) 抽奖与摸奖

即在顾客购买商品或消费时,对其给予若干次奖励机会的促销方式,抽奖与摸奖,可以说是消费加运气并获得利益的活动,这种促销活动的其他形式还有很多,例如刮卡兑奖、摇号兑奖、拉环兑奖、包装内藏奖、车内找宝等,如图6-19所示。

图6-19 抽奖活动

(4) 娱乐与游戏

即通过举办娱乐活动或游戏以趣味性和娱乐性吸引顾客并达到促销的目的。娱乐与游戏促销,需要组织者精心设计,不能使活动脱离促销主题。特别是在产品不便于直接广告的情况下(如香烟),这种促销方式更能以迂为直,曲径通幽。如举办大型演唱会、赞助体育竞技比赛、举办寻宝探幽活动等,如图6-20所示。

图 6-20　娱乐与游戏

（5）制造事件

即通过制造有传播价值的事件，使事件社会化、新闻化、热点化，并以新闻炒作来达到促销的目的。事件促销可以引起公众的注意，并由此调动目标顾客对事件中关系到的产品或服务的兴趣，最终刺激顾客去购买或消费。如果制造出的事件能够引起社会的广泛争议，那么，事件促销就会取得圆满的结果，如图 6-21 所示。

图 6-21　制造事件明星交车

7. 体验式促销

在促销时，重点突出顾客的感官体验，经销商通过在比较显眼的位置设置试乘试驾区，免费让顾客体验产品，鼓励顾客使用新商品进而产生购买欲望，如图 6-22 所示。

图 6-22　体验式促销

8. 焦点赠送式促销

要想吸引顾客持续购买,并提高品牌的忠诚度,焦点赠送是一种非常理想的促销方式。这一促销方式的特色是消费者在连续购买某商品或连续光顾某零售店数次后,累积到一定积分的点券,可用于兑换赠品或折价购买商品。

9. 赠送式促销

赠送式促销便是在店里设专人对进店的顾客免费赠送某一种或几种商品,让顾客现场品尝或使用。这种促销方式通常是在零售店统一推出新商品或老商品改变包装、品味、性能时使用。目的是迅速向顾客介绍和推广商品,争取顾客的认同。

10. 联合展销式促销

在促销时,商家可以邀请多家同类商品厂家,在所属分店内共同举办商品展销会,形成一定的声势和规模,让消费者有更多的选择机会;也可以组织商品的展销,比如多种节日套餐销售等。在这种活动中,通过各厂家之间的相互竞争,促进商品的销售。

11. 服务式促销

服务式促销是指为了维护顾客利益,为顾客提供某种优惠服务,便于顾客购买和消费的一种促销手段。

(1) 销售服务

即销售前的咨询与销售后的服务。售前咨询和售后服务都可以达到促销目的。

(2) 开架销售

即使用开放式货架,使顾客可以自由选择商品。开架销售可以激发顾客的冲动性购买,并且一次购足。

(3) 承诺销售

即对顾客给予一种承诺,使顾客增加信任感,顾客就可以放心购买。如承诺无效退款,承诺销售三包,就可以降低顾客的风险意识,以达到促销目的。

(4) 订购定做

即专一地为顾客订购产品或定做产品。这种专项服务,可以使顾客产生上帝感和优越感,也能够体现出服务 SP 的宗旨。

(5) 送货上门

即将客户所购产品无偿地运送到指定地点,或者代办托运。送货上门,是服务 SP 基本的服务形式之一。

(6) 免费培训

即为客户免费教育产品知识与使用方法。免费培训一般是产品售出时附赠的服务项目。

(7) 分期付款

即顾客对所购产品可以按规定时间分批分次地交付款项。运用分期付款促销,可以缓解顾客的经济状况,保持顾客持久的支付能力。如银行按揭在楼宇销售中就有很大的促销作用。

12. 直效式促销

直效式促销是指具有一定的直接效果的一种促销手段。直效 SP 的特点,就是现场性和亲临性。通过这两大特点,能够营造出强烈的销售氛围。

（1）售点广告

即 POP,在销售现场张贴与悬挂海报、吊旗、台标及广告牌等。通过这些现场的传播方式,烘托产品气氛,达到促进销售的目的,如图 6-23 所示。

图 6-23　售点广告

（2）产品演示

即现场演示产品的特性与优势,以眼见为实促进消费者购买。产品演示是一种立竿见影的促销方式。通过演示可以满足顾客的视觉、听觉、嗅觉、味觉、触觉器官,从而满足其心理,实现即刻购买。

（3）产品展列

即通过销售现场产品的展示陈列,以夺目摄心的态势吸引消费者。产品展示要遵从三大要素,即展列位、展列量和展列面,如图 6-24 所示。

图 6-24　产品展列

（4）宣传报纸

即印制产品内容与服务内容的报纸或宣传单,通过发放来导购促销。在宣传报纸上,不仅印有产品或服务的详细介绍,往往还印有折价优惠券,以刺激人们的消费,如图6-25所示。

图 6-25　宣传报纸

(5) 营业

即为了调动营业人员销售本企业产品的积极性,对经营单位和营业人员给予一定的销售佣金、提成或奖品。这种促销方式往往是额外提供的。其目的是促使营业人员努力向顾客推荐本企业的产品,以达到促进销售的目的。

(6) 名人助售

即通过邀请知名度很高的人士亲临现场助动销售,以达到促进销售的目的。名人助售具有名人广告效应。但名人一般只会帮助与自己有关的产品进行销售,不会无缘无故地亲临销售现场。名人助售如签名售书、总经理签售、名人开业剪彩等,如图6-26所示。

图 6-26　名人助售

6.4 促销活动策划文案设计范例

促销活动策划属于典型的**案例教学**范畴(项目一),设定的目的是为学习者提供一个真正可以模仿的蓝本或范例,这个蓝本或范例始终贯穿整个项目。以下是《启航汽车销售服务有限公司迈腾促销活动策划》完整策划文案,该作品来源于北京交通运输职业学院王彦峰教师指导的参赛优秀作品。

任务1 启航公司迈腾车型促销活动分析

1. 任务描述

(1) 策划背景

介绍公司的基本情况,明确公司促销活动策划要完成的任务。

(2) 策划目标

目标应该围绕传播和展示迈腾以及启航4S店的价值来展开,并明确具体目标。

(3) 市场定位分析

通过迈腾定位分析与迈腾目标客户群定位分析,确定促销活动策划的定位和目标人群的定位。

(4) 活动主题

活动主题应新颖、独特,有冲击力。

(5) 活动形式

这一部分主要阐述活动开展的具体形式

(6) 活动时间和地点

在时间上要尽量让消费者有空闲参与,在地点上要让消费者方便,而且要事前与城管、工商等部门沟通好。

2. 启航公司迈腾车型促销活动分析实战案例

(1) 策划背景

启航汽车销售服务有限公司(以下简称"启航4S店")是2012年成立的一汽大众特许经销商。其位于汽车经济开发区,也是该地区唯一一家一汽大众4S店,经营成果显著,在当地深受广大用户信赖,销量稳步提升。启航4S店的背景及特点如图6-27所示。

图6-27 启航4S店的背景及特点

6月正值汽车销售淡季,启航4S店希望进行一次针对迈腾车型的促销活动策划。

在汽车销售淡季常用的策略有加大促销、市场转移、引导消费、渠道创新、服务创新等手段(见图6-28)。

图6-28 销售淡季的应对策略

本策划方案主要侧重于帮助启航4S店在6月的销售淡季提升迈腾的销量,并为后续的销量奠定基础。

(2) 策划目标

围绕策划背景,我们需要思考两类问题:客户为什么会购买迈腾而不是其他品牌?客户为什么愿意到启航4S店购买而不是其他店?基于这样的设问,我们需要对启航4S店已有的迈腾客户进行调研,通过调研我们可以发现,客户到启航4S店购买迈腾是基于对启航4S店的认可和对迈腾车型的信赖这两个因素,策划前的调研内容如图6-29所示。

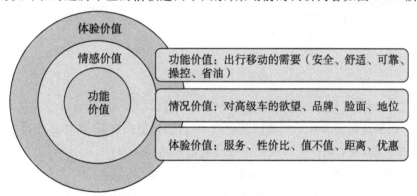

图6-29 策划前的调研

通过与迈腾已有客户和潜在客户的接触,我们发现,人们决定购买何种车型,在何地购买都是有自己的想法的(不单是比价格)。如果我们的4S店和我们提供的车辆能够及时地帮助潜在客户解决他们在购买车辆时的问题,他们就会优先选择我们。客户到我们这里购买迈腾的理由是基于对我们公司的认可和对迈腾车辆的信赖,如图6-30所示。

基于以上调研和分析,策划的目标要能够实现向客户传达"启航4S店值得信赖,迈腾车值得拥有"的价值诉求。这样才能够更好地吸引潜在的顾客,留下顾客。依据营销理论,策划方案应该是"针对顾客认知问题的解决方案"。如果不能帮助客户解决认知问题,再好的创意也不能实现营销的价值。围绕这个主题,策划目标要能够实现以下两个作用:一是通过策划方案的实施,提升潜在购车群体对迈腾车的认知,将迈腾车与其他竞品车型区分开来,帮助他们更好地认识什么是好的中高级车,帮助他们更好地进行决策;二是通

图 6-30 客户购买车的理由

过策划活动向潜在客户全方位展示启航 4S 店的优势,吸引他们到启航 4S 店来。启航 4S 店市场部的功能见图 6-31。

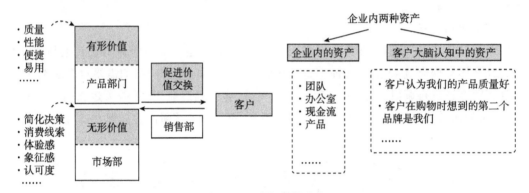

图 6-31 市场部的功能

基于以上分析,并结合销售淡季的特殊情况,可以设定一定参与活动有优惠的激励政策。目标应该围绕传播和展示迈腾以及启航 4S 店的价值来展开,具体目标设定如下:

- 提升启航 4S 店的企业形象和迈腾在当地的品牌认知;
- 及时维护老客户,通过增购、换购、转介绍,增加销售机会;
- 抓住新客户,以留下有效信息和最终能够成交为目的;
- 通过活动,增加来店量和进店量,带动其他车型销量提升,并促进续保、延保、售后业务的提升;
- 通过活动,提升启航 4S 店整体的营销能力(提升全员的营销意识)(见图 6-32)。

图 6-32 策划目标

（3）市场定位分析

· 迈腾定位分析。作为一汽大众品牌首款 B 级车,自 2007 年德国大众第六代 B 级车以"迈腾"之名在国内上市后,迈腾迅速成为"创新""科技""高品质"的代名词。从 2011 年全新"迈腾"到 2016 款"迈腾智享版",每一次革新、改进,都始终引领着 B 级车市场,截至 2015 年,历时 8 年,迈腾产销累计近百万辆,迈腾也成为德系 B 级车销量破百万辆用时最短的创造者。

· 迈腾目标客户群定位分析。全新"迈腾"的目标客户一般集中在 25—40 岁,为中高收入的社会精英;他们是社会的新生代中坚,追求生活中的不同,希望为自己的人生带来不一样的体验。他们喜欢当下的最新科技与热门话题;能够显露自身的社会地位,但同时他们不太喜欢张扬,却很在意车的品质,就像他们的为人一样,充满了责任、担当和对家人的关爱。迈腾及目标客户群定位见图 6-33。

图 6-33　迈腾及目标客户群定位

· 策划活动的定位。我们之所以要购买产品和服务,是因为我们需要购买产品和服务来完成某项特定的任务;这导致我们购买某种产品或服务的机制就是,我需要完成一项任务,这个产品或服务能够帮助我达成这个目的。基于这一营销理论,策划活动也应该具备帮助解决客户某项任务的功能,这样的活动,客户才会来参加。营销活动的价值＝解决问题的功能÷付出的成本(金钱、时间、机会、心情等)。

基于这样的分析,整个策划活动应该定位于具备帮助客户的功能上,而不是简单的促销和吸引。比如通过活动可以帮助潜在客户简化决策,提供购买线索,增强客户的体验感、象征感,增加客户的认可度等。

本着"旺季取利,淡季取势"的淡季销售核心思想,本次策划活动的定位围绕全方面展示启航 4S 店和迈腾车辆来展开,并通过到店参加活动有大惠的方式促进销量的提升。

· 目标人群的定位。一个活动不要指望全部的人都来参加,大海里有很多鱼,不要想当然以为都是你的鱼;同样,一个活动也要找对人,人找对了,剩下的事情就好办了(见图 6-34)。

本次策划活动重点关注三类目标人群：

保有客户：拥有一汽大众车辆的客户。此类客户拥有自己的朋友圈,容易与消费者进行沟通,可以利用他们的资源在线上进行最大化的传播,如增购客户、置换客户、再介绍客户等。

图 6-34 目标人群定位

潜在客户:此类客户为外围潜在消费群体,他们对吸引眼球的活动及具有影响力的线上话题比较感兴趣。可以通过线上线下联动的方式与其进行沟通。

到场人员:此部分人员是活动的核心目标人群,可以通过品牌"达人秀"招募其加入,通过豪华的现场体验增强品牌黏度,从而使其成为我们的传播声量(见图 6-35)。

图 6-35 活动重点关注三类目标人群

通过"迈腾秀·惠订购"活动,向潜在目标客户展示和传达迈腾的高科技和智慧车辆,让客户在互动的过程中体验迈腾的高科技和高品质。具体项目包括:专业销售顾问秀迈腾高科技、已有客户秀迈腾体验、启航 4S 店全方位秀企业。

- 活动人数预估。通过以上的目标人群定位分析,加上活动的宣传和活动的吸引力,预计会将信息通知到 3 000 人左右,大概会有 10% 的客户愿意前来,也就是 300 人左右,最终会有 150—180 人参加,以活动人数为 160 人作为参考。

(4) 活动主题

"迈腾秀·惠订购"——启航 OPEN DAY 迈腾专场惠购活动;活动宣传语"去对地方、买对车,远比价格优惠更划算"。

(5) 活动形式

整个活动由三部分组成:启航 4S 店全方位展示自己的"企业秀",迈腾已有客户分享迈腾的"体验秀",针对活动现场客户、销售人员充分展示迈腾高科技配置的"科技秀"(见图 6-36)。

(6) 活动时间和地点

整个活动拟定于 2016 年 6 月的第 3 个周末(可以利用父亲节),具体为 6 月 18、19 日两天,活动地点定位于启航 4S 店。

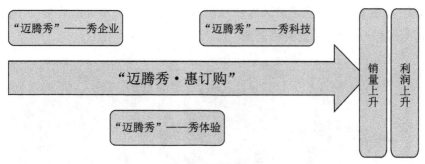

图 6-36 活动形式

3. 启航公司迈腾车型促销活动分析实战案例评析

启航公司迈腾车型促销活动分析是进行策划的基础,所以一定要保证分析的准确性。该实战案例首先分析了策划的背景,策划目标清晰具体,市场定位准确,活动主题新颖,活动形式多样,具有新意。

任务 2　启航公司迈腾车型促销活动策划设计说明

1. 任务描述

(1)"迈腾秀"——秀企业的设计

该环节重点是向到场客户展示企业形象。

(2)"迈腾秀"——秀体验的设计

通过客户关系管理系统,进行"迈腾秀"——秀体验的设计。

(3)"迈腾秀"——秀科技的设计

从科技秀的秀点、方式和活动设计加以策划。

(4)"惠订购"设计

通过现场的政策促进客户订购,通过政策的设计,让客户体验到优惠的力度。

(5)活动流程

包括前期准备、中期操作和后期延续。

2. 启航公司迈腾车型促销活动策划设计说明实战案例

整个策划活动本着"旺季取利,淡季取势"的淡季销售核心思想,围绕"秀企业、秀体验、秀科技"三部分进行设计。

(1)"迈腾秀"——秀企业的设计

目前汽车 4S 店的销售竞争压力很大,如何通过优质的销售服务和诚信的销售体系吸引客户,需要企业更多地把自己的形象推广给潜在的客户;同时汽车行业的利润空间更多地转向了售后服务领域,如何向客户展示企业的规范、高标准的服务和经营管理水平,吸引客户到店,提升售后服务效益也是一个重要因素。为此,该环节是重点向到场客户展示企业形象的环节,可以通过"路线寻宝"的方式进行展示,把企业的亮点(环境、人员、服务、规范、实力、口碑)通过寻宝路线串联起来,让客户在"寻宝"的路线中感受企业的管理水平和精神风貌(见图6-37)。为了鼓励客户积极参与,每个亮点都可以放置一个信物,按集齐的信物给予客户一定数量的奖品刺激。

图6-37 路线寻宝活动

(2)"迈腾秀"——秀体验的设计

已有客户是最好的宣传渠道,转介绍、口碑营销是营销最有利的武器。通过客户关系管理系统,联系忠实的客户、性格外向的客户,请他们总结自己购买迈腾后的出行体验、使用体验,通知并协助他们用多媒体的形式制作成分享稿"我和迈腾的故事",在活动现场邀请他们分享自己拥有迈腾后的体验,同时在他们的多媒体稿件中融入启航4S店之前客户户外活动的视频、图片资料。对于这些分享的客户,可以通过给予优惠的售后服务政策来予以激励,促使他们积极参加。

同时,通过CRM系统查找迈腾客户,凡是推荐客户或带领客户到店的,推荐车主和到店客户均有礼品和优惠政策对应。此外,进行"我和迈腾的故事"微信投票评选(见图6-38),让更多的人分享转发,引爆朋友圈,以发挥活动预热和后续宣传发酵的作用,起到更加深入的推广作用,并根据网友投票的情况给予相应的奖励。

图6-38 客户秀体验设计及微信投票评选

(3)"迈腾秀"——秀科技的设计

迈腾车有很多的高科技,这些丰富的高科技配置不是每个人都知道并且会使用的,就像智能手机的许多功能我们还都不知道一样,这些高科技配置可以通过现场秀的方式展示给客户(动态展示)。这里的核心和关键是秀点的选择和秀方式的设计(见图6-39)。

图 6-39 迈腾科技秀的设计

- 科技秀的秀点。迈腾有很多的点可以秀,具体如图6-40所示。

图 6-40 迈腾科技秀的秀点

- 科技秀的方式。针对迈腾的高科技配置,可以设计为以现场秀的方式进行,事先对要秀的项目和配置进行准备,并提前录制"秀"的视频(见图6-41、图6-42)。

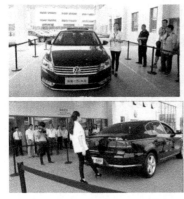

图 6-41 现场秀

图 6-42 现场和视频秀

- 科技秀的活动设计。具体如下：

第一，针对迈腾已有客户：可以发布邀请，请已有客户录制自己迈腾的高科技展示；

第二，针对活动现场客户：销售人员现场展示迈腾秀点，现场观众回答问题有奖品；

第三，科技秀的"达人秀"：开展现场迈腾科技秀的达人秀，秀出项目最多和用时最短的给予"迈腾达人"称号，并给予奖励。

通过该环节可以充分展示迈腾的高科技配置，增加客户的信心。

（4）"惠订购"设计

本次策划活动的落地项目是实现到场客户尽量多地下订单，由于到场的客户都是潜在客户，所以可以通过现场的政策促进客户订购，通过政策的设计，让客户体验到优惠的力度。比如通过"到店有礼""留档有惊喜""订购有实惠""新有 0 息，置在必得，惠订购在今天""公务员购车享 5 000 元优惠""置换补贴 12 000 元""分期贴息"等优惠政策进行激励（见图 6-43）。

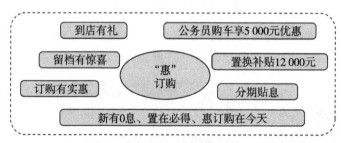

图 6-43 惠订购

此处要强调的是，所有的优惠活动必须是到店参加活动的客户才可以享受。现场销售人员要积极跟进，主动出击，留下客户信息，促成客户成交。

（5）活动流程

具体的活动流程见图 6-44。

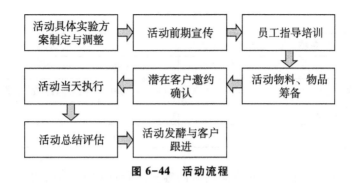

图 6-44　活动流程

3. 启航公司迈腾车型促销活动策划设计说明实战案例评析

该促销活动策划的活动形式是"迈腾秀·惠订购"。整个策划活动本着"旺季取利、淡季取势"的淡季销售核心思想,围绕"秀企业、秀体验、秀科技"三部分进行设计。"迈腾秀"——秀企业的设计是重点向到场客户展示企业形象的环节,通过"路线寻宝"的方式进行展示,把企业的亮点(环境、人员、服务、规范、实力、口碑)通过寻宝路线串联起来,让客户在寻宝的路线中感受企业的管理水平和精神风貌。"迈腾秀"——秀体验的设计通过客户关系管理系统,进行"迈腾秀"——秀体验的设计。"迈腾秀"——秀科技的设计,从科技秀的秀点、方式和活动设计加以策划。"惠订购"设计通过现场的政策促进客户订购,通过政策的设计,让客户体验到优惠的力度。

任务 3　启航公司迈腾车型促销活动策划效果保障设计

1. 任务描述

(1) 活动前期准备

主要包括人员安排、物料准备和试验方案。

(2) 活动突发情况设计

每次活动都有可能出现一些意外,应对各个可能出现的意外事件做必要的人力、物力、财力方面的准备。

2. 启航公司迈腾车型促销活动策划效果保障设计实战案例

(1) 活动前期准备

- 提前半个月。确定活动内容和相关设备及道具,投放活动媒体,准备现场物料,确定客户名单,订购纪念品和礼品,设置寻宝信物等。物料清单见表 6-1。

表 6-1　物料清单

名称	份数
活动主题海报	20 份
活动主题×展架	20 副
横幅	10 条

(续表)

名称	份数
刀旗	8套
宣传贴纸	5 000份(张贴在产品单页上)
背景板及电子显示屏	1套
鲜花	若干

- 活动前一天。销售人员对意向到店的客户进行回访再确认,说明活动主题和优惠措施,激发客户到店,以提高当天客户的进店率。工作人员与当天到场的新闻媒体进行再确认。

活动现场布置设计:横幅、欢迎牌、签到处、礼品、主会场(氛围、设备、多媒体、资料);4S店环境及各点的5S。活动现场设计效果见图6-45。

图6-45 活动现场设计效果图

外场布置:

第一,把整个4S店布置成统一风格,首先在4S店外墙挂上横幅;

第二,在4S店四周悬挂刀旗等,让客户一进入经销店区域就感受到活动氛围;

第三,从大门口签到处用红色地毯直铺至销售大厅,使整个会场尽显隆重与尊贵。

场内布置:

第一,展示车辆的摆放位置都将配合整个大厅的活动氛围,对每辆车都进行包装;

第二,在墙面上悬挂主题海报,整体设计位置;

第三,设置休息区并提供可口的糕点及饮料,用礼宾竿进行分隔并铺上红地毯(见图6-46);

第四,所有的布置都将符合活动的需要。

以上所有工作都要责任到人、专人专职,将工作严格执行到位,并进行检查。

活动彩排:不仅促销活动策划本身非常重要,而且执行也同样重要。任何一个促销活动要想落实得万无一失,都必须经过多次彩排,并且在彩排时要对参与活动的人员进行培训,让他们充分理解活动的意义、流程和关键点。

茶歇设计　　　　　　　　　　礼品设计

图 6-46　茶歇及礼品设计

- 活动当天流程。依据流程进行,具体流程见表 6-2。

表 6-2　活动现场的启动仪式流程

时间	项目	内容	人员	备注
"迈腾秀·惠订购"活动流程				
8:40—9:00	嘉宾签到	暖场视频		
9:00—9:01	开场视频	一汽大众"迈腾"大事记		
9:01—9:05	主持人开场	介绍到场领导及嘉宾		
9:05—9:10	领导致辞	介绍"迈腾秀·惠订购"背景、目的及意义		
9:10—9:15	主持人串场	感谢领导、引出迈腾生产视频		
	3D汽车解剖视频	立体呈现全新迈腾及生产工艺		
9:15—9:20	主持人串场	迈腾生产工艺的高科技、引出DSG及其TSI视频		
	DSG TSI3D 解剖视频	阐述DSG/TSI高科技及精密构造		
9:20—9:25	主持人串场	引出总经理讲话		
	启航代表讲话	说明此次活动带来的切实好处	经销商总经理	
9:25—12:00	迈腾秀·惠订购	秀企业、秀体验、秀配置、惠订购		

(2) 活动突发情况设计

我们经常把活动想得非常完美,然后演练了一次就认为简直是"Perfect",但是到了真正执行时却发现漏洞百出,它可能并不是真的漏洞,而是各种突发状况带来的无法响应,这是非常致命的。

上千次的演练都抵不过最终的一次登台,所以我们必须在策划的过程当中预演有可能出现的突发状况。这种突发状况有可能是嘉宾迟到,在他该出现的环节没有出现;或者是主持人失踪,可能并不一定是真的失踪,比如说当天突发急性肠胃炎,需要有预案能够快速找到替换的主持人等。

我们还会遇到其他各种各样的突发情况,这些是需要我们在策划的过程当中予以考虑的,并且需要考虑好应急预案,这能够帮助我们在真正落地执行时快速响应一些常规的突发状况。活动可能出现的危机及应急方案见表6-3。

表 6-3 可能出现的危机及应急方案

可能出现的危机	应急方案
自然因素:恶劣天气影响活动的正常进行	及时关注活动当日的天气状况,调整活动时间
参加人员因素:客户临时有变、销售顾问在活动现场不配合	加强前期宣传力度,保障客户参与活动;前期进行动员,提前安排好休假时间,保证活动当日按时参与
竞品因素:同品牌有同样的销售政策	品牌之间直接竞争,需要工作人员提前了解并与客户沟通
客户投诉:抱怨客户现场进行投诉	展厅经理走动式管理,及时应对

3. 启航公司迈腾车型促销活动策划效果保障设计实战案例评析

该实战案例促销活动前期准备设计缜密。提前半个月,确定活动内容和相关设备及道具,投放活动媒体,准备现场物料,确定客户名单,订购纪念品和礼品,设置寻宝信物等;活动前一天,销售人员对意向到店客户进行回访再确认,活动现场布置设计和活动彩排;活动当天:依据活动现场的启动仪式流程进行。同时,依据可能出现的危机,设计活动突发情况应急方案。

但案例中还应考虑后期延续主要是媒体宣传的问题,对这次活动将采取何种方式在哪些媒体进行后续宣传。

任务4 启航公司迈腾车型促销活动策划费用和效果预测

1. 任务描述

(1) 活动费用设计

对促销活动的费用投入作出预算,促销活动费用是启航4S店财力可以支撑的。

(2) 活动效果预估

预测这次促销活动会达到的效果,以利于活动结束后与实际情况进行比较,从刺激程度、促销时机、促销媒介等各方面总结成功点和失败点。

2. 启航公司迈腾车型促销活动策划费用和效果预测实战案例

(1) 活动费用设计

本次策划活动的直接费用主要涉及三个方面:一是第三方费用(物料的设计及制作、人员),二是媒体投放及合作(网站、报纸、广播),三是礼品及茶歇等(见表6-4)。由于启航4S店应有整年的市场活动预算,加上厂家的市场活动支持,本次活动的费用不会超过预算,具体费用与当地的行情也有关系。

表 6-4　费用预算

项目	明细	费用
第三方费用(物料、礼品、人工)	略	略
媒体费用(报纸、网络、短信)	略	略
礼品及茶歇费用等	略	略

(2) 活动效果预估

此次"迈腾秀·惠订购"活动是在本地区第一次举行,基于启航 4S 店的良好信誉和客户口碑,加上保有客户较多,此次客户的意向性比较明确,且前期通过电话和微信等方式进行了确定,对启航 4S 店和迈腾车的品牌形象宣传和终端量的提升有着一定的影响力。活动的成功,与前期的媒体宣传和推广,销售人员的邀约和跟踪,期间公司执行力的到位,后期活动的宣传维护都有着密不可分的联系。活动环节步步相扣,形成链接。该活动为汽车销售淡季注入了新鲜的血液,能够明显激起一部分意向客户的购买欲。

该活动目标客户群定位明确,前期宣传面广,跟踪邀约范围大,加上活动内容新颖,优惠幅度刺激,有极大可能将一些意向客户变为成交客户,预计当月成交量能够达到 40 台。更为重要的是,通过活动的传播,为后续销量的提升奠定了势能。

3. 启航公司迈腾车型促销活动策划费用和效果预测实战案例评析

在启航公司迈腾车型促销活动策划实战案例中,活动费用设计主要涉及三个方面:一是第三方费用,二是媒体投放及合作,三是礼品及茶歇等。本次活动的促销活动费用是启航 4S 店财力可以支撑的。"迈腾秀·惠订购"活动对启航 4S 店和迈腾车的品牌形象宣传和终端量的提升有着一定的影响力。

6.5　促销活动策划专项实训

促销活动策划专项实训属于典型的**实验教学**范畴(项目二),按照项目实验教学的要求,由学员团队按任务要求、自主完成。

促销活动策划专项实训由学员在当地挑选一个具有一定知名度的品牌作为实训的合作品牌,事先取得企业的认可和支持,由学员逐步完成促销活动策划。

参考命题产品:娃哈哈晶钻水、娃哈哈酵苏。

参考命题要求:每支队伍任选一款产品,结合产品包装、口感、概念卖点等属性,策划一份有针对性的促销活动策划方案,消费、推广场景设定为高校内,要求方案以 PPT 的形式呈现。

产品背景:

1. 晶钻水

苗条的身材,晶莹剔透的瓶身,高端雅致的设计,纯净无瑕的水质在 80 个切面的包裹下,犹如钻石般闪亮……这,就是娃哈哈在2015年年底新推出的晶钻装纯净水(见图6-47)。

图6-47 娃哈哈晶钻水

1995年,娃哈哈率先在国内生产瓶装纯净水,成为瓶装饮用水行业的领导品牌。二十多年来经久不息的荣耀来源于严谨的态度和先进、安全、高效、稳定、节能的生产工艺。娃哈哈纯净水采用国际先进的反渗透深度净化技术进行层层过滤,整个工艺过程经过13层过滤,2级反渗透,以保证饮用水的质量安全,这套饮用水深度生产工艺代表了国际先进水平。

2015年,娃哈哈晶钻水应运而生,这款水的钻石风格包装设计来自娃哈哈集团的90后新锐设计团队。在娃哈哈,一支思想活跃、朝气蓬勃的泛90后团队活跃在产品研发、设计和营销最前线,他们成为娃哈哈倾听年轻消费者心声的纽带。一以贯之的高品质,配合靓丽的新包装,自上市半年来,娃哈哈晶钻水受到了广泛的追捧与好评。

除了吸引眼球的新外形,娃哈哈晶钻水还创新地在每一瓶水的标签上印制了可刮开的个性化签名区,当消费者拿到一瓶娃哈哈晶钻水后,签上自己的名字,就可以打造一瓶属于个人的定制好水。这个贴心的设计,源自对自然与环保的责任。据不完全统计,中国每年都有几千万瓶的饮用水因为在会议、活动过程中被混淆而浪费。娃哈哈看到了这项数据,作为饮用水行业的领导者,娃哈哈创新地开发了这项既好玩又环保的设计,它是国内首款在标签上印制可刮开签名区域的水,搭配瓶标上的星座和祝福语,时尚而富有个性。很多白领拿到手之后,都认为这项设计实实在在替大家解决了一个大难题。

这一概念,不仅贴合了产品个性化的趋势,更体现了娃哈哈对赖以生存的地球的一种负责。更具个性、更加环保的娃哈哈晶钻水,是爱护自然、保护地球的绿色之选,是各类会议、活动的VIP尊贵好水。除此之外,娃哈哈还将开放标签定制,当需求达到一定的数量时,娃哈哈将为客户设计并生产包含客户信息的饮用水,不少大型企事业单位已经开始享受这一尊贵待遇。

2."酵苏"酵素饮品

作为娃哈哈2017年一款重磅新品,"酵苏"酵素饮品是面向白领女性的中高端饮品。产品采用白色的外包装,不同口味在饮料瓶身上印有相对应的水果图案,整体造型清新时尚,目前有红茶酵素、芒果酵素、桑葚酵素三种口味(见图6-48)。

图 6-48 娃哈哈"酵苏"酵素饮品

与传统饮料强调解渴不同,娃哈哈将酵苏定位为"果蔬酵素"饮料,精选果蔬、红茶原料+健康果蔬酵素+植物乳杆菌发酵,以促进消化、清理身体负担为卖点。

酵素近年来在国内非常流行,酵素产品大多从日本进口,从几十甚至上百种植物中提取浓缩而成,极为昂贵。酵素听起来似乎是个新概念,但它并不是什么新鲜玩意儿,只是日本对"酶"的叫法而已。酶是各种生物化学反应的催化剂,为细胞活动提供动力。它并非一种物质,仅人体内就有成千上万种酶,其构成主要是蛋白质,这些"助攻小能手"们,在人体内各司其职,参与不同的化学反应。酵素对人体的作用类似于益生菌,主要是调节肠胃,所以对通便美容都有一定的作用,也因此获得了广大爱美女性的喜爱。

巨头纷纷布局酵素饮料市场,推出酵素饮料的不仅有娃哈哈,2016 年 8 月统一就推出了国内首款酵素饮料"轻畅酵主"。从配方来看,该款产品以诺丽果为主要原料,诺丽果主要生长在南太平洋群岛,其果实具有富含人体细胞体细胞的成分,有强身的效果。从价位来看,产品 290 毫升定价为 19.9 元,属于高端产品,除了一些小型便利店,在大型商业超市很难见到这款产品的踪影。

与轻畅酵主相比,酵苏售价仅为 5 元/300 毫升,价格非常有优势,与娃哈哈大多数产品保持了相似的售价。这将有利于全面布局渠道,进行产品的推广。这款产品最终能否被市场所接受,就让我们拭目以待。

任务 1 促销活动分析

1. 实战演练任务

以学习小组为单位,分析策划背景和市场定位。确定策划目标、活动主题、活动形式、活动时间和地点。

2. 实战演练要求

促销活动分析要求策划背景明确,市场定位分析精准,策划目标清晰。活动主题力求创新,使活动具有震撼力和排他性。活动形式丰富可行,确定刺激程度。在活动时间和地点策划方面,在时间上要尽量让消费者有空闲参与,在地点上要让消费者方便。

3. 实战演练成果评价

利用一周的时间完成促销活动分析,提交文案并进行 PPT 演讲,现场由企业、行业专家和课程老师担任评委。

任务2 促销活动策划效果保障设计

1. 实战演练任务

促销活动策划效果保障设计包括前期准备、中期操作、后期延续和活动突发情况设计。以学习小组为单位，对这些内容进行系统设计。

2. 实战演练要求

前期准备包括人员安排、物料准备和试验方案。在人员安排设计方面要确保既无空白点，也无交叉点。在物料准备方面，要制作物料清单，按单清点，确保万无一失。由于促销活动方案是在经验的基础上确定的，所以有必要进行试验来判断促销工具的选择是否正确、刺激程度是否合适、现有的途径是否理想。

中期操作主要是活动纪律和现场控制。纪律是方案得到完美执行的先决条件，在方案中，应对参与活动的人员纪律作出细致的规定。现场控制主要是把各个环节安排清楚，要做到忙而不乱，有条有理。

后期延续主要是媒体宣传的问题，对这次活动将采取何种方式在哪些媒体进行后续宣传作出安排。

每次活动都有可能出现一些意外，应该对可能出现的各种意外事件做必要的人力、物力、财力方面的准备。

3. 实战演练成果评价

利用一周的时间完成促销活动策划效果保障设计，提交文案并进行PPT演讲，现场由企业、行业专家和课程老师担任评委。

任务3 促销活动策划费用和效果预测

1. 实战演练任务

以学习小组为单位，进行活动费用设计和活动效果预估。

2. 实战演练要求

活动费用设计要对促销活动的费用投入作出预算，而且促销活动费用是企业财力可以支撑的。

活动效果预估要预测这次促销活动会达到的效果，以利于活动结束后与实际情况进行比较，从刺激程度、促销时机、促销媒介等各方面总结成功点和失败点。

3. 实战演练成果评价

利用一周的时间完成行动计划，提交文案并进行PPT演讲，现场由企业、行业专家和课程老师担任评委。

第7单元　传播营销策划

学习目标

知识点：
1. 掌握传播营销策划的基本概念。
2. 理解传播营销策划的特点和作用。

技能点：
1. 通过案例示范和实训任务，熟悉传播营销策划的路径。
2. 掌握传播营销策划的工作方法和策划方案设计。

导入案例

《舌尖上的中国（第二季）》传播推广项目背景

《舌尖上的中国》为中国中央电视台播出的美食类纪录片，主要内容为中国各地美食生态。通过中华美食的多个侧面，来展现食物给中国人生活带来的仪式、伦理等方面的文化；见识中国特色食材，以及与食物相关构成中国美食特有气质的一系列元素；了解中华饮食文化的精致和源远流长。纪录片制作精良，七集内容制作耗时13个月，2012年5月在央视首播后，在网络上引起了广泛的关注。第二季已于2014年4月18日播出。

《舌尖上的中国2》（又称《舌尖上的中国（第二季）》）依然定位为一部美食纪录片，并将延续第一季的主题，探讨中国人与食物的关系。全片共分为八集：第一集《脚步》、第二集《心传》、第三集《时节》、第四集《家常》、第五集《秘境》、第六集《相逢》、第七集《三餐》，第八集则为拍摄花絮。150多个人物，300余种美食，一张张餐桌，见证了生命的诞生、成长、相聚、别离。通过美食，使人们可以有滋有味地认知这个古老的东方国度。

《舌尖上的中国（第二季）》传播推广项目（以下简称"《舌尖上的中国（第二季）》"）旨在打造国内美食节目品牌，同时以高收视率和影响力，在节目播出时搭载广告，获取商业广告费及衍生产品价值，从而使节目获得高额商业利润和社会影响力，成功完成节目营销。

资料来源：百度文库，"《舌尖上的中国2》的传播与营销研究专题"，https://wenku.baidu.com/view/58c8d483195f312b3069a52c.html。

7.1 传播营销策划的概念与特征

营销是一场吸引消费者注意从而刺激引导消费的竞争,其核心是市场细分及目标消费群体定位,然后通过媒介传播实现对目标消费群体的信息传递和刺激,因此传播营销成为现代营销的主要部分,传播营销策划也显得至关重要。

1. 传播理论

(1) 5W 模式

哈罗德·拉斯韦尔(Harold Lasswell)在《传播在社会中的结构与功能》(中国传媒大学出版社,1948 年)一书中提出了一种传播理论——5W 模式(Who, What, Where, Whom, How)。

Who:"谁",是指传播者,即在传播过程中担负信息收集、加工和传递任务的主体。

What:"说什么",是指传播的内容,它是由一组有意义的符号组成的信息组合。

Where:"渠道",是用于信息传递的媒介或物质载体。

Whom:"对谁",是指受传者或受众,它是传播的最终对象。

How:"效果",是指信息传达给受众后,在其认知、情感、行为各层面引起的反应。

5W 模式把人类传播活动明确地概括为五个要素,是传播研究史上的一大创举,界定了传播学的研究范围和基本内容,是研究大众传播过程结构和特性的出发点,影响极为深远。大众传播学的五个主要研究领域——"控制研究""内容分析""媒介研究""受众研究"和"效果分析",就是由 5W 理论发展而来。现代营销中广告传播的五个要素,即广告主、广告信息、广告媒体、广告受众和广告效果,也与之相匹配。但是 5W 理论忽视了传播的双向性,没有关注传播过程中的反馈。

(2) USP 理论

20 世纪 50 年代初,罗瑟·里夫斯(Rosser Reeves)提出了广告传播的 USP 理论,即推广者要向消费者说出一个"独特的销售主张"(Unique Selling Proposition),简称"USP 理论"。USP 理论包括以下三个方面的含义:

第一,它强调产品所具有的特殊功能和效用。要求每一则广告都必须对消费者提出一个销售主张,必须包含特定的商品效用,即通过广告传播向消费者展示一个消费理由,给予消费者一个明确的利益承诺。

第二,这种独特的主张是竞争对手无法提出的,必须具有创新性;必须是唯一的、独特的,是其他同类竞争产品不具有或没有宣传过的说辞。

第三,应具有强劲的销售力,即这一主张必须足以影响数以万计的社会公众,必须有利于促进销售。

在 20 世纪 90 年代,达彼斯公司根据广告环境发生的变化,将 USP 重新定义为:USP 的创造力在于揭示一个品牌的精髓,并强有力地、有说服力地证实它的独特性,使之变得所向披靡,势不可挡。并根据这一界定,其发展和重申了 USP 的三个要点,使 USP 理论由原来的产品范畴,延伸至品牌层面以及观念层面。

第一,USP 是一种独特性。它内含在一个品牌深处,或一个尚未被提出的独特的承诺。它必须是其他品牌未能提供给消费者的最终利益。它必须能够在消费者头脑中建立一个品牌,而使消费者坚信该品牌所提供的最终利益是该品牌独有的、独特的和最佳的。

第二,USP 必须有销售力。它必须对消费者的需求有实际重要的意义。它必须能够与消费者的需求直接相连,它必须导致消费者做出行动。它必须具有说服力和感染力,从而能够为该品牌引入新的消费群,或从竞争对手那里把消费者抢过来。

第三,每个 USP 必须对目标消费者做出一个主张,一个清楚的令人信服的品牌利益承诺,而且这个品牌承诺是独特的。

2. 传统媒体与新媒体

传播离不开媒介(媒体)。媒体可以分为两类,即传统媒体和新媒体。传统媒体是指报刊、广播、电视等媒体形态。随着时代的发展,又陆续出现了新的媒体形态,即所谓的新媒体,它是指涵盖了所有数字化的媒体形式,如网络媒体、移动端媒体、数字电视、数字报纸杂志等。

新媒体利用数字技术、网络技术,通过互联网、宽带局域网、无线通信网、卫星等渠道,以及电脑、手机、数字电视等终端,向用户提供信息和娱乐服务。因此,新媒体亦称为数字化新媒体。

新媒体具有传播与更新速度快、成本低、信息量大、内容丰富等优势,具有全天候和全覆盖性的特征,全球传播,检索便捷;多媒体传播应用超文本和超链接等方式,将各种不同空间的文字信息组织在一起成为网状文体,互动性更强大。新媒体已成为信息传播的主要媒介,因此借助新媒体展开的新媒体营销也正在成为现代营销模式中最重要的部分。

3. 新媒体与新媒体营销的主要类型

(1) 手机媒体

手机媒体开创了媒体新时代。手机报、手机广播、手机电视等手机媒体形式,向渴望得到新闻和娱乐等资讯又奔波于通勤路上的公众提供了一种快乐的享受,于是企业利用手机媒体受众的高覆盖性,将手机媒体发展为新广告媒介和营销媒介。依托无线应用矩阵和数据分析技术平台,分析出手机用户的行为,在移动网络运营商与用户互动的过程中记录跟踪用户信息,通过用户的手机终端在网页浏览的喜好分析,对用户的消费需求特征和购买行为规律进行研究,整合用户数据库,展开精准营销。手机短信营销、手机报营销、App 营销、手机二维码营销、微信营销等方式不断涌现。

以手机 App 营销为例,其主要的营销模式有植入广告模式、用户参与模式和购物网站移植模式。

植入广告模式:在众多的功能性应用和游戏应用中植入广告是最基本的模式,通过动态广告栏的形式将广告植入手机 App,当用户点击广告栏时就会进入网站链接,可以了解广告详情或者参与活动。这种模式操作简单,只需将广告投放到那些下载量比较大的应用上就能够达到良好的传播效果。传播推广的目标是提高品牌的知名度以及吸引更多的用户注册。首先,采用"铺面+打点"的形式,获取受众,通过内容定向(铺面)和手机机型定向(打点)来进行受众定位;用手机上具有视觉冲击的动态广告栏,吸引受众,引起受众的好奇心理;再以"即点击,即注册"的方式,吸引用户点击广告栏,进入 WAP 网站了解详情,注册参与活动。广告投放方实时获得手机用户数据。

用户参与模式:主要包括网站移植类和品牌应用类,企业把符合自己定位的应用发布到应用商店内,供智能手机用户下载,用户利用这种 App 应用可以很直观地了解企业的信息,App 应用能够为用户的生活提供便利。这种营销模式具有很强的体验性,可以让用户了解产品,增强对产品的信心,提升品牌的美誉度。如通过定制《孕妇画册》应用吸引准妈妈们下载,提供孕妇必要的保健知识,使用户在获取知识的同时,不断强化对品牌的印象,商家也可以通过该 App 发布信息给精准的潜在客户。相较于植入广告模式,这种营销模式具有软性广告效应,用户在满足自己需要的同时,可以获取品牌信息、商品资讯,并且 App 应用还能够提供商品订购功能。从费用的角度来说,植入广告模式采用按次收费的模式,而用户参与模式则由用户自己投资制作 App,相比之下,后者的首次投资较大,但无后续费用。而营销效果则取决于 App 内容的策划,而非投资额的大小。

购物网站移植模式:基于互联网上的购物网站,将购物网站移植到手机中,用户可以随时随地浏览网站获取商品信息,进行下单。这种手机 App 购物模式相较于购物网站,更快速便捷、内容丰富,并且为了推广这种应用,投放者会为用户推出更多优惠措施。

(2) 数字交互电视

数字交互电视是融合电视传输的传统优势和网络交互传播优势的新型电视媒体,它给电视传播方式带来了革新。数字交互电视的互动传播,使传播者与接收者之间的关系不再是单向的,位置不再是固定的,而是不断交互、移动的,用户不再是被动的信息接受者,可以根据自身需要有选择地收视节目内容。快速增长的数字电视用户将推动传媒产业价值链的快速发展,目前已出现数字付费推广的 USP 发展模式,即数字电视独特的销售主张,它是"技术层面"和"内容层面"的结合体,且以内容层面为核心。数字交互电视将成为营销传播的重要媒介。通过加载开机画面广告、主菜单广告、频道导航条广告、视频点播广告、导视频道广告等,以及提供节目预告信息的搜索引擎,如电子节目指南、互动角标广告、收视中即时的直达推送式广告、在线游戏的植入式广告等多种形式,实现广告营销。

(3) 移动电视

移动电视作为一种新兴媒体,具有覆盖面广、反应迅速、移动性强的特点,除了传统媒体的宣传和欣赏功能,还具备城市应急信息发布功能。如公交移动电视,"强迫收视"是其最大的特点。有学者认为,公交移动电视的强制性传播使其受众被动接受移动电视发布的信息,传播内容的强制性有利于拓展"无聊经济"巨大的利润空间,这对于某些预设好的广告内容来说,具有更为独特的传播效果,能够发挥营销推广的作用。

(4) 网络媒体

网络媒体出现后,网络技术不断发展,被相继应用于营销 1.0、营销 2.0 和营销 3.0(菲利普·科特勒在《营销革命 3.0》中提到,营销 1.0 是以产品为中心的营销,营销 2.0 是以消费者为导向的营销,营销 3.0 是以价值驱动营销)。博客营销、微博营销、论坛营销、网络视频营销、搜索引擎营销、社会化网络营销(SNS)、通过即时通信工具进行的网络在线交流及广告发布的网络营销(IM)已成为网络媒体营销的主要形式。下面重点介绍以下几种目前常见的形式。

• 微信。微信(WeChat)是腾讯公司于 2011 年推出的一个为智能终端提供即时通信服务的免费应用程序。微信支持跨通信运营商、跨操作系统平台通过网络快速发送免费（需消耗少量网络流量）语音短信、视频、图片和文字,提供公众平台、朋友圈、消息推送等功能。用户可以使用通过共享流媒体内容的资料和基于位置的社交插件"摇一摇""漂流瓶""朋友圈""公众平台""语音记事本"等服务插件,可以通过扫二维码方式添加好友和关注公众平台,还可以将看到的精彩内容分享给好友或分享到微信朋友圈。到 2016 年第二季度,微信已经覆盖中国 94%以上的智能手机,用户突破 9 亿人,覆盖 200 多个国家、超过 20 种语言。各品牌的微信公众账号总数已经超过 800 万个,移动应用对接数量已经超过 85 000 个,广告收入增至 36.79 亿元,微信支付用户则达到了 4 亿左右。2016 年 3 月 1 日起,微信支付对转账功能停止收取手续费;3 月 10 日,微信官方首次公布"企业微信"的相关细节,并于 4 月 18 日通过"应用宝"正式发布安卓版;8 月,微信与支付宝同获香港地区首批支付牌照。2017 年 12 月 25 日,"微信身份证网上应用凭证"在广州市南沙区签发,为线上、线下政务服务以及旅馆业登记、物流寄递等实名制应用场景,提供国家法定证件级身份认证服务。微信已成为现代人的一种生活方式。

• 播客。播客是新一代的广播,是 2005 年出现在新闻传播学术期刊上的一个新生词汇。与被称为新一代报纸的博客不同,播客通常自我录制广播节目并通过网络发布。有学者认为,播客实现了从文字传播向音频、视频传播的转变,增加了娱乐成分。播客不仅满足了发布者自我表达、张扬个性的需求,同时也加强了媒介的交流与互动。随着其受众数量的飞速增长,播客将会向专业化、收费或免费与收费共存的方向发展。

• 社会化网络营销。社会化网络营销是指在社交网站上通过广告、口碑传播等病毒式传播方式进行品牌推广、产品推广等活动的营销形式。社交网站平台上布满了纵横交错的人际关系网,以人际关系、口碑传播、连锁互动为主,通过社交平台的网页广告、植入式营销方式,或利用社交平台用户的病毒式营销方式,或构建公共主页等进行社会化网络营销。利用社会化网络营销的病毒式营销常选择免费服务、美好祝福、有趣测试、实用资料分享、争议讨论、有趣视频或图片作为传播载体。

4. 传播营销策划的概念与特征

传播策划是指利用传统媒体与新媒体中一种或多种媒体手段,通过概念和理念创新,整合各种资源,实现预期利益目标的一种营销策划过程。它具有以下几个特征：

（1）具有创新性

策划可以看作一种运用脑力的理性行为,概念创新是传播营销策划的本质特征,策划的关键是将各种资源整合在一起,产生新的营销效果,这种资源整合所聚集的能量就是创新,策划追求创新,是策划与计划的根本区别。策划创新强调通过资源整合进行创新,这与科技创新或通过实验的发明创造是有区别的,它不是创造新产品或新方法,而是开辟一个新的市场，发现和获取潜在的利润。

(2) 具有可整合的资源

资源整合创新是策划的精髓，而各种资源是策划的基础，这些资源不仅包括物质资源，还包括公共关系资源，如政府层面的、媒体层面的、协会层面的、客户层面的关系资源等。因此，这就决定了策划必须脚踏实地，它的发生过程是要使用资源的，没有资源就完全是想象、空想；这种资源必须是能够使用的，能够整合在一起的，如果没有整合性，也就没有使用性，不能使用的资源整合在一起，本身就是不可能的，也是一种空想、想象，这是策划的条件。

(3) 具有预期的目标

策划必须具有目的性，做事就应该有方向、有目标，传播策划也需要有一定目的性。目的性在一定程度上量化，就成为目标。策划是一个行为过程，它不仅是人的行为过程，也是进行资源配置的过程，通过一系列的策划过程，达到预期的目标就是策划的目的。

5. 传播营销策划的关注点

传播营销是指利用媒体平台进行营销的模式。互联网已经进入新媒体传播2.0时代，营销思维也发生了巨大的改变，呈现出体验性、沟通性、差异性、创造性、关联性，并且出现了网络杂志、博客、微博、微信、TAG、SNS、RSS、WIKI等这些新兴媒体。

(1) 覆盖率与卷入度

所谓的覆盖率，亦称媒体营销到达率，是广告以及公关追求的主要目标之一。媒体覆盖率即报纸杂志的发行量、电视广播的收视(听)率、网站的访问量等。将广告或者公关文章加载到覆盖率高的媒体上，便可引起更多公众的关注。这种宣传模式的传播路径基本上是单向的。一方面，广告代理公司会报告媒体覆盖率的数字以证明这个广告能够被很多人看到，另一方面，企业会用短期内的销量是否得到提升来衡量这个广告是否达到了目的。但是一场营销行为与短期销量之间的直接相关性，至今没有精确的衡量模型。

而基于新媒体的营销模式，则是用卷入度来衡量传播营销的影响范围。新媒体营销利用新媒体受众广泛的优势进行新媒体信息发布，使受众卷入具体的营销活动中。比如利用博客展开话题讨论，即请博客作者们就某一个话题展开讨论，从而扩大企业想要推广的主题或品牌的影响范围。

新媒体营销是基于特定产品的概念诉求与问题分析，对消费者进行针对性心理引导的一种营销模式，从本质上来说，它是企业软性渗透的商业策略在新媒体形式上的实现，通常借助媒体表达与舆论传播使消费者认同某种概念、观点和分析思路，从而达到企业品牌宣传、产品销售的目的。

(2) 渠道

新媒体营销的渠道，或称新媒体营销的平台，主要包括门户、搜索引擎、微博、微信、SNS、博客、播客、BBS、RSS、WIKI、移动设备等。新媒体营销并不是单一地通过上述渠道中的一种进行营销，而是需要多种渠道整合营销，在营销资金充裕的情况下，甚至可以与传统媒介营销相结合，形成全方位立体式营销。

（3）营销方式

以网络杂志和博客营销为代表的新媒体营销已经形成商业化，它们所独具的营销模式，已经显露出无限的商机。新媒体营销模式一旦成熟，必然能够在互联网商业大潮中形成与构建属于自己的一片商业和营销空间。

- 以网络杂志为例。新媒体营销 VIKA 网络杂志平台及各个网络杂志平台不断地在对网络杂志进行挖掘，如 DIY 杂志、社区服务等，凭借精彩的内容、多媒体的表现形式、全新的阅读感受、准确及时的杂志派发，聚集了成千上万的用户，庞大的用户量和人气指数已为寻找商机的企业所关注，网络杂志成为新的营销渠道。企业将通过与 VIKA 等这样的网络杂志平台合作，将自身及客户品牌、形象、产品和服务等进行全方位推广。而各个网络杂志平台也借此为各个企业提供独具特点的营销推广服务，品牌企业专刊、杂志内页广告等是主要的形式。由网络杂志平台专门为企业制作杂志，依托杂志平台的用户量和人气，通过发行下载的形式进行企业的宣传和推广。网络杂志平台会建立专门的部门，通过从策划、编辑到发行一站式地精心制作企业专刊，内容涵盖企业背景介绍、产品推荐、企业动态报道、产品带来的时尚生活方式等，结合多媒体手段，以炫目迷人的方式呈现，为企业提供最具效果的营销服务。或通过在热门杂志中加入企业广告的形式，实现广告信息在杂志用户中的传播。

- 以微信营销为例。2011 年腾讯推出微信，至 2016 年年底，平台用户数已经突破九亿人，许多企业也看到了微信平台广阔的营销市场，纷纷入驻微信公众平台。从当前微信平台的发展趋势来看，微信在营销中的价值也是不可估量的。其主要优势在于三个方面，第一，潜在客户群庞大，超过九亿人的微信用户都是潜在的客户；第二，微信营销具有低成本优势，除微信软件本身使用完全免费之外，微信内部各项功能的使用也并不会收取任何费用；第三，营销定位精准且方式多元，微信公众号可以针对不同类型的粉丝进行多样化分类，并针对不同的用户进行精准化消息推送，营销准确率及信息到达率高，微信消息推送可以在 10—20 分钟内送达客户手中，且准确率高达 100%，其传播效率高。

微信平台营销模式主要包括 O2O 模式和 F2F 模式。第一，O2O 营销模式。即客户实现在线预订或支付，并在线下接受服务或产生消费的一种经营模式，客户只需要通过微信扫一扫识别二维码，就可以获取商家的服务信息，并通过在线支付获取服务并享受会员折扣等（例如微信订餐/挂号、微信订车票/电影票、微信交水电费等）。第二，F2F 营销模式。即面对面营销，企业通过与目标客户群体面对面沟通来了解客户的个性化需求，并制定相应的营销服务。企业已经开始在微信公众平台开设自己的微官网或者服务号，用户可以通过扫描二维码或搜索框搜索的方法获取企业公众账号信息，并加以关注。第三，微信自媒体营销模式。微信自媒体是一种不同于传统媒体的新媒体形式，用户可以通过微信平台表达和分享自己的观点。自媒体传播方式并非单向传播，而是基于互动交流、平等对话的双向传播方式，且这种传播方式已经突破了时间和空间的限制。加之传播者无须具备专业化知识储备，只需要在微信上建立自营平台并发布相关信息，即可进行自媒体运营。

微信营销还存在许多其他模式,例如微信漂流瓶、附近的人、微信移动广告以及微信小程序推广等,这些都给企业提供了更为广泛的营销模式,随着未来微信诸多功能的相继开放,微信平台将会给更多的企业带来多样化的营销模式,会有越来越多的企业通过微信进行产品营销及用户推广。

- 以搜索引擎营销为例。根据用户使用搜索引擎的方式,利用用户检索信息的机会,尽可能地将营销信息传递给目标客户。主要通过付费登录目录索引、搜索引擎优化、关键词广告等主要模式进行营销。一些搜索引擎会提供固定排名服务,企业网站向搜索引擎缴费后便可获得被收录的资格及排名服务。不同的搜索引擎会以不同的方式显示关键词广告,企业通过付费可以获得其关键词检索结果的优先显示或专用位置定位显示服务。通过对企业网站栏目结构和网站内容等基本要素的优化设计,使网站中尽可能多的网页被搜索引擎收录,并在搜索引擎的自然检索中获得更多的潜在用户。

(4) 媒体组合

互联网与其他媒体组合可以达到最佳的效果。2004年,常宇民(Yuhmiin Chang)和埃斯特·索尔森(Esther Thorson)的研究结果发表于《广告期刊》(*Journal of Advertising*),他们比较了不同媒体组合的效果,其中包括电视的单独运用、互联网的单独运用以及电视与互联网的联合运用。此项研究发现,电视与互联网联合运用的效果最好,在消费者中能够赢得更多的关注;广告传递的信息更容易被消费者相信;消费者更加认同广告产品。

(5) 品牌信任度

品牌信任度的建立对传播营销效果至关重要。哈宏宇(Hong-Youl Ha)指出,互联网环境下的品牌信任度受到网络安全、个人隐私、品牌名称、口碑、消费者上网经验以及广告信息质量的影响,并不是所有的传统信任建立策略都适用。当六个因素同时具备时,才能够建立消费者对品牌的信任。

(6) 互动性与娱乐性

温迪·马西亚斯(Wendy Macias)曾于2003年在《当今热点与广告研究期刊》(*Journal of Current Issues & Research in Advertising*)上发表文章,研究了网站的互动程度对消费者理解网站内容的影响,指出越高的互动程度越有利于消费者理解网站的内容。亚瑟·雷尼(Arthur Raney)等人于2003年在《互动营销期刊》(*Journal of Interactive Marketing*)上发表文章,研究了网站上娱乐和互动内容的效果,指出娱乐元素中加入更多的品牌特征,将提高消费者对品牌的回忆度。此外,网站越有趣,消费者再次访问的概率也就越大。当互联网通过电脑不断延伸的同时,手机也逐渐成为营销者建立品牌资产的一项重要工具。手机营销的独特之处在于它拥有较高的互动性,同时不受地域的限制。另外,在电子游戏中植入广告,越具有暗示性和互动性的广告,越能够使消费者与广告中的品牌融合。

(7) 社交关系链

只要用户通过点击分享按钮就能够将网络媒体信息分享给社交网站的好友,这正是网络媒体的社交属性。社会化媒体营销的显著优势在于用户对信息的信任度高,而信任度高的原因就是社交关系链。社交关系链对社会化媒体营销的成败起关键作用。利用用户之间既有的关系链,在关系链的某一个点注入信息,通过关系网迅速传播。而增大营销内容的传播动力至关重要,可以通过电视节目曝光,可以通过网络媒体报道,可以通过微博转发,还可以通过大量投放广告,甚至可以通过抢占热门话题榜。可以同步启动传播,实现叠加效应。有了具备传播动力的内容,依托既有的社交关系链进行传播,加上社交关系链附加的高信任度,将带来意想不到的营销效果。

7.2 传播营销策划的路径

1. 界定问题

所谓界定问题,是指需要明确策划所要解决的关键问题。在进行营销策划之前要找到一个最佳切入点,以及实现那些目标的战略。若一份策划方案基于错误的市场定位,或把重点放在错误的方向上,即使策划得再细致缜密,也必定会因为它偏离企业期望的目标,而导致营销失败。所以界定问题是策划关键的第一步。

2. 环境分析

策划人员需要全面把握市场环境,做到"知己知彼,百战不殆",一般从如下几个方面进行分析,包括市场状况、竞争状况、分销状况、宏观环境状况等。

具体而言,可列出其目标市场的数据和年度指标,通过对比,分析产品的市场规模、市场价格、利润空间、广告宣传等市场状况;辨识主要竞争对手,逐项描述它们的规模、目标、市场份额、产品质量、营销战略等特征,分析其意图和行为;列出各个分销渠道的销售数量资料和重要程度;描述宏观环境(人文的、经济的、技术的、政治法律的)的主要趋势,阐述这些因素与企业产品的联系。

3. 机会分析

营销策划书是对市场机会的把握与策略的运用,因此分析问题、寻找市场机会,是营销策划的关键。找准市场机会,可以极大地提高策划的成功率。通常采取 SWOT 分析法,即对企业内部环境在销售、经济、技术、管理等方面的优势与劣势,外部环境尤其是在市场竞争方面的机会与威胁进行全面评估。在 SWOT 分析的基础上,明确其在制定和实施市场营销战略计划过程中必须解决的关键问题。

4. 确定营销目标

营销策划书的主体内容要具体明确,包括市场占有率、销售增长率、分销网点数、营业额及利润目标等。目标必须切实可行,按照轻重缓急来逐一安排,目标之间应协调一致。在可能的情况下,目标应以量化的形式表示。

5. 确定战略及行动方案

首先,要清楚地表述企业所要实行的营销战略,包括市场细分、目标市场及市场定位;其次,确定相关的营销组合策略;最后,制定具体的行动方案。

行动方案一般包括如下内容:

第一，具体的行动项目。第二，何时开始？何时完成？其中的每项行动持续多长时间？各项行动之间的关联性怎样？第三，在何地开展？需要何种方式的协助？需要怎样的布置？第四，需要建立怎样的组织机构？由谁来负责？第五，何种奖酬制度？第六，需要哪些资源？各项行动的收支预算？

6. 预测营销成本

预测营销成本主要是对营销策划方案各项费用进行预算，包括营销过程中的总费用、阶段费用、项目费用等，规划成本的原则是以较少的投入获得最优的效果。

7. 行动方案控制

营销或销售活动的控制包括风险控制和方案调整，风险控制是指风险来源与控制方法；方案调整是指在方案执行的过程中当出现方案与现实情况不相适应时，必须根据市场的反馈情况及时对方案进行调整。

7.3 传播营销策划的常用方法

1. 利用协同效应

这种传播是指一个产品对单独一个用户来说是有价值的，通过创设传播的激励机制，鼓励用户推荐产品给其他用户，推荐的用户越多，则对该用户而言产生的价值就会越多，那么使用者就会如同病毒式传播。

2. 利用沟通效应

沟通效应一般会出现在交流工具中。通过某种交流工具（比如邮件），在交流过程中频繁地出现某个品牌名称或产品名称，久而久之就会被人们记住。比如使用某种工具定期、群发或设定对象地发送邮件或微博，人们收到的内容后面经常会有与"由××工具发送"类似的标注，这样人们就会在不经意间记住这个产品。

3. 利用激励效应

这种效应应用较多，如用户在某网站平台邀请他人加入进来时，系统会给予其相应的奖励，或者如某些游戏会在用户转发推荐给他人时，给其发放游戏金币。

4. 可植入性传播

这种病毒式营销尤其适合内容性网站，比如以文章、视频、资料等为主要内容的网站。原创者会把某些原创信息植入内容，这样无论这些内容怎样传播，原创信息都很容易被用户关注到。比如现在已经泛滥的视频广告，一篇制作精良的视频短篇后面紧跟着出现一个产品品牌的名称。

5. 话题性传播

话题性传播包含口碑效应的因素，但不是单纯的口碑效应，它是指人们愿意讨论某款产品以及与该款产品相关的事件。比如某产品很受欢迎，或者出现了一个很值得人们讨论的话题,人们在讨论中就会记住该产品以及相关的信息。话题有正面的也有负面的,利用话题进行产品或企业品牌传播时,应尽量选用正面话题。当然负面话题也能够增加产品或品牌的知晓度,但也可能会涉及公关危机。

6. 社交化传播

社交化传播依赖于现有的社交网络,当用户使用该产品时,社交网络就会将相关信息显性或隐性地传播给其他用户。比如,美国最大的社交网络游戏商 Zynsa 就采用了这种社交化传播方式,当用户在玩某一款游戏时,他的好友就会收到他正在玩这款游戏的信息,这样就能够吸引他的好友很快成为新用户。所以很多网站会通过 Facebook、微博等社交网络来授权注册用户。

7.4 传播营销策划文案设计范例

传播营销策划方案设计范例属于典型的**案例教学**范畴,设定的目的是为学习者提供一个真正可以模仿的蓝本或范例,这个蓝本或范例始终贯穿整个项目。以下是中国中央电视台播出的美食类纪录片《舌尖上的中国(第二季)》的传播营销策划案例。

任务1 《舌尖上的中国(第二季)》环境分析

1. 任务描述

(1) 宏观环境

宏观环境包括企业经营所处的政治法律环境、经济环境、技术环境、社会文化环境等,企业和市场都受到宏观环境的影响和制约,这些环境因素不是静态不变的,而是经常处于变动之中,会对企业的经营管理活动造成一定的冲击。因此,在进行传播策划之前,首先需要对宏观环境进行分析,找出这些因素对该节目宣传效果的影响。

(2) 微观环境

微观环境包括企业本身、市场营销渠道企业(供应商与中介单位)、企业的目标顾客,竞争对手(它们也向企业所服务的市场提供商品)和公众。传播营销策划也需要对微观环境进行分析,找出这些因素对该节目宣传效果的影响。

2.《舌尖上的中国(第二季)》环境分析实战案例

(1) 宏观环境分析

《舌尖上的中国(第二季)》的发布时间为 2014 年,之前一年即 2013 年,国民经济运行缓中企稳,经济社会发展稳中有进。全年国内生产总值为 519 322 亿元,按可比价格计算,比 2012 年增长 7.8%。全年城镇居民人均总收入为 26 959 元。其中,城镇居民人均可支配收入为 24 565 元,比 2012 年名义增长 12.6%,扣除价格因素实际增长 9.6%,增速比 2012 年加快 1.2 个百分点。经济整体状况良好,这为美食节目的宣传推广提供了有利的外部环境。

在良好的经济运行环境下，人们衣食无忧，安居乐业。随着生活水平的不断提高，人们对饮食的要求也越来越高，美味可口成为人们不断追求的目标。而且随着中国改革开放的不断深入，中华美食得到了国外华人及对中华饮食文化充满兴趣的外国友人的欢迎，因此美食节目将拥有众多人群的关注和青睐。

《舌尖上的中国（第二季）》是具有知识产权的影像作品，应受知识产权保护。知识产权是指公民或法人等主体依据法律的规定，对其从事智力创作或创新活动所产生的知识产品所享有的专有权利，又称为"智力成果权"或"无形财产权"。知识产权包括著作权和工业产权两部分。其中，著作权亦称版权，是指作者对其创作的文学、艺术等作品所享有的专有权利，传播营销策划需要特别关注作品的知识产权保护。

《互联网信息服务管理办法》经国务院第31次常务会议通过，2000年9月25日公布施行。该管理办法是为了规范互联网信息服务活动，促进互联网信息服务健康有序发展而制定的。因此，利用互联网进行信息发布与传播活动需遵守此管理办法。

（2）微观环境分析

- 供应商。《舌尖上的中国》拍摄素材来源于民间，因此可以认为，百姓或经营地方特色美食的商家是这一美食影像作品素材的主要提供者。在中央电视台2013年黄金资源广告招标会上，苏泊尔、四特酒分别以4 532万元和4 399万元，成为《舌尖上的中国》的赞助商，即全媒体合作伙伴。

- 企业内部分析。纪录片制作精良，7集内容制作耗时13个月，这也是国内第一次使用高清设备拍摄的大型美食类纪录片。摄制组行走了包括港澳台在内的全国70个拍摄地，动用前期调研员3人，导演8人，由15位摄影师拍摄，并由3位剪辑师剪辑完成，第一季和第二季的总编导都由陈晓卿担任。

- 营销模式及中间商。除了呈现更多地域的美食，中央电视台纪录频道针对《舌尖上的中国（第二季）》网络关注度高和地域跨度广等特点，还首次应用网络合作的方式，开创了全媒体的宣传模式，力求突破传统电视媒体的单向传播，创造人人都是美食纪录者，全民互动拍"舌尖"的全新热潮。

《舌尖上的中国（第二季）》借助央视网作为官方网站平台，联合国内领先门户、视频网站等强势网络资源，同时应用官方微博、微信等网络互动方式，第一时间发布和推送《舌尖上的中国（第二季）》拍摄进展及活动信息，同时开展大规模、全方位的精彩线上活动。在官网上，网友不仅可以随时跟进《舌尖上的中国（第二季）》的拍摄进度，重温《舌尖上的中国》带来的感动，欣赏上百幅《舌尖上的中国（第二季）》的优秀主题海报设计，更能够通过参与线上活动，达成"舌尖美食达人"成就，共同绘就"舌尖美食地图"，甚至是推荐《一城一味》纪录片的拍摄题材，参与节目创作。

- 顾客分析。《舌尖上的中国（第二季）》已经成为继《舌尖上的中国（第一季）》之后最受网民关注的纪录片。2013年年初，《舌尖上的中国（第二季）》借鉴《舌尖上的中国（第一季）》的成功要素，在选取观众普遍感兴趣的美食题材以外，展现了中国人对家庭亲情的核心价值观，用浓郁的中国人情美感染观众。第二季的顾客群体大体与第一季相似，以国内观众和网友为主,因为营销策划将融入互联网媒体,因此节目的受众将会拥有更多的海外华人和国外的观众或网友。

● 公众分析。2014年4月1日,央视新闻微博发布了"《舌尖上的中国(第二季)》即将开播"的消息,引发了网民和众多媒体的强烈关注和热议,推动了相关舆情热度快速升温。4月1日当天就有超过690篇相关网络新闻,而相关话题随后也成为各类媒体和网络上一直关注的长盛不衰的热点话题,相关舆情热度出现多轮舆论关注热潮。

● 竞争者对手析。

第一,来自《舌尖上的中国(第一季)》的竞争分析。《舌尖上的中国(第一季)》以食材为主,故事为辅,赢得了观众的众多好评,先入为主的心态将使观众对第二季作品充满期待的同时,对其内容和制作质量更加挑剔。

为此,编导和制作人员采用了差异化处理,第二季与第一季有所不同,主要内容为中国各地美食生态,通过中华美食的多个侧面,来展现食物给中国人生活带来的仪式、伦理等方面的文化;见识中国特色食材以及与食物相关、构成中国美食特有气质的一系列元素;了解中华饮食文化的精致和源远流长。

第二,来自各主流媒体的美食节目及美食网站的竞争分析。一是来自电视媒体类的竞争,主要包括:

中央电视台科教频道的《味道》栏目,栏目内容主要是中国及世界各地的美食及美食背后的风俗文化。它是中央电视台科教频道精心打造的大型美食文化类系列节目,是科教频道重点推广的品牌节目。

北京电视台的《食全食美》和《美食地图》栏目。《食全食美》栏目主要是向大家分享一种健康的生活方式,让人们懂得回家吃饭,给最在乎的人做饭,享受锅碗瓢盆、柴米油盐带来的生活趣味,做出最健康、最有营养的美味家常菜。《美食地图》栏目设计了由造型神秘的美食大侦探去探寻美食的场景,通过多层次的互动和各种现场体验,对各家餐厅的特色美食探寻和深入挖掘,并梳理出侦探报告供京城吃货们参考。

上海电视台的《人气美食》栏目,是一档以探访上海人气小店、搜寻民间美食、讲述开店故事为特色的风格独特的专栏节目。

还有四川电视台的《天府食舫》《吃八方》,天津电视台的《美食大搜索》和《美食新气象》,浙江电视台的《爽食行天下》和《厨星高照》栏目等。各地方电视台的美食节目都各具特色,选取了百姓身边的美食,通过精心制作吸引了以本地观众为主的电视用户群体。一些节目内容还被汇总起来以书籍方式出版。但是这些栏目仅从节目的推广宣传方面而言,传播营销策划的力度尚不突出。

二是来自网络媒体的竞争,主要包括:

豆果美食网站:http://www.douguo.com/(见图7-1)。豆果美食网站的平台定位:"为华人美食菜谱社区,提供各种美食、菜谱大全、食谱大全、精选的家常菜谱大全、美味的餐厅餐馆、优选的美食网购信息,丰富的菜谱大全让您轻松地学会怎么做!"

图 7-1 豆果美食网站

好豆美食网:http://www.haodou.com/(见图 7-2)。好豆美食网的平台定位:"为您提供最全、最优质的中文菜谱做法,特色餐厅及优惠打折信息,随时分享与点评您最爱的美食,致力于打造中国最好的移动美食应用,将让您吃得更好、更爽!"

图 7-2 好豆美食网

美食杰网站:http://www.meishij.net/(见图 7-3)。美食杰网站的平台定位:"中国最优质的美食、食谱、菜谱网。做你最喜爱的美食网、菜谱网。提供最人性化的菜谱大全、食谱家常菜、家常菜谱大全的美食网,让人们在喧嚣的都市中体验在家常做菜的乐趣!"

图 7-3 美食杰网站

这些美食网站利用互联网和手机媒体的互动性强、卷入度高等优势,在推广美食方面赢得了国内甚至是国外用户的大量点击率和浏览量,因此可以作为相关美食节目的推广宣传平台。

- 海外社交平台分析。目前,海外客户主流社交平台主要有 Twitter、Tumblr、Board、

Facebook、Blog、Reddit。从海外社交平台发布的《舌尖上的中国》相关信息数量包括发布、评论和转发等数据分析来看,Twitter 平台周度发布该档节目相关信息数量最多,占比最大,为 72.18%。从不同国家在社交平台上周度提到该档节目相关信息数量的数据分析来看,美国最多,占比最大,为 75.31%。

3. 《舌尖上的中国(第二季)》环境分析实战案例评析

环境分析是进行传播营销策划的基础,所以一定要保证分析的准确性。该实战案例通过对宏观环境和微观环境进行分析,为我们真实地展示了美食类节目市场的基本情况,为进一步的传播推广的战略选择奠定了基础。

任务 2 《舌尖上的中国(第二季)》战略选择

1. 任务描述

运用 SWOT 分析方法,对《舌尖上的中国(第二季)》美食节目内部的优势和劣势,以及外部的机遇和威胁进行系统性的审视、评估和判断,并明确地作出战略选择。

2. 《舌尖上的中国(第二季)》战略选择实战案例

(1) 优势

《舌尖上的中国(第二季)》美食节目制作精美,延续第一季的主题,探讨了中国人与食物的关系,立意不俗,通过美食,使人们可以有滋有味地认知这个古老的东方国度。获得央视首播。

(2) 劣势

与《舌尖上的中国(第一季)》首播的时间间隔不长,可能会造成媒体受众的审美疲劳。2012 年 5 月第一季在央视首播后,第二季确定于 2014 年 4 月 18 日播出。与第一季相比,《舌尖上的中国(第二季)》的创新点不突出,第一季首播后已经引起了广泛的关注,欲使作为续集的《舌尖上的中国(第二季)》的传播推广效果超越第一季,对营销团队来说将是巨大的压力和挑战。

(3) 机会

人们对健康美食的需求愈加强烈,对第一季节目好评的观众对第二季充满期待,以及众多的国内外华人期望通过各种媒体了解和品味拥有数千年历史的中国饮食文化,这些因素都为该节目的传播推广提供了巨大的外部动力。

(4) 威胁

近年来,电视媒体及网络媒体中同类美食节目层出不穷,节目创意多种多样,其中不乏一些制作精美的电视节目和网站。这些电视媒体及网络媒体同时在竞争媒体受众,成为《舌尖上的中国(第二季)》传播推广的外部威胁。

通过 SWOT 分析,可以看到:目前美食节目或美食网站较多,竞争激烈,媒体受众会存在不同程度的审美疲劳,《舌尖上的中国(第一季)》首播后已引起了广泛的关注,欲使作为续集的《舌尖上的中国(第二季)》的传播推广效果创造新高,对营销团队来说将是巨大的压力和挑战。但是《舌尖上的中国(第二季)》制作精美,同时因第一季播出后关注度较高,部分观众对续集充满期待,另外人们对健康美食的需求愈加强烈,众多的国内外华人期望通过各种媒体了解和品味拥有数千年历史的中国饮食文化,这些因素都为该节目的传播推广带来了机遇。

《舌尖上的中国(第二季)》的传播推广将结合自身优势,抓住机遇,采用多元化战略,以《舌尖上的中国》美食节目的品牌影响力为核心,优化传播媒体组合进行营销推广,避免市场威胁,提升节目关注度。《舌尖上的中国(第二季)》传播推广项目旨在打造国内美食节目品牌,同时以高收视率和影响力,获取在节目播出时搭载广告所支付的商业广告费及衍生产品的销售价值,从而使节目获得高额商业利润和社会影响力,成功完成节目营销。

3.《舌尖上的中国(第二季)》战略选择实战案例评析

战略选择是在环境分析的基础上,对当前内外部环境的关键影响因素进行系统性的审视、评估和判断,并明确地作出决策。该实战案例运用SWOT分析工具对企业内部的优势、劣势和所处环境的机遇、威胁进行了系统的分析,最终确定采用多元化战略,分析准确,逻辑清晰。

任务3 《舌尖上的中国(第二季)》传播营销策划

1. 任务描述

(1) 传播渠道选择

评估各个细分媒体市场的规模、内部结构的吸引力和媒体的资源条件,选择传播媒体以及进入方式。

(2) 传播营销方式选择

确定进入的各个细分媒体市场的传播营销方式。

(3) 盈利方式选择

实现盈利是营销的最终目的,在传播营销策划中需要结合传播渠道及相应的传播营销方式进行确定。

2.《舌尖上的中国(第二季)》传播营销策划实战案例

(1) 传播渠道选择

中央电视台开始播放的时间为2014年4月18日—19日,采取多个频道,以首播和重播的形式分时间段滚动播出,各央视频道起始时间稍有差异。

在充分调研和分析的基础上,本次美食节目《舌尖上的中国(第二季)》传播营销策划确定的新媒体渠道如下:

- 主流视频网站:优酷、爱奇艺、乐视、PPTV等。
- 电商平台:天猫、1号店、我买网等。
- 美食网站:豆果美食网。
- 门户资讯:腾讯网、搜狐网、新浪网等。

- 社交媒体：新浪微博等。
- 海外社交平台：Twitter、Tumblr、Board、Facebook、Blog、Reddit 等。

与以往不同的是，央视与各大主流视频网站、电商平台、美食网站等五大传播渠道进行战略合作，使《舌尖上的中国（第二季）》在节目播出前、中、后各个时间段都能够得到有效、及时、快速的传播。

（2）传播营销方式选择

营销一：央视宣传。央视是国内最庞大的电视用户平台，该节目在央视一套开播，利用央视一套足够的媒介影响力及其传播力度，能够让每一个观众都知道这档节目将投放的电视频道和播出时间。央视一套从 2014 年 4 月份开始，就把黄金时段的电视剧档撤掉，转向播放纪录片，这一方面给中国纪录片提供了一个更好的走向电视大众的机会，另一方面，通过营造氛围，培养了观众的收视习惯，使观众对《舌尖上的中国（第二季）》更加期待。然后通过该档节目的精彩内容吸引用户持续观看，并且获得满意的口碑及高收视率，由高收视率拉动栏目广告投放。

营销二：视频网站营销。采用授权方式，实现与央视的同步播放。诸多视频网站都同时购买了《舌尖上的中国（第二季）》的网络播出权，争夺用户点击量和浏览流量之战大爆发。诸多视频网站均在网站首页的显著位置，增加了《舌尖上的中国（第二季）》的播放入口，同时还制作了与美食相关的专题进行互动宣传。采用电视与 PC 不同的冠名，对于 PC、手机、平板等不同的媒体终端，贴片时长可分别控制在 30—95 秒，主要营销形式采用推荐文字链接、首页开设专题通栏广告、成立"美食汇""美食季"美食专题。针对平板电脑端可采用首页通栏方式推荐。手机终端可采用热门搜索排名第一的方式推荐。诸多视频网站都纷纷自制了美食专题，并在首页通栏广告中轮番滚动，如爱奇艺就增设了"美食汇""美食季"美食专题；优酷也推出了美食类节目与《舌尖上的中国（第二季）》相呼应，从而增加用户黏性。

营销三：微博营销。利用微博较高的关注度和互动性，央视每首播一集都制造一个专题专门为该档节目造势，在播出过程中，吸引有几十万粉丝的微博账户为其大力宣传，在国内迅速掀起关注《舌尖上的中国（第二季）》、关注美食的热潮。在节目播出期间，大量美食网友把自己吃到的美味豆腐叫作舌尖上的豆腐，竹笋叫作舌尖上的竹笋，苹果叫作舌尖上的苹果，并发布在各自的微博中，这也在为《舌尖上的中国（第二季）》营造宣传的氛围。

营销四：电商平台营销。作为一家整合营销传播合作机构，天猫网站针对 PC 端，采用了首页导航飘红文字推荐的营销形式，食品频道中《舌尖上的中国（第二季）》位于首位文字搜索，点击即可进入相应的专题页面，按照剧集和品类罗列商品（商品来自与其合作的天猫旗舰店或专卖店），并且相关产品销售成绩不错。同时列出每款菜品的绝密食谱，分为制作内容、精选食材和使用工具三部分，而点击后两部分即可分别进入相应的购买页面（商品来自与其合作的天猫旗舰店或专卖店），使用工具中首位的炊具均来自《舌尖上的中国（第二季）》的赞助商苏泊尔品牌。天猫网站在移动端的营销中，约上架 4 851 个商品，商品品类齐全，开播近 1 小时就接到大批订单，节目中所涉及的美食极为畅销。

其他电商平台也当仁不让，抓住商机。淘宝网接力促销，各种"舌尖上的美食"在淘宝上热卖，如舌尖上的鸭脖、舌尖上的奶茶等，淘宝顺势推出美食专辑"舌尖上的淘宝"，将纪录片中出现的几十种美食特产"一网打尽"。该专辑一上线就成为全国各地"吃货"们的大本营，短短24小时内超过31万人关注，浏览量高达1 000万次，成交7万多件商品。据有关数据统计，在此活动的带动下，淘宝食品相关类目支付宝成交额环比增长了16.71%，直接成交额达到了2 195万元，购买人数增加了13.44%。

1号店针对PC端采用了多种营销形式，在2014年5月5日—17日期间，开设了"5月美食节"专题活动，并针对上万种精选美食进行了"全场5折"的促销力度，来迎战这次美食大战移动端营销形式"美食节"自制"百货嘉年华"专题，实行了"满减"促销方式，以及大牌每日1元秒等活动。"美食节"自制"进口食品专场"专题，以"免单"和"满减"的形式进行宣传促销。同时在移动端开设《舌尖上的中国（第二季）》专题，节目播出时间开展"舌尖0元摇"活动，同样以剧集的形式分别陈列相关食材，与天猫不同的是，1号店并没有分区域提供全品类产品，活动期间，1号店销量较前段时间有明显提高，网站流量也相应有所提升。

我买网在其PC端通过首页通栏显示最新剧集海报，打出"舌尖美食2，尽在我买网"的口号，副导航首位突出显示"促销活动——《舌尖上的中国（第二季）》美食"分类，根据剧集来区分陈列的菜品，没有分品类陈列，无相应的菜品食谱。根据自制的系列"零食霸王餐"等美食活动，罗列《舌尖上的中国（第二季）》的各种食材，以产地直销、全程冷链为卖点等营销形式展开。移动端则采用《舌尖上的中国（第二季）》最新剧集专题，开设"吃货节"，并以满赠活动分品类进行营销。

营销五：美食网站营销。作为唯一授权的美食类网站豆果美食网推出了一系列营销形式：

第一，推出《舌尖上的中国（第二季）》App，分集呈现节目菜谱和食材，设《舌尖上的中国（第二季）》专题，分集陈列，以"图片+文字"的形式解密每集涉及的菜谱。根据节目播出的节奏，第一时间推荐相关的菜单、菜谱等内容。

第二，全站推出"寻找传承的美味 豆果邀你还原舌尖上的中国贰"，邀请用户上传复刻的节目中所述的美食作品。

第三，与《舌尖上的中国（第二季）》官方账号互动，共同直播节目，并策划粉丝转发免费送舌尖相关食材等活动。

第四，联合咖啡之翼，举办线下学做舌尖菜活动。

第五，举办豆果2014舌尖还原收官盛宴，邀请《舌尖上的中国（第二季）》的主创人员、美食大咖、顶级厨师一同，举办舌尖菜线下复刻大赛。

据大数据统计，该App下载安装量超过200万次；官方活动点击量超过5 000万次；《舌尖上的中国（第二季）》菜谱收藏数达1 238 519次，用户还原舌尖菜的作品数达50 193份。

(3) 盈利方式选择

- 冠名播出权的销售。在当年央视对《舌尖上的中国（第二季）》黄金资源广告招标时,就获得了两家企业的冠名播出权。

- 版权销售。版权包括电视台、网络、海外版权,在央视首播之前,《舌尖上的中国(第二季)》已在一次国际影视节目展上启动了首轮海外版权销售,单片销售额就达到了35万美元,创造了近些年中国纪录片海外发行的最好成绩。新媒体版权销售中,《舌尖上的中国(第二季)》同时在爱奇艺、乐视网等网络平台播出。此次《舌尖上的中国(第二季)》版权方出售了互联网电视端的版权,乐视TV获得了独家播出权。
- 插播广告。在该纪录片前后中间插播的一些广告。《舌尖上的中国(第二季)》2014年创下了单集4万美元(约合人民币25万元)的销售纪录,已经销往30多个国家和地区,播出覆盖领域达100多个国家和地区,获得了不菲的收益。

3.《舌尖上的中国(第二季)》传播营销策划实战案例评析

《舌尖上的中国(第二季)》在纪录片这一类型节目中开启了全新的传播方式,营销从最初的电视媒体扩展到微博、视频网站以及美食网站等新媒体,应用新媒体,渠道多元化,形成了全新的传播生态系统。

任务4 《舌尖上的中国(第二季)》行动方案控制

1. 任务描述

(1) 传播营销推广计划

确定传播营销推广目标,选择适合的媒介,制订合理的推广计划,并进行效果评估。

(2) 风险管理

运用风险管理矩阵图,对节目制作质量、版权、财务风险、品牌形象、竞争对手、政治风险、市场风险等七类风险进行衡量,并制定应对措施,降低传播营销风险。

2.《舌尖上的中国(第二季)》行动方案控制实战案例

(1) 传播营销推广计划

以"开启全新的传播方式,打造中国美食节目品牌"为《舌尖上的中国(第二季)》传播推广的总目标,多元化营销渠道,从传统媒体扩展到新媒体,即从电视媒体扩展到微博、视频网站以及美食网站等新媒体,积极拓展新媒体应用,形成全新的传播生态系统。传播推广计划详见表7-1。

表7-1 传播推广计划

传播推广渠道		前期(2013年)	中期(2014年)	后期(2015年)
传统媒体	电视媒体			
新媒体	主流视频网站			
	电商平台			
	美食网站			
	门户资讯			
	社交媒体			

（2）风险管理

传播营销中会遇到很多风险，我们要认真面对，防患于未然。为了防范风险，我们采用了全面的监控和防范措施以及应急措施，进行风险管理。

我们首先针对传播营销运营过程中可能存在的风险进行了识别，主要存在以下风险：①节目制作质量；②版权；③财务风险；④品牌形象；⑤竞争对手；⑥政治风险；⑦市场风险。我们按照风险管理矩阵图对各类风险进行了衡量，结果见表7-2。

表7-2 《舌尖上的中国（第二季）》传播推广风险管理矩阵

重要性 \ 可能性	1=极无可能	2=有可能	3=极有可能	4=几乎可以确定
4=非常高	1;2	7		
3=高	7	3	4	
2=中				
1=低		6		

关于风险控制的对策如下：

第一，节目的制作者加强版权意识，尊重知识产权，在涉及知识产权时应妥善处理，以便纪录片良性发展。第二，纪录片在照顾城市人需求的前提下，注重反映拍摄地的真实情况，增加其真实性，也让社会关注到农村的各种问题。第三，节目制作在学习国外纪录片模式的基础上，结合中国的实际情况，发扬创新精神，打造自己的特色。第四，从仰视到平视的视角变化：人文味、生活味、回归朴素与自然。第五，专业化制作：高水平创意、高科技设备拍摄、碎片式剪辑。第六，从单一到复合的营销策略：标题营销、微博营销。第七，从叫好到叫座的商业运营。第八，从迎合到培养的受众策略。

3.《舌尖上的中国（第二季）》行动方案控制实战案例评析

《舌尖上的中国（第二季）》传播推广以"开启全新的传播方式，打造中国美食节目品牌"为总目标，多元化营销渠道，结合自身优势与劣势进行推广与传播。思路清晰、目标明确是该推广与传播方案的特点。传播营销中会遇到很多风险，该传播营销策划案针对传播营销运营过程中可能存在的风险进行了识别，风险控制对策具体有效。

7.5 传播营销策划专项实训

传播营销策划专项实训属于典型的**实验教学**范畴（项目二），按照项目实验教学的要求，由学员团队按任务要求、自主完成。

传播营销策划专项实训由学员挑选一个具有一定知名度的品牌作为实训的合作产品,事先取得企业的认可和支持,由学员逐步完成产品的传播营销策划。

任务1　环境分析

1. 实战演练任务

以学习小组为单位,对企业所处的环境进行分析,包括外部环境和内部环境。其中外部环境分析是重点,包括宏观环境分析、媒体环境分析、行业分析、消费者或受众分析和竞争环境分析等。

2. 实战演练要求

环境分析要求数据准确,内容详细,能够有效地反映出企业所处环境的真实情况。环境分析的结果要能够为下一步的传播营销战略选择提供充足的依据。

3. 实战演练成果评价

利用一周的时间完成环境分析,提交文案并进行PPT演讲,现场由企业、行业专家和课程老师担任评委。

任务2　传播营销战略选择

1. 实战演练任务

以学习小组为单位,运用SWOT分析工具进行战略分析,确定适合企业的战略。

2. 实战演练要求

在环境分析的基础上,运用SWOT分析方法对当前内外部环境的关键影响因素进行系统性的审视、评估和判断,并明确地作出战略选择。

3. 实战演练成果评价

利用一周的时间完成环境分析,提交文案并进行PPT演讲,现场由企业、行业专家和课程老师担任评委。

任务3　传播营销策划

1. 实战演练任务

以学习小组为单位,运用传播营销理论和方法进行传播渠道选择、传播营销方式选择和盈利方式选择。

2. 实战演练要求

评估各个细分媒体市场的规模、内部结构的吸引力和媒体的资源条件,选择传播媒体以及进入方式;确定进入各个细分媒体市场的传播营销方式;结合传播渠道及相应的传播营销方式确定盈利方式。

3. 实战演练成果评价

利用一周的时间完成传播营销策划，提交文案并进行 PPT 演讲，现场由企业、行业专家和课程老师担任评委。

任务4　行动方案控制

1. 实战演练任务

以学习小组为单位，制订传播营销推广计划和风险管理对策。

2. 实战演练要求

确定传播营销推广目标，选择适合的媒介，制订合理的推广计划，并进行效果评估。运用风险管理矩阵图，对各类风险进行衡量，制定应对措施，降低传播营销风险。

3. 实战演练成果评价

利用一周的时间完成行动计划，提交文案并进行 PPT 演讲，现场由企业、行业专家和课程老师担任评委。

第 8 单元　创业策划

学习目标

知识点：
1. 深刻理解创业策划的重要性和实际意义。
2. 全面了解创业策划的基本概念和作用。
3. 熟练掌握创业策划的流程和主要模块。
4. 学会使用基本的管理分析工具和模型。
5. 熟悉常用的市场营销理论和商业模式。

技能点：
1. 通过案例示范和实训任务，熟悉创业策划的工作过程。
2. 掌握创业策划的基本方法和工作流程。

导入案例

RoBits 创客教育教学装备商业策划案例背景

创客教育是创客文化与教育相结合，基于学生兴趣，以项目学习的方式，使用数字化工具，倡导造物，鼓励分享，培养跨学科解决问题能力、团队协作能力和创新能力的一种素质教育。国外，创客教育已经渗透在日常教育中；国内，2015 年国务院《关于"十三五"期间全面深入推进教育信息化工作的指导意见（征求意见稿）》中提出："有效利用信息技术推进'众创空间'建设，探索 STEAM 教育、创客教育等新教育模式，使学生有较强的信息认识与创新意识，养成数字化学习习惯。"由此可见创客教育的重要性。

目前国内的创客教育教学装备及 STEAM 教学设计模式并不健全，除了引进国外成型的体系，引进国外的教学装备，自产内容还在"拼包"阶段，已有的课程比较零散、单一，没有形成一个强大的、系统性的教育知识图谱，难以指导中国孩子在创客教育领域实现综合性发展，这也为创客教育教学装备行业的发展提供了契机。

RoBits 创客教育教学装备是北京格润大树教育科技有限公司旗下的创客教育项目，该项目专注于中小学创客普教，针对国内中小学创客教育环境与特点，研发了 RoBits 创客教育系列教学装备、RoBlock 编程软件与 RoBits 创客教育系列课程；公司是集创客教育教学装备提供、创客教育实验室建设及创客教育教学服务于一体的综合性教育品牌。

同时，公司面向全国中学提供竞赛举办、创客教育实验室建设、创客教育教师培训以及创客教育课堂开设等多项创客教育服务。通过多渠道、多领域、多角度、全方位地服务中小学创客学习。

资料来源：2016互联网＋全国大学生创业大赛金奖作品，北京RoBits创客教育团队，团队核心成员：王端、闫泓志、邓文靓、霍慧敏、武雪梅。

8.1 创业策划与创业策划方案

1. 创业策划的概念

创业策划是创业者为达到创业目标，精心构思、设计和制作策划方案的过程，是一个系统性的工作。创业策划是创业者对创业项目从市场宏观和微观环境、市场服务需求、市场竞争态势、创业项目筛选、服务产品研发、商业盈利模式、公司发展战略、市场营销策略、创业团队建设、项目融资筹划、项目财务分析、项目风险分析与控制等方面的全面描述、分析、思考和规划。创业策划既是创业项目策划，也是创业商业策划；既是公司战略策划，也是营销策略策划；既是融资策划，也是风控策划；既是过程策划，也是流程策划。

2. 创业策划方案

创业策划方案，也就是我们常说的创业（商业，下同）计划书，它不仅是创业者的创业指南和实施路径，也是叩响投资者大门的"敲门砖"。创业计划书既是给自己看的，也是给创业合伙人和投资人看的。给合伙人看是为了向对方描述清楚该创业项目的未来发展前景和盈利性，邀约对方加盟一起创业；给投资人看是为了获得投资人对项目的认可，争取创业融资。

目前，中国绝大多数的创客都没有接受过创业策划的专业培训，创业者不知道该如何进行创业策划，不了解创业策划的过程，不清楚创业策划的重点，不明白创业策划的重要性。从近年来中国高校组织的大学生创新创业大赛中可以发现，大学生的创业策划方案内容不完整，分析得不透彻，策划得不到位，考虑得不周全，编制的创业计划书质量普遍不高，无论是在参加创新创业大赛时，还是在创业实践中，取得的效果都不理想。从参赛的创业策划方案中可以发现，主要存在以下10个方面的问题：

第一，不善于提炼创业项目的产品服务特色；

第二，不能清楚地描述市场的竞争态势；

第三，不会使用SWOT、PEST等管理工具；

第四，不会组建优秀的创业团队；

第五，不善于制定公司战略和市场策略；

第六，不会采用创新的商业盈利模式；

第七，不会估算和筹措创业项目启动资金；

第八，不会务实地制定创业项目前三年的发展规划；

第九，不会系统地分析创业项目的风险；

第十,不知道如何制定有效的风险控制措施。

3. 创业策划的作用

创业者为什么要进行创业策划呢？因为创业策划对于创业者能否创业落地,能否顺利开展项目,能否获得创业融资,能否生存下去,以致获得创业成功都具有至关重要的作用。实际上相当于一次在沙盘上模拟创业的实践演练过程。

创业者在制定策划方案的过程中,其实就是在不断地梳理创业项目思路,审视创业项目的成熟性、完整性和创新性,凝练产品与服务的特色和竞争优势,创新商业盈利模式,预测创业实施目标,分析创业中可能存在哪些风险、需要制定哪些风控措施,评估创业项目的可行性。

创业策划的过程实际上也是对创业项目的内检和审视的过程。当你把项目全部了解清楚,知道了项目的服务市场在哪里,市场的需求在哪里,项目的风险在哪里,项目的创新点在哪里,产品和服务的优势在哪里,项目的瓶颈门槛在哪里,项目的赢利点在哪里,项目的竞争对手在哪里,项目的投入和产出是多少后,就做到了心中有数,便可以尝试落地创业实践了。

创业策划是创业者开展创业项目的重要工作和关键环节。创业策划可以帮助创业者梳理创业思路,发现创业项目存在的问题和不足,并及时纠正和完善项目设计和规划中的缺陷。一个成功的创业项目,离不开一个好的创业策划。如果你想自主创业,并获取创业成功,一定要制定出一份完美的创业策划方案。

8.2 创业策划的路径

为了提高创业策划的质量,将创业计划书的内容编撰得更全面,创业思路梳理得更清晰,创业计划的重点内容和亮点凝练得更突出,我们在编写创业计划书时,可以按照以下编制模板,逐步开展创业策划工作。创业计划书的标准编写模板主要包括以下 13 个重点模块,我们将对各模块,重点加以描述:

1. 计划摘要模块

创业计划书的创业计划摘要是整个创业计划书的概括与精华提炼,一般字数不能太多,篇幅控制在两页以内即可。计划摘要的重点是围绕创业项目的社会和经济环境背景、市场需求大小、市场空间容量、产品服务内容、创业团队情况、创业项目的优势与特色、创业项目的商业盈利模式、创业项目的投资回报、创业项目的风控,以及创业融资计划等内容概括描述。要让读者从两页纸的计划摘要中,就能够清楚地了解创业项目的全貌。

计划摘要是创业计划书全部内容的凝练,撰写难度十分大。由于文字描述篇幅有限,如何把项目的主要内容完整地呈现给读者就十分关键。投资人一般都很忙,时间比较宝贵,每天要看很多的创业计划书,如果创业计划书的计划摘要表述得不新颖,没有亮点,不能吸引眼球,投资人就没兴趣往下看,就会影响到项目融资机会。在邀约合伙人时,创业计划书如果不能简明扼要地介绍清楚创业项目,不能说清楚项目的投入产出与回报,不能说清楚项目可能存在的风险以及采取的风控措施,就可能丧失一次创业合作机会。

2. 公司介绍模块

公司介绍就是要将创业公司的概况介绍清楚。在对创业公司的描述中,要让读者了解创业公司的基本情况,公司是做什么的,公司是在哪一年成立的,公司目前有多少人,公司的产品是什么,提供的服务是什么,公司都有哪些自主知识产权,公司近三年的财务状况如何,都有哪些主要客户,公司的业务已经拓展到哪些领域和地区。

公司概况描述主要包括:创业公司成立的时间、注册资金数量,在工商局注册时是实缴还是认缴,公司人员数量,其中本科、硕士、博士各种学历人员的分布情况,初级、中级、高级技术职称人员的分布情况,公司的主营业务有哪些,公司的定位是什么,公司的宗旨和经营理念是什么,公司的目标愿景是什么,公司的组织架构是怎样的,在外省市是否设有分公司或办事处,公司有哪些主要客户,公司已经获得哪些资质、信誉、称号和奖励等。

在介绍公司时,描述清楚公司的办公面积、科研仪器型号及数量也很重要,这可以反映出公司的科研基础条件。

在介绍公司的知识产权情况时,要把公司正在申报和已经获得授权的专利、软件著作权、商标注册等情况描述清楚,这样可以反映出公司的技术创新能力和技术壁垒。

公司如果在境外设立了办事处或研究中心,或已经和境外机构开展项目合作,也一定要描述出来,以突出公司具有进军国际市场的基础。

3. 产品与服务模块

产品与服务是创业计划书描述的重要内容,是投资人和创业大赛评审的重要指标。我们在描述产品时,不仅要围绕产品的材料、技术、工艺、设计、质量、功能、外形、尺寸、包装等内容进行描述,还要围绕产品的技术水平、特色、所取得的知识产权以及参加展览比赛获得的奖项等内容来进行描述。实际上就是要描述清楚产品是什么,可以用在哪些地方,有哪些性能和功能,可以解决什么问题。在产品介绍中,以下几个重点内容要加强描述:

(1) 技术水平

现在很多创业项目涉及新材料、电子信息、智能制造、节能环保、生物医药、电动汽车、文化创意、航空航天等诸多领域,都属于具有一定科技含量的创业项目。对于这类创业项目,技术水平的描述就显得十分重要。技术水平的描述可以按照项目产品的技术水平是处于国际领先、国际先进还是国内领先、国内先进等四个不同的阶段去陈述,如果该项技术填补了国际空白或国内空白,也一定要补充进去。如果产品经过相关权威部门技术成果鉴定,也要描述清楚,鉴定部门的级别越高,那么技术成果的含金量也就越大。技术查新也十分重要,可以帮助你判断技术的先进性。

(2) 自主知识产权

知识产权不仅包括发明专利、实用新型、外观设计等三种专利权,还包括软件著作权、公司商标权、版权、工业品外观设计权、集成电路布图设计权、未披露过的信息(商业秘密)专有权等。创业项目中如果有自主发明的专利和软件著作权等知识产权,将会给创业项目的技术创新性和技术竞争力加分。自主知识产权是创业项目的优势元素,也是为项目的跟进者和模仿者设置的门槛。如果创业项目拥有自主知识产权,一定要在创业计划书中加以介绍,描述清楚专利名称和专利号,对于已经授权和正在申报的专利一定要说清楚。如果拥有发明专利,则技术创新性更高,在创业大赛专家评审时,评委打分也会相应提高。对于大学生的创业项目,有些专利是属于学校和老师的科研成果专利,并不属于创业团队,为了避免知识产权纠纷,创业团队一定要请老师给创业公司或创业团队一个专利使用授权,签订一份专利使用授权协议。

(3) 产品设计与生产

对于生产制造类的创业项目,要围绕原辅材料采购、产品设计、生产制造、检测检验、包装运输、产品销售、售后服务等不同环节进行详细描述。

产品设计可以围绕产品图纸设计、制造工艺设计、加工模具设计、工业设计、概念设计等内容去描述。具体包括:在设计中会采用哪些设计软件,设计师的专业背景如何,设计师有哪些代表作品,设计师是一个人还是一个团队,设计平台的硬实力和软实力是怎样的,以及是否采用了类似猪八戒网所用的分包设计模式等。产品的设计所采用的材料是什么,是否采用了新材料、复合材料或功能材料;产品的结构是如何设计的,有哪些特点;产品的外观、轮廓和颜色是如何设计的,有哪些新颖的地方;产品的设计是否在满足功能性方面以外,还突出了时尚性、美观性、安全性、便利性和环保性等。目前比较时髦的 VR 和 AR 设计,也是一个吸引眼球的卖点。

产品生产制造可以重点围绕生产流程、生产工艺、产品检测检验、产品打标、产品包装与交付发货等内容去描述。由于创业项目大多处于创业初期,创业资金十分有限,如果实施批量化的产品生产,资金则难以保证,且前期投入大,生产成本高,项目建设周期长,所以,建议产品设计与生产可以更多地考虑采用 ODM(原始设计制造商)或 OEM(原始设备制造商)方式来实现生产制造过程。在这部分策划中,一定要描述清楚 OEM 的具体做法。实际上,在策划本部分内容时,就是在帮助创业者检测创业产品是如何设计出来的,是由谁来设计的,设计的技术水平如何,设计的创意如何,如果开展批量化设计,设计平台如何搭建。同时,产品设计出来了,如何保证小批量生产,则再次通过策划的生产流程,进一步去验证生产模式是否可行,可否顺利实施产品的生产制造,去思考生产中所需要的原辅材料、生产设备、生产工艺、生产线、生产厂房、生产能力、技术工人、电水气网络等关键条件要素。很多大学生的创业项目,都是想到了第一步,设计出一个产品,而没有想好如何实现产品的生产,是定制化生产还是小批量生产,定制化生产应该怎样做,小批量生产又该怎样做,一旦订单增多,现有的生产能力无法保证,又该采取怎样的措施和办法,以保证提供给客户质量满意、交货期满意和售后服务满意的产品。

(4) 产品销售服务

产品销售是项目经营中的重要环节,需要重点描述,特别是要重点围绕市场策略、价格策略、渠道策略、销售策略、宣传策略等进行全面和深入的描述。

在市场策略方面,由于创业公司都比较小,市场竞争力不强,建议尽可能采用蓝海战略而不要采用红海战略,积极寻找市场的缝隙和空白点,不要过多地与竞争对手发生正面冲突，而应利用自己的技术优势和商业盈利模式，迅速占领和拓展市场，形成自己的品牌影响力。

在价格策略方面，要确定公司的产品定位，明确产品的销售对象，是面向高端客户、中端客户还是低端客户，针对不同的销售客户，采用怎样的产品价格定位。

在销售策略方面，要考虑采用怎样的销售手段，采用怎样的销售形式，我们自己有哪些销售数据作为销售辅助分析，我们有哪些销售渠道，可以使用的销售渠道是哪些，有哪些媒体促销平台可以整合利用，如电视媒体、网络媒体、平面媒体（报纸、杂志、海报、小广告），利用媒体进行广告宣传促销的做法是怎样的，预计可以将产品信息传递给多少人，产生多少直接客户，其中高端客户可能会有多少，中端客户可能会有多少，低端客户可能会有多少；媒体的宣传会发展多少潜在客户，如何对这些潜在客户做进一步的跟进促销服务。

在营销策略方面，要尽可能地结合一些销售的理论工具，如 4Ps、4Cs、4Rs 和 4Ss 理论，以及"销售+互联网"的新服务模式，利用微信公众号、微博、QQ 群、网上直播等互联网和移动互联网手段，形成组合营销工具的优势，这样才有可能提高产品的销售能力。

（5）产品与服务的特色

产品与服务的特色是最应该引起重视的关键内容，具有特色的产品和创新的特色服务，是项目盈利的关键，也是衡量创业项目质量好坏的一个重要评价指标。投资人和创业大赛的评委都会十分关注产品的特色与服务模式，他们会询问你的产品的特色和核心竞争力，询问你靠何种服务手段挣钱，是否具备持续盈利的能力。我们在描述产品与服务时，要尽可能地突出产品的特色，产品的优势，产品的核心竞争力，服务的盈利模式，服务的特色，以及这些特色与市场的同类产品或服务相比有何不同，都有哪些竞争优势。

产品的特色可以从产品的价格低廉性、使用便利性、节能环保性、安全舒适性、美观时尚性、功能多样性和科技含量性等多个方面去加以描述。如产品的应用面是否足够宽，覆盖面是否足够广，适合哪些不同的领域、人群和消费环境；产品的价格较市场国内同类性能的产品价格是否低廉，比国外同类价格低多少；产品在使用时操作是否便利，通过产品说明书和简单的培训是否就可以学会使用；产品是否具有节能减排的特点，使用后是否会对生态环境造成污染；产品在使用时是否具有舒适性、健康性和安全性，是否会对人体造成伤害；产品的结构和外观设计是否具有时尚、美观、新颖、大方等特点；产品是否采用了一些具有特殊性能的诸如纳米、碳纤维或石墨烯等科技材料；产品的功能性是否十分强大，可以满足不同人群和地域的需要；产品的技术含量是否较高，是否具有自动化、智能化和信息化等特点；产品是否具有技术壁垒，是否已经申请并被授予专利、软件著作权等自主知识产权。

服务的特色要围绕创新服务模式和特色服务模式去描述，说清楚你的服务是怎样的，你的服务和其他人的服务相比有何不同，你的服务有哪些特色，有哪些服务的创新性，描述清楚你如何围绕产品定位、价格定位、服务定位开展服务，如何整合优质资源，如何建立渠道去开拓市场获取用户，以前传统的服务模式是怎样做的，现在借助互联网思维的模式又是怎样做的，是否采用了跨界融合的思想来提升服务能力，是否采用了分享和共享的理念来提高运营服务能力,你能够提供哪些增值的服务和高附加值的东西,并采用何种办法来保持客户的忠诚度和黏性。

4. 创业团队模块

创业团队是创业项目能否顺利实施的关键,创业团队对于能否有效运营创业项目,实现创业成功至关重要。投资人在评价一个创业项目时,往往更看重创业团队运营项目的能力,他们认为,没有优秀的创业团队,再好的创业项目也不可能运营成功。创业大赛的评委在评审创业项目时,创业团队是重点审核的内容。所以,在创业计划书中,创业团队的描述就显得十分重要。那么该如何完整地介绍创业团队,以便把创业团队的优势尽可能地展现出来呢?对于大学生的创业项目,除了要保证创业团队的价值观和经营理念保持一致,还要保证团队在专业知识、个人能力、社会经验、脾气性格等方面保持互补性。创业团队的描述可以重点围绕以下几个方面进行介绍:

(1) 学历、专业与技能情况

创业团队创始人和合伙人的专业技术背景、学历背景及个人能力是投资人和创业大赛评委重点关注的内容。在介绍创业团队时,一定要将创业团队成员的姓名、性别、年龄、学校、专业、年级、技能、学历等基本情况描述清楚,明确谁是项目负责人,每个成员各自负责哪些工作,他们分别都有哪些专业特长,包括技术研发能力、软件编程能力、产品设计能力、项目策划能力、信息查询能力、市场营销能力、广告宣传能力、项目执行能力、组织协调能力、财务管理能力、融资筹资能力等。如果有些学生已经毕业工作了几年,最好还要将他所就职的公司描述一下,包括他所从事的工作和取得的成绩。特别是如果在BAT(百度、阿里巴巴、腾讯)和大型国有企业等知名大公司工作过,一定要写上,做个工作经历背书。

(2) 曾经获得的荣誉与奖励情况

创业团队成员以往获得的奖励与荣誉对于反映成员的素质情况也十分重要,如果创业团队成员有人曾经获得过某些类别的竞赛荣誉或奖励,应尽可能多地介绍一下。包括:曾经获得过挑战杯创新创业大赛或"互联网+创新创业"大赛名次,获得过"学校三好生"称号,获得过"学习优秀标兵"称号,获得过数学竞赛前三名,获得过演讲比赛名次等。

(3) 参加社会实践与社团活动情况

投资人和创业大赛的评委更看好有过社会实践背景的大学生,他们认为,参加过社会实践和社团活动的同学,活动能力和组织能力会更强一些。所以,在介绍创业团队时,每个成员参加社会实践与社团活动的情况尽可能详细地描述出来,包括曾经参加过的重大社会实践活动。如参加过的社团组织,组织过的实践活动,甚至是当志愿者参加过的活动等。

(4) 团队合作与组织协调情况

团队成员共同的价值观和经营理念,充满朝气的拼搏和合作精神,善于配合的工作态度,以及组织协调的工作能力,是创业团队坚强的战斗力。对于一个初创的公司来说,成员之间价值观的认同、性格的磨合、工作的协同、工作能力的互补,都需要团队成员之间的有效配合。所以,这部分内容可以更加全面地反映出创业团队的情况。除此之外,投资人更喜欢投资具有"三老"特征的创业团队,即"老同学、老同事、老朋友"。

(5) 专业知识与个人能力互补情况

创业公司成立后,会遇到很多跨学科、跨领域的工作,如技术、管理、营销、策划、人力资源、生产、财会、法律等,每个成员不可能完全掌握所有的专业知识和技能。所以,在描述创业团队时,要尽可能地将每个成员的专业知识和专业技能呈现出来,从而可以更好地评估创业团队是否具备专业互补、能力互补、优劣势互补能力,能否达到梦幻组合的状态。理想的创业团队一定是在专业上互补,减少短板的发生。很多大学生创立的公司都是技术型人才出来创业,这些人只懂技术,不懂市场,不懂营销,不懂管理,更不懂财务和法律,创业团队运营项目的能力很弱,实际上创业风险很大,投资人一般也不会投资这样的团队。

(6) 抗挫折能力情况

大学生创业不是一件容易的事,创业过程中不仅会遇到很大的风险和工作压力,还会遇到很大的阻力和障碍,这对创业者是一种心理上的挑战。投资人最看好的就是那些具有强烈的创业激情和创业梦想,具有坚强的毅力和良好的心理素质,不畏惧创业失败,不服输不认输的创业者。所以,在介绍创业团队时,每个人的抗挫折能力也应该加以描述,从而可以看出创业团队是否坚强,是否可以面对困难与挫折,是否可以经受住创业失败的打击。例如有过两次或多次创业经历的队员,这些经历一定要补充进去。

(7) 创业激情和创业梦想

大学生创业一定要有创业激情和创业梦想,每个创业成员的激情加在一起就是一簇火焰,就可以燃烧激情的岁月,书写出美丽绚烂的生命诗篇。有激情做事和没激情做事的结果是不一样的,有梦想就会有目标,有目标就会有动力,有动力就会积极思考,有思考就会有思路,有思路就会有实践的方向,就有可能通过行动和努力获得成功。所以,在介绍创业团队时,团队成员的激情与梦想最好也要描述一下。

5. 技术分析模块

创业策划一定不要遗漏技术分析。很多大学生的创业项目都属于技术类项目,对于技术类的项目,一定要做客观的技术分析,这样才能够确定这个项目的技术水平高不高,技术附加值大不大,技术的延伸性、扩展性和兼容性好不好。技术分析主要从以下几个方面去描述:

(1) 技术水平

投资人和创业大赛评委最关心创业项目的技术水平如何。一般来说,评价一个技术水平的高低可以用国际领先、国际先进、国内领先、国内先进这四个指标去衡量和比较,看看这个技术处于哪个技术水平阶段。有些技术可能很新,要查一下该项技术是否属于填补了国外或国内的空白;有些技术迭代很快,要说清楚该项技术属于第几代技术;有些技术应用面很宽,要说清楚都能够扩展应用在哪些领域。对于项目中涉及的关键技术、关键工艺和关键技术参数,没必要描述得很具体,以免泄露技术秘密。

(2) 项目的创新性

既然是科技公司,就离不开技术、离不开创新。投资人和创业大赛评委也最关心创业项目的创新性在哪里,创新点有哪些。但是,很多创业者对项目的技术创新点说不清楚,不知道该如何去分析、去陈述。一般来讲,项目的创新性可以围绕技术创新、产品创新、工艺创新、设计创新、应用创新、原理创新、知识创新、模式创新、管理创新、集成创新、组织创新和金融创新等 12 个方面去分析和描述。项目每增加一个创新性,就会给创业项目的创新竞争力加一分,项目的创新性越好、创新点越多,技术竞争力也就越强,投资人和创业大赛评委对创业项目的评价也就越高。

(3) 自主知识产权

现在中国十分重视属于原创的自主知识产权的技术,如果创业项目拥有自主知识产权,无论是正在申报的还是已经拿到国家授权的,一定要在创业计划书中注明。具有自主知识产权的创业项目,在技术准入上设置了一定的技术壁垒,项目的技术竞争力更强。知识产权不仅包括发明专利、实用新型和外观设计等三种专利权,还包括软件著作权、公司商标权、商业秘密等。有些技术成果已经处于申报专利过程中,但是还没被授权,也一定要在项目书中描述清楚。一般发明专利较实用新型和外观设计的含金量更高,投资人和创业大赛评委更关注项目的发明数量和已经授权情况。对于存在知识产权模糊或容易引起知识产权纠纷的情况,在项目书中一定要避免。特别是很多大学生的创业项目所使用的技术是指导老师的技术成果,技术成果的知识产权属于学校或老师,这一定要说清楚。在创业过程中若使用技术成果,则需要学校和老师出示一个使用技术的授权证明资料。

(4) 技术研发的基础条件

创业项目技术研发的基础条件可以从一个侧面反映出创业团队的研发能力和研发实力。创业项目技术研发的基础条件主要包括:用于技术研发的实验室的面积,用于产品研发的设备仪器的型号和数量,研发团队成员及其学历、职称和曾经承担过的课题研究及获奖情况,技术研发所产生的专利等知识产权的数量、类别、名称和编号,已经在著名专业刊物上发表的论文数量,每年用于研发的经费投入情况,已经研发的技术成果情况等。

(5) 技术的成熟度

很多创业者并不了解技术成熟度的概念,以为有了一个技术就可以研制出满足市场需求的产品,乐观地为客户提供产品和服务。技术的成熟度一般分为实验室阶段、样品和样机阶段、小批量生产阶段、中试阶段和批量化生产阶段。目前,大部分高校的技术成果都处于实验室阶段,个别的技术成果经过研发已经生产出了样品和样机,但是产品性能还不够稳定,仍需通过小批量生产测试。有些成果已与外面的公司开展了横向合作,借助企业的生产设备实现了小批量生产,但还存在工艺不稳定、性能指标不稳定的问题,仍需进一步完善技术和工艺。高校的技术成果,由于只有实验室的研发条件,可以说根本达不到产品中试阶段。所以,对于创业项目技术成熟度的描述,一定要客观真实地说出你的研发成果处于哪一阶段,是否已经研制出样品或样机,研制的样品或样机的数量是多少,是否已经达到小批量生产能力。

6. 市场环境分析模块

市场环境分析是创业策划的重要工作内容。创业者在创业项目启动前一定要做好前期的市场调研工作,要通过门户网站、微信、微博、电视、广播、报纸、杂志、广告、会议、展览等各种渠道收集信息,并对项目产品进行全面和认真的市场分析。市场环境分析的主要内容包括:

(1) 创业项目是否符合国家政策扶持方向

一个好的创业项目必须要和国家产业扶持政策和地域发展政策相吻合,要借力国家和地区的政策去发展,就像要借势这股东风一样,看看自己的项目是否在风口上,能不能让风吹上天。项目启动前,要充分调研创业项目所处领域和行业的发展政策,以明确是处于政策支持,还是处于政策限制;是否有发展扶持资金或税收减免优惠政策。如果你的创业项目属于文化创意项目,而国家政策大力扶持文创产业发展,那么你就有机会借国家政策这股东风,做大自己;如果你的项目属于智能机器人研制项目,而国家在大力发展中国工业4.0,那么你就有机会乘坐这班政策的船出海;如果你的项目属于健康养老领域的项目,而国家发布了很多促进中国健康养老产业发展的政策,那么你就有很多的市场发展机会。但是,如果你的创业项目会带来废气排放、高耗能,会对水资源带来严重的污染,与国家政策的发展方向相抵触,那么你就不适合开展这个项目。

(2) 创业项目的市场空间有多大

创业项目启动前,除了要研究国家和地区的产业扶持政策,还要研究分析市场的痛点在哪里,市场的需求在哪里,市场空间有多大。如果市场容量不大,需求不足,这个项目就做不大,做不起来,就容易遇到天花板。例如市场空间只有1亿元,而同时有10家竞争对手在做类似的项目,平均来说,每家也就做到1 000万元。所以,一定要深入分析市场的痛点在哪里,市场的需求在哪里,有多少属于刚性需求,有多少属于潜在需求,目标客户和潜在客户大概能有多少,这个项目每年能够产生多少营业额,每年的市场容量有多少,每年能够增长多少。一般来说,投资人投资的项目市场空间不低于10亿元,随着互联网和移动互联网的广泛应用,投资人更看好市场容量在50亿元以上的项目。

(3) 市场竞争对手情况

除了政策分析和市场空间分析,第三个最重要的分析要点就是竞争对手分析。项目产品目前的市场竞争对手有多少家,都分布在哪些地区,它们推出的产品技术处于怎样的情况,产品的质量和服务做得如何,产品的售价是多少,它们采用了怎样的产品促销方式,它们的商业模式是怎样的,它们的强项在哪里,优势是什么,它们的弱点和不足是什么,它们的资金、人才、技术、品牌、服务、渠道到底是一个怎样的情况,我们相较于它们的竞品有哪些优势,有哪些不足,有没有可能超越它们,我们需要采用哪种市场战略和营销策略才能够战胜竞争对手。如果创业项目进入了竞争激烈的红海,公司提供的服务产品市场已经存在,且有很多很强的竞争对手,那就要从对方的产品、技术、研发、质量、服务、物流、价格、交货期、市场策略、品牌宣传等多方面进行考察,从而制定出适合自己的红海战略。如果公司进入的是竞争很少甚至是还是一片空白的蓝海,那么我们需要采用哪种价格策略和营销策略,需要设计怎样的商业盈利模式,需要制定怎样的蓝海战略,来尽快地占有市场,培育公司品牌。

(4) 产品定位情况

产品研制生产出来了,就要确定销售对象,以及提供给这些客户怎样的服务。产品的定位一般要确定目标客户定位和价格定位,对于不同的客户,可能还需要制定一套组合价格策略。项目产品的目标客户定位分析十分重要,属于精准营销的重要内容。客户分析可以围绕以下几个方面进行:

第一,从年龄上可以划分为:新生儿、学龄前儿童、小学生、中学生、大学生,90后、80后、70后、60后、50后、40后、30后;

第二,从受教育程度上可以划分为:初等教育、中等教育、高等教育;

第三,从性别上可以划分为:男人、女人;

第四,从消费差异上可以划分为:低端消费、中端消费、高端消费、奢侈消费;

第五,从收入差异上可以划分为:蓝领、白领、金领。

项目产品价格策略的制定也十分重要,这是获得客户,提高市场竞争力的重要手段。价格定高了产品卖不出去,顾客全都绕行;价格定低了影响公司的利润收益,甚至可能赔本。所以,在制定产品价格前,一定要提前了解市场上类似产品的价格,并进行横向比较。针对项目产品的质量、功能、材料、特色和服务价值,确定目标客户群,制定相应的价格策略。

如创业项目属于教育类项目,则可能要更多地从年龄上去分析,幼儿教育产品的项目怎样做,中小学培训的项目怎样做,出国游学和留学的项目怎样做,提供的服务内容是什么,有何特色,谁来买单,是学生本人还是学生家长,销售价格定在多少才合适,是零售还是卖套餐,是卖次卡、月卡、季卡还是年卡,分析得越细致,对自己的项目就越清楚。

如创业项目属于健康养老类项目,则可能更多地面向60岁以上的老年人,那么老年人需要怎样的产品和服务,是慢性病健康管理,还是健康医疗;是家政服务,还是老人情感陪护。他们能够接受哪些产品和服务,可以接受的价格是多少,是老人自己买单,还是子女为老人买单,不同的销售对象应该采用何种价格策略。

如创业项目属于服装服饰消费类项目,则对于不同性别和年龄的人群,对于不同购买力的人群,应该采取哪些销售策略。对于男装、女装、童装需要设计怎样的流行款式,应该使用哪种面料,对于春、夏、秋、冬不同的季节,需要设计生产怎样的服饰产品,针对不同的人群需要提供怎样的服务,如果是定制化服务,又该怎样做,又该如何收费,这些都是需要认真思考的问题。

(5) 销售渠道情况

产品销售是创业公司遇到的最头疼和最困难的问题。特别是大学生创业,同学们一直在学校内学习和生活,对社会的了解和体验很少,既没有较多的人脉关系,也没有合适的销售渠道,就算有再好的产品也不容易卖出去。而一个创业公司如果只有成本投入而没有销售收入,那么现金流肯定不理想。公司长时间没有利润,一旦创业资金用尽,又融不到后续资金,就很难长期支撑下去,公司就会面临倒闭。所以,创业公司一定要想应该如何去销售产品,都有哪些人脉关系和销售渠道,都有哪些可以利用的销售平台,如何快速建立起分销渠道,如何搭建自己的销售平台,应该采用哪些有实效的创新销售模式。

(6) 公司选址情况

创业项目一旦落地就需要注册一个实体公司,而公司的办公地点选址对于公司的业务发展也十分重要,需要结合客流量、扶持政策、人才流动性等进行充分的调研和综合性分析。如果你的创业项目属于餐饮类项目,俗话说要找"金边银角"的地方,则最好选择在客流量较大的地段,如交通便利繁华的商业街、人口较多的居民区和学生数量较多的校园附近等;如果你的创业项目属于科技类项目,则最好选择在科技氛围较浓、科技人才较多且能够享受到科技扶持政策的地段,如科技孵化器、众创空间、大学科技园、高校创业园、国家高新技术园区、产业集聚区等;如果你的创业项目属于文化创意类项目,则最好选择在文化创意产业集聚的地段或商业写字楼,如文化产业园、文化科技园、文化产业集聚区等。

7. 竞争态势分析模块

在创业策划过程中,一定要对创业项目的竞争态势进行分析,这样才能够综合分析创业项目的情况,评估创业项目实施的可行性。竞争态势分析常用到 SWOT 分析和 PEST 分析两种分析工具。

(1) SWOT 分析

SWOT 分析实际上就是将公司内外部条件的各方面内容进行综合和概括,进而分析组织的优势、劣势、机会和威胁的一种方法。通过 SWOT 分析,可以帮助创业者更加全面、客观地认清自己创业项目的优势、劣势、机会和威胁,真正做到知己知彼,练好内功,减少创业失败。SWOT 分析工具包括以下四个关键的分析要素:

第一,优势。优势分析的重点是要突出介绍项目的优势,尽可能找出创业项目的优势与特色。在编写创业计划书时,可以围绕创业项目的政策优势、技术优势、产品优势、价格优势、团队优势、渠道优势、品牌优势、服务模式优势、资源优势和知识产权优势等多个方面来进行分析和描述。如:

• 政策优势的描述:项目的政策优势在哪里,国家是否已经颁布了扶持项目领域的相关优惠政策,是否有资金或税收减免的扶持,地方政府是否制定和发布了扶持项目领域的相关政策和措施,是否有资金或税收减免的扶持,行业协会是否制定和发布了扶持项目领域的相关政策和措施,是否有进一步的配套支持的做法。如果创业项目属于智能制造领域、电子信息领域、云计算、大数据领域、电动汽车领域、新型材料领域、节能减排领域、文化创意领域、健康养老领域、现代物流领域、新兴服务业领域、现代农业领域、航空航天领域,那么该项目就符合国家政策扶持的方向,这个项目就是朝阳项目。

• 技术优势的描述:项目的技术优势有哪些,是否是国际或国内领先技术,是否填补了国际或国内空白,是否已经申报并获得专利授权,专利是哪种类型,是发明专利、实用新型还是外观设计,专利数量有多少,哪些专利是在国内申报和已经获得授权的,哪些专利是属于在国外申报或获得授权的。技术优势是创业公司的竞争壁垒,可以在一定时期内抵御跟进者和竞争者的模仿,可以显著提高创业公司的市场竞争力。

- 产品优势的描述:项目的产品优势在哪里,是否采用了纳米、碳纤维、石墨烯、高温合金等新型材料;是否跨界融合使用了多种技术;是否在创意设计的新颖性、时尚性、功能性、美观性、环保性、便利性、安全性等方面上具有特色;是否采用了先进的生产和制造工艺来提高产品质量,缩短生产周期;是否配备了先进的工装卡具和检测仪器来保证产品精度;是否通过精益生产显著降低了生产成本;是否已经制定了生产标准和生产规范,来保证产品生产的一致性和标准性。

第二,劣势。劣势分析就是要尽可能地找出项目中存在的不足及问题,找出薄弱环节,制定应对预案。尽可能地消除和改善项目中存在的劣势,有利于做好创业前的准备。一般初创公司存在的劣势主要体现在以下几个方面:

- 项目产品市场空间小。可能创业公司的产品和服务只是为小众群体服务,市场容量也就几百万元或几千万元,项目规模可能做不大。
- 技术不够先进。创业公司采用的技术属于第一代、第二代的传统技术,距离新一代的技术有显著的差距,技术竞争优势很弱。
- 创业团队磨合还不到位。由于创业公司成立的时间较短,团队人员之间文化程度不一样、专业背景不一样、社会工作经验不一样、性格秉性不一样、办事风格不一样等,这都需要一个不断磨合的过程,才能够达到团队的协同和默契,形成团队协作能力。
- 市场营销能力不强。很多创业大学生没有工作经验,没有学过市场营销理论,营销经验很少,营销策划能力较弱,市场运营能力较差。
- 产品的市场竞争力不强。创业公司新研发的产品属于刚刚上市,还处于样品、样机或小批量生产阶段,会存在产品不成熟、质量不稳定、技术水平还不够高、售后服务不到位等问题,市场竞争能力较弱。
- 竞争对手较多。创业公司选择的创业项目可能属于红海,市场上会存在很多相似的产品和服务,竞争对手有很多,无论是在产品价格、产品质量还是在供货能力上,都会对创业公司形成巨大的挑战。
- 销售渠道少。大学生创业由于工作时间短,积攒的人脉主要是父母和亲戚、同学和老师、球友和网友,有用的渠道资源十分有限,会在一定程度上影响公司的销售业绩。
- 社会诚信度低。创业公司由于成立的时间较短,社会上还不十分了解公司的产品和服务,公司需要通过开展一段时间的诚信服务,才能够形成社会诚信度。
- 品牌形象弱。创业公司成立的时间较短,客户及社会还不太了解,公司的品牌度在社会上还没有形成,品牌形象较弱。
- 创业资金少。一般来说,大学生成立的创业公司创业启动资金都比较少,在运营前期,公司的大部分资金都用在了产品的研发、市场营销渠道的建设和销售平台的搭建上,公司是支出多,进账少,没有多少销售和利润,公司运营经过半年至1年后,资金就花得差不多了,这个时候,资金是公司面临的最大问题。

第三,机会。机会分析是要客观地看待创业项目存在哪些商业机会。在国际和国内政治、经济的大环境下,要能够充分调动每一根神经,睁大眼睛,敏锐地发现和捕捉商业机会,这样才有可能获得一次成功的借势借力的创业机会。一般来说,创业机会都是来自国家和地方政治、经济环境的大变革,来自一次有影响力的突发事件,来自历史性的技术革命,来自爆发性的市场需求等。2014年9月,李克强总理提出了"大众创业、万众创新"的倡议,2015年全年,中国掀起了一波"大众创业、万众创新"的浪潮,从国家到地方,从高校到不同行业,各种主题的创业大赛一浪高过一浪,众创空间如雨后春笋般在中国很多省市和地区快速成长,科技部、人社部、发改委和很多高新技术园区都陆续出台了与双创配套的扶持政策和实施细则,创新创业的风口不断吹向移动互联网、物联网、大数据、云计算、人工智能、工业4.0、节能减排、电动汽车、精准医疗、健康养老、快速消费、文化创意、航空航天等领域,创新创业的大势已经到来,可谓商业机会无处不在。对于大学生创业来讲,哪里有痛点,哪里有服务需求,哪里就有商业机会;哪个领域和方向是国家政策重点扶持和支持的,哪里就有商业机会;哪里是资金投资的风口,哪里是资金密集扎堆的地方,哪里就有商业机会。

第四,威胁。威胁分析是创业者必须认真去做的功课,其主要内容就是找出会对创业项目产生威胁和不利的因素,并制定出应对的策略和解决方案。一般来说,创业公司的主要威胁可以从以下几个方面去分析:

● 产业政策的限制。创业者启动一个创业项目前,一定要分析这个项目能否获得国家产业政策的扶持。如果创业项目属于国家政策限制发展的领域,或是国家已经明令禁止发展的领域,那么在政策上就会存在很大的威胁,公司就不容易做大,不容易生存。如北京市在疏解城市功能,会限制和禁止污染环境的企业发展,如果你的公司是从事具有大气排放污染物的项目,那么劝你千万不要在北京建厂生产。

● 竞争对手的威胁。来自竞争对手的威胁是创业者必须深刻思考和重视的,竞争对手的数量、竞争对手的产品质量、竞争对少的产品价格、竞争对手的创新服务模式、竞争对手的销售策略、竞争对手的技术优势、竞争对手的社会品牌和知名度、竞争对手的市场占有率、竞争对手的资金实力、竞争对手的研发实力等,都可能会给创业公司带来致命的打击。

● 创业资金的不足。由于在创业初期,大量的资金都用于产品研发、市场销售和公司宣传,公司的正向现金流很少,大部分都是支出,而创业公司的创业资本一般都不多,创业公司能否坚持经营到半年或1年都不好说,公司面临巨大的资金压力。

● 管理经验的不足。由于很多创业者没有学过工商管理知识,而创业公司中处处都存在项目管理、财务管理、人事管理、团队管理、时间管理、成本管理、会议管理、生产管理、科研管理、合同管理、制度管理、渠道管理、采购管理、品牌管理等诸多管理问题,管理不善是创业公司面临的最大威胁之一。

(2) PEST分析工具

PEST分析工具也是一种常用的宏观环境分析工具。宏观环境又称一般环境,是指影响一切行业和企业的各种宏观力量。对宏观环境因素进行分析,不同的行业和企业根据自身特点和经营需要,分析的具体内容也会有所差异。PEST分析工具主要包括以四个分析要素:

第一，政治。对政治环境的分析。政治环境分析的内容主要包括：政府领导人的人事调整变化，政府部门机构改革和组织结构变化，国家和地方产业政策的调整和颁布，国家出台新的法律和法规等。如特朗普当选美国新一届总统，英国提出退出欧盟，韩国出现"亲信们"干政事件，中国"十九大"中央政治局常委换届，国家颁布《"十三五"战略性新兴产业发展规划》，国务院印发《"十三五"国家科技创新规划》，商务部颁布《商贸物流发展"十三五"规划》，工信部提出《中国制造2025》规划，北京市颁布《北京市"十三五"时期文化创意产业发展规划》等，这些国际和国内的政治环境变化，都会对行业和企业的经营行为产生重大影响。

第二，经济。对经济环境的分析。国内外经济环境的变化会对企业的经营产生较大的影响。经济环境分析的内容主要包括国际经济环境和国内经济环境的变化。国际经济形势如：美国总统特朗普上台后可能会对中国采取出口增税政策，世界经济继续下滑可能导致新一轮金融危机，美国和欧盟对中国实施进一步的技术壁垒和贸易壁垒等；国内经济形势如：人民币不断贬值购买力不强，中国出口贸易顺差减小，房地产行业进一步宏观调控，国内家电、建材、钢铁等诸多行业产能过剩、需求不足，国内GDP增速放缓，中小微企业资金紧缺，城市铁路建设快速发展，环保节能产业增长势头强劲等。

第三，社会。对社会环境的分析。社会环境的变化对企业的经营也会起到显著的影响。社会环境分析的内容主要包括：当地的社会治安状况如何，交通是否便利，水、电、气、网络、通信设施是否完备，医疗卫生、教育文化、娱乐休闲、餐饮购物是否便利等。如：近年来国外发生多起针对华人游客的抢劫事件，会在一定程度上影响旅游公司的经营业务；北京市疏解城市功能限制外来人口，会影响到北京市相关企业的经营；北京市城市副中心建设会影响到一大批企事业单位、学校、医院、餐饮的搬迁；国家提出的京津冀一体化协同发展，在为企业带来机会的同时也会带来挑战。

第四，技术。对技术环境的分析。技术环境的变化可能对企业经营发展的影响更直接一些。技术环境分析的内容主要包括：当前有哪些技术发明和主流技术在主导和影响着社会发展和生活形态。如：计算机的三次革命浪潮给人类的生活方式带来了巨变，城际高铁的发展改变了人们的出行方式，互联网技术的普及使人们已经离不开网络生活，3G技术的出现丰富了人们的移动数字生活，GPS卫星遥感信息技术的成熟促进了驾车出行的便捷。随着中国宽带和5G基础设施的建设，互联网的发展将带来新的突破；人工智能（AI）的发展将产生一大批服务机器人和工业机器人；无人机的快速发展将使影视拍摄、土质勘探、道路交通产生新的服务模式；移动互联网的高速发展将变革自媒体的服务业态。通过对这些可以改变人类生活的技术进行分析，就可以发现商业机会，寻找公司的业务方向。

8. 风险分析与控制模块

创业计划书中对风险分析和风险控制的描述十分重要，它可以帮助创业者清楚地看到创业项目的风险在哪里，创业风险有多大，创业者应该如何规避创业风险，并制定相应的风险应对预案来控制创业风险。但是，很多创业者并不知道该如何进行创业风险分析。

一般来说,创业者可以围绕以下创业中最容易遇到的六种风险来进行分析和描述:

(1) 政策风险

创业中最重要的风险是政策风险。一旦创业项目存在较大的政策风险,即使有再好的技术和团队,也很难把项目做好做大。对于政策风险的分析,重点是要对比一下创业项目是否与国家的产业发展政策相背离,是否属于国家不支持发展的夕阳产业或限制发展的行业。如果创业项目的定位和方向与国家的产业和环境发展政策相抵触,那么就存在相当大的政策风险,这个时候就要十分谨慎小心了,就必须要认真研究一下实施该创业项目是否可行。政策风险是创业项目中最重要的、最大的风险,一旦发现创业项目存在政策风险,一定要慎重启动这个创业项目。如果你所选择的创业项目属于能耗较大的项目,并且还有很多污染大气的排放物,会对环境造成很大的影响,而我们国家一直都在大力提倡节能减排,提倡绿色生产,提倡生态环境建设,那么,这样的创业项目就存在很大的政策风险,或许会受到地方政府执法部门的限制,如强制关闭、停产整顿和严厉处罚。所以,针对存在政策风险的创业项目,一定要保持警惕,要尽可能地去规避政策风险。

(2) 技术风险

技术风险是科技创业公司存在的主要风险,必须认真分析和重点描述。对于技术风险的分析,关键是要看创业项目的技术水平如何,是否处于国内或国际领先地位,是否申报了专利或软件著作权等自主知识产权,是否已经获得授权,申报的数量和获得的授权数量有多少,这个关键技术能否对跟进者设置较高的技术门槛。当今社会,技术迭代更新较快,有些技术可能1—2年就迭代一次,有些技术甚至半年就迭代一次,评估创业项目技术的生命周期有多长十分重要,一定要有一个清醒的认识和判断。一般来说,比较理想的创业项目技术的生命周期最好能够维持5—10年,甚至是更长的时间。另外,能否保持技术研发的持续投入也十分重要。一般成长性的创业公司其技术研发策略都是研发一代、生产一代再储备一代。所以,要想保证技术产品领先,就要保证不断地投入资金进行科技研发。

(3) 人才风险

人才风险是创业公司必须重视的风险。创业公司的关键人才一旦流失,创业就会遇到极大的问题和困难,创业公司就会受到致命的打击。一方面,在目前市场竞争日益激烈的社会,类似BAT公司高价猎取高端技术人才的现象比比皆是,创业公司的关键技术人员和骨干人员往往经不住高薪的诱惑,离职现象比比皆是。另一方面,有些创业公司的关键技术或销售人员,在掌握了公司的核心技术和销售渠道后,也想另起炉灶,自己当老板,这种现象也十分普遍。在创业中,人才是最宝贵的,但是能够称作人才的人也是最难搞定的,人才流动的风险随时存在。所以,为了控制人才风险,创业公司一定要设计好针对关键技术人才和关键骨干人才合理的、有诱惑性、有激励性的股权制度,同时还要制定好公司的技术保密制度。否则,一旦关键技术人才和骨干人员流失,将会对创业公司的产品研发、设计生产和市场销售带来巨大的影响和损失。

(4) 市场风险

市场风险是最应该引起创业公司关注的风险。一种新技术的出现,一项新政策的颁布、一个巨无霸的入侵,都有可能改变现有的市场格局。当市场上出现了一种新技术时,它就可以替代原有的传统技术,就有可能改变人们的消费习惯,严重地影响市场需求情况。例如数码技术出现后,数码相机改变了传统的胶片相机的使用模式,相片的存储量不再受胶卷的限制,人们开始普遍使用数码相机而不再使用胶片相机,柯达公司没有及时地认识到数码技术对胶片市场的破坏性,导致公司业务逐年大额亏损;随着互联网技术的发展,移动支付技术越来越成熟,支付宝、微信支付已经渗入金融业务领域,给银行业带来了巨大的冲击,不断涌现的互联网金融新业态在慢慢地侵入银行领域,瓜分银行的市场空间和份额;随着国家领导人名确提出"房子是用来住的,不是用来炒的",北京、上海、广州、深圳、南京、杭州、苏州、郑州等一线、二线城市陆续推出了限制购房的政策,中国的房地产市场受到了一定程度的影响,楼房销售量稳中有降。例如2016年10月初,北京、上海、南京等6省市和地区政府陆续出台了对房市的严厉限购政策和措施,对中国的房地产市场的泡沫抑制起到了十分重要的作用,随后中国人民银行、证监会和银监会对商业银行加杠杆的调控政策以及对房地产上市公司发行企业债的调控措施,进一步让房地产开发商和销售公司及房屋中介公司嗅到了房地产市场面临的风险。所以,针对市场风险,创业者一定要认真进行分析,并提前制定好风险应对预案。

(5) 管理风险

管理风险是创业公司普遍存在的风险。创业团队都属于新加盟创业公司的新人,每个人在学历背景、专业技术、工作经验、工作能力、思考方式等方面都有所不同,团队之间在工作中的配合会存在很多问题,团队协作需要相当长的一段时间去磨合。由于创业公司属于新组建的组织,公司人数较少,经常是一人多岗、一人多职、一人多用,很容易出现由于工作跨岗越位引起的冲突与矛盾。创业公司不像大公司那样建章建制,容易导致任务不到位、责任不到位、权利不到位、工作不到位、激励不到位等现象,给外人的感觉是管理混乱和不规范。所以,创业公司要认真地围绕公司制度管理、文件管理、项目管理、信息管理、战略管理、策略管理、研发管理、设计管理、生产管理、成本管理、价格管理、渠道管理、售后管理、财务管理、薪酬管理、品牌管理、人力资源管理、供应商管理等方面进行风险分析,同时,制定出切实可行的管理措施和应对风险预案,这样才能够使创业公司向着规范化、程序化、标准化、健康和可持续的方向发展。

(6) 资金风险

资金风险是创业者必须高度重视的风险。资金是公司运营的血脉,没有充盈的资金作为支撑,创业公司很快就会倒闭,资金风险是创业策划中需要认真思考的问题。如有的创业项目启动资金很多,但是能够募集到的资金又很少,很难保证项目的顺利开展;有的创业项目可能需要经过半年、1年甚至是2年以上的时间才会盈利,但是自有资金又不足,导致公司的经营很难维持下去;有的创业公司在初创期不注意开源节流,不善于控制成本,各方面支出都很大,业务收入又不理想,造成了很大的财务亏空,导致创业很快失败。此外,中国"三角债"拖欠货款的现象也很严重,应收账款不能及时回款也会影响到公司的良性经营。针对公司可能出现的资金风险,创业者一定要从项目融资、项目运营、项目回款等方面进行全面的分析,想好如何应对可能存在的资金风险,并提出应对措施和预案。

9. 市场营销策略模块

创业公司成立后就面临如何把产品顺利销售出去，如何为客户提供产品和服务的问题，这就涉及了公司的市场营销策略。很多想创业的大学生都没有学过企业管理与市场营销，不知道市场营销策略都包含哪些内容，不清楚应该如何制定产品的市场营销策略。为了更清晰、更系统地梳理市场营销策略，创业者可以围绕市场营销活动的内容，将公司的市场营销策略按照产品价格策略、渠道建设策略、市场销售策略、销售服务策略、市场宣传策略、竞争情报策略、知识管理策略、产权保护策略、品牌建设策略等分别进行设计和制定。在市场营销中，有 4Ps、4Ss、4Cs、4Rs 等许多现代营销理论可以借鉴和使用，创业公司也可以将这些营销管理工具组合起来使用。近年来，随着市场竞争越来越激烈，营销策略也向纵深发展，市场上还出现了许多具有实战效果的营销策略，如情感营销策略、体验营销策略、植入营销策略、口碑营销策略、事件营销策略、比附营销策略、饥饿营销策略、会员营销策略等。

10. 3 年发展规划模块

创业者九死一生，能够存活下来的都是英雄。统计数据表明，创业公司能够存活 3 年的比例不到 5%。创业公司能否存活下去，3 年是一个坎，是一个重要的时间节点。创业公司首先应该想到的是要如何存活 3 年，如何尽快完善产品，如何扩大生产和销售，如何尽快摸索出可行的商业盈利模式，如何产生稳定和持续的现金流。江湖上有一句话：大企业做大做强，小企业做精做专。创业公司需要深耕自己的产品与服务，打磨好商业模式，形成市场竞争力。所以，大学生创办公司，一定要制定好公司的短、中、长期发展规划，特别是企业的 3 年发展规划，要规划企业的发展愿景，设计企业的发展蓝图；要制定企业的发展战略、产品策略、研发策略、营销策略和品牌战略；要确定企业的功能定位、服务定位、产品定位和价格定位；要建立必要的公司管理规章制度，如公司的考勤制度、合同管理制度、公章使用制度、财务管理制度、绩效考评制度等；要在产品技术研发方面做好规划，要研究一代、使用一代、储备一代、瞄准一代；要在渠道建设方面做好规划，如市场渠道、政府渠道、媒体渠道、融资渠道等；要在团队建设方面做好规划，如团队沟通、团队协同、团队精神、团队能力、团队执行力等；要在公司骨干培养和人才培养方面做好规划，如关键技术研发人员、主要软件编程人员、核心创意设计人员、骨干市场销售人员、优秀项目策划人员等；要在公司内部管理方面做好规划，如项目管理、流程管理、会议管理、信息管理、文件管理、档案管理、知识管理、风险管理、资金管理等；要在信息沟通方面做好规划，如通过工作例会、专题研讨、办公 OA 信息平台、微信办公群、QQ 办公群等形式实现公司内部即时信息的交流与沟通；要在人员绩效考核方面做好设计和规划，通过制定公正、公开、公平、合理的绩效考核评价体系和评价标准，对公司人员实行物质奖励和精神奖励，以充分调动员工的工作热情和工作积极性。我们知道，创业公司虽小，但"五脏俱全"，公司具有基本的架构设置和职能部门设置，涉及的业务内容也较多。所以，一定要提前做好公司规划，为公司的业务开展和健康发展打好坚实的基础。

在公司发展方面，创业公司可以根据不同的科目内容，按照年度时间进度，设定预期

完成目标。公司 3 年发展规划可以参考表 8-1 去设计和制定:

表 8-1　公司 3 年发展规划

序号	科目名称	第 1 年	第 2 年	第 3 年	备注
1	产品研发品种(个)				样品或样机
2	产品生产数量(件)				
3	产品销售数量(件)				
4	产品年销售额(万元)				
5	产品年利润额(万元)				
6	产品年缴税额(万元)				
7	产品市场占有率(%)				
8	产品市场覆盖率(%)				
9	销售渠道数量(个)				
10	客户数量(个)				大客户 中客户 小客户
11	知识产权数量(个)				发明专利 实用新型 外观设计 软件著作权 商标、LOGO

11. 项目融资与筹措模块

从 2015 年开始,国家和地方陆续出台了很多与"大众创业、万众创新"相配套的扶持政策,在中国掀起了一场轰轰烈烈的"大众创业、万众创新"的浪潮,科技孵化器和众创空间如雨后春笋般在中国各地不断涌现,各种主题的创新创业大赛此起彼伏,一浪高过一浪,从国家到地方,从科技园区到科技孵化器,从行业协会到大型企业,都在培育和建设"双创"的生态发展环境。大学生创新创业已经成为一种时尚,很多年轻人都想借助这个"双创"的风口,来实现和成就自己的创业梦想。

但是,创业不是仅有技术和创意就可以了,还需要创业资金、创业资本。我们都知道,资金就像是企业的血液,用来维持企业的正常运营。如果没有足够的资金,企业就很难维持正常的业务开展,就很有可能倒闭。大学生要想自主创业,就需要有足够的创业资金。创业者在启动创业项目前,一定要估算一下到底需要多少创业资金,然后再想清楚有哪些筹措资金的渠道或途径,需要通过何种办法和手段去筹措创业资金。

(1) 创业资金估算

通常大学生的创业项目所需要的启动资金从几万元到几十万元甚至是上百万元不等,需要上千万元的大项目并不多见,也不太适合大学生去做。创业资金需要多少,主要取决于创业项目在运营过程中可能会发生哪些科目的资金支出。一般来说,创业公司的资金支出主要包括以下 10 项费用，这 10 项费用之和，就是创业启动资金的金额。

- 房租费用。房租费用是创业公司很大一部分费用支出，是创业公司的主要费用支出。特别是在北京、上海、深圳、广州等一线城市创业，房租较高，创业公司如果能够在高校大学生创业园、众创空间和科技孵化器里办公，房租会相对低一些，房租是创业公司必须考虑的经营支出。
- 人员费用。人员费用是创业公司必须考虑的费用支出。人员薪酬一般包括基本工资和五险一金，专职人员和兼职人员的费用是不同的，但要统筹考虑进去。有些创业公司还聘请了专家顾问和创业导师，专家劳务费也要考虑进去。至于创业合伙人的薪酬费用，股东会上可以协商讨论一下，是拿薪酬加分红，还是不拿薪酬只参与分红。
- 设备费用。创业公司开始创业后，可能需要购置一些生产设备、研发设备、检测仪器和工卡量具等，这些设备费用支出较多，一定要想清楚哪些设备是必须购置的，哪些设备可以借用别人的。对于创业公司来说，只要这些设备和仪器能够满足科研生产，原则上能省就省，尽可能借助外面的资源，通过外协加工检测完成。
- 材料费用。创业公司的研发和生产活动离不开原辅材料的采购，原辅材料的价格不仅与原材料的供应厂家生产的材料的规格、型号、性能、指标、质量有关，还与厂家的供货物流方式、供货周期长短、供货包装等有关，同时，还与产品价格周期的涨跌有关。所以，原辅材料的费用需要全面的考虑和估算。
- 办公费用。一般来说，创业公司成立后就会产生办公费用。主要的办公费用会涉及电脑、电话、打印机、复印机、饮水机等办公设备的采购；办公桌、办公椅、会议桌、文件柜等办公家具的采购；办公文具、打印纸、墨盒、公文纸、公文袋、信封等办公用品的采购；公司宣传页的制作等。
- 通信费用。创业公司开展业务，通信联络是必不可少的。通信费用主要包括电话费、手机费和网络费。目前，国内很多地区的办公场所都有宽带接入，宽带计费按照包年、包季、包月等不同的标准收费。创业公司可以根据公司的人员数量、业务量及宽带使用情况估算通信费用。
- 交通差旅费用。公司开展业务，少不了交通出行和差旅住宿，交通费和住宿费是一笔不小的开支。交通费会涉及乘出租车、乘地铁、乘火车、乘飞机、乘轮船等费用，公务出差还会涉及宾馆或酒店的住宿费和伙食补助费。创业公司需要根据每年的业务开展情况做好差旅费和交通费的预算。
- 公关业务费用。创业公司从零开始做起，需要整合人脉，疏通渠道，做好客户关系，这就需要开展一些公关活动。
- 公司注册费用。公司注册成立后，要建立单独的财务和税务账户，要刻制公司公章和财务专用章，要购买发票，还要提交上报很多资质文件资料，这些都会涉及一定的费用。
- 不可预见费用。公司开展业务后，可能会参加一些产品展览会、技术交流会、项目路演会、新产品发布会等不同主题的活动；可能会把一些自己无法完成的工作委托第三方办理；可能会为了扩大公司品牌的影响力而联系媒体做一些广告活动，很多属于不可预见的费用就会发生，故不可预见费也应该有个估算才好。

由于很多新成立的创业公司的产品还不够成熟，需要进一步的开发和完善，公司可能会在 6 个月甚至 12 个月的时间里都没有资金收入，全部都是资金投入而没有产出，所以创业资金估算还是要从更恶劣、更悲观的情景中去设想，尽可能估算多一些，留出一点富裕。

（2）创业资金筹措途径

近年来，随着国家大力倡导"大众创业、万众创新"，创新创业的生态环境越来越好，大学生筹措创业资金的渠道也越来越多。创业公司可以重点考虑以下几个创业资金筹措途径：

- 合伙人自筹资金。创业团队自筹创业资金是最常见的做法，也是最容易实现的融资途径。创业项目合伙人可以按照创业启动资金的总额，根据各自的出资能力进行出资，认购股份。筹资的对象可以是父母、亲戚、老师、同学、朋友等。现在一般城里的大学生家庭条件还都不错，学生平时自己积攒的零花钱，再加上父母支持孩子创业的钱，凑齐 2 万—5 万元不是什么太困难的事情。5 个创业合伙人每个人平均出资 2 万元，就可以凑齐 10 万元。

- 大学生创业信用贷款。现在学校和银行联合起来为有志于创业的大学生设置了大学生创业信用贷款，大学生可以利用国家颁布的大学生创业信用贷款政策，向学校和银行提交相关创业资料，申请创业贷款，筹到第一笔创业资金。目前，大学生创业贷款根据省市地区的不同，贷款额度可以从 5 万元到 40 万元不等，中关村园区还成立了大学生贷款专项基金。目前，有些高校校友会联合已经毕业的校友，设立了高校大学生创业发展基金，用于支持在校学生和毕业 2—3 年的同学自主创业。高校大学生创业发展基金也是大学生创业筹资的一个渠道。

- 创新创业大赛奖金。目前，很多高校每年都组织大学生参加创新创业大赛，并对获奖的团队给予一定的奖金鼓励和支持，有志于创业的大学生可以积极参加高校组织的"挑战杯""创青春"和"互联网+"等创业大赛，争取比赛名次，获得大赛组委会和高校的奖金。一般奖励的金额从 5 000 元到 25 万元不等。此外，社会上不同组织和机构举办的创新创业大赛也邀请大学生创业团队参赛，获奖的团队会获得大赛 1 万—15 万元的奖金。

- 天使投资。近年来，随着"双创"的火爆，国内成立了很多天使投资机构，天使投资主要寻找早期的创业项目，对大学生的创业项目，不论是已经落地注册公司的创业项目，还是没有落地只是建立创业团队的优秀项目，天使投资都会关注，特别是投资种子轮和天使轮的天使投资，是大学生寻找创业投资的重要途径。一般来说，大学生的创业项目都处于早期，可以重点接触与联系投资种子轮和天使轮的天使投资机构，争取得到它们的投资支持。为了争取到与投资人面对面的项目交流，创业公司一定要做好创业策划，制作一份高质量、高水准的创业计划书，一定要在创业计划书中描述清楚你的产品与服务是什么，你的项目特点和竞争优势是什么，你的核心竞争力是什么，你的商业盈利模式是什么，你的技术壁垒门槛是什么，你的融资需求和资金使用计划是什么，你的创业团队是怎样一个情况，你的股权机构设置是否清晰合理等。

（3）天使投资的投资哲学

目前，中国的天使投资机构倾向于投资早期项目，早期投资包括种子轮和天使轮阶段,这对于中国的大学生创业获得天使投资是个机会,但是我们一定要清楚天使投资的投资风口在哪里,天使投资重点关注的投资领域在哪里,天使投资的投资哲学是什么。

天使投资业界的投资人有一个共识,那就是再好的项目也是由人来运营的,如果创业团队的能力不行,创业团队的领头人不行,那么,再好的创业项目也可能做不好,也很难成长为独角兽公司。但是,如果创业的创始人很厉害、很优秀,即使这个创业项目没有做好,经过创业指导和创业咨询后,创始人会及时转型调整产品结构和技术方案,研发出有竞争力的创新性产品和服务。所以,天使投资的投资哲学是投资创业团队,投资创业项目的创始人,投资的是精英创客。

12. 项目财务分析模块

创业项目的财务分析在创业策划中属于十分重要的内容。资产负债表、利润表、现金流量表是三张重要的财务报表。

资产负债表也叫财务状况表,表示公司在一定日期的财务状况,它反映的是公司资产、负债、所有者权益的总体规模和结构,可以让所有阅读者在最短的时间里了解公司的经营状况。资产负债表反映了公司在特定时点的财务状况,是公司的经营管理活动结果的集中体现。通过分析公司的资产负债表,能够揭示出公司偿还短期债务的能力,公司经营稳健与否或经营风险的大小,以及公司经营管理总体水平的高低等。资产负债表利用会计平衡原则,将合乎会计原则的资产、负债、股东权益交易科目分为资产和负债及股东权益两大区块,在经过分录、转账、分类账、试算、调整等会计程序后,以特定日期的静态公司情况为基准,浓缩成一张报表。

利润表也叫购销损益账或动态报表,它反映的是某一期间公司的盈利状况。利润表是反映一定会计期间的经营成果的报表。通过利润表,可以反映公司在一定会计期间收入、费用、利润的数额及构成情况,全面地了解公司的经营成果,分析公司的获利能力及盈利增长趋势,为公司做出经济决策提供依据。

现金流量表也叫财务状况变动表,所表达的是在某一固定期间(通常是每月或每季)内,一家公司现金(包含现金等价物)的增减变动情形。现金流量表的主要作用是决定公司的短期生存能力,特别是缴付账单的能力。它是反映一家公司在一定时期内现金流入和现金流出动态状况的报表。其组成内容与资产负债表和损益表相一致,通过现金流量表,可以概括反映经营活动、投资活动和筹资活动对公司现金流入流出的影响,对于评价公司的实现利润、财务状况及财务管理,其要比传统的损益表能够提供更好的基础。现金流量表提供了一家公司经营是否健康的证据。如果一家公司经营活动产生的现金流无法支付股利与保持股本的生产能力,从而其需要用借款的方式来满足这些需要,那么这就给出了一个警告,这家公司从长期来看无法维持正常情况下的支出。现金流量表通过显示经营中产生的现金流量的不足和不得不用借款来支付无法永久支撑的股利水平,从而揭示了公司内在的发展问题。

很多创业者没有学会财务专业知识,不懂得如何填写财务报表,其最好能够请懂财务报表的专业人士帮助完成填写。创业者在进行创业项目的财务分析时,要将公司未来3

年主要的财务指标描述清楚,如:项目的投资总额是多少,公司预计每年的产品销售额是多少,产品的年毛利率能够达到多少、每年的净利润有多少,项目投资回收期需要多长时间,项目的内部收益率是多少等。

创业者通过开展项目的财务数据统计和分析,可以全面地了解创业项目的财务指标情况,了解创业项目的经营状况,掌握创业项目的投入与产出的效果如何,并且可以通过财务数据的分析结果,来指导完善产品的研发和生产管理,控制各项费用成本支出,知道哪些钱该花,哪些钱不该花,哪些钱可以少花;通过财务数据分析,可以知道创业项目的盈利性好还是不好,附加值高还是不高,值得不值得去做这个创业项目;通过财务数据分析,可以看出公司经营业绩的发展情况,需要多长时间公司可以盈利,需要多少时间公司可以达到50万元、100万元甚至是500万元的营业收入;通过财务数据分析,可以清楚地知道投资回收期是多长时间,知道何时可以收回投资;通过财务数据分析,按照设定的市盈率,就可以计算出未来公司的估值是多少,这对于后面的项目融资也非常有帮助。

一个创业项目好不好,通过产生的现金流就可以看出来。如果公司能够持续地产生正现金流,并且增长率也很大,就说明这个项目盈利能力较强,应该不错;如果公司不能产生正现金流,一年甚至是两三年都是负现金流,看到的全部是公司的资金投入而没有收入产出,那么这个创业项目就有点问题,就存在财务盈利风险,投资这个项目就要慎重。

所以,学会财务分析十分重要。财务数据可以清晰地告诉你这个创业项目的经营情况,投资这个项目后,是否有高附加值的收益,是否在短期内能够收回投资,是否存在财务风险。

13. 创业团队股权结构模块

创业团队的股权结构包括公司的股东人数和每个股东的股权比例。大学生在组建创业项目团队时,股东人数和股权比例要提前考虑清楚。创业合伙人的选择十分重要,合伙人之间一定是在价值取向上达成一致,在专业能力上达成互补,在资源配置上达到合理优化,这样才能够形成合伙人在一起做事的合力,才能够实现1加1大于2的效果。一般来说,合伙人数量在2—10人都可以考虑,但是股东人数不易太多,以免在召开股东会议时众说纷纭,各持己见,意见不统一,最后延误到公司决策,影响公司的正常运营。

股权分配是公司稳定的基石。一般而言,创业初期股权分配比较明确,结构比较单一,几个投资人按照出资多少分得相应的股权。但是,当公司运作以后,各种内部矛盾凸显,在矛盾中股东维护自身利益的依据就是股权比例和股东权利。股权比例关系到股东的决策权利和利益分配权利,随着公司的发展,公司决策方面和利益分配方面必然会发生不同程度的冲突,这个时候,股权比例就发挥作用了,决策行权将按照股东的股权比例进行表决,分红也将按照股东的股权比例进行分成。所以,在创业初期,为了将创业事业做大做长久,创始人股东和联合创始人股东一定要共同设计好股权结构,以保证创业公司稳健发展。对于创业公司的建立,很多创始人都想控股,恨不能一股独大才好。但是一旦形成一股独大的格局,就变成了所有人给你打工,公司获取的大部分利益是你的,但是,公司所承担的风险也都全是你的。在这种股权结构下,小股东没有什么利益和责任,也就会变得不上心和不关心公司的发展，所有股东无法齐心协力，实际上是为公司的发展埋下了一颗地雷。所以，我们不建议创业公司股东一股独大，最好成立董事会，公司决策按人头投票，股东之间形成一种权利的制衡，这样就容易形成民主集中制，走共同决策的道路，形成有责共担、有利共享、有难共扛的局面。

股权投资，包括有形资产和无形资产投资，用于公司的投资既可以是现金、具有较高科技含量的专有技术，也可以是专利、软件著作权或版权等知识产权，以及房产、汽车、设备等资产，还可以是管理经验、销售渠道等特殊资源资产，合伙人股东在商谈股权比例划分时，可以协商确定。

为了公司的壮大和可持续发展，目前很多创业公司还都留出20%左右的股权作为奖励池，用于奖励骨干人员以便留住人才，同时，也用于吸引和招募一些优秀人才的加盟。

8.3 创业策划的常用方法

1. 创业项目的筛选方法

在创业策划中，创业者遇到的最多的问题就是应该选择什么项目去创业，什么样的项目投资小、收益大、见效快，且又适合自己做，该如何去筛选创业项目。在筛选创业项目时，有6个原则可以把握：

（1）优势原则

所谓优势原则就是你选择的创业项目要根据自身的服务优势和服务能力去考虑。要根据自己的服务优势和服务能力去做自己最擅长的项目。所选择的创业项目最好是自己熟悉的领域，拥有较多的经营资源，优势也最明显。千万不要选择那些你专业不擅长，对这个领域较陌生，经营资源也很少，没有什么优势的项目。

（2）政策原则

所谓政策原则就是你选择的创业项目一定要符合国家的产业扶持政策，符合地方重点支持和发展的产业政策，符合创业公司今后落地的科技园区扶持政策。尽量不要选择与国家和地方产业扶持政策方向相违背的项目，那样的话，既得不到资金和税收优惠政策，还有可能受到一定的处罚和经营发展限制。

（3）需求原则

所谓需求原则就是你选择的创业项目一定要有市场需求，这种需求属于刚性需求，且还存在一定的潜在需求，市场需求的空间一定要大，最好在10亿元以上。尽量不要选择那种市场需求少、市场容量不大的项目去做，这种项目的销售规模做不大，很难成为独角兽的创业公司。

（4）价值原则

所谓价值原则就是你选择的创业项目毛利润要高，净利润率要高，产品附加值要高，产品销售的利润率最好能够达到25%以上。尽量不要选择那些利润率低、附加值低的项目。

(5) 竞争原则

所谓竞争原则就是你选择的创业项目在市场上要竞争不明显,你的市场竞争力相对较强。尽量不要选择市场已经成熟,竞争对手不仅很多,而且竞争能力还很强的项目去做。作为创业公司,尽量不要去做红海市场里的项目,要尽可能地在蓝海市场里发现创业机会。

(6) 投资原则

所谓投资原则就是你选择的创业项目投资规模不大,投资回报率要高,投资回收周期要短。尽量不要选择那些项目启动资金很多,利润率、投资回报率不高,投资回收周期很长的项目去做。

2. 竞争态势分析方法

在初步筛选了创业项目后,要利用 SWOT 或 PEST 分析工具来分析项目实施的可能性。

通过 SWOT 分析,可以清楚地看到你在政策、技术、经验、资源、团队、渠道等方面的优势有哪些,你在产品的研发、经营管理、市场营销、人才队伍建设、诚信品牌等方面的劣势有哪些,你的政策机会、市场机会、技术机会、环境机会等创业机会在哪里,你面对的市场竞争、产品销售、团队磨合、融资筹措等挑战在哪里。通过 SWOT 分析,可以对整个创业项目形成画像轮廓,做到心中有数,可以进一步帮助你判断和评估这个创业项目是否值得做,是否能做,是否现在就做,还是等条件具备了再启动。

通过 PEST 分析,可以帮助你对政治环境进行分析,了解到哪些产业是国家积极鼓励发展的,哪些领域是地方政府重点发展和关注的,哪些项目是属于国家重大工程的,那些项目是列入国家科技计划的。跟着国家走也就是跟着政策走,做国家想做的事,做政府想做的事,项目机会就在政策里,从政策中可以发现很多商机;通过 PEST 分析,可以帮助你对经济环境进行分析,国外的经济环境是怎样的,国内的经济环境是怎样的,国外经济环境的变化会对国内的经济环境带来哪些影响,国内经济环境的变化会带来哪些领域和产业的变化,变化的趋势是怎样的,在这种经济趋势变化下,会带来哪些商业机会,有哪些机会是适合你做的;通过 PEST 分析,可以帮助你对社会环境进行分析,从社会就业环境、社会治安环境、医疗健康环境、社区养老环境、交通出行环境、食品安全环境、大气污染环境等,发现新的商业机会;通过 PEST 分析,可以帮助你对技术环境进行分析,从人工智能技术、虚拟现实技术、大数据挖掘技术、云计算技术、移动支付技术、移动物联网技术等,找到适合你的技术领域机会。

3. 营销策划方法

创业策划中离不开营销策划。在营销策划中,除了可以使用 4Ps、4Cs、4Ss、4Rs 等常用的市场营销管理工具,还有一些营销方法可以使用。

(1) 情感营销策略

情感营销就是把消费者个人的情感差异和需求作为企业品牌营销战略的情感营销核心,通过借助情感包装、情感促销、情感广告、情感口碑、情感设计等策略来实现企业的经营目标。在情感消费时代,消费者购买商品所看重的已不是商品数量的多少、质量的好坏以及价钱的高低,而是为了一种感情上的满足,一种心理上的认同。情感营销从消费者的情感需要出发,唤起和激起消费者的情感需求,诱导消费者心灵上的共鸣,寓情感于营销之中,让有情的营销赢得无情的竞争。

(2) 体验营销策略

体验营销是 1998 年美国战略地平线公司的两位创始人约瑟夫·派因二世(B-Joseph Pine Ⅱ)和詹姆斯·吉尔摩(James Hgilmore)提出的。他们对体验营销的定义是"从消费者的感官、情感、思考、行动、关联五个方面重新定义,设计营销理念"。他们认为,消费者消费时是理性和感性兼具的,消费者在消费前、消费中和消费后的体验,是研究消费者行为与企业品牌经营的关键。体验营销就是通过看(See)、听(Hear)、用(Use)、参与(Participate)的手段,充分刺激和调动消费者的感官(Sense)、情感(Feel)、思考(Think)、行动(Act)、关联(Relate)等感性因素和理性因素,重新定义、设计的一种思考方式的营销方法。这种思考方式突破了传统上"理性消费者"的假设,认为消费者消费时是理性与感性兼具的,消费者在消费前、消费中和消费后的体验才是购买行为与品牌经营的关键。

(3) 植入营销策略

植入营销是指将产品或品牌及其代表性的视觉符号甚至服务内容策略性地融入电影、电视剧或电视节目的各种内容之中,通过场景的再现,让观众在不知不觉中留下对产品及品牌的印象,继而达到营销产品的目的。从所见各种媒体内容的植入方式,我们可以将植入营销分为四种运作模式:场景植入、对白植入、情节植入和形象植入。

(4) 口碑营销策略

口碑营销是指企业在调查市场需求的情况下,为消费者提供需要的产品和服务,同时制订一定的口碑推广计划,让消费者自动传播企业产品和服务的良好评价,从而让人们通过口碑了解产品、树立品牌、加强市场认知度,最终达到企业销售产品和提供服务的目的。口碑是指公众对某企业或企业产品相关信息的认识、态度、评价,并在公众群体之间进行相互传播。口碑的内容包括三个层面,首先是体验层,即公众对企业或组织相关信息的认识、态度、评价。其次是传播层,即传播过程中的事例、传说、意见等传播素材。最后是认可层,即公众对企业的好恶。良好的口碑的建立主要是基于产品的质量、服务、环境等带给用户的良好体验。

(5) 事件营销策略

事件营销在英文里叫作"Event Marketing",国内有人直译为"事件营销"或者"活动营销"。事件营销是指企业通过策划、组织和利用具有新闻价值、社会影响以及名人效应的人物或事件,吸引媒体、社会团体和消费者的兴趣与关注,以求提高企业或产品的知名度、美誉度,树立良好的品牌形象,并最终促成产品或服务的销售的手段和方式。事件营销是国内外十分流行的一种公关传播与市场推广手段,集新闻效应、广告效应、公共关系、形象传播、客户关系于一体,并为新产品推介、品牌展示创造机会,建立品牌识别和品牌定位,是一种快速提升品牌知名度与美誉度的营销手段。随着互联网和移动互联网的飞速发展,给事件营销带来了巨大契机。通过电视媒体、网络媒体、微博、微信、微信朋友圈和微信直播,一个事件或者一个话题就可以很轻松地进行传播和引起关注,事件营销成功的案例比比皆是。

(6) 比附营销策略

比附营销是一种比较有效的巧借东风的营销手段,能够让目标受众迅速完成对你们的营销标的物从认识到感兴趣甚至到购买的过程。其操作思路是想方设法将自己的产品或品牌与行业内的知名品牌发生某种联系(即攀附知名品牌),并与其进行比较,但承认自己比其稍逊一筹,其核心思想是:①攀附知名品牌,但承认自己稍逊一筹,受众会觉得我们诚信、可信,没有夸大其词,这样容易让受众产生信任。如果我们在知名度方面没达到第一而硬说我们就是第一,那么即使你的品质和服务真是第一,也几乎没人相信。②当我们自己的品牌与知名品牌出现在一个广告里时,加上我们的广告语加以引导,受众会自然将我们的品牌与知名品牌产生联系并不知不觉地将对知名品牌的信任感转移到我们的品牌上来,从而让对我们的品牌没有认知或对我们的品牌缺乏信任的受众产生认知和信任感,让对我们的品牌缺乏信任的受众相信我们,直至完成购买。

(7) 饥饿营销策略

饥饿营销是指商品提供者有意调低产量,以期达到调控供求关系、制造供不应求"假象"、维持商品较高售价和利润率的目的。饥饿营销就是通过调节供求两端的量来影响终端的售价,从而达到加价的目的。实际上,饥饿营销的操作很简单,定个叫好叫座的惊喜价,把潜在消费者吸引过来,然后限制供货量,造成供不应求的热销假想,从而提高售价,赚取更高的利润。但饥饿营销的终极作用还不是调节价格,而是对品牌产生附加值。目前,饥饿营销在品牌手机销售、品牌汽车销售和房地产楼盘销售方面运用得最多。

(8) 会员营销策略

会员营销是一种基于会员管理的营销方法,商家通过将普通客户转变为会员,分析会员的消费信息,挖掘客户的后续消费力,汲取终身消费价值,并通过客户转介绍等方式,将一个客户的价值实现最大化。会员营销就是企业通过发展会员,提供差异化的服务和精准的营销,提高客户的忠诚度,长期增加企业利润。比如通过梳理一个企业的会员,根据地域、年龄、性别、职务、收入、消费偏好等多个维度进行分群,在促销时针对不同群体进行不同内容的传播。

8.4 创业策划文案设计范例

创业策划文案设计范例属于典型的**案例教学**范畴(项目一),设定的目的是为学习者提供一个真正可以模仿的蓝本或范例,这个蓝本或范例始终贯穿整个项目。以下是《RoBits 创客教育教学装备商业策划书》完整文案。该项目获"2016 互联网+全国大学生创业大赛金奖",创业项目受到刘延东副总理检阅,已授权可作为教学案例分享。

任务1　项目背景

1. 任务描述

（1）行业背景

全面介绍行业政策环境和市场环境的背景现状，国家出台有哪些项目所在行业的扶持政策，指出行业中目前存在哪些痛点问题，存在哪些刚性和潜在的服务需求，项目的市场空间估算有多大。

（2）项目优势

重点围绕项目的技术优势、产品优势、服务优势、研发优势、知识产权优势、渠道优势、资金优势、媒体优势等内容去陈述。

（3）团队优势

重点围绕毕业院校、攻读专业、个人能力、工作和社会经验、多次创业经历、曾获奖项和荣誉等内容去陈述，重点是突出团队在各个方面的互补性。

2. 项目背景实战案例

项目背景分析具体见二维码。

3. 项目背景实战案例评析

该项目行业背景描述得较为清晰和完整，在中国"双创"宏观背景下，开展创客教育项目存在很多的商业机会；项目产品的用途和特色描述得比较全面，拥有8项自主知识产权，技术优势明显；大学生创业项目团队专业互补性较强，并具有较强的技术和市场专家顾问队伍，团队优势十分明显。如果能够将创客教育在北京乃至全国的市场空间估算一下，市场容量将会更加清晰。

任务2　产品与服务

1. 任务描述

（1）产品及服务特色

重点描述产品和服务的内容是什么，如何设计和生产，有哪些特色，有哪些亮点，有哪些优势。

（2）产品研发

描述项目产品的研发计划是什么，重点要解决哪些关键技术，研发出哪些产品，达到怎样的质量效果和技术指标。

2. 产品与服务实战案例

（1）产品及服务特色

- RoBits 创客教育产品及优势。具体如下：

第一，RoBits 创客教学套装。面对国内创客教育大热的形式，结合现阶段中国普通教育机器人进入中小学校园存在的若干问题，公司主要进行中小学创客教育产品的研发，现阶段的主要产品为 RoBits 创客教育套装。

RoBits 创客教育套装主要包括传感器、逻辑部件、绿色输出模块及其他配件 4 个部分，共 58 个 RoBits 元件（元件展示见图 8-1）。

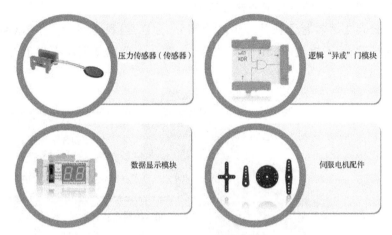

图 8-1　RoBits 元件展示

RoBits 元件可以搭建出复杂多样的结构，又能够通过单元化小模块学习电路知识，更能够通过编程来控制机器人运动，基本能够满足中小学生的创客教育教学要求。

中小学生可以应用 RoBits 创客教育套装完成创客活动，能够锻炼中小学生的创新思维和动手能力，并能够从多个维度训练学生创客智造的核心能力。

RoBits 创客教学套装与同类产品相比具有如下优势：

综合实践能力强。RoBits 创客教育教学装备具有综合实践能力强的特色。公司 RoBits 创客教学套装融合了中小学创客教育市场中 Lego、LittleBits、Arduino 三大产品的优势，采用模块自带磁性连接+磁力接头连接线+耳机插孔连接线的链接方式（见图 8-2），使 RoBits 教学装备结构搭建多样、稳固安全，能够适合各个年龄段的中小学生。

图 8-2　RoBits 元件优势

材料安全可靠。RoBits 采用的是刚性大、蠕变小、机械强度高、耐热性好、电绝缘性好的工业级塑料。不用担心孩子们在使用过程中出现损坏。安全系数高，不会对孩子们的健康造成损伤。

功能强大多样。RoBits 创客教学套装功能强大，能够随意在各种功能间随意切换，帮助中小学生完成科学实验、电子电路的拼接和搭建、编程、RoBits 机器人组装、无人机的设计及 3D 打印。

材料成本低廉。公司 RoBits 创客教育套装原材料价格：PCB 板 2 元/块，元件 2 元/块，焊接装配 2 元/件，结构件 11.6 元/个等，每一套教学装备的材料成本基本在 1 000 元左右，成本低廉，因此可以采取低价销售战略，先以价格优势占领市场，然后进一步发展。

第二，RoBits 创客教育课程。RoBits 创客教育课程，是 RoBits 创客教育团队针对国内中小学创客教育的环境与特点，为中小学创客普教量身定制的一套课程；设置六大课程模块，从多个维度训练学生创客智造的核心能力。

现阶段，公司创客教育课程共分为六个部分，分别是：科学实验、电子电路、程序设计实践、机器人搭建、无人机实践、3D 打印实践，能够从多个维度训练学生创客智造的核心能力（见图 8-3）。

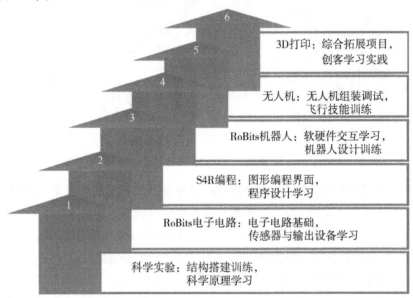

图 8-3　RoBits 创客教育课程

公司创客教育六大课程模块完美契合中小学创客普教特点，承载中小学大容量、多维度的课程教学；从基础学习到综合实践方面，根据创客智造的核心能力需求，定制研发"基础学习+综合实践"的课程结构，由浅入深，多方位培养学生创客智造的综合素质；STEM+，参考国际创客教育的 STEM 教学体系与国内创客教育的特点，RoBits 课程体系的研发建立了符合国内创客教育特点的 STEM 教学体系。

第三，RoBlock 编程软件与"云"操控机器人 App。RoBits 团队基于麻省理工学院的 Scratch 进行二次开发，兼容进 RoBits 教学元件，开发出了 RoBlock 编程软件，可以使用图形代码两种编程形式，满足了不同年级学生的学习需求；"云"操控 App，是首款服务于机器人编程、操控与社区分享的应用，将服务于中小学建设轻量化的创客实验室。

RoBlock 编程软件是 RoBits 团队基于麻省理工学院的 Scratch 开源编程软件二次开发

的,服务于中小学生编程学习的软件。RoBlock 保留了 Scratch 的图形化编程功能,可以使低龄学生零基础学习编程,完成简单的视频制作、游戏制作、软件设计等。同时 RoBlock 向下兼容 Arduino 单片机与 RoBits 教学元件,可以进行硬件编程,完成软硬件交互设计、机器人编程设计、Arduino 单片机实验等高级编程功能。

"云"操控机器人 App 能够实现平板编程,解放机房;远程操控,无线连接;机器人社区,分享互动,具体见图 8-4。

图 8-4 "云"操控机器人 APP 优势

- RoBits 创客教育服务。公司发展过程中拟提供创客实验室的一站式解决方案,创客教育教师培训,创客课程微课录制,创客竞赛、机器人竞赛、无人机竞赛的解决方案,组织举办创客营、科学营等服务。

公司现已入选北京市创客教育协会会员单位,参与承办创客教育类活动;与北京市科协以及多所高校达成战略合作,承办北京市青少年高校科学营机器人分营,参与协办密云区小学生创客大赛,并举办首届国际中学生创客智造大赛;承办高校科学营创客大赛。通过提供各方面的服务拓展知名度,开拓公司在创客教育领域的市场,得到中小学生创客教育领域的认可。

对于合作单位,我们都会对客户进行档案跟踪和管理,定期沟通,与合作单位保持良好的合作关系,同时注重对反馈信息的总结和分析,并及时进行服务的完善,保证服务的完善和优质。

第一,中小学创客实验室一站式解决方案。创客实验室是为了配合中小学创客教育开展而建设的具有教学和实践功能的综合性实验室，可实现理论课程的教学和动手实践课程的操作。我们会为每一家合作学校提供从装修到室内布置，从教学硬件配备到教学课程以及教师培训的完整解决方案，让学校可以"一劳永逸"。

实验室能够为学生提供包括电子积木、机器人、无人机以及 3D 打印在内的配套设备和设施，以及学习编程软件需要的计算机场所。实验室包括科技普及展示区、学习实践区、竞赛训练区和准备工作区。全面的功能区域能够为学生提供从认知到学习再到实践的渐进式学习，充分激发学生的学习兴趣，并且完整的装备设施能够为学生提供足够的资源让其实现自己的想法。

公司会对实验室进行定期的售后维护，主要是硬件的维修和换代以及教学软件的升级。同时在每学期开学我们会对学校的科技任课教师进行免费的培训，并提供公司的教学指导书和教参。

第二，创客教育教师培训。每年夏冬两季，我们会定期对教师进行集中培训，解决教学问题，升级优化产品，并且为校本课程提供教师使用的教学指导书和教案等；向其他创客教育机构输送专业的创客教师。

第三，创客课程微课录制。未来中小学创客课程和教学形成一套标准之后，公司将根据中小学创客课程进行教学视频的录制，为普教教师节省教学时间，减轻教学压力，也通过该渠道打响公司的知名度。

第四，创客竞赛、机器人竞赛、无人机竞赛的解决方案。每年根据学校反馈的问题对产品与软件进行更新升级，并协助学校举办校办的机器人大赛（见图 8-5）、单片机大赛、编程比赛等赛事。

图 8-5 机器人大赛

为配合《北京市实施教育部〈义务教育课程设置实验方案〉的课程计划（修订）》关于在七、八年级开展开放性科学实践活动的声明，公司积极开展了关于开放性科学实践活动课程的研发工作，积累了一大批优秀的高校人才和多位从事中学生科学教育的老师。

在经过课程搜集整理，知识点筛选，课程创新研发和课程定稿等工作后，公司研发出了一批创新教学和科学普及的优秀课程。课程内容包含物理实验的学习、Arduino 课程的学习、软件编程的学习、LittleBits 的学习以及智能机器人的学习。从基础的物理原理实验，到入门图形化编程软件，再到高阶的单片机、LittleBits、机器人的学习，学生能够全面地学习到物理原理科学前沿知识。课程本身的趣味性能够提高学生对科技创新和探索的兴趣。同时，课程大多数需要学生进行实验或者动手制作，操作性较强，这能够培养和提高学生的动手能力和其对于科学实验操作的认知。

对于服务方面，我们联合北京科技大学在校内建设了创客训练基地，并且配备了完备的教学设备，能够接纳足够多的学生，并且为同学们提供了优秀的资源学习。对于送课到校的学生群体，我们会派专业的老师到学校进行课程教授和指导。

第五，创客营、科学营。现阶段，公司已经承办和协办中小学创客营、科学营，并在一定程度上得到了中小学生的认可。未来公司会继续承办中小学创客营、科学营，为中小学生提供高质量的创客服务。中小学创客实验室见图 8-6。

图 8-6　中小学创客实验室

为提高学生的科学认知和工程操作水平，以及满足部分学生想深入学习和了解创客课程的需求，我们会在每年的寒暑假举办创客训练营（见图 8-7），内容包括机器人搭建和编程培训、Arduino 课程培训、无人机搭建及飞行的培训，以及 3D 打印相关知识培训。培训期为一周，主要是短期集中地对学生进行专业方向的培训，以快速提高学生的操作和实践能力。这对于学生在各种科技竞赛中有着至关重要的作用。

图 8-7　创客训练营

训练营会聘请市级或国家级的科技课教师对学生进行训练指导,制订详细的学习计划,让学生能够充分利用时间进行高效的学习。在训练营结束后,学生可以得到国家机器人运动工作委员会的认证证书、教授的亲笔推荐信,以及科研实习证明等。

在竞赛中,公司会为学生提供机器人搭建和测试场地、3D 打印编程和操作场地,以及无人机焊接场地,并由老师进行全程的指导。对于无人机,出于安全考虑,我们还会建设飞行棚专门供无人机的调试和飞行,以充分保证学生的操作安全。

(2) 产品研发

根据公司的研发计划以及市场需求,我们的产品分为以下几类:

• 公司短期(1—3 年)产品研发计划。公司计划在初期集中精力研发 RoBits 创客教学套装和配套课程,主要可应用于中小学创客教育领域。

• 公司中期(3—5 年)产品研发计划。为了使公司可持续发展,将公司的长期目标深耕北京市等一线城市的中小学创客教育市场,并向天津等二线城市进行拓展,因此中期战略主要为升级和完善 RoBits 创客教学套装,并研发其配套软件,使产品功能更加丰富。

• 公司长期(5—10 年)产品研发计划。公司计划在长期发展中,将升级和完善创客教学装备作为重要任务,并着力研发竞赛机器人,承办高校机器人竞赛,以打响品牌的知名度,拓展市场,为中国的创客教育事业做出贡献。

3. 产品与服务实战案例评析

创客教育产品内容与功能描述得比较完整,服务对象十分精准,在培训教材、培训模块设置、培训老师队伍建设,以及培训形式上都考虑得比较全面;服务模式集成了室内教学、户外教学、线上教学、训练营教学及大赛教学等多种形式,体现了服务模式的创新性。

任务3　公司介绍

1. 任务描述

(1) 公司文化

描述公司的公司文化、创业精神、服务宗旨。

(2) 公司形象设计及识别

介绍公司的理念识别和视觉识别(MI 和 CI)。

(3) 发展战略

描述公司的短期、中期和长期发展战略。

2. 公司介绍实战案例

(1) 公司文化

• 公司使命:求真务实,改革教育。

公司力图将科技成果实用化以提高中小学生的动手实践能力,培养其创客思维。推出可靠的创客教育产品,并在应用的过程中将之不断完善更新,是格润大树努力的方向。用我们的技术、经验和知识高质高效地为中小学生提供适用的产品,不断地满足用户需求,持续提升产品品质,创造良好的商业和社会价值;为股东提供稳定增长的利润;为员工提供发展的平台与空间。

- 公司精神:开拓进取,勇于创新。

公司文化的核心是创新。对产品的研发一直是我们展开创客教育的基本点,所以我们积极向国外学习先进的图像化编程技术,并深入透彻地研究了磁力电子以及电子电路,最终自主设计并研发出了一系列先进的前沿创客教学产品。公司依靠技术创新,建立了开发和研究机构,充分发挥了学科技术优势。面对公司外部环境的变化和日益激烈的市场竞争,公司结合市场创新、战略创新,推进公司的全面创新,为中小学生提供了最有价值的产品与服务。

- 公司理念:绿色生活,大树润泽(Green Healthy Life, Green Big Tree)。

公司秉承"绿色生活,大树润泽"的理念,坚持以先进的科技生产、热诚的服务精神为中小学生提供创客教育装备,为每一位客户提供高科技产品、提供高品质的用户体验,不断满足客户需求。大树,挺拔而伟岸,庇佑遮风雨、一树润千秋。大树的理念表达了公司对创客教育产品质量和效果的追求,我们希望公司所有的产品就像大树一样,给每一位客户带来充足的安全感;同时,也表达了本创业团队对公司未来发展的希冀,用智慧的汗水与思想的火花将一颗小树苗培养为参天大树,是公司每一位成员的信心。

- 员工培养:以人为本,互惠共赢。

我们将公司的发展与员工个人的价值追求结合在一起,以人为本,实现公司和员工的共同成长。员工培养是提高和改进员工的理念、知识、技能、态度和行为模式,从而使其按照组织的要求和发展目标,完成和改进本职工作并不断向前发展的过程。公司员工的培养计划具体如下:公司员工进入工作岗位前,进行岗前培训;将公司概况及公司文化向员工进行深层次介绍,让员工心中牢固树立"公司是我家"的信念;根据员工自身条件,进行基本技能、个人技能和管理技能的培训。公司采用公平竞争、任人唯贤、职适其能、人尽其才的用人观念,努力打造最高效的用人机制;同时,提倡相互支持、相互帮助的生活方式,以使员工以最饱满的情绪和最高的热情面对工作。

(2) 公司形象设计及识别

公司形象识别系统是为了使公司形象在市场环境中具有标准化特征,利于在公众传播中塑造良好的形象,并增强信任效果、缓和效果和竞争效果。

- 理念识别(MI)。理念识别是公司识别系统的核心。格润大树公司在深刻的自我评估中准确定位,并制定了公司的理念识别,以此指导公司的经营战略、宗旨和精神。

格润,与英文单词"Green"的音译相同,倡导相信我们的科学高效,新颖益智的高水平创客教育教学装备将为您带来更加实用、高效、特色鲜明的创客教育服务。

- 视觉识别(VI)。公司标志是公司特定发展阶段公司精神的凝聚,直接影响着公司下一步的发展。格润大树教育科技有限公司的标志,在色彩和形态上都有很强的创新性,正与公司的经营理念相契合(见图8-8)。

图 8-8　公司标志

标志说明：公司以大树（Tree）、责任感（Responsible）、科技感（Technology）、品质（Quality）、绿色（Green）、革新（Innovative）、活力（Energetic）、现代（Contemporare）为关键词，设计出了一套符合公司文化、愿景、使命的视觉识别系统。将大树、电子与跳跃的人做了艺术上的结合，形成了充满图形感、现代感的图形，任何一个元素都展现着该品牌独一无二的特征，代表了公司积极向上、勇于创新的品质。

标志标准字体：公司标志中文印刷字体为方正正黑体系列（见图8-9），英文印刷字体为 Century Gothic 字体（见图8-10）。

中文印刷字体：方正正黑体系列

北京格润大树教育科技有限公司

北京格润大树教育科技有限公司

北京格润大树教育科技有限公司

北京格润大树教育科技有限公司

北京格润大树教育科技有限公司

北京格润大树教育科技有限公司

图 8-9　中文印刷字体

英文印刷字体：Century Gothic

Green Tree Education Technology co, Ltd

Green Tree Education Technology co, Ltd

Green Tree Education Technology co, Ltd

Green Tree Education Technology co, Ltd

图 8-10　英文印刷字体

标识最小尺寸：公司标识在1—2厘米，建议只使用图形标识。图形部分不得小于1厘米，最小屏幕尺寸图形部分不得小于56像素，且建议用黑白。

色彩系统(见图 8-11):

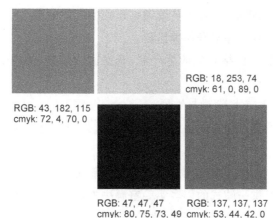

图 8-11　色彩系统

公司标语口号:Everyone Can be a Maker,人人皆创客。

● 公司定位。公司是一家专注于创客教育教学装备与教学课程服务的开发、销售及推广的高新技术公司。公司集科研、生产、销售、服务于一体,旨在为客户提供高质量的创客教育产品。

公司成立于 2015 年,法定经营形式为有限责任公司,注册资本 200 万元。法定注册地址为北京市朝阳区天翠园 1 号楼 2 层商业 1-5。

(3) 发展战略

● 初期(1—3 年):开创市场。

公司建立初期,目标定位于针对中小学生的创客教育教学装备进入中小学校,通过在北京、天津地区的产品营销逐步打开国内市场,通过积极宣传和品牌经营,树立公司形象,使得公司在行业内部拥有一定的规模和知名度。

第一,搭建自己的销售网络和营销模式,公司现已通过政府采购招标、企业直销的方式进行了产品营销。

第二,利用广告、传媒、展会等方式宣传公司,使得业界认可公司。

第三,致力于研发创新性新产品,弥补已有创客教育教学装备的不足,提高公司产品的竞争力。

● 中期(4—5 年):拓展市场。

随着公司规模的不断扩大和产品性能的稳定完善,公司将进一步拓展市场,逐步形成以北京、天津为中心的全国销售网络,同时公司将建立覆盖全国市场的产品销售服务办事处,为客户提供优质的售前、售中、售后服务,公司还将大力进行品牌的树立与维护。

第一,产品不断更新升级,开发功能更完备、款式型号更丰富的产品以满足更多的用户需求;

第二,将市场横向拓展到国内更多城市,纵向从通过政府招标采购教育机器人、直销编程软件拓展至提供创客实验室、提供微课程等更多的服务,即在营销产品的基础上提供更多的服务。

第三,完善已有的销售渠道,逐步扩展增加适宜的销售渠道。

第四,进一步宣传,维持并提升品牌形象。

第五,扩大公司规模,包括外包的生产商、研发团队力量、销售团队力量等,不断完善公司的管理体系。

- 长期(5—10年):市场精耕与维持。

前期的营销使公司拥有稳定的国内市场份额后,公司将进军国外市场,不断提升公司价值。

第一,满足市场需求,产品多元化、创新化、高性能化。

第二,校企共建,提供一站式的创客实验室解决方案、长期的伴随式服务。

第三,拓宽销售渠道,健全销售网络,维护电商平台。

第四,拓展海外市场,增加市场份额。

第五,加大宣传力度,维护品牌形象。

第六,合理规划公司规模,实现规模经济,维持公司良好的财务状况,实现公司上市。

3. 公司介绍实战案例评析

在公司介绍中,比较全面地介绍了公司定位、主营业务、公司文化与发展战略。作为初创公司,培育和形成公司文化十分重要,可以起到凝人、聚人和用人的作用,可以为建立公司品牌打下良好的基础。公司针对自己的市场定位、产品定位和服务定位,提早制定短期、中期和长期发展战略十分必要。

任务4　市场与竞争

1. 任务描述

(1) 目标市场选择及市场定位

重点描述目标市场在哪里,公司的市场定位、产品定位、服务定位和价格定位是什么。

(2) 市场发展战略

全面描述公司的市场发展战略与策略。

(3) 竞争分析

利用PEST、SWOT和波特五力分析模型进行竞争态势分析。

2. 市场与竞争实战案例

(1) 目标市场选择及市场定位

- 目标市场细分。为方便展开全面的市场营销,首先必须通过市场调研进行市场细分,只有通过市场细分,合理选择目标市场,才有利于发挥RoBits创客教育机器人的产品优势,捕捉产品在市场中的机遇,并有针对性地制定营销策略,增强产品的市场竞争力。

现在创客教育产品与教学装备主要应用于精英教育与竞赛教育,而创客教育的发展趋势越来越针对普及教育发展。目标市场细分结果具体如下(见图8-12):

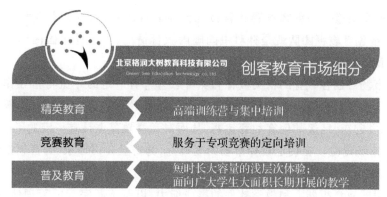

图 8-12 目标市场细分

第一,精英教育。创客教育市场中,精英教育是最先开展起来的,它以校外授课为主要渠道,面向有创客训练意识,有留学倾向,有经济实力的个人、家庭用户,采取周期性授课的方式,每次课程时间稳定在 2 小时左右,使用单一形式的培训产品。

精英教育市场的特点为培训周期短,频次低,培训总课时少,单课时长度长,教学领域单一,教学产品单一,具备中度的难度梯度。

第二,竞赛教育。竞赛教育服务于参加机器人、单片机、编程等竞赛的各阶段学生,以集中授课为主要形式,面向高水平、有竞赛意向的学生,采取面向竞赛规则的专门培训。

竞赛教育市场的特点为培训周期短,频次高,培训总课时少,单课时长度长,教学领域单一,教学产品固定,不具备难度梯度。

第三,创客教育与普及教育。创客教育的普及教育,直至今天也仅有少量学校开展,但已有大量学校在筹备有关创客普教的建设工作。普教群体面向所有全日制学生,对每个学生有平等的授课,以使每个学生都能够接受前沿的科技知识学习,接受统一的创客能力训练。

普及教育市场的特点为培训周期长(6—9 年),频次高,培训总课时多,单课时长度短,教学领域广,教学产品多样,难度梯度巨大。

- 目标市场选择。首先对各类创客教育市场进行基础分析,结果见表 8-2:

表 8-2 创客教育目标市场分析

	精英教育	竞赛教育	普及教育
课程周期	短(1-2 年)	短(1-2 年)	极长(6-9 年)
课程频次	低	高	高
课时数	少	少	极多
课时长度	长(2 小时以上)	长(2 小时以上)	短(40 分钟)
教学领域	单一	单一	广
教学产品	单一	固定	多样
难度梯度	中度	高度	巨大

现在创客精英教育与创客竞赛教育市场已经非常成熟,而创客普及教育的市场还没有起步,RoBits 创客教育团队就是针对中国国内教育情况,专门针对国内创客普教市场开发的创客教育教学装备。

而普教市场对创客教育的精英教育和竞赛教育都有一定的导流与指导作用。普教中所使用的教学装备将影响同学们对兴趣学习以及精英教育的选择;同时,普教的影响面最广,更容易承办起市、区级的创客教育比赛,从而对竞赛教育也具有一定的影响。

- 目标市场定位。在确定目标市场的基础上,为树立公司形象,为营销策略的制定打下基础,这就要求对公司进行市场定位。

依托公司的教育机器人和教学软件的科研能力,以及不断完善的管理体制,可以更好地突出公司的挑战者身份。根据公司的实际情况,我们采用了填补策略,即将市场定位于低价格、高性能的教育机器人及教学软件。低价格是由于原材料及其他成本控制能力强,高性能表明 RoBits 创客教育机器人及 RoBlock 教学软件具备优异的性能,同时也表明公司的创客教育机器人比其他竞争对手更具优势。通过此定位分析,可以明确公司在目标客户心目中的形象。

- 目标市场容量。根据 2014 年的统计数据,全国共有小学 34 万所,中学 6 万余所,全国中小学总数约 40 万所,除偏远地区、特型学校、临时小学等,共计超过 38 万所中小学,以平均 30 万元的实验室建设费用,整个创客教育的一期建设市场容量就已经超过了 1 140 亿元,是一个非常巨大的市场。创客教育产品在小学市场中的输出形式见图 8-13。

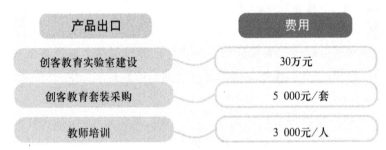

图 8-13 创客教育产品在小学市场中的输出形式

(2)市场发展战略

- 初期(1—3 年):深耕北京、天津市场。

第一,搭建自己的销售网络和营销渠道,公司现已通过政府采购招标、企业直销的方式进行了产品营销,与北京市教委、天津市教委签订了意向书。

第二,利用广告、传媒、展会等方式宣传公司,使得业界认可公司。

第三,致力于研发创新性新产品,弥补已有教育机器人设备的不足,提高公司产品的竞争力。

- 中期(3—5 年):拓展销售网络,向杭州、唐山等二三线城市扩展。

第一,产品不断更新升级,开发功能更完备、款式型号更丰富的产品,以满足更多的用户需求。

第二,将市场横向拓展到国内更多城市,纵向从通过政府招标采购教育机器人、直销编程软件拓展至提供创客实验室、提供微课程等更多的服务,即在营销产品的基础上提供更多的服务。

第三,完善已有的销售渠道,逐步扩展增加适宜的销售渠道。

第四,进一步宣传,维持并提升品牌形象。

- 长期(5—10年):建立全国销售网络体系。

第一,顺应市场需求,产品多元化、创新化、高性能化。

第二,校企共建,提供一站式的创客实验室解决方案以及长期的伴随式服务。

第三,拓宽销售渠道,健全销售网络,维护电商平台。

第四,拓展海外市场,增加市场份额。

第五,加大宣传力度,维护品牌形象。

(3) 竞争分析

在市场竞争方面,公司充分考虑了现有市场的各种情况,对其进行了宏观环境分析、行业竞争态势分析和企业内外部综合情况分析。

其中,宏观环境运用PEST模型进行分析,"P"代表政治、"E"代表经济、"S"代表社会、"T"代表技术。行业竞争态势运用波特五力模型进行分析,五个因素分别为:同行业内现有竞争者的竞争能力、潜在竞争者进入的能力、替代品的威胁、供应商讨价还价的能力、购买者讨价还价的能力。公司内外部综合情况运用SWOT及矩阵进行分析,"S"代表企业优势、"W"代表企业劣势、"O"代表机会、"T"代表威胁,矩阵分析分为SO组合、WO组合、ST组合、WT组合(见图8-14)。

图8-14 竞争分析

- PEST模型分析。具体如下(见图8-15):

第一,政治。2014年8月18日,习近平总书记指出:"加快实施创新驱动发展战略,推动以科技创新为核心的全面创新。实施创新驱动发展战略,创新驱动实质上是人才驱动。"2015年1月28日,国务院总理李克强在国务院常务会议上提出:"支持举办创业训练营、创业创新大赛等活动,培养创客文化,让创业创新蔚然成风。"2015年3月5日,李克强中国从2014年以来,健全创新创业教育课程体系,创新人才培养机制,改革教学方法和考核机制,强化实践,培养壮大大学生创客队伍。

 近两年,"创客经济"的成长速度非常快。国内几家创客实体经济的规模在2012年翻了一番,党的十八届五中全会以来,国家加快了对科技产业的扶持力度。在中国经济快速稳定发展的情况下,公司发展有着良好的经济环境支撑。

 最早提出创客教育概念的温州中学的谢作如老师和北京景山学校的吴俊杰老师,一直在大力推动和宣传创客教育的发展。

 随着创客教育的普及,国家对中小学创客教育越发重视,导致对智能化创客教育相关产品的要求越来越高。

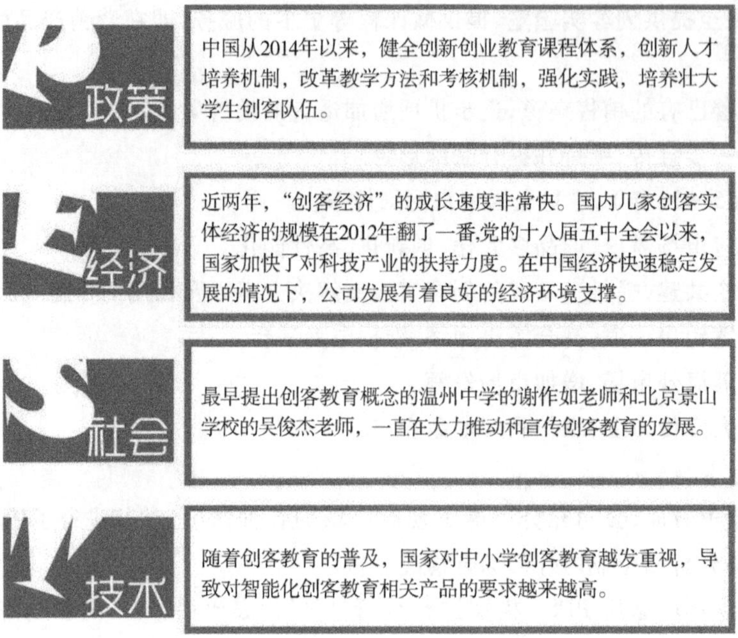

图 8-15　PEST 模型分析

总理在2015年政府工作汇报中指出,创客充分展示了大众创业、万众创新的活力,这种活力和创造将会成为中国经济未来增长的不熄引擎。2015年5月5日,教育部召开党组会,传达学习李克强总理在五四青年节给清华大学学生创客的重要回信精神,研究部署贯彻落实工作,强调要健全创新创业教育课程体系,创新人才培养机制,改革教学方法和考核机制,强化实践,培养壮大大学生创客队伍。国家对创客的鼓励与重视,保障了公司发展能够处于友善的市场大环境。

第二,经济。近两年,"创客经济"的成长速度非常快。国内几家创客实体经济的规模在2012年翻了一番,2013年产值过亿元;2013年,南方创客从海外筹资达1 000万美元。如果把一些私人设计工作室、个体套件商、小型发明创业团队的活动划入创客的范畴,则可以得到超过200%的年增长率,2013年的经济规模估计在10亿元数量级。虽然总量不大,但引起的舆论关注却超过了任何的传统经济活动。2015年,国内生产总值达68.91万亿元,增长6.9%,党的十八届五中全会以来,国家加快了对科技产业的扶持力度。在中国经济快速稳定发展的情况下,公司发展有着良好的经济环境支撑。

第三,社会。最早提出创客教育概念的温州中学的谢作如老师和北京景山学校的吴俊杰老师,一直在大力推动和宣传创客教育的发展。现在许多地方正在筹建适合中小学的创客教室,制定适合中小学生不同阶段学习的创客课程。社会上已经存在的创客教育产品专注中小学教育领域的较少,而公司产品最契合中小学校园,产品模式最先进。全民创客成为未来的发展趋势,为公司的发展提供了保障。

第四,技术。"十三五"规划中提到,要发挥科技创新在全面创新中的引领作用,加强基础研究,强化原始创新、集成创新和引进消化吸收再创新。国家一如既往地重视科技创新,鼓励企业开展基础性前沿性创新研究,重视颠覆性技术创新。随着创客教育的普及,国家对中小学创客教育越发重视,导致对智能化创客教育相关产品的要求越来越高,创客教育机器人及编程软件作为培养中小学生创客思维的工具,能够加速教育领域的科技创新,公司的发展完全契合国家技术创新大环境的要求。

- 波特五力模型分析。具体如下(见图8-16):

图8-16　波特五力模型分析

第一,现有竞争者。在中国,目前约有5 000家企业从事教育机器人的生产制造,其中,从事创客教育的约有3 000家,它们当前的目标市场主要定位于学龄前儿童、大学生、比赛举办方等教育机器人设备的需求者,若其改变市场定位,争夺中小学市场,则可能对公司的产品造成威胁。但是目前中国的教育机器人生产企业大多技术力量薄弱,自主研发能力差,多靠引进国外技术图纸或与国外企业合作,制造水平基本上跟踪国外先进技术。独立自主的研发创新技术的缺乏使得这些企业的持续创新能力较差,其后续发展可能受到严重限制。而这些企业若想进入公司定位的市场,则必须研发适用于这些客户的新型产品,但难度很大。此外,目前市场上的产品还存在一些问题,而公司的产品在研发时充分考虑了这些问题,并可以根据客户的特点有针对性地设计最适用类型的教育机器人及教学软件,具有较强的竞争优势,主要表现在:

公司拥有强大的技术研发团队,所售产品均为自主研发,教育机器人产品性能融合了乐高的积木式拼接方式,搭载Arduino单片机作为机器人编程模块的主控板,可以调用Arduino的所有底层程序和外设,实现复杂的功能;同时利用电子积木磁力电路连接的方式,完成了电子电路的拼装功能。而教学软件则二次开发了图形化编程软件Scratch,学生可以通过这款软件拖拽式地进行程序的学习和开发,利用这款软件编程学习制作小动画、游戏甚至是其他应用型软件。且公司不局限于已有产品的开发,公司在发展过程中,不断地研发新产品,始终走在创客教育行业发展的前沿。公司在发展初期,已经与北京市教委、天津市教委签订了意向书,订单数量较大,资金回报率较高,利于公司的资金运转及新产品研发资金的注入。

公司的教育机器人及教学软件价格较同类产品低,具有价格优势。同时,公司产品的智能化程度较高,并会针对客户提供免费的培训,学生仅需简单的操作即可运行设备,便于教育机器人的普及。

第二,供应商。公司自主采购原材料制造教育机器人设备,原材料供应商具有一定的议价空间。但是上游能够提供原材料的企业较多,并且公司都是大批采购,因此,供应商方面很难形成强有力的竞争优势。

第三,替代品。未来可能会出现替产品,对公司产生一定的威胁。但是,教育机器人设备对技术和资金的要求较高,具有高技术和资金壁垒。并且公司也在不断地研发新技术,始终走在行业的前沿,能够以始终领先的技术优势和成本优势来保持对潜在替代品的竞争优势。

第四,购买者。公司产品的替代品较少,这就导致顾客的选择空间较小,并且公司产品的需求量大,这就决定了顾客对产品的总需求量,从而顾客讨价还价的能力较弱,所以公司相较于顾客而言有较大的竞争优势。

第五,潜在竞争者。随着教育机器人的发展,其他企业或个人可能也想涉足这一领域,但是由于公司具有技术优势和成本优势,且已在较短时间内占领了市场,形成了自己的竞争优势,因此潜在竞争者的威胁并不是很大。

- SWOT 及矩阵分析。具体如下(见图 8-17、图 8-18):

优势(S)	劣势(W)
价格优势,技术领先,管理完善,服务周到	刚刚进入市场,品牌知名度较低
机会(O)	威胁(T)
国家的政策支持,市场需求量巨大	市场同类产品多,竞争激烈,本土产品信任度低

图 8-17 SWOT 分析

第一,优势。①价格优势:原材料及其他成本控制能力强;②技术领先:拥有独立自主知识产权,包括 2 项发明、3 项实用新型、3 项外观设计共 8 项专利;③管理完善:创业团队涉及各个领域,互补不足,团队凝聚力强,目标坚定,分工明确;④服务周到:对客户细心周到的全方位一体化服务,提供教育机器人的同时,也为其提供使用培训,兼顾服务的发展。

第二,劣势。刚刚进入市场,品牌知名度较低。

第三,机会。①国家的政策支持,国家通过一系列政策支持创客教育的发展,例如高新技术企业所得税的免税政策;②国内教育机器人市场需求量巨大,具有广阔的市场前景;③教育机器人、提供教育培训服务已经成为未来发展趋势。

第四,威胁。市场同类产品的竞争,目前市面上的教育机器人品种多样,我们的创客教育机器人虽然在性能上具有优势,但是在知名度上的优势并不明显。显然,要在市场上获得较高的认可度,继续提高性价比打响知名度是我们需要主要考虑的内容。

中小学对本土研制的教育机器人性能和优势的不了解或不信任,有可能会导致其选择国外的但效果却不如我们好、技术不如我们先进的产品。

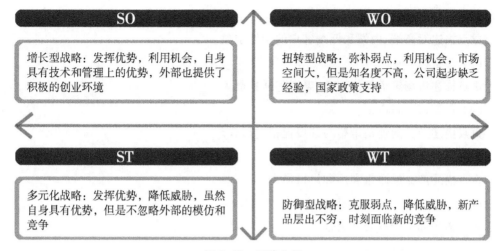

图8-18 矩阵分析

对于每一种外部环境与内部条件的组合,通过分析,公司将采取以下相应的应对措施:

第一,优势-机会(SO组合):公司将利用价格优势,打开市场,并且利用国家的政策支持,发展技术,不断更新完善产品,保持技术领先,满足市场上对教育机器人的需求,限制其他企业的模仿。

第二,劣势-机会(WO组合):公司已鉴别出外部环境提供的发展机会,同时公司本身又存在因为初入市场、经验不足、缺乏品牌效应等弱点。因此,公司将采用针对性较强的宣传手段,不断加强广告宣传和媒体宣传力度,利用口碑宣传提高公司的形象,并且加强与政府的合作,利用政策倾向,提高公司的公信力。

第三,优势-威胁(ST组合):公司将充分利用技术自主产权优势,进行科技研发,引进国内外先进技术和相关科研人才,致力于产品的改进和创新,同时利用公司自身的竞争优势,积极参与市场竞争。

第四,劣势-威胁(WT组合):公司将尽量避免这种状态,然而一旦处于这种状态,公司将选择缩减生产规模,以期能够克服弱点,或使威胁随着时间的推移而消失,尽量做到更加有效地规划公司的资金分配,加快公司的发展,应对市场竞争压力。

3. 实战案例评析

公司的市场定位描述得较为清晰,通过PEST、SWOT和波特五力分析模型三个管理分析工具较为详细地分析了竞争态势,如果再补充介绍竞品分析就更加完整了。

任务5 营销战略

1. 任务描述

(1) 产品(Production)

重点描述产品的功能、用途、性能、质量、设计、材料、安全性、节能性、环保性、便利性、操作性等。

(2) 价格(Price)

重点描述对高端、中端和低端客户的价格定位。

(3) 渠道(Place)

重点描述市场渠道如何建立，渠道怎样拓展。

(4) 促销(Promotion)

重点描述产品的促销策略与开展促销的形式。

(5) 政治权力(Political Power)

重点描述产品的政策利用和风口借力。

(6) 公共关系(Public Relation)

重点描述如何开展公共关系。

2. 营销战略实战案例

公司根据大市场营销理论中(Megamarketmey)的6Ps营销策略来制订市场营销计划，即制定产品、价格、渠道、促销策略，政治权力与公共关系营销策略(见图8-19)。

图8-19　营销组合

(1) 产品

● 产品。根据市场需求，公司研发设计了RoBits创客教育机器人产品及RoBlock编程软件。公司专注研发中小学创客教育产品，研发的产品专门适配于中小学创客普教，课程与中小学课程完全契合，避免了课程时间、难度、兼容性与学校教学时间、难度等方面不符的情况。同时，公司从最基本的电子电路来学习，到编程、机器人的综合应用，再到无人机(见图8-20)和3D打印的学习，循序渐进，科学合理，从多个角度刺激学生的创客思维。而RoBlock图形化编程软件使得学生可以通过这款软件拖拽式地进行程序的学习和开发，利用这款软件编程学习制作小动画、游戏甚至是其他应用型软件。公司将根据中小学校的要求和中小学生使用者的实际情况制定合适的设计方案，并提供最恰当的产品。

● 包装。公司设计的创客教育机器人不仅实用，也相当美观，提高了创客教育机器人的观赏性，增强了对中小学生使用者的吸引力，使得使用效果更好。

图 8-20 无人机

● 服务。公司将对客户进行档案跟踪和管理,定期询问客户情况,与客户保持良好的合作关系,同时注重对反馈信息的总结和分析。市场竞争中,以客户为中心的服务战略的实施和建立强大的销售网络具有同样重要的地位。公司现已制定了比较完善的售前、售中和售后服务体系,以对客户进行全面的服务与管理(见图 8-21)。

图 8-21 服务

售前服务:采用宣传、交流等手段,通过营销部和公关部的协作努力,为客户提供详细的产品咨询,使现实和潜在的客户对公司产品的特性和使用范围等有深入的了解。

售中服务:实地考察,为客户提供具体的产品使用指导方案,对购买公司教育机器人的学校进行培训,并进行安全调试,确保设备的正常运行。

售后服务:主要包括对产品的保养和检修以及对客户的培训两个方面。同时,建有信息交流反馈渠道,做好产品质量、服务的反馈信息处理,根据客户的需求不断地改进公司的产品。

公司具有完善的售后服务体系、专业的维修队伍、迅速响应的机制以及优质贴心的服务过程,具体的售后服务体系如下:

第一,售后服务系统:北京总部设有售后服务中心和备品配件中心库,并准备在天津建立售后服务站,未来的售后服务网络将基本覆盖全国大部分区域用户。公司的产品销售到哪里,售后服务网络就会随之延伸到哪里。

第二,在线服务系统:公司在线服务中心设服务热线,全天 24 小时应召服务,以保证客户、售后服务中心、维修人员和在用设备之间的信息渠道畅通高效。

第三，售后服务保障系统：公司具有经过技术和服务意识全面培训的专业维修队伍；全天24小时全年无休的快速反应机制；保养—维修—技术支持层层递进的服务体系；配件充足且质量可靠的备品配件中心；规范的设备保养程序、标准和ISO9001-2008质量管理体系过程控制能力。

第四，维修计划系统：教育机器人进入质保期或用户签订合同后，售后服务中心立会立即建立设备档案，3年之内的维修保养计划包括日常保养计划和配件储备计划。维修人员将每季度严格按时、按计划、按标准地对用户设备进行预防保养维护，并对故障迅速反应，以保证用户所使用的设备处于安全运行状态。

第五，售后服务监控系统：包括保留产品维修记录，跟踪用户反馈，统计故障率并进行分析，识别常发故障类型以提高服务质量。

• 品牌战略。良好的品牌是公司长远发展的软实力。初期，公司已在国内中小学市场打开了缺口，赢得了自己的一席之地。长期来看，公司将致力于推动国内教育机器人及教学装备行业的发展，并在国内、国际市场中稳健地、快速地腾飞，最终成为知名的民族品牌。因此，公司将充分重视品牌的建立与维持。现阶段，公司的品牌策略主要是品牌定位，中长期将注重品牌的维护与传播。

公司主要从事教育机器人及教学软件的研发与销售。公司主要采用"迎头定位"策略与"领先品牌"策略相结合的方式，品牌定位为"高品质、高性能、高满意度"。高品质为售前售后提供全方位咨询、使用培训、维护等服务，并保证产品质量，提升产品性价比，提高公司的品牌形象，为用户提供高品质的服务；高性能为公司产品将不断创新完善，弥补现有产品的不足，为用户提供功能更全面、使用更方便的高性能产品；高满意度为通过产品开发策略和营销策略使用户获得更高的满意度。公司将严格按照品牌定位策略经营，以获取较高行业地位和市场影响力，实现公司战略目标。

在品牌定位的基础上，公司品牌的建立与宣传主要通过以下途径：

第一，专业媒体宣传：通过专业媒体，如新闻、广播等，对公司教育机器人设备研发成果进行报道，树立公司良好的形象；

第二，公益广告、公益活动：通过公益广告的拍摄，呼吁社会关注中小学生素质教育实践问题，宣传公司形象；

第三，展会、学术会议：通过举办展会和学术会议，适时发布公司教学装备研发的新成果，在业界进行宣传和交流；

第四，赞助创客教育相关比赛，也可与各大高校社团合作，共同举办活动提高知名度；

第五，采用"主副品牌"：以涵盖企业全部产品或若干产品的品牌"格润大树"为主品牌，同时，给各个产品设计不同的副品牌，用副品牌来突出不同的产品，如教育机器人为RoBits，教学软件为RoBlock。

（2）价格

公司的目标是建立教育机器人的领先品牌地位，提高市场占有率。公司价格的调整具有弹性。

第一阶段，公司在细分成本的基础之上，结合市场上竞争对手的价格，并考虑到公司的利润,将教育机器人产品的平均单价定为 3 000 元,图形化编程软件的平均单价定为 10 000元。

第二阶段,公司展开长时间的市场调研,根据竞争对手的情况、用户反馈和市场需求,以及原材料价格变动等因素再次调整产品的价格。

随着公司的发展,将结合公司的经营目标和可持续发展的需要,确定公司产品的价格。经过长时间的发展,人们可能会对教育机器人更加了解,这时,随着公司品牌的形成,我们可能会提高产品价格。

(3) 渠道

公司目前采取的是直销为主的销售策略,中后期将以代理商代理为主,并增设分支机构,建立电商平台,不断拓宽销售渠道。

● 直销。直销的形式会使产品价格更低,公司主营的是教育机器人及教学软件,若采用代理销售等方式,必然会增加运费、仓储费用、损耗等,因此,在公司建立的初期,要以性价比高的产品迅速占领市场,直销应是初期最好的销售方式。因此,初期,对于重点的区域与市场,公司将采取销售人员与客户点对点式的直接销售方式,并参与市教委教学机器人的采购招标。采用直销的方式可以准确地把握供求关系,节省中间环节的费用,建立更为长久的合作关系。

公司拟采用如下具体的直销方式:

第一,展示体验销售。为了更好地展示公司的产品,公司将在北京总部设立一个展示区,主要用于公司教育机器人的展示与销售以及教学软件的使用与展示,客户可直接上门体验产品并订货。

第二,销售人员一对一推销。公司专业的销售人员上门与中小学学校洽谈销售。

第三,电话直销。公司雇用兼职电话销售人员,首先对电话销售人员进行培训,再由销售人员联系各中小学等,雇用兼职人员,节约人力成本。

第四,网上直销。公司将建立自己的网站并设置网上客服,进行网上直销,该方式可以拓宽销售渠道,有效地降低销售成本。

● 代理销售。随着初期直销的进行,公司已有一部分客户,但若要继续扩展市场,实现市场占有率的攀升,未来还要进行代理销售,代理销售能够借助代理商的力量迅速扩大市场份额。

公司将建立一套有吸引力的代理合作机制,以吸引有实力、有丰富经验且信誉良好的当地代理商来共同开发市场:

第一,代理商有销售底薪,即每月 2 000 元,即使卖不出产品,也可获得底薪,但前提是代理商确有代理事实;

第二,代理商每销售一台教育机器人装备或编程软件,可从利润中提取 10% 的提成作为代理费用;

第三,每年年底,对于销售额排名前十的代理商颁奖并给予一定的奖金。

同时,公司将设立代理商负责人,负责对代理商的销售进行培训,并监控代理商的运营,以防代理商错误代理有损公司声誉,并便于实时监控,解决临时出现的问题。

●营销渠道扩展。公司中后期拟在关键客户所在地区设立分支机构,以便能够及时地与客户进行沟通,了解客户的需求,并研制、生产出客户满意的产品,以获得更长期、更大范围的供货合同和意向书。

同时,公司将逐步进入电子商务模式,在淘宝、京东、亚马逊等各大电商平台销售产品,以拓宽销售渠道。

(4) 促销

公司将根据公司的经营理念、品牌形象和产品优势采取以下促销战略:

●销售人员促销策略。公司设立专门的销售部门及优秀的销售团队,通过培训有经验且受过良好训练的销售人员,在前期调查的基础上,以销售专员直接对意向客户进行拜访,销售产品,以满足客户的需求。并定期把每位客户的资料进行整理,以用作原始资料和市场调查。同时,为增加公司的销售业绩,公司将拟定合理的竞争及奖励制度,由公司的销售人员与客户及代理商进行推销洽谈。具体的公司优惠措施如下:

第一,每个月前 20 名客户可以享受 9 折优惠;

第二,凡购买教育机器人或教学软件的客户,均可获赠相关教材一本;

第三,与培训机构合作,购买培训机构素质实践课程赠送价值 200 元的机器人或编程软件通用代金券。

●媒体广告及学术交流促销策略。具体如下:

第一,广告。公司产品以展示性宣传为主,在电视、网络等直观媒体以及公交站、各中小学广告牌上进行产品展示性宣传,由于公司在初期主要针对中小学,因此初期主要以中小学附近的广告牌宣传为主,其他宣传为辅。具体广告投放策略如下:

公司营业后的第一季度投入预期利润额的 4% 左右来进行广告宣传,主要针对中小学附近小区中的 LED 屏幕,素质教育培训机构周边,以及销量最好的报纸来进行产品的宣传;

第二季度加大广告的投入,投入预期利润额的 6% 左右在电视、广播等受众人群较多的媒体上进行宣传;

第三季度可以适当减少广告的投入,因为广告效应是有延续效果的,此阶段主要是为了加深消费者的印象;

第四季度维持较少的广告投入,继续保证公司的基本宣传。

第二,学术交流会。展览会、新产品推介会、订货会和技术交流会是一个各公司公平竞争的平台,公司将参加行业内的各种展览会、新产品推介会、订货会和技术交流会,以实现以下目标:①展示产品,提高产品的知名度,树立公司形象;②开发新市场,寻找新客户;③了解市场动向,收集客户、竞争对手信息。

●公司官网促销策略。在公司官方网站上开设订购板块,以便于客户查找公司及产品信息;为客户提供网上咨询服务,提供促销与优惠信息,例如每月推出五款特价教育机器人,让客户通过秒杀获得;进行网上直销,扩大公司在线上的影响力及公信力。

(5) 政治力量

2015 年 9 月 2 日,"教育部十三五规划纲要"中首提"探索创客教育等新教育模式";

2015年11月19日,刘延东副总理在"第二次全国教育信息化工作电视电话会议"中再提"创客教育提升学生信息素养和创新能力";2015年12月11日,中央电化教育馆在"第十七届全国中小学电脑制作活动"中新增"创客项目";2016年3月3日,教育部教育装备研究与发展中心根据教育部工作部署制定了2016年工作要点,把创客教育和"STEAM课程"作为加强创新创造教育研究的中心工作。《教育部教育装备研究与发展中心2016年工作要点》强调:"促进均衡配置义务教育学校装备资源。推进学校教育装备标准化建设。研究推动普通教室、科学实验室、体音美教学场地、校园环境教育装备信息化建设。加快推进美育设施标准化建设。制定音乐、美术教室建设相关标准。配合普通高中课程改革和课程标准修订工作,修订高中理科教育装备配备标准,开展高中学科专用教室、实验室及跨学科综合实验室的建设、配备、管理、应用研究。开展理科教师实验教学理论、方法、实践和教育装备管理等培训。配合中考、高考招生制度改革,开展实验教学评价研究;开展中小学生综合素养测评方案研究,探索开展中小学生综合素养测试。不断完善以实验、动手实践能力为导向的综合素质评价制度,促进逐步建立基于学业水平考试成绩、结合综合素质评价情况的招生录取机制。开展研学旅行实践研究及中小学社会实践基地使用与管理研究,配合做好《示范性综合实验基地实践活动指南》宣贯、落实相关工作。深入开展中小学心理健康教育装备研究。深化职教、高教及学校后勤教育装备研究。"

在国际国内市场竞争都日趋激烈,政府采取各种形式干预的新形势下,要运用政治力量为公司的市场营销开辟道路。政府规划对教育机器人及教学软件的设定有着重要作用。未来我们可以和政府规划部门合作,根据中小学素质实践教育的需要,在学校推广公司的教育机器人,这样既可以满足学生对教育机器人的需求,又可以起到很好的宣传作用。

(6) 公共关系

- 与客户的关系营销。采用客户满意策略,通过提供满意的产品和服务,提高客户满意度。另外,通过建立战略联盟,将公司与客户紧密地联系起来,形成共同的愿景,实现双赢。针对新客户,公司会进行大量的广告宣传和促销活动,吸引潜在客户来初次购买产品;并对新客户采取适当的促销策略,如享受9折优惠;列出潜在客户的名单,半个月与他们联系一次等。针对老客户,由于已经购买过公司的产品,经公司加以维护可以使其继续购买其他产品,公司会适时派出相应人员进行走访,了解他们的需求;邀请他们参加公司的文化体育活动;向他们寄节日贺卡;邀请他们参加研讨会等。

- 与竞争对手的关系营销。通过与竞争对手建立竞合关系,如与竞争对手建立技术开发联盟、合作生产营销联盟、价格联盟等,使市场环境相对和谐,不产生恶性竞争,共同生存,共同发展,实现共赢。具体的方案有:

第一,行业会议,定期举办行业会议,以了解最新的行业状况;

第二,联谊会,邀请竞争对手参加联谊会,以增进相互之间的关系;

第三,联合活动,有时企业之间需要采取一些短暂的联合行动,比如联合技术攻关、联合推出新产品等。

- 与公司内部员工的关系营销。通过为员工提供培训机会、提高员工的奖金额度和对员工充分信任等人本管理做法维系员工忠诚;及时向员工传达公司的方针、政策、计划和措施,让员工充分感知公司;另外,对员工的失误适当理解。具体的方案有:

第一,联谊会,目的是增强公司成员之间的友谊,建立良好的人际关系;

第二,期刊交流,利用内部报纸、杂志、小册子、简报、通讯等方式交流思想,共同进步;

第三,公司成员之间的个人联系,比如体育比赛和旅游活动等;

第四,培训,定期对公司的员工进行培训,以适应不断变化的需求;

第五,奖励措施,对于全勤的员工给予每月200元的奖励,对于业绩前三名的员工给予每月500元的奖励。

● 与社会的关系营销。通过积极投身社会活动,提升公司的社会责任感、形象和社会影响力,具体措施如下:

第一,参加公益活动,向灾区或者希望工程捐款,让公众知道我们是有社会责任感的公司,进而提升公司的形象;

第二,承办一些比赛和举办训练营,在现已举办的"RoBits首届国际中学生智能智造大赛"的基础上,继续承办各区中小学生创客、机器人大赛,强化校企合作共建,扩大品牌的影响力;

第三,向媒体发表声明,感谢媒体的监督,我们会不断地提升产品的质量和性能;

第四,与公关公司合作,多方位、多角度地挖掘公司有价值的新闻点,如教育机器人的推广更有利于增强中小学生更丰富、更多元的教学训练,提高其动手实践能力等。

3. 营销战略实战案例评析

公司根据大市场营销(Megamarketing)理论中的6Ps营销策略制订市场营销计划,即制定产品、价格、渠道、促销策略,政治权力与公共关系营销策略。公司以6Ps理论为指导,比较全面地制定了营销策略,与4Ps营销策略相比,可以进一步提升公司的市场拓展能力,增强市场的竞争力。

◈ 任务6 运营与管理

1. 任务描述

(1) 公司运营

重点描述公司组织结构是如何建立的,公司制度的建设都有哪些。

(2) 公司管理

重点描述公司的研发管理、产品管理、渠道管理、客户关系管理、财务资金管理、制度管理和绩效管理。

2. 运营与管理实战案例

(1) 公司运营

● 组织结构。公司现为创立初期,总体规模较小,业务较单一,缺乏经验,因此采用的是直线职能型组织形式(结构)(见图8-22):让具有专业知识的人员主管相应部门,领导关系明确,责任明晰,决策迅速,统一指挥,既可以充分发挥创业成员的特长,享受专业分工的效率,又能够充分调动创业成员的积极性、主动性,从而提高团队的凝聚力和向心力。

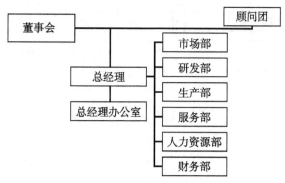

图 8-22 直线职能型组织结构

职能部门分为市场部、研发部、生产部、服务部、人力资源部、财务部。具体部门职责见表 8-3。

表 8-3 职能部门职责

部门名称	部门职责
市场部	负责市场调研、策划以及营销,宣传公司产品,打造公司品牌,开拓市场,销售产品。
研发部	负责公司新产品研发以及对现有产品的改进和升级,针对客户最新需求和行业最新技术动向,组织产品技术改造及新产品开发。
生产部	密切配合市场部,负责外包产品的生产监督、质量检测以及产品配送,制定生产目标及生产计划。
服务部	负责产品的咨询及售后服务,以公司产品为客户提供服务。
人力资源部	负责及协调公司内部管理、人力资源管理及员工培训,落实员工考评和激励制度,营造公司文化。
财务部	负责财务管理和经营核算,并制订当期财务计划,依照规定和决策安排预算方案,定期向总经理递交财务报告。

未来随着公司的不断壮大,为中小学提供创客实验室、比赛等相关项目的机会将越来越多,公司将逐渐由直线职能型组织形式转变为矩阵型组织形式。矩阵型组织形式是在直线职能型组织形式垂直形态的基础上,再增加一种横向的领导系统(见图 8-23)。矩阵组织也可以被称为非长期固定性组织。矩阵组织是综合利用各种标准的一个范例。这是一种横纵两套系统交叉形成的复合结构组织。纵向是职能系统,横向是为完成某项专门任务而组成的项目系统。项目系统没有固定的工作人员,而是随着任务的进度,根据工作的需要,从各职能部门抽人参加,这些人员完成了与自己有关的工作后,仍回到原来的职能部门。矩阵型组织形式可以根据未来项目的要求,在各职能部门抽调人员组成项目经理部,该项目经理部包括项目所需要的各类专业人员。当项目完成后,各类人员另派工作,此项目经理即不复存在。

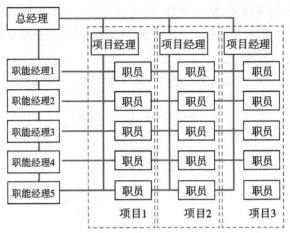

图 3-23 矩阵型组织结构

- 工作制度。具体如下：

第一，工作时间：①公司上班时间为周一至周五的 8：30—17：30，每日中午 12：00—13：00 为午餐和休息时间。②凡属国家规定的节假日和公休日，均按有关规定执行。③午休时间办公室须安排人员轮流值班。

第二，考勤制度：①各部门要指定专人负责考勤，并将考核结果交至办公室备案。②考勤员负责逐日如实记录本部门员工的出、缺勤，并于月底将考勤表（各种假条附后）交由部门经理审核签字后，于每月 2 日前报办公室，员工工资按实际出勤天数发放。③考勤记录是公司对员工考核及工资发放的重要依据，任何人不得弄虚作假，办公室有权对各个部门的考勤情况进行检查、核对。④员工要严格遵守劳动制度，不得无故迟到、早退、缺勤。⑤员工要严格遵守劳动纪律，在工作时间不得做与工作无关的事情，不得随意串岗、聊天等。如有违反，即作违纪处理。

第三，请销假制度：①员工请事假、病假及其他各类假，都必须事先请假，事后销假。具体要求按《关于员工各种假期的管理规定》执行。②员工因公司业务需要外出工作，要由部门经理进行统一安排，部门经理外出工作，应及时通报主管领导。

第四，着装、礼仪、礼节规定：①员工在工作时不得着运动装、牛仔装、紧身裤等休闲服装（工作服除外），应保持服装整洁、举止端庄、精神饱满。②员工之间应互相尊重、互相帮助，要用自身言行树立公司形象。③员工在接待来电、来访时要用礼貌用语，不得在办公场所大声喧哗、吵闹或使用不文明语言。

第五，环境卫生、安全保卫制度：①各部门应负责各自办公室的清洁卫生。所有的文件、资料、报纸都要摆放整齐。桌面、地面等要保持时刻清洁，员工在每日工作结束时应将个人桌面清理干净。②公司将设专人负责办公地点的安全、保卫、消防工作，定期检查，及时消除安全隐患。同时，每一位员工对公司的安全、保卫、消防中存在的问题有及时汇报、协助处理的义务。

第六，各种办公设备的使用制度：①电脑、复印机、传真机、长途电话、车辆等均由公司指定专人负责保管、维护。②因工作需要而使用电脑、传真机、打印机、复印机、电话等的，必须征得部门经理同意,由办公室对其使用情况进行登记,并安排专人管理。③公司车辆由办公室统一管理调度。各部门经理因公外出,原则上应该派车,在公司车辆调派不出的情况下,部门经理外出可乘坐出租车。员工有急事因公外出用车,要填写"用车申请单",经部门经理签字后由办公室安排,在公司车辆调派不出,而办事地点超过三公里以上或者一公里以内没有公交车辆的情况下,部门经理可以批准员工乘坐出租车,并凭"用车申请单"和出租车发票报销。④公司内任何个人不得因私使用各种办公设备,若因特殊情况需要使用者,须经办公室主任同意,并填写使用单,费用自理。

第七,严守公司业务机密制度:与员工签订保密协议,各级员工不得向外人泄露公司的经营策略、财务收支、经营成果、领导资料、员工经济收入及其他有关商业秘密和内部情况。各部门经理要经常对员工进行职业道德教育,做到不该问的不问,不该讲的不讲。如有违者,公司有权追究责任。

• 绩效评估。公司性质决定了我们的经营业绩是由市场性、盈利性、社会经济活动性等因素的业绩综合而成的。为此,从整体效益考虑,我们建立了一套量化指标,来对公司经营过程的结果进行全面、系统的分析与考核。

根据公司的愿景和目标,我们准确地定位了关键业绩指标(KPI)体系建立的目标,以确保公司所有的绩效评估标准都与公司的目标相一致。公司的目标具体表现在财务、战略、组织、公司价值四个方面。

财务目标主要量化业务单元的财务业绩;战略目标主要量化业务可持续的获利能力,如重点客户细分、客户满意度等;组织目标致力于建立一个能够吸引、保留和激励人才的强大组织,如人才保留、技能培养、风险控制体系等;公司价值目标主要量化公司区别于同行业者的显著特点,如公司理念、产品特色、专业化和职业化操守等。

根据公司战略目标,层层分解公司目标,并将之与公司愿景相结合,建立属于整个公司的"价值场",最后设立合理的、富有挑战性的KPI目标,并为其赋予相应的业绩分值。

公司的KPI目标由基本目标和挑战目标共同构成。基本目标体现为顺利完成对岗位所期望的工作水平,考虑可达到性与合理性,是根据公司预算和经营计划而制定的;挑战目标则体现为对完成业绩的最高期望值,因考虑到其具有挑战性,所以该目标是参照业绩并围绕基本目标的变化而制定的弹性目标,虽为弹性目标,但也应高出公司预算和经营计划目标。公司KPI目标确立的步骤具体如下:

第一,划分责任中心。KPI目标的确立是依据不同的责任中心来确定不同的指标体系,因此责任中心的划分应以考核为主要目的,每一个责任中心按其划分的标准不同而具备相应的权利义务关系。公司的各个责任中心即公司下属的各个部门,应分清楚责任与权限:其一是各部门之间的责任与权限必须十分清楚,不能互相交叉;其二是各部门的责任与权限必须十分明确,不能含糊其词,模棱两可。

第二,确定KPI。根据公司的性质,公司的KPI主要为效益类指标、运营类指标和组织类指标。三个关键指标分别要求了公司价值实现与股东价值创造的能力,实现公司价值增长与确保战略及财务目标完成的能力,实现绿色工作环境与公司文化的人员管理和衡量推动企业价值观建立的能力。

第三，KPI目标的确立。根据以上三个确定KPI的重要因素，公司KPI目标的具体确定将用"价值树"示意图来呈现：每一个责任中心，都要建立一棵价值树，每个成员都要成为价值树的树枝。这棵树既不是一般的目标管理，也不是岗位责任制的简单图形化，而是公司深刻贯彻价值管理与价值创造的体现。

- 员工发展计划。具体如下：

第一，员工招聘条件。①诚实、守信，拥有对创客教育事业的热情。②工作认真，有较强的沟通能力，业务素质强。③具有吃苦耐劳、进取创新的精神。④拥有与公司职位相关背景，具有工作经验者优先录取。

第二，员工培训计划。对于目前的在职人员，公司在各部门设立培训小组，由部门总监领导，设计一套符合本部门性质的培训方案，定期对部门员工进行业务培训，并由部门总监对其进行考核，选出合格人才。公司各部门管理层将由总经理亲自进行定期考核，考核合格者留任原职。

员工是公司的财富，对于员工，公司将给予最大限度的支持和发展空间，并树立了"学习型组织"的核心价值观，加强对员工的培训，使公司形成积极向上的文化氛围。具体提供的培训为相应的入职培训和在职培训。

入职培训：公司在所有员工正式入岗前，会组织公司文化和岗位技能的培训，以使员工能够尽快适应工作要求。入职培训后，将员工分配到相应的工作岗位。

在职培训：公司将定期对员工进行专业技能、素质拓展、企业文化等方面的培训。为了让员工术业有专攻，能够精于一项技术，更好地发挥公司的技术优势，公司将根据员工的特点与特长来分别进行专项培训。

同时，公司将建立专项培训基金，用以员工的定期培训。

第三，员工发展计划。重视员工职业发展规划的人才培养体系是公司发展壮大的加速器，是公司具有持续竞争力的保障。只有重视员工个人的职业发展目标，才能够最大限度地发挥员工工作的创造性和积极性；与此同时，只有将员工的发展目标与公司的发展目标有机地结合成为一个整体，将公司的发展和完善的人才培养体系建设相结合，才能够有力地保障公司战略目标的实现。因此，要保持强有力的竞争地位，就必须坚持不懈地重视人才培养和储备，坚持不懈地促进员工与公司共同成长

以员工职业发展规划为主线进行人才培养：从员工角度来看，随着员工综合素质提高和自我价值实现的需求日益强烈，他们将更加重视职业发展问题，更加关注在公司的发展，同时，也会将更多的精力投注在自己的发展路径和发展空间上。因此，培训作为人才培养的重要方式，应该扮演两种角色：其一是传统意义上的，通过培训为公司造就合适的工作人选；其二是确保员工的长期兴趣受到公司的关注与重视，使他们能够争取发挥出自己的全部潜力。

只有将公司发展目标和员工发展目标相结合，协调一致，才能够发挥员工的最大潜力，激励他们快速成长，形成公司与员工共同成长的双赢关系。

不断深化人才培养方式与方法：人才培养将主要以公司讲师内部培训、外部专业机构企业内训、员工外派学习与考察三种方式为主，应适当结合内部岗位轮换、教练辅导、高校

合作、行动学习、员工个人自我学习激励等多种方式。

同时，在具体的培养方式中，针对普通员工的培训，更注重培训的互动性、实用性及连贯性，让其在接受培训的过程中，不断有亲自动手实践的机会，注重内容的理解和掌握；针对中高层管理人员的培训，则更注重培养方式的灵活性和挑战性，注重能力的提高。

利用信息技术打造电子培训：对于公司内部常规性的培训课程，为了让这些课件与学习资料重复利用、滚动学习，也为了更加充分地利用外部引进的学习资源，让全公司范围内更多的员工受益，电子培训是非常有效的解决途径。

另外，从很多公司人才培养的现状来看，存在"培训了不等于就掌握了"的现象，而"多次重复授课+必要辅导训练"的培训方式是解决这一问题较好的方法，电子培训也恰恰提供了良好的实践途径。

加强培训效果跟踪与评估：人才培养是公司一项重要的长期规划，不是短期行为，培养需要连续性，需要不断的巩固和强化，而且随着员工在工作中的逐渐成长，其会不断地有新技能和新知识需要去掌握，面对市场变化，公司也将不断地有新的培养需求，所以，在长期的人才培养过程中，如何衡量培训效果就显得非常重要。

培训效果的体现需要在工作的贯彻和执行中才能够表现出来，只有不断地推动在工作中的运用，督导在工作中的运用情况，评估对工作的促进效果，才能够保障培训的结果导向。但是，培训效果的跟踪与评估不能依靠人力资源部门的一己之力去完成，它需要公司在更高的高度上重视结果的形成过程，并要求各部门共同重视和推动，这样才能够真正使培训产生效果与效益。

（2）公司管理

● 知识产权管理。公司将对核心专利技术实行严格的保护措施。这项工作需要依靠有关法律的帮助。如版权法、商标法、商业机密保护法规等。同时，还需要有对有关商品制定的合同限制条款，以便保护公司的知识产权。

● 劳动报酬管理。具体如下：

第一，概述：公司高层核心管理人员持有公司股份，其工资由基本工资加上红利构成，中层及以下管理人员工资由基本工资加上提成和津贴构成。考虑到公司发展初期开销较大，经济效益有限，工资不宜过高。

第二，薪酬设计的原则：①遵守法律：在公司所涉足的领域报酬方案都服从法律的约束和规范。②公平：同工同酬，这是公平薪酬制度的首要条件。③保密与公开相结合：对公司内部分配等级、变化幅度、他人收入水平等加以保密。

第三，基本薪酬制度：①高级管理人员：总（副）经理：基本工资+股票分红+年终奖金+福利。②中层管理人员：各部总监，副总监：基本工资+股票分红+年终奖金+经济性福利+保险性福利。③市场部员工：基本工资+年终奖金+经济性福利+保险性福利。④财务部员工：基本工资+年终奖金+经济性福利+保险性福利。⑤人力资源部员工：基本工资+年终奖金+经济性福利+保险性福利。⑥后勤部员工：基本工资+年终奖金+经济性福利+保险性福利。⑦生产部员工：基本工资+年终奖金+经济性福利+保险性福利。⑧营销部员工：基本工资+年终奖金+经济性福利+保险性福利。

第四,福利方案与绩效:职工相关福利方案与绩效见表 8-4:

表 8-4 职工福利方案与绩效表

经济福利	超时加班费、交通福利、饮食福利、教育培训福利、医疗保健福利、有薪假日福利等
非经济性福利	工作环境保护、员工援助计划、保护性服务、养老金计划
保险性福利	安全与健康保险、家庭财产保险

3. 运营与管理实战案例评析

公司组织结构描述清晰,部门职责明确,但在公司内部制度管理方面还不够完善,需要针对创业公司管理弱的特点,重点围绕项目管理、渠道管理、客户管理、制度管理、资金管理、品牌管理、绩效管理等模块,制定相应的管理办法。

任务 7 财务状况与财务预测

1. 任务描述

(1) 财务状况

重点描述公司目前的财务状况。

(2) 财务预测

重点描述公司未来的财务预期指标。

2. 财务状况与财务预测实战案例

财务状况与财务预测分析具体见二维码。

3. 财务状况与财务预测实战案例评析

公司的财务分析比较完整,介绍了资产负债表、现金流量表和利润表情况。如果能够将主要财务指标单独摘列出来,如公司年项目总投入、项目总支出、项目总收入、项目总利润、项目总上缴税额、年利润增长率、年销售收入增长率,财务指标就看得更清晰了。公司已经获得天使投资 200 万元,最好能够将出让的股份是多少表述清楚。

任务 8 风险分析及规避

1. 任务描述

(1) 政策风险分析

重点描述存在哪些政策风险及应对措施。

(2) 市场风险分析

重点描述存在哪些市场风险及应对措施。

(3) 技术产品风险分析

重点描述存在哪些技术风险及应对措施。

(4) 管理风险分析

重点描述存在哪些管理风险及应对措施。

(5) 财务风险分析

重点描述存在哪些财务风险及应对措施。

(6) 风险总估

重点评估各种风险。

(7) 风险处理

重点提出风险应对措施和预案。

2. 风险分析及规避实战案例

风险分析及规避具体见二维码。

3. 风险分析及规避实战案例评析

项目的风控部分描述得比较全面，但是针对创客教育市场竞争十分激烈、竞品较多的现状，针对人才离开风险的分析还不够。如何留住关键和骨干人才，防控人才离开风险，需要制定风险防范预案和措施。

任务9 资本退出

1. 任务描述

(1) 国内创业板上市

重点描述公司上市计划与公司治理。

(2) 股权转让

重点描述项目融资与股权转让计划。

(3) 风险企业回购

重点描述风险企业回购形式。

(4) 风险投资清算

重点描述风险投资清算办法。

2. 资本退出实战案例

风险投资旨在促使高新技术成果尽快商品化、产业化，以取得高资本收益。退出阶段解决的是"收益如何实现"的问题。公司主要通过国内创业板上市（IPO）、股权转让、风险企业回购、风险投资清算四种方式退出所投资的创业企业，实现投资收益（见图8-24）。

图 8-24 资本退出方式

（1）国内创业板上市

国内创业板上市是风险资本最主要的也是最理想的一种退出方式。一方面，公开发行股票是金融市场对公司发展业绩的一种确认；另一方面，公开上市保持了公司的独立性，容易受到管理层的欢迎。更重要的是，通过股票上市，可以使公司获得证券市场上持续筹资的渠道，使公司的期权奖励较易兑现，让风险投资者获得丰厚的收益。

中国创业板同主板市场存在的主要区别有以下四点：

第一，全额流通；

第二，针对创新型企业的较低门槛；

第三，以成长速度、成长质量为公司上市的根本条件；

第四，监管权利责任"下移"式的新型严格监管方式。

创业板比主板上市略微宽松，主要是为具备成长性的新兴中小企业和风险投资企业提供融资服务，这更加强了通过创业板上市方式退出投资的吸引力。

（2）股权转让

由于中国特殊的法律政策环境限制，风险投资通过股权转让的方式实现退出应该具有实际意义。当公司发展到一定程度时，要想再继续发展就需要大量的追加投资，风险投资者意欲退出这个公司，便可以把拥有的股份转让。

股权转让既可以通过投资机构自有的渠道完成，也可以借助专业机构如投资银行、证券公司的收购和兼并部门完成。

与国内创业板上市相比，风险投资者出售风险权益时面对的谈判对手并非整个市场，而是少数几个买家，费用低廉，手续简便。同时可以立即回收现金，将风险资本从风险企业中完全退出，大大降低剩余风险。对于像公司这样成长潜力大的高新技术企业，国内外企业集团、上市公司、投资机构等越来越多的投资人和上市公司将愿意购买公司股份。

（3）风险企业回购

风险企业回购意味着原来的风险企业将会失去独立性，公司的经营也常常会受到影响，因此，将风险企业出售给其他企业有时会遇到来自风险企业管理层和员工的阻力，而采用由风险企业管理层或员工进行股权回购的方式，则既可以让风险资本顺利退出，又可以避免由于风险资本退出给风险企业运营带来的影响。

- 管理层收购（MBO）。风险企业的管理层通过融资方式将风险投资部分的股份收购并持有，收购完成后，公司就由管理层与股东所有，但这要求管理层能够找到好的融资杠杆，为回购提供资金支持。

- 员工收购(EBO)。风险企业的员工将风险投资部分的股份收购并持有,一般在操作中要组建一个员工持股基金作为收购资金的来源。基金是税前划拨,因此可以获得减税的好处。

这两种回购方式使企业保持了独立性,也是公司如选择风险企业回购退出方式比较青睐的两种方式,但是其收益率相较于国内创业板上市要低一些,仅为国内创业板上市的1/5。

(4) 风险投资清算

清盘对于投资后的企业来说,如果遇到经营不善,或管理团队发生重大变动,或受到市场和环境的重大不利影响,风险投资机构只能选择以清盘的方式及时减小并停止投资损失。

公司进行清算存在以下三个条件:

一是公司在计划经营期内的经营状况与预计目标相差较大,或发展方向背离了业务计划及投资协议中约定的目标,风险企业家决定放弃风险企业;

二是公司无法偿还到期债务,同时又无法得到新的融资;

三是由于公司经营状况太差,或是由于资本市场不景气,无法以合理的价格出售且风险企业家无法或不愿进行股票回购。

因此,公司将优先选择国内创业板上市的资本退出方式。出于全面考虑的角度,国内创业板上市虽然是风险投资的黄金收割方式,但是由于风险投资支持的企业数量巨大,而市场容量有限,公开上市本身也存在前述的种种弊端,公司也将会选择风险企业回购的退出方式,选择适宜的时机,争取做到以管理层收购或者员工收购的退出方式。

3. 资本退出实战案例评析

在公司快速发展的过程中,会需要不断地进行融资。公司在融资计划方面应该加强规划,考虑如何做大公司估值,开展 Pre-A、A 轮、B 轮、C 轮的融资及股权出让计划。资本退出计划是在融资中必须考虑的问题,项目书中的资本退出计划比较全面,但是一旦执行起来还需要进一步细化和完善。

8.5 创业策划专项实训

创业策划专项实训属于典型的**实验教学**范畴(项目二),按照项目实验教学的要求,由学员团队按任务要求、自主完成。

创业策划专项实训由学员选择一个创业选题作为实训项目,由学员依据创业策划文案范例逐步完成创业策划。

任务1 项目背景

1. 实战演练任务

以学习小组为单位,针对项目的行业宏观和微观背景进行描述和分析。

2. 实战演练要求

围绕国家产业发展政策和行业市场现状,找出市场痛点有哪些,市场服务需求在哪里,市场空间预测有多大。

3. 实战演练成果评价

利用一周的时间完成创业项目背景概况描述,提交文案并进行PPT演讲,现场由创业导师和课程老师担任评委。

任务2　产品与服务

1. 实战演练任务

以学习小组为单位,对创业项目的产品和服务进行策划,包括产品的技术、功能、材料、设计、研制、包装、质量、价格及服务模式等内容。

2. 实战演练要求

描述的产品要能够提炼出其特色,有哪些竞争优势,所采用的服务模式如何实现盈利,是否有市场竞争力和创新性。

3. 实战演练成果评价

利用一周的时间完成创业项目的产品与服务策划,提交文案并进行PPT演讲,现场由创业导师和课程老师担任评委。

任务3　公司介绍

1. 实战演练任务

以学习小组为单位,对创业项目公司或创业团队做一个完整的介绍,要描述清楚创业团队是谁,开展的创业项目的内容是什么。

2. 实战演练要求

公司的基本情况要描述清楚,创业团队是否已经注册成立公司,成立的时间和办公地址,注册资金是多少,实缴多少,认缴多少;公司开展的创业项目是什么,市场目标客户是谁;创业团队数量及主要人员构成;公司曾经获得过的荣誉和资质等情况。

3. 实战演练成果评价

利用一周的时间完成公司基本情况描述,提交文案并进行PPT演讲,现场由创业导师和课程老师担任评委。

任务4　市场与竞争

1. 实战演练任务

以学习小组为单位,对创业项目所处的环境进行分析,包括政策环境分析、市场需求环境分析、产业发展环境分析、消费者需求与购买力分析,以及市场竞争态势分析等内容。

2. 实战演练要求

要求熟练掌握和应用 SWOT 和 PEST 分析工具进行市场环境分析。分析的内容要求全面翔实,数据真实有据,能够有效地反映出创业项目所处环境的真实情况。

3. 实战演练成果评价

利用一周的时间完成市场环境分析,提交文案并进行 PPT 演讲,现场由创业导师和课程老师担任评委。

任务5 营销战略

1. 实战演练任务

以学习小组为单位,对创业项目可以采用的市场策略进行分析。

2. 实战演练要求

市场策略要根据创业项目的市场定位、产品定位和价格定位去考虑。要针对目标客户,从竞争策略、产品策略、价格策略等考虑如何实现组合营销策略,进行市场渗透,从而尽快开拓局面,抢占市场。

3. 实战演练成果评价

利用一周的时间完成市场策略策划,提交文案并进行 PPT 演讲,现场由创业导师和课程老师担任评委。

任务6 运营与管理

1. 实战演练任务

以学习小组为单位,研究和讨论公司的运营与管理该如何实施。

2. 实战演练要求

围绕公司的组织结构设计、部门职责和岗位描述,进行规划和研究;针对公司的项目管理、研发管理、信息管理、渠道管理、客户管理、制度管理、财务管理、合同管理、绩效管理、公司文化建设、品牌塑造传播等,制定相应的方案。

3. 实战演练成果评价

利用一周的时间完成运营与管理方案,提交文案并进行 PPT 演讲,现场由创业导师和课程老师担任评委。

任务7 财务状况与财务预测

1. 实战演练任务

以学习小组为单位,针对创业项目财务计划的内容进行梳理和分析。

2. 实战演练要求

围绕创业项目,进行财务分析,重点描述创业项目的盈利模式、盈利点和盈利渠道;明确财务收入和支出有哪些科目,收入和支出金额是多少;财务盈利性评价指标分析要有所体现。

3. 实战演练成果评价

利用一周的时间完成财务计划分析,提交文案并进行PPT演讲,现场由创业导师和课程老师担任评委。

任务8 风险分析及规避

1. 实战演练任务

以学习小组为单位,针对创业项目可能存在的风险进行全面和深入的分析,并提出风险控制预案。

2. 实战演练要求

围绕创业项目可能存在的政策风险、管理风险、技术风险、资金风险、市场风险、竞争风险、人才风险等,进行全面和深入的客观分析,提出的风险控制方案要能够落到实处。

3. 实战演练成果评价

利用一周的时间完成创业风险分析并提出控制预案,提交文案并进行PPT演讲,现场由创业导师和课程老师担任评委。

任务9 资本退出

1. 实战演练任务

以学习小组为单位,制定项目融资方案和资本退出计划。

2. 实战演练要求

围绕不同的融资阶段,提出融资计划和资本退出的形式和途径,设计资本退出方案。

3. 实战演练成果评价

利用一周的时间完成融资计划并提出资本退出方案,提交文案并进行PPT演讲,现场由创业导师和课程老师担任评委。

参 考 文 献

[1] 陈根.设计营销及经典案例点评[M].北京:化学工业出版社,2016.
[2] 戴昕哲.浅析企业微信营销的模式与发展前景[J].中国商论,2017,(03):15-16.
[3] 黄华.大学生创业计划指导[M].北京:清华大学出版社,2013.
[4] 黄尧.营销策划[M].北京:高等教育出版社,2015.
[5] 黄尧.营销策划创意[M].北京:电子工业出版社,2015.
[6] 蒋楠.公关策划学[M].北京:科学出版社,2017.
[7] 李道魁.公关策划教程[M].四川:西南财经大学出版社,2008.
[8] 李飞.品牌定位点的选择模型研究[J],《商业经济与管理》,2009,1(11):72-80.
[9] 李胜、冯瑞.现代市场营销学[M].北京:机械工业出版社,2008.
[10] 李胜、黄林.营销之道——营销管理实战模拟教程[M].北京:化学工业出版社,2012.
[11] 李胜、王玉华.现代市场营销学——理论与实战模拟[M].北京:中国铁道出版社,2013.
[12] 李兴国.公共关系实用教程[M].北京:高等教育出版社,2015.
[13] 庞守林.品牌管理[M].北京:清华大学出版社,2011.
[14]《舌尖上的中国2》的传播与营销研究专题,http://wenku.baidu.com/view/58c8d483195f312b3069a52c.html.
[15] 舌尖上的中国传播营销模式分析,http://wenku.baidu.com/link?url=PfCZ-wGNxNGT7xKk9JnRO43zibJPc6LW97SFtP_bPv3KGgccm1EXNLe198HGp1FKr3t_AvLnW2CBiq9VgQhocOssJJJuwa7509clByqvZ6e.
[16] 生奇志.品牌策划管理[M].北京:清华大学出版社,2014.
[17] 维纳查克.新媒体营销圣经:引诱,引诱,引诱,出击![M].张树燕,译.北京:北京联合出版社,2016.
[18] 肖凭、文艳霞等.新媒体营销[M].北京:北京大学出版社,2014.
[19] 余世仁.论公关策划在公关活动中的地位和作用[J],《重庆工商大学学报(社会科学版)》,1997,(01):44-47+74.